本成果受"高水平特色法学学科建设与人才培养工程"(085 工程)资助

本书系上海市教委重点学科(第 5 期):"民法与知识产权"(项目编号 J51104)之建设成果

法学通用系列教材

法学通用
系列教材

民法学概论

冯菊萍 主编

上海人民出版社

华东政法大学课程和教材
建设委员会

前　言

　　本书是作为综合性大学非法律专业的学生学习民法的通用教材。

　　在教学中,我们发现,近几年来的民法学教材有越写越多、越写越厚的趋势,动辄七八十万字,八九十万字,很少有在五十万字左右的,令教师的授课和学生的学习都颇感苦恼。针对这些现象,我们感到有必要撰写一本具有针对性的适合学生的民法学教材,并且可以作为民法学的普及读物来学习。

　　本书主要介绍我国民法的基本制度和基本理论,力求完整、清晰地介绍我国民法各项制度的基本内容,以及民法主要制度的形成和发展过程。尽量避免将个人的研究成果和认识体会纳入教材,尽量避免对民法的基本制度和基本理论作过多的分析和繁琐的解释。力求完整、清晰、简洁是本书奉行的写作要求。

　　本书按照一般民法教材通常的结构编排撰写,力求对现行民法的基本制度和基本理论有一个全面完整的介绍和阐述。全书分民法总论、人身权、物权、债权、继承权和侵权行为的民事责任共六编。民法总论的内容有:民法的概述、民事法律关系、民事主体(含自然人、法人)、法律行为、代理、时效和期间共七章。人身权部分除一般教材所共同具有的人身权概述、人格权、身份权外,对人身权保护中最具代表性的若干问题进行了专门的介绍和讨论。物权部分按照我国《物权法》的立法体系编写,内容有:物权总论、所有权、用益物权、担保物权及占有共五章。债权部分的内容有:债的一般原理、不当得利和无因管理、合同的一般原理及各类具体的合同共十一章。各类具体合同以我国《合同法》的规定为准,合同法上没有规定的合同如保险合同、合伙合同本书不作介绍。继承权部分的内容有:继承制度概述、法定继承、遗嘱继承与遗赠、继承的开始与遗产的处理共四章。在侵权行为的民事责任编中,由于违约责任被安排在合同的一般原理一章,本书的民事责任仅涉及侵权行为的民事责任。根据我国2010年7月实施的《侵权责任法》,本书的侵权行为的民事责任编除侵权行为民事责任概述、一般侵权行为的构成要件外,对《侵权责任法》具体规定的特殊侵权行为民事责任作了逐一的介绍。

关于民法中知识产权部分的内容,考虑到在很多院校知识产权已是作为一门独立的课程设计,有专门的《知识产权法》教材,甚至已有将知识产权法分解成著作权法、专利法、商标法等课程,本书对知识产权法的内容不再作介绍。

本书的作者都是从事教学工作多年、经验丰富的中年教师,多年来教学评价良好,深受学生欢迎。凭借多年的教学经验,兼顾教师教学的目标和学生的学习掌握能力,以及作为一门独立的民法课程应该掌握的内容和程度编写出此书。

本书由俞立珍、李红玲、冯菊萍撰写,冯菊萍主编。全书撰写分工如下(按章节先后为序):

俞立珍,第一编的第一、二、三、五章(第三章第七节合伙除外);第六编的第三十一章至第三十三章。

李红玲,第二编、第三编的第八章至第十五章。

冯菊萍,第一编的第四、六、七章(含第三章第七节合伙);第四编、第五编的第十六章至第三十章。

冯菊萍

2012.7.

目　录

第二编　人身权

第三编　物　权

第四编　债　权

第五编　继承权

第一编　民法总论

第一章 民法概述

第一节 民法的概念

一、民法的语源

民法一语,源自古代欧洲罗马法之"jus civile"(拉丁语),意指"市民法"。

罗马法原有市民法和万民法之分。市民法,乃调整罗马市民之间相互关系的法律规范。万民法,则是调整罗马人与外省人或外国人之间,以及外省人之间、外国人之间相互关系的法律规范。公元 212 年,因为罗马境内所有的居民均被赋予市民权,罗马市民法与万民法的分立便告终结,罗马私法合二为一。11 世纪之后,罗马私法逐渐被奉为欧洲共享的法学思想资源和制度之源,人们约定俗成地用 jus civile(市民法)指称罗马私法。

资产阶级革命之后,西欧民族国家制定其私法典的时候,皆以"市民法"来命名新法典,其中以 1804 年《拿破仑法典》(又称《法国民法典》)和 1896 年制定的《德国民法典》最为显著。市民法成为继受罗马私法的国家对于私法的专有术语。

现今我们所称"民法",乃是日本学者津田真道从荷兰语翻译而来,"市民法"被简化为"民法"。我国清末进行法制改革,聘请日本学者起草民法典草案,从日本引进"民法"一词。

二、民法的调整对象

《中华人民共和国民法通则》第 2 条规定:"中华人民共和国民法调整平等主体的公民之间、法人之间、公民与法人之间财产关系和人身关系。"民法通则的这一规定明确了民法的调整对象是平等主体之间的人身关系和财产关系。

（一）平等主体

民法所调整的法律关系发生在平等主体之间。这意味着民事主体之间不存在身份上的隶属关系，不存在彼此的强制服从关系。在具体的民事法律关系中，人格独立，意思自治，权利义务相一致。

民法所调整的平等主体，包括了自然人、法人以及非法人组织。国家从事民事法律行为时，其法律地位与其他民事主体相同，地位平等。

（二）人身关系

人身关系，指与人身不可分离、基于彼此人格和身份而形成的法律关系。包括人格关系与身份关系。

人格关系，是自然人基于彼此人格或者人格要素而形成的相互关系。人格，就是人之所以为人的要素或条件的总称。人格要素包括生命、健康、身体等物质要素，以及自由、名誉、姓名、肖像、隐私等精神要素。

身份关系，是自然人基于彼此身份而形成的相互关系。在现代社会，不平等的身份已经从法律上基本废止，因此，现代所谓的身份关系都是平等主体之间的关系，具体指夫妻关系、父母子女关系以及其他亲属之间的权利义务关系。

（三）财产关系

财产关系，是民事主体之间基于财产而发生的相互间的权利义务关系。包括财产支配关系和财产流转关系。

财产支配关系，指人们在生产和生活中因对财产的占有和利用而产生的社会关系。在民法上，称为物权法律关系。其中，以财产所有关系为最基本的财产关系，属于静态的财产关系。

财产流转关系，指人们在财产交换过程中所产生的社会关系。在民法上主要反映为各种债权法律关系，它属于动态的财产关系。

综上所述，民法就是调整平等主体之间的人身关系和财产关系的法律规范的总和。

三、民法的历史发展

民法的历史发展可以划分为三个阶段。一为古代民法，指简单商品生产社会的民法，以罗马法为代表。二是近代民法，指自由资本主义时期的民法，以1804年的《法国民法典》为代表。三是现代民法，指19世纪末20世纪初自资本主义进入垄断时期以来的民法，以1900年的《德国民法典》为代表。现代意义上的民法，是指近代民法和现代民法。

（一）近代民法的形成——从义务本位到权利本位

1. 古代民法：义务本位

在奴隶社会、封建社会，并不存在现代意义的民法。因为在奴隶社会和封建社会，不存在个人独立，主体的平等性无从谈起。奴隶主与奴隶之间、贵族与平民之间，以及家庭成员之间均存在身份的不平等。不同身份的人之间存在着相互依附、服从关系。身份是决定自然人取得民事权利和承担民事义务的根本因素。因此，近代民法之前的法是等级社会的法，以确认社会成员的义务为基本内容，称为义务本位。

2. 近代民法：权利本位

资产阶级革命取得胜利后，原有的等级关系被打破，个人之间的平等关系得以建立。例如，农民获得了自由成为独立的个人；个人作为独立的商品生产者、所有者自主进行商品交换；家族、家长对其成员的支配力大大削弱；教会的权力逐渐被政府的权力所代替。

资本主义社会所建立的个人平等关系的特点有：

（1）每个人都是独立、自由的主体。民事主体依据自己的意志从事民事行为，不受他人支配。其他任何人都应尊重他人的自主权，每个人有权保护自己不受他人侵犯。另一方面，每个人都应对自己的行为负责。

（2）人与人是平等的。任何人都不能把自己的意志强加给他人，任何人也不能侵犯他人的利益。

（3）独立自由的个人只服从国家和法律。到了资本主义社会，国家对个人之间的关系实行最大限度的不干预。表现在法律上，国家不干预私人关系，而是保护私人关系。国家对私人关系有两种态度：在消极方面不干预；在积极方面给予保护。这是近代国家的义务。近代民法的任务也是如此。

平等关系是在资产阶级革命后形成的。一旦形成，国家就需要用法律对新的关系加以保护。规定这样的个人之间关系的法律，被称为私法。实行所谓"私法自治"原则。这就是近代民法。近代民法，即是适用于全体人的法，是一个无等级社会的法。近代民法以权利为出发点，整个民法就是规定个人权利的法。

3. 近代民法确立的基本原则

（1）人格平等原则。该原则指每个人都平等享有民事权利能力。《法国民法典》第8条规定："所有法国人均享有民事权利。"[1]

（2）所有权神圣不可侵犯原则。该原则指私有财产在社会以及财产拥有者

---

[1]　罗结珍译：《法国民法典》(上册)，法律出版社2005年版，第41页。

之外的其他人面前神圣不可侵犯,任何人不得侵犯其他人的私有财产。在法国革命时期宣扬的一个政治理念是:财产是人格平等、自由和尊严的基础和保障,因此,拥有财产并给予所有权以绝对保护是每一个人的自然权利。

近代民法的所有权是私有权、个人所有权。人们不仅在生存期间可以自由处分自己的财产,而且可以在生前留下处分死后财产归属的遗嘱,因而有了遗嘱自由原则。

(3) 契约自由原则。该原则指依据当事人自己的意思决定双方民事法律关系的设立、变更和终止,以及双方的权利义务内容。契约自由原则是私法意思自治的集中表现。《法国民法典》第 1134 条规定:"依法成立的契约,在缔结契约的当事人之间有相当于法律之效力。"[①]

(4) 自己责任原则。该原则包括两方面的意思:一方面,要求个人对自己的行为负责,行为后果应由行为人本人承担完全的损益责任。另一方面,无行为无责任,无过失无责任,也就是个人只对因自己的意思而发生的故意或过失行为而导致的损害对他人承担损害赔偿责任。对于他人行为,或者自己的无过失行为所造成的损害,原则上不承担责任。

近代民法所确立的人格平等、所有权神圣不可侵犯、契约自由和自己责任原则,成为整个世界私法的原则和精神。

(二) 现代民法——从权利本位到社会本位

权利本位立法,是资本主义上升时期的自由主义法律思想和自由放任经济政策的产物。到了 19 世纪末 20 世纪初,西方国家从自由竞争进入垄断资本主义阶段。劳资纠纷、贫富矛盾,不同社会阶层利益冲突日益尖锐,劳工、消费者权益保障呼声高涨。再加上生产力发展到一定水平的自我调整,民法经历了从强调自由到限制自由、从突出个人权利到限制个人权利和重视社会利益的重大转变。从《德国民法典》开始,各国民事立法,对近代民法基本原则予以修正和补充,形成了现代民法的基本原则。其具体表现为:

1. 诚实信用原则上升为民法的一般条款

《瑞士民法典》首先将诚实信用原则作为民法的一般条款,之后各国制定或修改民法也将该原则确定为民法的一般条款。诚实信用原则强调的是维护当事人之间以及当事人与社会之间的利益平衡,是对原有的所有权神圣不可侵犯、契约自由等片面夸大个人权利与自由的限制(诚实信用原则具体内容请参见本章第四节"民法基本原则")。

---

① 罗结珍译:《法国民法典》(下册),第 833 页。

2. 公序良俗原则和权利不得滥用原则的确立

公序良俗原则主要校正民事行为对公共利益的侵害。20世纪40年代末以后,这一原则开始被一些国家提升为一般条款(具体内容请参见本章第四节"民法基本原则")。

现代民法认为,个人财产所有权不仅被认为是权利,而且还有义务。个人财产所有权除了满足个人需要之外,还应承担社会功能,满足社会需要。所以,国家有必要对所有权的行使予以限制。权利不得滥用原则被提升为民法的一般条款或基本原则地位(具体内容请参见本章第四节"民法基本原则")。

3. 无过失责任原则的确立

现代民法确立了无过失责任原则,对过失责任原则予以必要的补充。对于损害的发生,纵使行为人无过失,对于行为造成的损害仍要负责。这是对于从事特殊行为的人所强加的一种责任,本质上是一种社会责任。

综上所述,现代民法为了社会利益的最大化,法律强制当事人负担某项义务,限制或剥夺某种权利。正是从这个意义上说,现代民法以社会为本位。需要指出的是,社会本位是对权利本位的调整,并非义务本位的复活。它的功能在于矫正19世纪立法过于强调个人权利而忽视社会利益的状况。

第二节　民法的性质

一、民法是私法

(一)公法与私法的划分标准

公法和私法的区分最初由罗马法学家乌尔比安尼提出,并为《学说汇纂》所采纳。查士丁尼在《法学总论》中即指出:"法律学习分为两部分,即公法和私法。公法设计罗马帝国的政体,私法则设计个人利益。"

长期以来,关于公法和私法的分类标准存在各种不同学说。有代表性的划分标准是利益说、隶属说和主体说三种。

1. 利益说

即根据法律保护的利益涉及的是公共利益还是私人利益区分公法和私法。此种标准最初为乌尔比安提倡。

2. 隶属说

它也称为"意思说"。该种观点认为根据调整对象是隶属关系还是平等关系来区分公法与私法,公法的根本特征在于调整隶属关系,私法的根本特征在于调整平等关系。此说长期为学界通说,也为我国《民法通则》第2条所借鉴。

3. 主体说

该种观点认为,应当以参与法律关系的各个主体为标准来区分公法和私法,如果这些主体中有一个是公权主体,即法律关系中有一方是国家或国家授予公权的组织,则构成公法关系;否则,就是私法关系。

各种分类标准各有其相对合理性。一般理论主张,将社会关系的性质和主体的性质结合起来,作为区分公法和私法的标准。凡是平等主体之间的财产关系和人身关系都属于私法关系;而具有等级和隶属性质的关系属于公法关系。私法关系的参与主体都是平等主体,国家介入也是作为特殊的民事主体来参与的;而公法关系中必然有一方是公权主体,其参与社会关系也仍然要行使公权力。

(二)民法是私法

民法调整的是平等主体之间的财产关系和人身关系。民法体现了私法的一切特征。

1. 民事主体就是私主体

民事主体包括自然人、法人和其他组织。民法的制度设计就是以自然人为出发点,法人和其他组织仍然被视为是个人"特殊体",其权利、行为、责任均模拟或准用个人之规范。因此,民事主体,无论是个人,还是个人组成的组织体,相对于社会和国家均为私主体。

2. 民事权利为私权利

民法以权利为本位,通过规范个人权利,调整人与人之间稳定有序的社会关系。民事权利是以个人权利为蓝本设计的。例如民法财产权利体系就是以个人所有权为基础建构的。民事权利是私权利,私权利受权利主体个人意志支配,允许自由处分。

3. 民事行为实行私法自治

民事行为是私主体依据个人意志,设立、变更、终止民事法律关系的行为。民事行为实行自我决策和自我负责的规则,这是私法自治原则的体现。具体来说,一方面,在私法自治原则之下,法律原则上承认当事人出于自由意思所为的意思表示具有法律约束力,并对于基于此种表示所形成的私法上社会关系赋予法律上的保护。另一方面,赋予民事主体在法律规定的范围内广泛的行为自由。意思自治的实质就是允许当事人在法律规定的范围内,自主决定自己的事务,自由从事各种民事行为,最充分地实现自己的利益。

4. 民事责任表现为个人责任

民事责任由个人(含法人和其他组织)本人责担,是个人责任,即私责任。而且,民事责任在内容上以补偿相对人损害为主要目的。

5. 民事救济具有可私决性

民事救济方式包括自力救济方式和公力救济方式。对于民事主体的权利纠纷,原则上国家不直接干预,只在当事人不能通过协商解决时,根据当事人申请国家机关以仲裁者身份对当事人之间的纠纷作出裁判。即使在民事诉讼过程中,也允许运用协商、调解手段,在诉讼各个环节,都有当事人参与,体现当事人意志,贯彻意思自治。

综上所述,民法是私法,而且是私法的核心部分。但是,民法又不完全等同于私法,除民法之外,国际私法等法律规范也存在私法的内容。

(三)明确民法是私法的现实意义

过去,我国一直否认公法与私法的划分,认为在社会主义公有制下,国家广泛参与社会生活,实行计划经济,社会主义国家的法律都具有公法性质,不存在私法。由于坚持否认公法、私法划分的思想,造成了过分强调国家干预,漠视私人权利和私人意志的局面。所以,在明确建设社会主义市场经济体制的新的历史条件下,关于民法是私法的理论终于得以确立。

在我国,确立民法为私法,贯彻私法自治的原则,其意义重大。它为社会主义市场经济法律体系的建立奠定了坚实的理论基础,为建立有限的服务政府提供了法律根据,为私人人身权和财产权的平等保护提供了法律保障。

从民法的角度来看,区分公法和私法也有助于明确民法规范的基本属性。明确民法为私法,就是要在民法中尤其是在合同法中尽量减少强制性规范,适当扩大任意性规范。在司法实践中,原则上有约定时依约定,无约定时则依法律规定。我国民事立法要尽量减少有关国家行政机关的管理规则,努力减少对当事人从事合法的民事行为所施加的限制。

(四)私法公法化倾向的认识

西方经济在19世纪末20世纪初由自由竞争、自由放任的市场经济进入国家干预的垄断资本主义经济时期,出现了现代干预主义经济学派,主张国家权力进入社会经济领域。随着国家在社会、经济领域中的活动日益扩张,带来了所谓的"法律社会化"和"私法公法化"倾向。私法公法化很大程度上表现在商法领域,确立了商业登记制度等众多属公法性质的规范。私法公法化在民法领域的表现主要是现代民法的发展变化趋势,例如所有权绝对性的限制、契约自由的限制、无过错责任原则的确立等。

但是,上述现象只是表明了公法与私法的相互渗透与交叉,而决不意味着相互取代。私法公法化的倾向,只是说明公法与私法之间的界限不再像以前那样清晰,这正好说明民法作为私权保护法,通过借助公权利的力量,可以更好地实现对于私权利的保护、维护当事人的利益以及当事人与社会利益之间的平衡之目标。所以,公法与私法的划分仍然是可行的、基本的法律分类。公法就是公法,私法就是私法,不能过分强调两者之间的渗透与交叉而否定两者的本质区别。民法的私法属性是民法性质的主要体现,并由此决定了民法私法自治、权利本位的理念与功能。

二、民法是市民法

民法是市民社会的基本法。市民社会是相对于政治国家而言的,原指伴随着西方现代化的社会变迁而出现的、与政治国家相分离的社会自治组织状态。在欧洲,市民社会是在中世纪后期的城市自治的基础上发展起来的,它是在新兴的资产阶级反对封建等级特权、维护自身的市民权利不受封建领主权力侵害的过程中产生的。

政治国家是对公共活动领域的抽象,市民社会是对私人活动领域的抽象。个人也因此而具有双重身份:公民与市民。作为公民,个人通过一定的民主形式参与国家的管理,享有公民权,并在公共利益领域服从行政权力的介入、管理,这是公法关系。作为市民,个人在市民社会中按私人利益行事,并在平等的交往中形成一些共同的规则,这种平等者之间的关系,发展成为私法关系。在私法关系中,市民被当作是合理追求自己利益最大化的“经济人”“理性人”,被假定为自己利益的最佳判断者。因此,规范市民社会关系的法律以保护市民社会中人的权利(私权)为己任,实行意思自治。国家对交易的实体内容一般不加以干涉,听任当事人以自主的意思决定。意思自治成为民法的灵魂。

由于市民社会从政治国家中分离,民法作为市民社会的基本法也相应地产生、发展。民法调整的主要对象正是市民社会中最主要的社会关系,即平等主体之间的财产关系和人身关系,实质上就是市民社会一般生活关系的基本形态。因为主体平等正是市民社会的固有特征,而财产关系和人身关系正是市民社会一般生活的两个基本方面。所以,从这个意义上说,民法是市民社会的基本法,民法是市民法,是市民社会中民事权利的保护法。

长期以来,由于长期受计划经济管理体制和传统的封建等级特权观念的影响,我国民法学理论一直否认市民社会的概念。由于不承认市民社会的观念,忽视了对民事权利的保护,使民事主体的许多权利长期处于缺位状态。反过来,民事权利的缺位也阻碍了市民社会的发育和完善。另一方面,市民社会观念的缺乏,使我们不能准确地认识民法的本质和功能。我们必须看到,市民社会的发育和繁荣不仅是建立市场经济的基石,也是完善社会主义民主政治的条件。

三、民法是权利法

现代法治的观念是与权利联系在一起的。现代法治的精神,就在于对权利的合理确认和对权利的充分保障。而确认与保护权利必须依赖于民法功能的充分发挥。民法最基本的职能在于对民事权利的确认和保护,这就使民法具有权利法的特点。

民法作为权利法主要表现为以下四个方面:

(一)民法的产生就是为了对抗公权力对私权利的侵犯

从历史上看,民法就是为了对抗公权力的干预,保障民事权利不受侵犯而产生的。无论是在义务本位时期还是权利本位、社会本位时期,民法都强调对私权的充分保护。无论19世纪的法国民法如何主张个人本位,而现代民法又如何倡导社会本位;也无论在不同历史时期,不同所有制的社会的民法所保障的权利在性质上存在着何种区别,各个社会的民法都坚持了一个最基本的共性:民法以权利为核心。也就是说,民法就是一部权利法。在社会经济生活中,重视民法则权利观念勃兴,贬低民法则权利观念淡薄。几千年来法律发展史已充分证明了这一点。

(二)民法体系的构建以权利为基本的逻辑起点

民法以权利为本位,以创设权利和保障权利为基本内容。民法规范主要表现为授权性规范。

民法学体系,正是以民事权利为基本的逻辑起点而构建。在民法总则中,民事主体又称为权利主体,主体制度实际上确认了权利的归属;法律行为与代理制度实际上是主体行使权利的行为;诉讼时效制度实际上是权利行使的期限;而民法分则完全是以权利为内容展开的,并分别形成了物权、债权、人身权等具体的权利体系。正是在这个意义上,我们往往将民法称为权利法。我国民法确认的公民所享有的人身权、物权、债权、知识产权、继承权等,都是公民的基本权利,它们共同构成了民法的完整体系。

(三)民事权利以人格权和所有权为核心

民法调整市民社会的人身关系和财产关系这两大社会关系,并由此创设了各种具体的民事权利。在这些权利中,以人格利益为宗旨的人格权和以财产利益为宗旨的所有权是全部民事权利的基础和核心。人格尊严与所有权神圣是民法对人类社会文明贡献最大的两大价值观念。

（四）民事权利不受侵犯

民法不仅为民事主体创设权利,为民事主体享有权利提供最大限度的可能性,而且还要为这些已创设的权利提供切实有效的保护,禁止任何人以任何方式侵犯民事主体的人身权利和财产权利。针对侵犯权利的行为,民法设置了着眼于对权利受损方的利益补救而不是对侵害行为予以惩罚的民事责任制度,切实维护当事人利益。

综上所述,民法是权利法。明确这一点,不仅有助于明确民法的性质和功能,而且还有助于我们在当前的民事立法中,贯彻以民事权利为中心构建私法体系的思想,真正使我国民法典成为一部现代的权利宣言和权利宪章,从而为我国社会主义市民社会的发育和市场经济的完善提供制度支撑。

第三节　民法的地位:民法与商法、经济法和行政法的关系

民法是基本法,是私法的核心和基础。民法是我国社会主义市场经济法律体系中的一个重要组成部分。民法的地位反映在民法与商法、民法与经济法、民法与行政法的相互关系中。

一、民法与商法的关系

商法,也称为商事法,是指以商事组织和商事活动为调整对象的基本法。形式上的商法,是指民法典以外的商法典,或者为公司法、保险法、破产法、票据法及海商法等单行法规。

在性质上,民法与商法都是私法的重要内容。在实践中,民法与商法的关系则取决于立法体制。大陆法系存在民商合一与民商分立两种模式。民商分立是欧洲中世纪特殊历史时期的产物。当时,地中海海上贸易催生了一批商业发达的城市,同时聚集了一批专司买卖的商人。为了摆脱封建法治,商人开始组成自己的团体,独立地订立自治规约和处理商人之间的纠纷,逐渐形成商人习惯法,最终在商人自治的基础上产生了商法。在近代欧洲法典时期,大陆法系国家,例如德国,甚至先将相对成熟的商事规范编纂成"商法典",商法成为相对独立的法律部门。民商分立模式以法国、德国为代表。

但是,19世纪末期,近代许多国家和地区开始推行民商法的统一即"民商合一"。这是因为随着商品经济的发展,商业职能与生产职能密切结合,商人企业化,生产者也成为商人,商人的特殊利益逐步消失。同时,为追求民事立法的科学

性,开始了"民商合一"的步伐。即主张不再区分民法和商法,不再单独制定"商法典",而将商法归入民法典。民商合一的模式以瑞士、意大利为代表。

从实质上讲,商法是民法的特别法和组成部分。商法必须遵循民法的基本原则。与此同时,商法的一些规则反映了商事活动领域的某些特殊性。因此,我国学者一般都主张民商合一,即商事法规是民事特别法,商法是民法的组成部分。同时,基于商事活动领域的特殊性,专门制定商事特别法规,例如公司法、保险法、票据法、海商法以及破产法等,作为民事法规的组成部分。

二、民法与经济法的关系

在西方,经济法作为公法,主要用于描述国家干预经济生活的法律现象。在20世纪30年代,为了适应第一次世界大战战时经济的需要,德国产生了一系列国家干预经济的法规,于是,经济法作为新的法律分科在德国诞生了。然而,对于什么是经济法尚无定论。20世纪20年代末30年代初,前苏联法学家提出了与民法并存的经济法(经济行政法)的观点,把国家采用行政手段管理生产和产品分配的法规统称为经济法。至50年代,有学者提出了"纵横统一"的经济法观点,认为经济法作为一个独立法律部门,应当调整纵向和横向统一的经济关系,调整在统一的国家所有制、统一的计划和经济核算关系基础之上的计划组织因素与财产因素结合的经济关系。

在我国,由于受计划经济体制的影响,曾经存在一个大经济法概念,凡是与经济活动或营利性活动有关的规范均被纳入经济法的范畴。法学界曾经就民法与经济法调整对象范围划分问题,发生过长期的论争。1986年全国人大常委会法制工作委员会在对"民法通则草案的修改情况的说明"中指出:民法主要调整平等主体之间的财产关系,即横向联系的财产关系或经济关系;而经济法主要调整国家对经济的管理、国家和企业之间以及企业内部的纵向经济关系,即发生于非平等主体之间的经济管理关系,如管理与被管理、监督与被监督、指令与服从的经济关系。1992年之后,随着我国建设社会主义市场经济体制的确认,民法作为调整市场经济关系的基本法的地位得以确立,商法从经济法中纳入民法。经济法则作为国家对于经济生活进行宏观调整的法律手段,主要调整国家与市场主体之间的管制关系,包括保证市场秩序的反垄断法、反不正当竞争法、消费者权益保障法等法规。

三、民法与行政法的关系

民法是私法,行政法是公法,但是,民法与行政法在保护民事主体的权利上都有重要作用。

民法与行政法均保护私权利,只是采取的手段与调整方法不一样。民法规范多为授权性规范,直接赋予民事主体各种具体的民事权利;行政法作为规定国家行政机构的组织及其管理活动的法律规范,则多是强行性规范,通过对行政权力的限制来间接实现对民事权利的保护。

在我国,行政法中涉及许多私法内容,涉及民事主体市场进入的控制规定。而且,我国政府在民事权利保护和市场行为监督方面起到了非常重要的作用。因此,尽管民法与行政法性质不同,但是两者存在许多联系。

第四节　民法的基本原则

一、民法基本原则的概述

民法基本原则,是指高度抽象的、最一般的民事行为规范和价值判断准则,其效力贯穿于民法始终。

民法基本原则的作用,主要体现在以下几个方面:

(一)民事立法的准则

民法的基本原则,蕴含着民法所欲实现的目标,是我国民法所调整的社会关系本质特征的集中反映,确定了民事立法的基本价值取向,是制定具体民法制度和规范的基础。

(二)民事主体进行民事活动的基本准则

民事主体所进行的各项民事活动,不仅要遵循具体的民法规范,还要遵循民法的基本原则。在现行法上对于民事主体的民事活动欠缺相应的民法规范进行调整时,民事主体应依民法基本原则的要求进行民事活动。

(三)法院解释法律、补充法律漏洞的基本依据

民法基本原则虽然可能被规范为民法的一般条款,但是它具有非规范性和不确定性。正因为这一特点,使其成为授权性条款,即授予司法机关以自由裁量的权力。所以,民法的基本原则也是法院对民事法律、法规进行解释和补充法律漏洞的基本依据。法院在审理民事案件时,必须对所应适用的法律条文进行解释,如有两种相反的含义,应采用其中符合民法基本原则的含义。如果法院在审理案件时,不能从现行法规定中直接获得据以作出裁判的依据,法院应依据民法的基本原则来进行法律漏洞的补充。

(四)解释、研究民法的出发点

学者对民法进行解释、研究时,应以民法的基本原则作为出发点。

二、民法基本原则的内容

(一) 平等原则

所谓平等原则,也称为法律地位平等原则。我国《民法通则》第 3 条明文规定:当事人在民事活动中的地位平等。平等原则是市场经济的本质特征和内在要求在民法上的具体体现,是民法最基础、最根本的一项原则。

平等原则集中反映了民事法律关系的本质特征,是民事法律关系区别于其他法律关系的主要标志。它是指民事主体享有独立、平等的法律人格,其中平等以独立为前提,独立以平等为归宿。在具体的民事法律关系中,民事主体互不隶属,各自能独立地表达自己的意志,其合法权益平等地受到法律的保护。

何谓平等? 有两种平等观。一种是实质平等观,即讲求结果的平等。另一种是程序平等观,即讲求机会的平等,也称形式平等。民法的平等原则意指程序平等。但是,现代社会,随着在生活、生产领域保护消费者和劳动者的呼声日高,平等原则的内涵正经历从单纯谋求民事主体抽象的法律人格的平等,到兼顾在特定类型的民事活动中,谋求当事人具体法律地位平等的转变。

平等原则主要表现为:自然人的民事权利能力平等;民事主体人格独立;民事主体平等协商相互间的权利义务;民事主体在民事活动中平等地享有民事权利、履行民事义务、承担民事责任;法律平等保护民事主体的民事权利。

平等原则在法国、德国、日本、瑞士等国民法以及中国台湾地区民法中没有明文规定,学者称为无须明文规定的公理性原则。鉴于中国在实行计划经济体制时期曾经背离平等原则,靠隶属关系组织生产和供应,改革开放以来也曾发生过强迫对方服从自己意志,签订所谓霸王合同的现象,因此法律明文规定平等原则有其重要意义。

(二) 自愿原则

所谓自愿原则,指法律确认民事主体自由地基于其意志进行民事活动的基本准则。自愿原则实质上是指意思自治,也就是指民事主体依照自己的意愿从事民事活动,既不受公权力的非法干涉,也不受其他民事主体的非法干涉。我国《民法通则》将其表述为自愿原则。

自愿原则是人格独立的基本体现,也是市场经济对法律的基本要求。在市场上,准入的当事人被假定为自身利益的最佳判断者,因此,民事主体自愿进行的各项自由选择,应当受到法律的保障,并排除国家和他人的非法干预。

自愿原则主要体现为:一方面,民事主体根据自己的意愿设立、变更、终止民事法律关系。在民事活动中,民事主体自主决定各种事项。民事主体关于民事活动的约定,只要不违反法律的强行性规定,就能产生法律效力。另一方面,民事主体对于自己的真实意思的行为负责。对于非当事人真实意思表示的行为,当事人可不受约束。根据《中华人民共和国合同法》第52条规定,因欺诈、胁迫而订立的合同属于可撤销的合同。

自愿原则主要适用在法律行为制度中,具体而言,该原则表现为物权法的财产自由原则,婚姻家庭法的婚姻自由原则,合同法的合同自由原则,继承法的遗嘱自由原则。其中,合同自由原则是自愿原则的核心。

自愿原则的存在和实现,以平等原则的存在和实现为前提。只有在法律地位平等、人格独立的基础上,才能保障当事人从事民事活动时的意志自由。同时必须注意到,从来就没有绝对的自由,自愿原则是在强制性法律规范范围内的自愿。在民事行为领域,民事主体的意愿仍然要承受法律的限制,承受社会公共利益的制约。所以,实现自愿原则,还必须同时适用公平原则、诚实信用原则、权利不得滥用原则、公序良俗原则。

（三）公平原则

所谓公平原则,是指民事主体应依据社会公认的公平观念从事民事活动,以维持当事人之间的利益均衡。我国《民法通则》第4条规定,民事活动应当遵循公平原则。

公平是以一定社会的共同价值观为基础的。作为一种价值观念,公平首先是道德原则。公平原则是进步和正义的道德观在法律上的体现。它对民事主体从事民事活动和国家处理民事纠纷起着指导作用。特别是在立法尚不健全的领域赋予审判机关一定的自由裁量权,对于弥补法律规定的不足和纠正贯彻自愿原则过程中可能出现的一些弊端,有着重要意义。

公平原则主要表现为:民事主体参与民事法律关系的机会平等;民事主体在民事法律关系中利益均衡;民事主体合理地承担民事责任。

作为自愿原则的有益补充,公平原则在市场交易中,为诚实信用原则和显失公平规则树立了判断的基准。但公平原则不能简单等同于等价有偿原则,因为在民法上就一方给付与对方的对待给付之间是否公平,是否具有等值性,其判断依据采主观等值原则,即当事人主观上愿以此给付换取对待给付,即为公平合理,至于客观上是否等值,可以不问。由此不难看出,公平原则的具体运用,必须以自愿原则的具体运用作为基础和前提,如果当事人之间利益关系的不均衡,系自主自愿的产物,就不能将此认定为有违公平原则。

（四）诚实信用原则

所谓诚实信用原则,是指民事主体进行民事活动必须诚实、善意,行使权利不侵害他人与社会的利益,履行义务信守承诺和法律规定,最终实现当事人之间利益的平衡,以及当事人与社会之间的利益平衡。我国《民法通则》第4条规定,民事活动应当遵循诚实信用原则。

诚实信用原则保护两个利益关系:当事人之间的利益关系和当事人和社会之间的利益关系。诚实信用原则的宗旨是实现这两个利益关系的平衡。也就是说,在民事活动中,民事主体必须在权利的法律范围内以符合其社会经济目的的方式行使自己的权利,应当像对待自己事务的注意对待他人事务,不得损害他人和社会的利益。

作为一般条款,该原则在两个方面发挥作用:一方面,对当事人的民事活动起着指导作用。确立了当事人以善意方式行使权利、履行义务的行为规则。要求当事人在进行民事活动时遵循基本的交易道德,以平衡当事人之间的各种利益冲突和矛盾,以及当事人的利益与社会利益之间的冲突和矛盾。另一方面,该原则具有填补法律漏洞的功能。当人民法院在司法审判实践中遇到立法当时未预见的新情况、新问题时,可直接依据诚实信用原则行使公平裁量权,调整当事人之间的权利义务关系。因此,诚实信用原则意味着承认司法活动的创造性与能动性。

近代以来,作为诚实信用原则的延伸,各个国家和地区的民法,又普遍承认了民事权利不得滥用原则。该原则要求一切民事权利的行使,不能超过其正当界限,一旦超过,即构成滥用。这个正当界限,就是诚实信用原则。

(五)权利不得滥用原则

所谓权利不得滥用原则,是指民事主体必须正当地行使自己的权利,行使权利不得超出一定的界限,损害他人或社会利益。

在大陆法系国家,权利不得滥用原则是诚实信用原则的当然内容,或者说是诚实信用原则的反面规范,即权利的行使有违诚实信用的,就构成权利的滥用。

在我国,权利不得滥用原则在现行法上的根据首先是宪法规定。《中华人民共和国宪法》第51条规定:中华人民共和国公民在行使自由和权利的时候,不得损害国家与社会的、集体的和其他公民的合法的自由和权利。我国《民法通则》第6条规定:民事活动必须遵守法律,法律没有规定的,应当遵守国家政策。民事活动应当遵守社会公德,不得损害社会公共利益。也就是说,民事主体行使权利,必须守法和遵守社会公德,不得侵害他人和社会利益,否则,就可能构成权利的滥用。

是否构成权利滥用的认定标准是:主观方面,权利人有无权利滥用的故意或过失;客观方面,权利人滥用权利的行为是否造成他人或社会利益的损害或可能造成损害。

（六）公序良俗原则

公序良俗，是公共秩序和善良风俗的合称。所谓公序良俗原则，是指一切民事活动应当遵守公共秩序及善良风俗。违反公序良俗的行为，一律无效。

公序良俗原则是现代民法一项重要的法律原则。在大多数国家民法上都有明文规定。在现代市场经济社会，它有维护国家社会一般利益及一般道德观念的重要功能。

经济的公序，是指为了调整当事人间的契约关系，而对经济自由予以限制的公序。经济的公序分为指导的公序和保护的公序两类。市场经济条件下，指导的公序地位趋微，保护的公序逐渐占据了重要位置。以保护劳动者、消费者、承租人和接受高利贷的债务人等现代市场经济中的弱者相关的保护性公序，成为目前各个国家和地区判例学说上的讨论、研究的焦点。

良俗，即善良风俗，一般认为是指为社会、国家的存在和发展所必要的一般道德，是特定社会所尊重的基本的伦理要求。善良风俗以道德要求为核心。

为了将公序良俗原则与诚实信用原则区别开来，应将善良风俗概念限定在非交易道德的范围内，从而与作为市场交易的道德准则的诚实信用原则各司其职。与诚实信用原则相仿，公序良俗原则具有填补法律漏洞的功效。这是因为公序良俗原则包含了法官自由裁量的因素，具有极大的灵活性，因而能处理现代社会生活中发生的各种新问题，在确保国家一般利益、社会道德秩序，以及协调各种利益冲突、保护弱者、维护社会正义等方面发挥极为重要的机能。一旦人民法院在司法审判实践中，遇到立法当时未能预见到的一些扰乱社会秩序、有违社会公德的行为，而又缺乏相应的禁止性规定时，可直接适用公序良俗原则认定该行为无效。

第五节　民法的渊源和适用范围

一、民法的渊源

民法的渊源就是民事法律规范的各种具体表现形式。

各国民法的渊源不尽相同，有制定法、判例法、习惯法、法理等。在我国，制定法是民法的主要渊源。具体而言，我国民法渊源包括：

（一）宪法

宪法是国家的根本大法。宪法中关于民事方面的各项规范是民法的重要渊源。宪法直接规定了民事权利及其基本原则，它们既是民事立法的基本依据，也是处理民事纠纷的基本依据。

（二）民事法律

法律是全国人民代表大会及其常务委员会制定的规范性文件,其效力仅次于宪法。其中关于民事方面的法律是民法主要的、基本的渊源。其包括《中华人民共和国民法通则》和其他单行民商事法律,例如《中华人民共和国物权法》、《中华人民共和国合同法》、《中华人民共和国继承法》、《中华人民共和国婚姻法》、《中华人民共和国著作权法》、《中华人民共和国专利法》、《中华人民共和国商标法》、《中华人民共和国公司法》、《中华人民共和国票据法》、《中华人民共和国保险法》,等等。其中,《民法通则》是我国基本的民事法律。

（三）国务院制定和颁布的行政法规

国务院制定和颁布的行政法规,其中有关民事部分也是民法的渊源,例如《城镇国有土地使用权出让和转让暂行条例》、《著作权实施条例》、《计算机软件保护条例》等等。

（四）地方性法规

地方性法规是指地方人民代表大会及其常务委员会制定的规范性文件,其中涉及民事部分,也是民法的渊源。

（五）部门规章

国务院各部（委）为贯彻法律、法规所制定的规范性文件,在没有法律法规直接规定的时候,可以作为审理纠纷的重要参照规范。另外还有仅具有地域效力的地方部门规章,这些规章在不与法律、法规抵触时,其中关于民事的规范,可参照适用。

（六）法律权威解释

法律权威解释包括了立法解释和司法解释两种。立法解释,是由全国人民代表大会常务委员会所做的解释。该解释同法律具有同样的效力,是民法的一个组成部分。司法解释,主要是指最高人民法院进行的司法解释,这是针对某一法律或者某一类案件、某一类问题如何适用法律所做的规定,其对于各级人民法院审理民事案件具有约束力。例如,最高人民法院《关于贯彻执行〈中华人民共和国民法通则〉若干问题的意见（试行）》、《关于贯彻执行〈中华人民共和国继承法〉若干问题的意见》等,都是民法的重要渊源。

（七）国际条约和公约

我国《民法通则》第142条规定:中华人民共和国缔结和参加的国际条约同中华人民共和国的民事法律有不同规定的,适用国际条约的规定,但中华人民共和国声明保留的除外。这说明,我国缔结或参加的国际条约、公约也可以作为我国民法的渊源。例如《联合国国际货物销售合同公约》。

（八）习惯

民事主体在长期生产、交易和生活中形成的习惯,在没有法律明确规定的情形下,不与法律相抵触的习惯,可以作为法院审理民事纠纷的依据。

二、民法的适用范围

民法的适用范围,又称民法的效力,指民法在哪些范围内发生效力,包括对时间的适用范围、对空间的适用范围及对人的适用范围。

（一）民法在时间上的适用范围——时间效力

民法在时间上的效力,涉及民法何时生效、何时失效以及民法有无溯及力的问题。

民法的生效时间有两种情形:一种是民事法律自公布之日起生效施行;另一种是自民事法律颁布之日起经过一定时间后生效施行。通常是后一种情形。公布之日与生效施行之日不一致,以便让人民有时间了解该法律。在例外情况下,有些特别法从公布之日起生效施行。

民法的失效,就是指民法失去效力。引起民法失效的原因很多,主要有:国家机关明令废止、法律本身规定有效期届至、新法取代旧法等。

民法的溯及力,是指民法对其生效之前的行为是否适用的问题。一般而言,民事法律没有溯及力,实行法律不溯及既往的规则。这是指法律原则上只适用于法律生效后发生的行为,不适用于生效前的行为。但是,在法律明确规定对法律施行前发生的行为也适用时,该法律规范具有溯及既往的效力。例如最高人民法院《关于贯彻执行〈中华人民共和国民法通则〉若干问题的意见(试行)》第196条规定:1987年1月1日以后受理的案件,如果民事行为发生在1987年以前,适用民事行为发生时的法律、政策,当时的法律、政策没有具体规定的,可以比照民法通则处理。

（二）民法在空间上的适用范围——空间效力

民法在空间上的适用范围,是指民法适用于哪些空间领域内发生的法律关系。

我国民法的适用范围以属地法为原则,凡是在中华人民共和国领域内发生的民事活动,原则上适用中国的法律。我国民法适用于中华人民共和国的领土、领空、领海以及根据国际法和国际惯例应当视为我国领域的一切领域。

全国人大和中央政府制定和颁布的法律,在全国范围内生效;地方各级政权机关所颁布的法规,只在该地区内发生法律效力,在其他地区不发生效力。

同时,由于我国实行“一国两制”的政策,香港、澳门的法律在其本辖区内有效,我国民事法律不适用于这些地区。

（三）民法对人的适用范围——对人的效力

民法对人的适用范围,是指民法适用于何种主体。

我国民法对人的适用范围主要有以下几种不同情况:

一是对居住在中华人民共和国境内的中国公民或设立在中国境内的中国法人具有法律效力。

二是对居留在中华人民共和国境内的外国人、无国籍人和经中国政府批准设立在中华人民共和国境内的外国法人,原则上具有法律效力。但依法只能由中国公民、法人享有的权利能力,对外国人、无国籍人或外国法人不具有法律效力;根据中国缔结或参加的国际条约、双边协定的规定或中国认可的国际惯例,对享有司法豁免权的外国人,不具有法律效力。

三是对居留在外国的中国公民,原则上不适用中国民法,而适用所在国民法。但依中国民法和中国缔结或参加的国际条约、双边协定以及中国认可的国际惯例,应当适用中国民法的,则仍然适用中国民法。

第六节　民法的解释

一、民法的解释

民法的解释,有广义、狭义两种。狭义的民法解释,是指在实施民法的过程中,对法律规范的意义、内容,包括法律规范使用的概念、术语、适用对象等所作的阐释与说明,特别是在法律规范的含义不明确、不清楚时为法律的司法适用而进行的解释。广义的民法解释,不仅包括对法律规范内容含义不明确、不清楚时的解释,还包括对法律规范的有无进行的判断、在没有法律规定时进行的漏洞补充和价值补充。

二、民法的解释方法

（一）民法解释的类型

依据解释法律的主体及效力的不同,民法的解释方法可以分为立法解释、司法解释和学理解释。

1. 立法解释

立法解释,指立法机关对法律规范所做的解释。其包括两种情形:一种是在法律规范中直接针对法律规范中的某些概念、术语等进行的解释,如《民法通则》第 153 条规定:"本法所称的不可抗力,是指不能预见、不能避免并不能克服的客观情况",即属此类解释。另一种情形是针对民法规范实施过程中发生争议的条款专门进行解释。在我国的民事法律实践中,第二种形式的立法解释难得见到。

2. 司法解释

司法解释,指作为最高国家审判机关的最高人民法院对民事法律规范所做出的解释。司法解释权应当专属于最高人民法院。最高人民法院是唯一能对立法进行司法解释并具有适用上的约束力的解释机关。

3. 学理解释

学理解释,指由法律职业工作者、研究者对民法规范所作的解释。学理解释是民法学理论研究的应有之义,尽管它不具有适用上的约束力,但它对于探讨法律真谛、发现法律价值、引导立法与司法具有重要的意义。

(二)民法解释采用的方法

民法解释采用的方法,以下三种为最常见:

1. 文义解释方法

文义解释也称字义解释,指按照民法规范条文所用的文字、词句、用语的使用方式,阐释民法规范的意义和内容。文义解释是其他解释方法适用的前提。

准确、合理、严格的文义解释能够保证法律规范所使用的语言文字内涵和外延的统一性,进而保证法律适用的可预期性和稳定性,避免对同样的语言文字作出不同解释的现象,进而避免同案异判的情形,也可防止法官和仲裁员在解释法律时的恣意。文义解释是法官探寻法律规范意义的出发点。

2. 体系解释方法

体系解释,指以法律条文在该法律规范体系中的地位以及上下相关条文为依据,对民事规范的内涵与外延进行的解释。

体系解释着眼于法律条文在整个法律规范以至整个法律体系中的地位,可以避免割裂该条文与其他相关条文的内在逻辑联系,进而得出更符合立法意旨的解释。体系解释的最主要功能在于当发生数个法律条文相互冲突或不协调而导致法律适用上的困难时,可以通过体系解释寻找最合理的判断,有利于克服法律条文之间的不协调和冲突,避免法律适用效果的抵消。

3. 目的解释方法

目的解释,指以法律的目的来阐释法律条文的含义。法律的目的分为具体条文的目的和法律体系的目的。

目的解释在学理上可以分为主观目的解释和客观目的解释。

主观目的解释强调法律解释在于探讨立法者于制定法律当时事实上的意图,

并以此为法律解释的边界,不能逾越此边界,否则解释法律就有可能嬗变为制定法律。

客观目的解释强调法律解释的目的在于探究和阐明这种法律内部合理性所要求的各种目的,探寻法律自身的合理目的和社会功能。

三、法律适用中法律补充的方法

法律补充方法主要适用于出现法律漏洞时和法律未做规定时的两种情况。

(一)出现法律漏洞时的法律补充方法

法律漏洞,指关于某一个法律问题,法律依其内在目的及规范计划应有所规定而未作规定的情形。这时,就需要以漏洞补充的方法进行解释。法律漏洞填补方法的原理与法律解释有异曲同工之妙,其旨意均在于通过司法者的创造性活动克服制定法的局限性,准确释法,实现法律追求的公平、正义之终极价值。

法律漏洞填补方法主要有类推、目的性扩张和目的性限缩三种。

1. 类推

类推,指无法律明文规定可适用于某个具体案件,但存在与该案件性质相关的类似的规定时,可依照此最相类似的规定予以适用,解决争议。例如我国《合同法》第 124 条规定:"本法分则或者其他法律没有明文规定的合同,适用本法总则的规定,并可以参照本法分则或者其他法律最相类似的规定。"这一规定即是对类推适用的规定。

2. 目的性扩张

目的性扩张的漏洞填补方法,指根据已有的相关条款的立法目的而推导出遗漏的规则应有内涵,扩大相关条款的适用范围,进而扩大法律涵盖社会生活的范围,弥补制定法的局限性。例如我国《合同法》第 47 条规定,限制行为能力人订立的纯获利益的合同为有效合同,但未规定无行为能力人订立的纯获利益的合同是否有效,依目的性扩张的填补方法,该条应当适用于无行为能力人订立的纯获利益的合同情形。

3. 目的性限缩

目的性限缩之填补方法,指限制法律条文的适用范围或适用条件,使其不能被一般性地加以适用。例如我国《民法通则》第 100 条规定,"未经本人同意,不得以营利为目的使用公民的肖像",若以文义解释,如不以营利为目的则可不经本人同意而使用其肖像,则对自然人肖像权的保护殊为不利,故应将此条文的含义通过目的性限缩方法予以限制,即该条文不包括"不以营利为目的可以不经同意使用公民肖像"的含义。

（二）法律未做规定时的法律补充方法

法律对于发生的某个纠纷没有做出任何规定，既不能根据相关条款进行目的性扩张或限缩，也无法依据最相类似的规范类推适用，此时需狭义上的法律漏洞填补。这种情形实质上是超越现行法律的补充。这种方法的运用应受到严格限制。适用时应基于交易需要，运用法律一般条款或民法的基本原则和抽象的法律价值进行适当的补充。

第二章　民事法律关系

第一节　民事法律关系概述

一、民事法律关系的概念和特征

（一）民事法律关系的概念

民事法律关系,指由民事法律规范确立的以民事权利和民事义务为内容的社会关系。

民事法律关系和民法密切关联。民法确认了民事主体的权利和义务,但这种权利和义务是抽象的,只具有可能性,并不表明主体已经享有了某种权利或应承担某种义务。只有在具体的民事法律关系中,主体的权利义务才是具体的。

（二）民事法律关系的特征

1. 民事法律关系是发生在平等主体之间的社会关系

民法调整平等主体之间的财产关系和人身关系,这就决定了参加民事法律关系的主体地位平等,他们相互独立、互不隶属。同时,由于主体地位平等,决定了其权利义务一般也是对等的,一方在享受权利的同时,也要承担相应的义务。

2. 民事法律关系是以民事权利和民事义务为内容的社会关系

民法调整一定的财产关系和人身关系,赋予当事人以民事权利和民事义务。在民事法律关系产生以后,民事法律规范所确定的抽象的民事权利和民事义务便落实为约束当事人行为的具体的民事权利和民事义务。以民事权利和民事义务为内容,正是民事法律关系与其他法律关系的重要区别。

3. 民事法律关系主要根据当事人的意志发生

民法是私法,贯彻意思自治原则,因此,大部分民事法律关系都是根据当事人的意志而发生,即通过民事法律行为而建立。

4. 民事法律关系的保障措施具有补偿性和财产性

民法调整对象的平等性,表现在民事法律关系的保障手段上,就是民事责任以财产补偿为主要内容。

二、民事法律关系的要素

民事法律关系的要素指构成民事法律关系的必要因素或必要条件,包括主体、内容和客体三个要素。

(一)民事法律关系的主体

民事法律关系的主体,简称民事主体,指享有民事权利并承担民事义务的人。在我国,自然人和法人是两个独立的民事主体,也是两个最主要的主体。在特殊情况下,国家也可以成为民事法律关系的主体。

民事法律关系作为人与人之间的社会关系,必然有多方主体存在。如果只有一方主体存在,就不可能发生社会关系,也不可能形成法律关系。因此,在民事法律关系中总是存在相互对应的多个主体。其中,享有权利的一方是权利主体,承担义务的一方是义务主体。不过,在民事法律关系中,常见当事人既是权利主体,也是义务主体。

民事法律关系的权利主体总是特定的,义务主体有特定主体和不特定主体之分。在相对法律关系中,每一方主体都是特定的,但在绝对法律关系中,承担义务一方,即义务主体是权利主体之外的不特定任何人。

(二)民事法律关系的内容

民事法律关系的内容,指民事主体所享有的权利和承担的义务,即民事权利和民事义务。这种权利义务内容是民法调整的社会关系在法律上的直接表现。任何个人和组织作为民事主体,参与民事法律关系,必然要享受民事权利、承担民事义务。

1. 民事权利

民事权利,指法律赋予民事主体所享有的、为实现某种权益而为一定行为或不为一定行为的可能性。从性质上看,民事权利都体现着一定的利益,但它并不是生活中的一切利益,只有那些为法律所确认和保护的利益才体现为权利(关于民事权利的分类详见本章第三节)。

2. 民事义务

(1) 民事义务的含义。民事义务,指义务人为满足权利人的利益而为一定的行为或不为一定的行为的必要性,义务具有法律强制力。

民事义务和民事权利一样,它也是由法律所确认的。所不同的是,民事义务体现了主体行为的必要性,而民事权利体现的是主体行为的可能性。民事法律关系中的权利和义务是相互对应、相互联系的。在任何一个民事法律关系中,权利和义务都是一致的,权利的实现常常要借助于义务人的行为或不行为。因此,此主体的义务,往往是彼主体的权利,离开了权利,不可能有义务;同样,没有义务支持的权利也是不可能实现的。

(2) 民事义务的分类。根据义务人行为的方式不同,可以将民事义务分为积极义务和消极义务。积极义务,指要求义务人作为的义务,例如给付货物、交付工作成果等义务。消极义务,指要求义务人不作为的义务,例如不侵犯的义务、竞业禁止义务等。在民事义务中以积极义务为常见。

(三)民事法律关系的客体

民事法律关系的客体,指民事权利和民事义务所指向的对象。没有法律关系的客体,权利和义务就没有依附。

关于民事法律关系的客体,在理论界有不同的看法。有人认为客体是物,也有人认为客体是物和行为,或者认为客体只能是体现一定物质利益的行为。通常认为,民事法律关系的客体主要有物、行为、智力成果、人身利益或民事权利等。不同的民事法律关系有不同的客体。物、行为、智力成果、人身利益分别是物权关系、债权关系、知识产权关系、人身权关系的客体。

第二节　民事法律事实

一、民事法律事实的概念

(一)民事法律事实

民事法律事实,指符合民事法律规范、能够引起民事法律关系产生、变更和消灭的客观情况。

民事法律关系是因民事法律规范的调整而在主体之间形成的权利义务关系。但民事法律规范本身并不能在主体之间直接形成民事法律关系,也不能改变或消灭某一民事法律关系。民事法律关系的产生、变更和消灭需要具备三个基本的条件:民事法律规范、民事主体和民事法律事实。其中,民事法律规范和民事主体是民事法律关系产生的抽象条件,而法律事实则是民事法律关系产生的具体条件。只有在一定的法律事实发生后,民事法律关系才能产生,并因一定的法律事实的发生而变更或消灭。

（二）民事法律事实构成

民事法律关系的产生、变更和消灭，有时只需要一个法律事实为根据，有时需要以两个或两个以上的法律事实的相互结合为根据。这种引起民事法律关系的产生、变更或消灭的两个以上的法律事实的总和，就是民事法律事实构成。例如，遗嘱继承法律关系，就需要立遗嘱的行为和遗嘱人死亡这两个法律事实才能够产生。单有立遗嘱的行为或遗嘱人死亡的事实，都不足以引起遗嘱继承法律关系的产生。

二、民事法律事实的分类

根据客观事实是否与主体的意志有关，民事法律事实可以分为自然事实和行为两大类。

（一）自然事实

自然事实，指人的有意识行为之外的，依法能够引起民事法律后果的客观现象。自然事实包括事件和自然状态两类。

1. 事件

事件，指某种客观现象的发生就能直接引起民事权利变动之后果的法律事实。例如，人的死亡、物的灭失都属于事件，它们一旦发生就能够引起婚姻关系、所有权关系的消灭等。

2. 自然状态

自然状态，指某种客观现象持续经过法定期间就能引起民事权利变动后果的法律事实。例如，自然人的下落不明、对物的持续占有、权利的持续不行使等均属于自然状态，都会引起相应的法律后果。

（二）行为

行为，指能够引起民事法律后果的人的有意识活动。人的行为包括民法上的行为、行政行为和司法行为。其中，以民法上的行为最为常见。

根据行为是否需要符合法律的要求，行为可以分为合法行为、违法行为和其他行为。

1. 合法行为

合法行为，指符合民事法律规范、能够引起民事法律后果的行为。合法行为又可以分为民事法律行为、事实行为和准法律行为等。

民事法律行为，指民事主体基于意思表示，旨在发生、变更或终止民事权利和民事义务的行为。这是最常见、最重要的法律事实。例如订立合同、立遗嘱的行为。其特征在于当事人有意识地要建立、变更或消灭某种民事法律关系，并且通过一定的行为将内心的意思表达出来。

事实行为,也称为非表示行为,指不以行为人的意思表示为要件,行为的结果由法律直接规定的行为。例如,遗失物的拾得、无主物的先占等均属于事实行为。

准法律行为,包括意思通知、观念通知、感情表示等。这三者的效力虽然由法律直接规定,但是均以表示一定心理状态于外部为特征,这一点与法律行为极为相近,所以,学说上将此类行为称为准法律行为。意思通知,如要约拒绝、履行催告、选择权行使催告等;观念通知,如承诺迟到通知、债权让与通知、债务承认等;感情表示,如被继承人之宽恕等。

2. 违法行为

违法行为,指不符合法律要求的行为,包括违约行为、侵权行为、不履行法定义务的行为等。这些行为一旦发生,就会引起法律的否定反应,行为人应依法承担相应的民事责任,并在行为人和受害人或其他人之间形成民事责任关系。

3. 其他行为

其他行为,指除了合法行为和违法行为之外的行为,如防卫过当、避险过当等行为。

第三节　民事权利

一、民事权利的概念和本质

(一)民事权利的概念

权利,指人实现正当利益的行为依据。权利的功能在于保障人权和个人自由,权利是民法的核心概念。

民事权利,指法律赋予民事主体所享有的、为实现某种权益而为一定行为或不为一定行为的可能性。

(二)民事权利的本质

对于民事权利的本质的认识,自从 19 世纪以来,学界各种学说纷呈。其主要有意思说、利益说和法力说三种。

1. 意思说

意思说认为,权利的本质是意思的自由,或意思的支配。即权利是个人意思所能自由活动或所能自由支配的范围。意思为权利的基础,无意思即无权利,所以权利的本质应归结为意思。

意思说强调权利概念所蕴含的内容要素,揭示了权利的内容是意思自治。意思说的不足之处在于,无法解释无意思能力之未成年人及精神病人,何以能作为权利主体,以及在许多情形中权利之取得、变更与丧失,并不取决于当事人的意思。

2. 利益说

利益说认为,权利的本质为法律所保护的利益,凡是依据法律归属于个人的利益,无论精神的或物质的,都为权利。也就是说,授予权利就是为了满足特定利益的需要。

利益说揭示了权利的内容是实现利益。其不足之处在于,忽略了法律所保护的利益未必都表现为权利的情形。

3. 法力说

法力说认为,权利总是由特定利益和法律上的力两个因素构成。权利的本质是主体享有的特定利益在法律上的力。依此说,所谓"法律上之力",系由法律所赋予的一种力量,凭借此种力量,既可以支配标的物,亦可以支配他人。

法力说调和了意思说和利益说,今为通说。

二、民事权利的分类

(一) 财产权与非财产权

以权利之标的不同,可将民事权利分为财产权与非财产权两大类。财产权和非财产权是民事权利最基本的分类。

1. 财产权

财产权,指以财产为客体的权利。财产权可以分为物权、准物权、债权等。财产是具有经济价值的东西,包括物和某些权利,因此,财产权体现的是具有经济价值的利益。由于其存在于人身之外,因此除非法律特别限制,财产权一般可以移转。

2. 非财产权

非财产权,又称人身权,指与权利主体之人格、身份不可分离之权利。人身权可分为人格权与身份权。人身权体现了人格和身份利益,这是与个人尊严密切相关的利益,不能用金钱来衡量,不能转让。

必须说明的是,财产权和非财产权的划分并非绝对的。有些民事权利,例如知识产权、继承权、社员权,兼有财产权和非财产权的性质。知识产权,既有人格权,又有财产权;继承权,就其内容而言,属于财产权,但继承权的取得,则基于身份关系。社员权,存在财产权利的因素,但是基于社员资格而取得,还是以身份为主的权利。

(二) 支配权、请求权、形成权、抗辩权

以权利的作用的不同,可将民事权利分为支配权、请求权、形成权和抗辩权。

1. 支配权

支配权,指直接支配权利客体并享受其利益的权利。例如人身权、物权、知识产权中的人格权等。

支配权的特征是:

(1) 利益的直接实现性。权利人可以直接支配客体,以实现其利益,无需义务人的积极行为的配合。

(2) 权利具有排他性、优先性。权利人可禁止他人妨碍其对权利客体的支配,在同一客体上存在的数个内容相容、不相排斥的支配权,成立在先者具有优先效力。

(3) 义务主体的不特定性。支配权的义务人为权利人以外的不特定的其他人,义务的内容为不作为的消极义务。

2. 请求权

请求权,指请求他人为一定行为或不为一定行为的权利。

请求权的特征是:

(1) 权利人不能直接支配客体以实现利益。请求权的利益实现必须通过请求义务人为一定行为或不为一定行为。

(2) 权利效力的平等性、非排他性。在同一客体之上可以成立数个请求权,数个请求权彼此平等,成立在先者并不具有优先效力。

请求权的类型:

(1) 原权型请求权,即原生权利的请求权。包括契约债权、亲属之间的抚养请求权。

(2) 救济权型请求权,指当权利受到他人不法侵害或者有侵害的危险时,发生的救济性的请求权,包括支配权上请求权与债权上请求权。支配权上请求权又可以分为物权请求权、人身权请求权、知识产权请求权。债权上请求权又可以分为契约债权请求权、侵权行为之债请求权。

3. 形成权

形成权,指依据权利人单方意思表示就能使某种民事法律关系产生、变更或消灭的权利。

形成权的特征是:

(1) 权利的行使根据权利人单方意思表示即可,无需双方协商;

(2) 形成权的存在是以当事人之间存在某种民事法律关系为前提。

形成权的类型有:

(1) 使法律关系效力发生的形成权,例如对于无权代理之承认权;

（2）使法律关系效力变更的形成权,如选择之债之选择权;

（3）使法律关系效力消灭的形成权,例如撤销权、抵消权、继承放弃权等。

4. 抗辩权

抗辩权,指对抗对方的请求权或否认对方权利主张的权利。

抗辩权的特征是:抗辩权的效力在于阻止请求权的效力,抗辩权主要是针对请求权的,但又不以请求权为限。例如对于抵消权的抗辩,就是对于形成权而非请求权的抗辩。

抗辩权的类型:

（1）延期性抗辩权,又称一时性抗辩权。指权利效力在于暂时地阻止请求权效力的抗辩权,其作用是使得请求权的效力延期或是使对方请求权于一定期限内不能行使。延期性请求权有同时履行抗辩权、不安抗辩权、检索抗辩权等。

（2）永久性抗辩权,又称为消灭抗辩权。指权利效力在于永久地阻止请求权效力的抗辩权,其效力在于使请求权归于消灭。在某些国家立法中,因为诉讼时效届满债务人取得的抗辩权,便是永久性抗辩权。

（三）绝对权与相对权

根据民事权利效力所涉及的范围划分,可将民事权利分为绝对权与相对权。

1. 绝对权

绝对权,又称为对世权,指能够请求任何人不为特定行为的权利。其效力及于权利人之外的任何人,如人格权、物权、知识产权等均属于绝对权。

绝对权的特征在于:义务人是不特定的任何人,义务人承担的是消极的不作为义务。因为绝对权的实现一般无需他人的积极行为,只要权利人自己的行为即可实现。例如,所有权的实现不需要他人的积极帮助,仅凭所有人支配财产的行为即可。

2. 相对权

相对权,又称为对人权,指请求特定人为一定行为或不为一定行为的权利。债权是典型的相对权。

相对权的特征在于:义务人是特定的人,义务主体的义务主要表现为积极的作为义务。因为相对权的实现一般必须依赖于义务主体的积极的活动(称之为"作为")。例如债权必须依赖于债务人履行债务(交付货物、支付金钱、提供服务等)的行为才能实现。

必须说明的是,绝对权与相对权的这一区别具有相对性。相对权如果遭受义务人之外的其他人的侵犯,在特定情况下,权利人同样有权请求侵害人承担责任。也就是说,相对权也具有不可侵犯性,其对于义务人之外的人也具有约束力。

（四）主权利与从权利

根据权利之间的相互关系和地位的不同,可将存在相互关联关系的几个民事权利划分为主权利与从权利。

1. 主权利

主权利,指在并存的两个权利中能够独立存在,具有独立价值的权利。

2. 从权利

从权利,指必须以主权利的存在为存在前提的权利。例如,抵押权与其所担保的债权,其中,被担保的债权为主权利,担保该债权的抵押权为从权利。

（五）专属权与非专属权

根据权利可否移转,可以将民事权利划分为专属权与非专属权。

1. 专属权

专属权,指只能由权利人本人行使或者享有的权利。专属权依附于特定的权利主体,不能移转于他人。例如人身权(法人的名称权除外),与主体的人身密切联系,不可分离,属于专属权。

2. 非专属权

非专属权,指可以与权利主体相分离,可依法自由转让的权利。例如一般的财产权利(所有权、债权等),均属非专属权。

（六）既得权与期待权

根据权利的成立条件是否完全具备,可以将民事权利划分为既得权与期待权。

1. 既得权

既得权,指已完全具备成立条件,权利主体已经实际获得的权利。例如当事人已经享有的所有权、债权等等。

2. 期待权

期待权,指成立条件尚未完全具备,但将来有实现可能性的权利。这种权利在目前虽然并未被权利主体所实际取得,但其将来可以或有可能取得。例如附停止条件的债权、继承开始前继承人的权利、保险合同受益人的权利等,均属于期待权。

（七）原权和救济权

根据权利相互间是否具有派生关系,民事权利可分为原权和救济权。

1. 原权

原权,指原生的权利。

2. 救济权

救济权,指因原权受到侵害而产生的恢复原状请求权及损害赔偿请求权。

原权是救济权的基础权利,救济权是由基础权利派生出来的权利。救济权实质上是权利人请求违反义务人承担民事责任,救济权通常属于请求权的范畴。

需要说明的是,上述民事权利的划分,属于学术上的分类方法,并非明文规定于法律条文之中。但是,这种学理的界定,大都被立法和司法承认。另外,必须以发展、辩证的眼光看待民事权利的划分,权利类型会随着社会生活的发展变化而随之演变,甚至还会出现新的权利类型。

三、民事权利的行使

(一)民事权利的行使的概念

民事权利的行使,指权利主体为实现其权利实施一定的行为。

由于民事权利类型的不同,行使权利的行为方式各有差异,有民事法律行为、事实行为、准法律行为之分。例如所有人将房屋出租给他人,属于以民事法律行为方式行使所有权。如果所有人拆毁自己居住的房屋,就属于以事实行为方式行使所有权。出租人请求承租人交付租金的催告,就属于以准法律行为方式行使权利。

(二)民事权利行使的指导原则

民事权利的行使,往往关系到他人及社会利益。因此,除了贯彻民事权利的行使依据自愿的原则,还应当要求权利主体在行使民事权利时,遵循诚实信用原则、公序良俗原则。由此,对于民事权利的行使,演绎出具体的两项指导原则,即公共利益原则和禁止民事权利滥用原则。

1. 公共利益原则

所谓公共利益原则,就是要求权利人行使权利的时候,应当顾及和不得侵害社会公共利益。这是现代民法强调社会利益的维护的要求。我国《民法通则》第7条明确规定:民事活动应当尊重社会公德,不得损害社会公共利益。

关于公共利益的界定问题,则需要依法由有权机构依法定程序做出规定。

2. 禁止民事权利滥用原则

所谓禁止民事权利滥用原则,就是要求权利主体行使民事权利不得背离权利应有的社会目的,也不得超越权利应有的界限。也就是对于权利人的意思自治在适当的范围内予以限制,从而达到当事人利益与社会利益的平衡。禁止民事权利滥用原则正是诚实信用原则内容的延伸。

四、民事权利的保护

民事权利的保护方法,分为自力救济和公力救济。

（一）自力救济

自力救济，也称为私力救济。指当民事权利受到侵害的时候，权利主体自己采取必要的措施保护权利。自力救济包括自卫救济和自助救济。

自卫救济，指为了防卫或者避免自己或他人所面临的侵害，不得已而侵害加害人的行为。其包括正当防卫和紧急避险两种行为。

自助救济，指为了保护权利人自己的权利，而对加害人的自由加以拘束，或者对加害人的财产实施扣押、毁损的行为。例如暂时将企图携带赃物逃跑的盗窃分子扣留。自助行为的行使必须遵守严格的要求：一是必须权利人的权利受到不法侵害；二是必须来不及请求公力救济，时间紧迫；三是必须按照法定的方式进行，不得超过一定的限度。权利人在行使自助行为之后，必须及时请求国家机关依法处理。

（二）公力救济

公力救济，指当民事权利受到侵害的时候，通过国家机关及法定程序来保护权利的执行。公力救济的主要程序是民事诉讼和强制执行。

第四节　民事权利的客体——物

一、物的概念和特征

（一）物的概念

民法上的物，指存在于人体之外，能够为人力所支配并且能满足人类某种需要，具有稀缺性的物质对象。物是最主要的民事法律关系客体。

（二）物的特征

1. 存在于人体之外

物的这一特征表明物须具有非人格性。人的身体为人格所附，不能作为物，但与身体分离的毛发、牙齿，属于物。随着科学技术的发展，活人的身体不属于物的观念受到挑战，如器官移植、器官捐赠等，均是以活人的器官作为合同的标的物。但对于这一类合同，债权人无权请求强制执行，不得有偿交易。

2. 主要限于有体物

有体物是相对于无体物而言的。在罗马法中，有体物指占据一定空间，为人的五官所可感觉的物质，如土地、房屋等。无体物指法律上拟制的关系，为人的五官所不可感觉，主要指财产权利。法国民法继受了罗马法上对于物的理解；德、日等国民法，则就物采用有体物为限。我国学者认为，所有权的客体原则上应限于有体物，他物权的客体则可包括有体物和作为无体物的权利。

3. 能满足人的需要

物能满足人的需要,也就是说物必须对人有价值。这种价值,不以物质利益为限,精神利益也包括在内。只要具有能满足人的需要的属性,都可以成为民法中的物,即可以成为交易的客体。

4. 具有稀缺性

并非一切能满足人的需要的物都必然能成为民法中的物。阳光和空气能满足人的需要,在通常情况下却不能成为民法中的物,原因在于它们是无限地供给的,不具有稀缺性。要成为民法中的物,除了须具有效用外,还必须具有稀缺性。

5. 为人力所能支配

不能为人力所能支配的东西,例如日月星辰,尽管可能具有巨大价值,但不能成为民法中的物。

6. 独立成为一体

民法上的物须独立成为一体,能满足人们生产、生活的需要。在交易实践中,物能否独立满足人们的需要,应根据交易的具体情形确定。原则上物的一部分由于无独立性,不属于物。但是也有例外,例如建筑物的区分所有。

二、物的分类

（一）动产和不动产

以物能否移动,移动是否改变其经济价值为标准,可将物分为动产和不动产。动产和不动产是物最重要的一种分类。

不动产,指在空间上占有固定位置,移动后会影响其经济价值的物。例如土地、房屋、林木等地上定着物等。

动产,指能在空间上移动而不会损害其经济价值的物。

区分动产和不动产的意义在于:

第一,物权变动的条件不同。动产物权的变动,一般仅依交付即可产生相应的法律效果;而不动产非经登记,不产生物权变动的法律效果。

第二,得以设定的他物权类型不同。依据传统民法,他物权中的用益物权,仅能设定在不动产上。

第三,法律适用及诉讼管辖不同。就不动产发生的纠纷,依物之所在地法解决。且发生法院的专属管辖,如我国《民事诉讼法》规定,因不动产纠纷提起的诉讼,由不动产所在地人民法院管辖。

（二）流通物、限制流通物和禁止流通物

以物的流通性为标准,可将物分为流通物、限制流通物和禁止流通物。

流通物,指法律允许在民事主体之间自由流转的物。大部分物为流通物。

限制流通物,指在流转过程中受到法律和行政法规一定程度限制的物。

禁止流通物,指法律或行政法规禁止自由流转的物。

区分流通物、限制流通物和禁止流通物,其意义在于:合同标的物为流通物的,具备了合同的其他生效要件,合同即可生效;合同标的物为限制流通物的,除须具备合同的一般生效要件外,还应办理批准或登记手续,合同方可完全生效;合同标的物为禁止流通物的,合同无效。

(三)特定物和种类物

根据物是否具有独特性,可将物分为特定物和种类物。

特定物,指具有固定的属性,不能以其他物代替的物,即世界上独一无二的物。它既可以是依物自身的特征确定,如一幅字画、收藏的古玩,也可是依当事人的主观意志确定的物,如在众多的服装中选择一套。

种类物,指具有共同的属性,可以用品种、规格和度量衡加以计算,具有可替代性的物,如一箱可乐、一瓶牛奶。

区分特定物和种类物的意义在于:

第一,以种类物作交易标的物的,所有权的转移只能依交付确定;以特定物作为债的,所有权的转移可依当事人的约定。

第二,以特定物为债的标的物的,在标的物意外灭失时,发生债的履行不能进行。

第三,某些债的关系只能以特定物为标的物,例如租赁、借用关系;某些债的关系只能以种类物为标的物,例如借贷关系。

(四)主物和从物

以物与物之间的关系为标准,可将物区分为主物和从物。

主物,指在两种以上互相配合、按一定经济目的组合在一起的物的关系中,起主要作用的物。

从物,指配合主物的使用而起辅助作用的物。从物虽然是独立的物,并非主物的构成成分。但它在客观上、经济上从属于其他物,补充其他物的效用,例如马鞍、剑鞘等。

区分主物与从物的意义在于:当事人没有特别约定时,对主物的处分及于从物,从物随主物的转让而转让。

(五)可分物和不可分物

以物能否分割,分割后是否影响它的使用价值,可将物分为可分物和不可分物。

可分物,指可进行实物分割而不改变其经济用途和价值的物,例如米、油。

不可分物,指经实物分割后,将使该物失去其原有的经济用途,降低其价值的物,例如汽车、活牛。

区分可分物与不可分物的意义在于:在共有关系终止时,这两种物的分割方式不同。对于可分物,可进行实物分割;对于不可分物,只能进行价值分割,譬如通过拍卖、变卖、折价等方式进行分割。

(六)原物和孳息

以两物间的联系为标准,可将物分为原物和孳息。

原物,指原已存在,能够产生收益或者产生新物的物。

孳息,指由原物所生之物。孳息可分为天然孳息和法定孳息。所谓天然孳息,是指果树、动物的出产物,以及其他依物的使用方法所收获的物。所谓法定孳息,是指利息、租金等因法律关系所获得的收益。

区分原物和孳息的意义在于:通常情况下,原物所有人有权取得孳息之所有权。转移原物的所有权,孳息的所有权应同时转移。

(七)可消耗物和不可消耗物

以物经使用后物质形态的变化为标准,可将物分为可消耗物和不可消耗物。

可消耗物,指一经使用就灭失或改变其原有状态的物,如粮、油等。

不可消耗物,指经反复使用不改变其形态、性质的物,如房屋、电视等。

区分可消耗物和不可消耗物的意义在于:可消耗物不能作为转移标的物使用权的债的标的物。例如借用合同、租赁合同等只能以不可消耗物为标的物。

(八)单一物、结合物和集合物

以物的构成形态为标准,可将物分为单一物、结合物和集合物。

单一物,指形态上能独立成为个体而存在的物,如一匹马。

结合物,又称合成物,指由数个物结合而成的独立物,如房屋。

集合物,又称聚合物,指由多数的单一物或结合物集合而成,各物仍保持其独立存在的物,如工厂里的设备、图书馆的书、羊群中的羊等。

区分单一物、结合物和集合物的意义在于:对于单一物或结合物,原则上权利应存在于物的整体。至于在物的组成部分上,则不应存在独立的权利。但现代民法上的建筑物区分所有权为例外。对于集合物,其整体不应作为一个权利的客体,权利应存在于各个独立的单一物或结合物上。但现代民法上的财团抵押为例外。

第五节   货币、有价证券

一、货币

货币,又称金钱,是指可以用票面金额来表现其价值,在流通中充当一般等价物的一种特殊的物。

货币的特征有:

(一)货币属于动产

(二)货币是种类物,而且是具有高度代替性的种类物

货币的价值是通过票面上的数额来表示,可以进行交换,是一般等价物,是法定的支付手段、流通手段和结算手段。在民事法律关系中,货币是大多数交易的法定支付手段。

(三)货币是可消耗物

货币一经其所有人使用,即转入他人之手,发生了所有权的移转。所以,辗转流通是货币的特有机能,而供人消费更是货币的唯一目的。

由于货币是一种特殊的种类物,在交易上可以互相替代,所以作为所有权客体的货币,具有以下特点:货币所有权与对于货币的占有是合一的,可以推定货币的占有人为所有人;所有人将一定数额的货币出借给他人时,借用人即时取得货币的所有权,借用人只需在借用期届满时返还同样数额的金钱即可;丧失对货币占有,一般即丧失对货币的所有权,所以只能行使不当得利返还请求权,而无法行使所有物返还请求权。

二、有价证券

有价证券,指设立并证明持券人有权取得一定财产权的书面凭证。作为物的一种,有价证券代表着一定的财产权利。有价证券持有人享有两种不同性质的权利,一是对有价证券本身的所有权;二是有价证券上所记载的权利。

(一)有价证券的特征

(1)证券直接代表财产权利,券面所记载的财产价值,就是证券本身的价值。只有持券人,才能主张证券上所记载的财产权利。

(2)证券权利的转移,仅以证券的交付为要件。因为证券属于动产,动产所有权的转移,除非法律另有规定或当事人另有约定,以动产的交付为要件。

(3)证券的债务人是固定的,债权人则可因证券的转让而变更。有价证券具有流通性,持券人会发生变化,证券债务人不得因此变更而拒绝履行债务。

（4）负有支付义务的人有单方的见券即付的义务。也就是说,债务人必须无条件给付券面记载的财产,不得向持券人提出任何对价性的条件。

（二）有价证券的种类

1. 不记名的、指示的和记名的有价证券

以有价证券的权利转移方式的不同为标准,有价证券可以分为不记名的、指示的和记名的三种。

（1）不记名有价证券。指在有价证券中没有指明该证券的权利享有人的有价证券。持有不记名有价证券的人,就享有该有价证券中所包含的权利。不记名有价证券可以用民法上的交付方式转让给他人。不记名有价证券不能以遗失、被盗、非法出让为理由,要求善意取得人返还。不记名有价证券人的权利同该证券原占有人的权利不发生关系。所以,证券义务人不能因为自己同证券原占有人之间发生纠纷,而拒绝对证券现持有人履行义务。

（2）指示有价证券。指用指明一定的第一个取得人的名字的方法,或者指明根据其指示进行交付的方法制定的有价证券。第一个取得人在把该证券转让给他人时,不是按照民法上普通转让债权的方法,而是用在该证券背面签注的方法办理,这就是"背书"。在这种背书中,可以指明接受证券的人,并由背书人签名盖章;或者仅有背书人签名盖章 ,这就叫"空白背书"。在后一种情况下,指示有价证券实际上变成了不记名有价证券。债务人对持有指示有价证券的人不得提出他对第一取得人或其他原持有人的异议。

（3）记名有价证券。指在有价证券中记载该证券权利人的有价证券。记名有价证券可以按照民法上转让普通债权的手续转让给他人。对于记名有价证券,只有证券上指定的人或者能够证明是合法受让的第三人,才有权要求债务人履行债务,实现权利。

2. 票据、股票、仓单与提单、债券

以证券所代表的权利性质的不同,有价证券可以分为票据、股票、仓单提单、债券等若干类型。

（1）票据。是发票人依法发行的、由自己无条件支付或委托他人无条件支付一定金额的有价证券。这是代表一定货币的证券。根据我国《票据法》的规定,票据包括汇票、本票和支票。

汇票,指由出票人签发,委托付款人在见票时或者在指定日期无条件支付确定的金额给收款人或者持票人的票据。汇票分为银行汇票和商业汇票。

本票,指由出票人签发的,承诺自己在见票时无条件支付确定的金额给收款人或者持票人的票据。本票主要是指银行本票。

支票,是出票人签发的,委托银行或者其他金融机构在见票时无条件支付确定的金额给收款人或者持票人的票据。

(2) 股票。是公司签发的,证明股东所持股份的凭证。它是股份有限公司股份的表现形式,是资本有价证券,又是流通证券、要式证券。

(3) 仓单、提单。仓单,指仓储保管人向存货人开具的证明保管物已经入库的有价证券。仓单是要式证券,是物权凭证。提单,指用以证明海上货物运输合同和货物已经由承运人接受或者装船,以及承运人保证据以交付货物的单证。仓单、提单,都是代表一定商品的有价证券。

(4) 债券。指代表一定债权的有价证券,例如公司债券和国库券。公司债券,指公司依照法定程序发行的、约定在一定期限内还本付息的有价证券。国库券,指国家发行的,到期还本付息的有价证券。

第三章 自然人

第一节 自然人的民事权利能力

自然人,是基于出生而取得民事主体资格的人。在范围上包括本国公民、外国公民和无国籍人。自然人与公民不同,公民是一个公法概念,指具有一国国籍的自然人。我国民法通则使用"公民(自然人)"的概念,但 1999 年《合同法》中直接使用"自然人"概念。

一、自然人民事权利能力的概念和特征

（一）自然人民事权利能力的概念

自然人民事权利能力,指法律赋予自然人享有民事权利、承担民事义务的资格。具备了权利能力,才能作为主体参加民事活动,取得民事权利和承担民事义务。

（二）自然人民事权利能力的特征

1. 平等性

自然人的民事权利能力一律平等,就是所有自然人都普遍地、无区别地享有民事权利能力。《民法通则》第 10 条规定:"公民的民事权利能力一律平等。"这意味着,每一个自然人都平等地享有民事主体资格,都平等地享有法律上所规定的权利能力,不受民族、种族、性别、年龄、职业、职务、家庭出身、宗教信仰、教育程度、财产状况的限制。除非法律有特别规定,任何自然人的权利能力不受限制和剥夺。

民事权利能力的平等,是形式意义上的平等,而不是实质意义上的平等。因为民事权利能力的平等,是民事主体资格的平等,是机会的平等,并不意味着实际

享有的民事权利的均等,并不谋求结果的平等。能否实际享有民事权利,获得财产利益,除了必须具备民事权利能力之外,还必须实施民事法律行为或出现其他法律事实,最终结果取决于是否存在一定的法律事实。

2. 不可转让性

民事权利能力不可转让或者抛弃,只可能因为主体死亡而消灭。因为民事权利能力乃是自然人生存和发展的必要条件,是参与民事活动的资格要素。转让权利能力,无异于抛弃自己的生存权。因此,权利能力是不可转让、不可抛弃的。纵使出于自愿,也不能被法律所承认,不发生当事人所追求的转让或者抛弃民事权利能力的法律后果。

(三)民事权利能力与民事权利的区别

民事权利能力与民事权利,是两个有内在联系,但意义不同的概念。其主要区别是:

(1)民事权利能力是取得民事权利的资格;民事权利是自然人凭借权利能力进行活动的结果。

(2)民事权利能力不仅指享有民事权利的资格,而且还指承担民事义务的能力;而民事权利,仅指权利而不包含义务。民事权利和民事义务是两个不同的概念,互相独立或相互对等,并且彼此是不可代替的。

(3)民事权利能力是法律直接赋予的;民事权利则是在具体的民事法律关系中产生的。一般来说,民事权利的内容和范围或直接由法律规定,或直接取决于民事主体的意志。

(4)民事权利能力与自然人的人身是不可分离的,权利能力非依法律规定不能受限制或被剥夺,也不能放弃或转让;自然人的民事权利尤其财产权是可以依法放弃和转让的。

二、民事权利能力的取得和终止:出生和死亡

(一)民事权利能力的取得

我国《民法通则》第9条规定:"公民从出生时起到死亡时止,具有民事权利能力,依法享有民事权利,承担民事义务。"

1. 出生

出生,指胎儿活着与母体脱离而成为有独立生命的事实。

2. 出生时间的确定

自然人出生时间的确定,在民法学界有各种学说,例如一部分露出说、全部露出说、独立呼吸说等。现代民法一般以全部露出并独立呼吸为依据。我国实际上

是采用独立呼吸说,即每一个出生婴儿,从其第一次呼吸开始,就享有民事权利能力。

关于出生时间的认定标准,目前司法实践以最高人民法院的《关于贯彻执行〈中华人民共和国民法通则〉若干问题的意见(试行)》第1条为依据,实行这样的规则:"出生的时间以户籍证明为准。没有户籍证明的,以医院出生证明为准。没有医院证明的,参照其他证明认定。"

3. 对胎儿利益的特殊保护

胎儿尚未脱离母体,依据民事权利能力始于出生的法律制度,胎儿的利益必然无法得到有效的法律保护。因此,在例外情况下,必须突破该制度,对胎儿利益予以特殊保护。当前,我国《继承法》第28条基于照顾胎儿出生后的利益需求,特别规定:"遗产分割时,应当保留胎儿的继承份额。胎儿出生时是死体的,保留的份额按照法定继承办理。"这就是说,胎儿出生后,如果是活婴,即享有继承权,能够继承为其保留的继承份额。

我国民法通则实行的是胎儿不具有民事权利能力的原则,因此,对于胎儿利益的保护问题,尚有待突破。国外立法有三种不同主张:

一为总括保护主义,即只要其出生时尚生存,胎儿就和已出生婴儿一样具有民事权利能力。此为罗马法所确立的一项原则,《瑞士民法典》也作了类似的规定。

二为个别保护主义,即胎儿原则上无权利能力,但在若干例外情形下,视为有民事权利能力。立法以列举方式,规定保护胎儿的损害赔偿请求权、抚养请求权、继承权和受遗赠权等。法国、德国、日本等国民法均采用此主义。

三为绝对主义,即绝对贯彻胎儿不具有权利能力的原则。即胎儿不具有民事权利能力,不得为民事权利主体。1964年的苏俄民法典及我国民法通则采用此立法主义。

(二)民事权利能力的终止

根据《民法通则》第9条的规定,民事权利能力始于出生,终于死亡。

1. 死亡

死亡,指自然人生命的终止。在法律上意味着自然人民事权利能力的消灭。民法上讲的死亡,包括自然死亡和宣告死亡。

自然人死亡时,应由医院或者基层管理部门向其家属等出具死亡证书,后者必须依据户籍管理制度办理户籍注销登记。

2. 死亡时间的认定和推定

自然死亡时间应当以医学上确定的死亡时间为准。但是,由于医疗技术水平及人伦价值观念的不同,对于自然死亡时间的认定,历来存在不同学说,如心脏搏动停止说、呼吸停止说、脑电波消失说等。在我国,虽然对此尚无明确的立法规定,但是实践中一般是以呼吸和心跳均告停止为自然死亡的时间。

如果互有继承关系的几个人在同一事件中死亡,又不能确定死亡先后时间的,只能予以法律推定:推定没有继承人的人先死亡。死亡人各自都有继承人的,如辈分不同,推定长辈先死亡;辈分相同,推定同时死亡,彼此不发生继承,由他们各自的继承人分别继承(见最高人民法院《关于贯彻执行〈中华人民共和国继承法〉若干问题的意见》第2条)。

宣告死亡的死亡时间,根据最高人民法院《关于贯彻执行〈中华人民共和国民法通则〉若干问题的意见(试行)》解释第36条:"被宣告死亡的人,判决宣告之日为其死亡的日期。"(相关内容参阅本章第四节"宣告死亡")

第二节　自然人的民事行为能力

一、自然人民事行为能力的概念

自然人的民事行为能力,指自然人能够以自己独立的行为参与民事活动,取得民事权利和承担民事义务的法律资格。它是民事主体独立实施法律行为的资格。

自然人的民事行为能力和民事权利能力都是由法律规定的,非依法律不得限制和剥夺。两者紧密相关,自然人具有民事权利能力,是具有民事行为能力的前提。但两者是有区别的:

第一,民事权利能力人人平等享有,以生存为条件,一经出生即当然具有民事权利能力;民事行为能力则并非每个自然人都能够具备,法律只对有一定判断力的人赋予民事行为能力。

第二,民事权利能力始于出生,终于死亡。民事行为能力则以意思能力的存在为前提,以一定的年龄、智力状况、精神状态为存在标准。

二、自然人民事行为能力的确定标准

自然人是否具备民事行为能力,取决于其意思能力状况。意思能力是行为人能够理解自己的行为并且预见其后果的能力。意思能力属于事实问题,对于其有无以及状况如何,法律技术采取的是"年龄＋有条件的个案审查"模式。

对于心理发育无障碍的人,硬性规定意思能力成熟、部分成熟和尚未具备的年龄标准,分别赋予完全行为能力、限制行为能力和无行为能力。

对于心理发育障碍者,则为个案审查。在一般情况下,由利害关系人自行审查。只有当利害关系人申请,或者人民法院审理案件认为必要时,方予以审查。

三、自然人民事行为能力的划分

我国民法通则根据自然人的具体情况,按照年龄、智力状况、精神状态的不同,将自然人的民事行为能力划分为:完全民事行为能力、限制民事行为能力和无民事行为能力三种。

(一)完全民事行为能力

完全民事行为能力,指能够独立实施任何法律行为的资格。

各国均以成年作为自然人享有民事行为能力的标准。各国关于成年年龄的规定不一。我国《民法通则》第 11 条第 1 款规定:"十八周岁以上的公民是成年人,具有完全民事行为能力,可以独立进行民事活动,是完全民事行为能力人。"

考虑到我国以十六周岁为就业、参军的最低年龄,因此,我国《民法通则》第 11 条第 2 款规定:"十六周岁以上不满十八周岁的公民,以自己的劳动收入为主要生活来源的,视为完全民事行为能力人。"

(二)限制民事行为能力

限制民事行为能力,指自然人独立实施法律行为的能力受到一定的限制。

我国《民法通则》第 12 条、第 13 条分别规定了两种限制行为能力人:十周岁以上的未成年人;不能完全辨认自己行为的精神病人。

限制民事行为能力人,可以进行与他的年龄、智力相适应的民事活动;其他民事活动由他的法定代理人代理,或者征得他的法定代理人的同意,才可以实施。法定代理人的同意,包括事前的许可或事后的追认。

(三)无民事行为能力

无民事行为能力,指自然人完全不具有以自己的行为从事法律行为的资格。

我国《民法通则》第 12 条、第 13 条分别规定了两种无民事行为能力人:不满十周岁的未成年人;不能完全辨认自己行为的精神病人。

无民事行为能力人,原则上不能独立从事任何法律行为,其法律行为由法定代理人代理。但是,对于无行为能力人独立从事的纯获法律上利益的行为,仍属有效。例如接受不附条件或义务的赠与、接受奖励及报酬等。

四、自然人无民事行为能力和限制民事行为能力的宣告

我国立法对精神病人的无民事行为能力和限制民事行为能力采取宣告制度。

根据我国《民法通则》第 19 条规定,宣告的要件为:被宣告人须为精神病人;

须经利害关系人申请;须经人民法院宣告。

自然人被宣告为无民事行为能力人或限制民事行为能力人,其行为能力只是处于一时的中止或受限制的状态。所以,当他们的智力障碍被排除,具有辨认事物的能力时,可以根据其健康恢复的状况,经本人或者利害关系人申请,由人民法院宣告其为限制民事行为能力人或完全民事行为能力人。

第三节　监　护

一、监护的概念和沿革

监护,指设定专人对未成年人和精神病人的人身、财产及其他合法权益进行监督和保护的一种民事法律制度。履行监督和保护职责的人,称为监护人;被监督、保护的人,称为被监护人。

二、监护的性质

关于监护的性质,历来有不同认识,主要有以下三种观点:

一为权利说,认为监护是一种身份权。

二为义务说,认为监护制度并未赋予监护人任何利益,而只是课以沉重的负担,因此就事实而言,监护是法律给予监护人的片面义务。

三为职责说,该说认为监护制度纯粹为保护被监护人的利益,不允许监护人借监护以谋取自身利益。我国《民法通则》第18条明文规定监护为职责,因此监护的本质为一种职责。

三、监护人的设定

(一)未成年人监护人的设定

根据我国《民法通则》第16条规定,未成年人的父母是未成年人的监护人。也就是说,我国未成年人的监护,因出生而开始,父母为当然的监护人。

未成年人的父母已经死亡或者没有监护能力的,应当由下列有监护能力的人担任监护人:(1)祖父母、外祖父母;(2)兄、姐;(3)与未成年人关系密切的、愿意承担监护责任,又经未成年人父、母的所在单位或者未成年人住所地的居民委员会、村民委员会同意的其他亲属和朋友。(4)没有以上监护人的,由未成年人父、母的所在单位或者未成年人住所地的居民委员会、村民委员会或者民政部门担任监护人。

在其他国家和地区的立法上,未成年人监护人的设定,尚有委托监护及遗嘱监护,即未成年人的父母在不能履行监护职责时或死亡前,可为子女选定委托监护人或遗嘱监护人。我国现行立法对此没有规定,尚待完善。

(二) 精神病人监护人的设定

根据我国《民法通则》第17条规定,精神病人应当由下列人员担任监护人:(1)配偶;(2)父母;(3)成年子女;(4)其他近亲属;(5)与精神病人关系密切、愿意承担监护责任,又经精神病人的所在单位或者住所地的居民委员会、村民委员会同意的其他亲属和朋友。没有以上监护人的,应由精神病人的所在单位或者住所地的居民委员会、村民委员会或者民政部门担任监护人。

(三) 对于担任监护人的争议的解决

对于担任监护人有争议的,我国民法通则规定了指定监护人制度。

指定监护,指没有法定监护人,或者对担任监护人有争议的,监护人由有关部门或人民法院指定而设置的监护。根据我国《民法通则》第16条规定,对担任监护人有争议的,由未成年人父、母(或精神病人)的所在单位或者未成年人(或精神病人)住所地的居民委员会、村民委员会在近亲属中指定。对指定不服提起诉讼的,由人民法院裁决。

法律对于近亲属、朋友担任监护人,设有一定顺序。对于未成年人,其父母为当然监护人,因此不列入顺序。其祖父母、外祖父母为第一顺序,兄姐为第二顺序,关系密切的其他亲属、朋友为第三顺序。对于精神病人,其配偶为第一顺序,父母为第二顺序,成年子女为第三顺序,其他近亲属为第四顺序,关系密切的其他亲属、朋友为第五顺序。但是,该顺序仅供指定机关参考,并非硬性规定。前一顺序有监护资格的人无监护能力或者对被监护人明显不利的,人民法院可以根据对被监护人有利的原则,从后一顺序有监护资格的人中择优确定。被监护人有识别能力的,应视情况征求被监护人的意见。监护人可以是一人,也可以是同一顺序的数人。

四、监护人的职责

根据我国《民法通则》第18条的规定,监护人应当履行的监护职责如下:

(一) 保护被监护人的人身安全

监护人在日常生活中,应当注意保护被监护人的人身安全,注意防止一切可能对于被监护人的人身安全造成侵害的因素。

(二) 保护和管理被监护人的财产

在管理被监护人的财产时,应当尽到善良管理人之义务,非为被监护人的利益,不得处分被监护人的财产。

（三）教育和照顾被监护人

照顾被监护人的日常生活,教育被监护人,保障被监护人的健康、安全。

（四）担任被监护人的法定代理人

被监护人是无民事行为能力人的,监护人应代理其一切民事活动。被监护人是限制民事行为能力人的,除非与其行为能力相适应的行为,其他行为由监护人代理,或者取得监护人同意进行。

（五）代理被监护人进行诉讼

如果被监护人合法权益受到侵害,或者被监护人侵害他人合法权益,因而发生诉讼时,监护人应当代理被监护人进行诉讼。

（六）监护人的责任

监护人不履行监护职责,侵害被监护人的合法权益的,应当承担赔偿责任;给被监护人造成财产损失的,应当赔偿损失。如果因监护人管教不严,致使被监护人实施不法行为造成他人损失的,由监护人承担民事责任。

需要强调的是,监护人并不承担扶养被监护人的义务。扶养关系的存在取决于一定亲属身份关系的有无,不以监护关系为依据。

五、监护的终止

引起监护终止的原因如下:第一,被监护人获得完全民事行为能力。第二,监护人或被监护人一方死亡。第三,监护人成为无民事行为能力人或限制民事行为能力人。第四,监护人资格被撤销。因监护人不履行监护职责,人民法院根据有关人员或单位的申请,撤销监护人的监护资格。第五,监护人行使辞职权。监护人有正当理由提起辞职时,应准予辞职。监护人享有辞职权的情形主要有:年龄大;病重,长期卧床;正在服兵役;长期在监护人居所地之外的地方工作等不便于行使监护职责的情形。

第四节　宣告失踪和宣告死亡

一、宣告失踪

（一）宣告失踪的概念

宣告失踪,指自然人离开自己的住所,下落不明达到法定期限,经利害关系人申请,由人民法院宣告其为失踪人的法律制度。

确立宣告失踪制度的目的,在于为失踪人设置财产代管人,结束失踪人财产无人管理、所负担的义务得不到履行的不正常状态,从而维护自然人的合法权益和社会经济活动的有序进行。

（二）宣告失踪的条件和程序

1. 必须有自然人离开住所,下落不明持续满2年的事实

所谓下落不明,指自然人离开住所无任何消息。下落不明的时间应从最后获得该自然人消息之日起计算。战争期间下落不明的时间应从战争结束之日起计算。

2. 必须由利害关系人向人民法院提出申请

这里所说的利害关系人,包括被申请宣告失踪人的配偶、父母、子女、兄弟姐妹、祖父母、外祖父母、孙子女、外孙子女以及其他与被申请人有民事权利义务关系的人,如被申请宣告失踪人的债权人、债务人和合伙人。这些利害关系人应具有完全民事行为能力。以上有权申请人没有先后顺序的限制。

3. 必须由人民法院依照法定程序宣告

宣告失踪只能由人民法院做出判决。人民法院接到宣告失踪的申请后,应对下落不明的自然人发出公告,公告期为3个月。公告期届满,不能确定被申请人尚生存的,应做出宣告失踪的判决。

（三）宣告失踪的法律后果

自然人被宣告失踪后,其民事主体资格仍然存在,因而不发生继承,也不改变与其人身有关的民事法律关系。宣告失踪所产生的法律后果主要是为失踪人设立财产代管人,由代管人对失踪人的财产进行代管并履行相应义务。

1. 代管人的设立和变更

代管人的设立有两种情形:第一,由有权申请宣告失踪的人自愿或协商担任;第二,由法院指定。对于担任代管人有争议的,人民法院应从有利于保护失踪人及其利害关系人的合法权益、有利于财产的管理出发,为失踪人指定财产代管人。

无民事行为能力人、限制民事行为能力人失踪的,其监护人就是财产代管人。

代管人设立后,基于以下情形可以变更或撤销代管人:第一,代管人以无力履行代管职责,主动申请变更代管人;第二,因为代管人不履行代管职责或者侵犯失踪人财产权益的,失踪人的利害关系人向法院申请变更财产代管人。

2. 代管人的义务和职责

代管人应本着维护失踪人利益的原则管理失踪人的财产,尽到善良管理人的注意义务,不得侵害失踪人的合法权益;否则,对于因为管理不当所造成的失踪人的财产损失,代管人应以其自己的财产承担赔偿责任。失踪人的其他利害关系人还可以因此申请变更财产代管人。

代管人的职责主要有：

第一，从失踪人的财产中支付失踪人所欠税款及其他费用。其包括支付失踪人应付的赡养费、抚养费、扶养费，以及履行失踪人被宣告失踪前签订的合同及其他义务等。

第二，追索失踪人的债权。代管人追索所得财产，应为失踪人所有，由代管人管理。

第三，财产代管人拒绝支付失踪人所欠税款、债务和其他费用，债权人提起诉讼的，人民法院应当将代管人列为被告。失踪人的财产代管人向失踪人的债务人要求偿还债务的，可以作为原告提起诉讼。

代管人管理失踪人财产所支出的费用，可以从失踪人的财产中支付。

（四）失踪宣告的撤销

失踪宣告，因为被宣告人出现或因确知其下落，经本人或者利害关系人申请，人民法院应当撤销对他的失踪宣告。

根据我国《民法通则》第 22 条规定，撤销失踪宣告的情形有两种：其一，被宣告失踪的人重新出现，即失踪人返回到原来的住所地、经常居住地或其工作单位等；其二，他人确知他的下落。

撤销失踪的宣告，应由本人或者利害关系人向人民法院提出申请。

失踪宣告一经撤销，代管人的代管权随之终止。代管人应当将其代管的财产及其收益交还给被宣告撤销失踪的人，并详细告知代管理期间对其财产管理和处置的情况。

二、宣告死亡

（一）宣告死亡的概念

宣告死亡，指自然人离开自己的住所，下落不明达到法定期限，经利害关系人申请，由人民法院宣告其死亡的法律制度。这是由人民法院以判决的方式推定自然人死亡。

宣告死亡制度的设立，对结束下落不明的自然人与他人之间的财产关系和人身关系的不稳定状况，稳定社会经济生活具有重要意义。

（二）宣告死亡的条件和程序

在我国，宣告死亡的条件和程序是：

1. 自然人下落不明，即离开住所或最后居住地没有音讯，不知生死。

2. 下落不明的事实状态达到法定的期间。根据情况的不同，分别有三种不同的期间要求：第一，在一般情况下，自然人离开住所下落不明满 4 年的；第二，因意外事故下落不明,从事故发生之日起满 2 年的;第三,在战争期间下落不明的,从战争结束之日起满 4 年。

3. 必须有利害关系人的申请。

有权申请宣告失踪人死亡的利害关系人是:(1)配偶;(2)父母、子女;(3)兄弟姐妹、祖父母、外祖父母、孙子女、外孙子女;(4)其他有民事权利义务关系的人,如债权人、债务人、人寿保险合同的受益人。

必须强调的是,宣告死亡的申请人顺序具有排他性,前一顺序的申请人不申请宣告死亡的,后一顺序的申请人不得申请失踪人死亡。

只有经利害关系人提出宣告死亡申请,人民法院才能依法做出死亡宣告。宣告失踪不是宣告死亡的必经程序,被申请宣告死亡的自然人,既可以是被宣告失踪的人,也可以是未经宣告失踪的人。

4. 必须由人民法院进行宣告。

宣告死亡的案件只能由人民法院审理,其他任何单位和个人都无权宣告自然人死亡。人民法院受理宣告死亡的案件后,必须发出寻找失踪人的公告。普通失踪的公告期间为 1 年,因意外事故申请宣告失踪的公告期为 3 个月。公告期间届满仍不能确定失踪人尚生存的,人民法院才能依法对其做出死亡宣告。人民法院发出寻找失踪人的公告期间,不包括在被宣告死亡的自然人下落不明所须达到的法定期间之内。在我国,人民法院宣告判决中确定的失踪人的死亡日期,视为失踪人死亡的日期,判决中没有确定其死亡日期的,则以判决生效的日期为失踪人死亡的日期。

(三)宣告死亡的法律后果

自然人被宣告死亡产生与自然死亡同样的法律后果。这主要包括被宣告死亡的自然人与其配偶之间婚姻关系消灭;继承人因此可以继承其遗产;受遗赠人可以取得遗赠等。

宣告死亡只是依法对失踪人死亡的推定,事实上该失踪人的生命不一定终结。如果推定与事实不符,仍然应当承认其享有民事权利能力。我国《民法通则》第 24 条第 2 款规定,有民事行为能力人在被宣告死亡期间,仍然能够独立参加各种民事活动,其实施的法律行为仍然是有效的。

(四)死亡宣告的撤销

当被宣告死亡的人重新出现或者确知他没有死亡的消息,经本人或利害关系人申请,人民法院应当撤销对他的死亡宣告。

死亡宣告被撤销的法律后果是:

其一,被撤销死亡宣告的人,有权请求返还财产。依照继承法取得失踪人遗产的自然人或者组织,应当返还原物;原物不存在的,给予适当补偿。

其二,如果被撤销死亡宣告人的配偶尚未再婚的,夫妻关系从撤销死亡宣告之日起自行恢复;如果其配偶再婚后又离婚或者再婚后配偶又死亡的,则不得认定夫妻关系自行恢复。

其三,被撤销死亡宣告人有子女的,父母子女的权利义务应当恢复。但子女已被他人依法收养的,被撤销死亡宣告人仅以未经本人同意而主张收养关系无效的,一般不应允许。

其四,利害关系人隐瞒真实情况使他人被宣告死亡因而取得其财产的,不但应当返还原物及孳息,还应当赔偿损失。

第五节   自然人的户籍和住所

一、自然人的户籍

户籍是以户为单位记载自然人的姓名、出生、住所、结婚、离婚、收养、失踪和死亡等事项的法律文件。户籍是户籍管理上的概念,本身并非为了确认和维护民事身份而建立。

在我国,户籍不但是作为人口管理和控制的手段,而且也作为自然人民事身份登记资料的依据。它对于确定自然人何时开始和终止民事权利能力和民事行为能力,明确自然人的家庭状况和财产继承关系,确定自然人的姓名权等,都具有重要的法律意义。

我国自 1984 年起开始实行居民身份证制度。1985 年第六届全国人大常委会第十二次会议通过的《中华人民共和国居民身份证条例》规定,居住在中华人民共和国境内的年满 16 周岁的中国自然人应当依照条例的规定,申请领取居民身份证。居民身份证登记项目包括姓名、性别、民族、出生日期、住址等,居民身份证是证明自然人个人身份的法律凭证。

二、住所

住所,是自然人以久住的意思经常居住的场所,是自然人生活和进行民事活动的中心场所。

我国《民法通则》第 15 条规定:"公民以他的户籍所在地的居住地为住所,经常居住地与住所不一致的,经常居住地视为住所。"自然人离开住所地最后连续居住一年以上的地方,为经常居住地。但住医院治病的除外。自然人由其户籍所在地迁出后至迁入另一地之前,无经常居住地的,仍以其原户籍所在地为住所。

确定自然人的住所,对于决定国籍、案件管辖、司法文书送达地点、债务履行地、国际私法上准据法的适用、宣告失踪和宣告死亡地等,都有重要的法律意义。

第六节 个体工商户与农村承包经营户

一、个体工商户

（一）个体工商户的概念

自然人在法律允许的范围内,依法经核准登记,从事工商业经营的,为个体工商户。

（二）个体工商户的特征

(1) 个体工商户是自然人的特殊形式,其取得了商事主体资格。取得这种资格的要求就是必须在工商部门办理营业登记,取得个体工商户营业执照。

(2) 个体工商户可以起商号(或称为字号),并以商号的名义对外从事活动。但是,由于个体工商户并非独立主体资格,因此在签署合同等法律文件时,仍然必须签署业主或户主的姓名。

(3) 个体工商户的经营由出资人负担,而不是通过雇佣劳动经营。这是个体工商户与私营企业的区别。

(4) 个体工商户必须在法律允许个体经营的行业范围内,依法从事工商业经营。

二、农村承包经营户

（一）农村承包经营户的概念

农村集体经济组织的成员,在法律允许的范围内,按照承包合同规定从事商品经营的,为农村承包经营户。

（二）农村承包经营户的特征

(1) 农村承包经营户是农村集体经济组织的成员。

(2) 农村承包经营特指土地承包经营,其经营是以对于集体所有土地的经营权为基础。

(3) 承包合同是规范承包经营法律关系的合法依据。承包合同的签订,确立了承包经营法律关系的产生,合同双方必须依约履行。

三、个体工商户和农村承包经营户对外责任的承担

个体工商户和农村承包经营户对外承担责任的规则是：

（1）个人出资、个人经营、收益归个人的个体工商户和农村承包经营户，以全部个人财产对外承担无限清偿责任。

（2）以个人名义登记的个体工商户和以个人名义承包的农村承包经营户，如果用家庭财产投资的，或者收益的主要部分供家庭使用的，应以家庭共有财产来对外承担无限清偿责任。

（3）全体家庭成员共同出资、共同经营、共同收益的个体工商户和农村承包经营户，应以家庭共有财产来对外承担无限清偿责任。

（4）在夫妻关系存续期间，一方从事个体经营或承包经营的，除非债权人明知该债务由个人承担的，否则，夫妻双方共同对外承担无限清偿责任。

第七节　合　伙

本节所介绍的合伙包括《民法通则》规定的个人合伙和《合伙企业法》规定的各种类型的合伙企业。

一、合伙的概念、性质及法律特征

（一）合伙的概念

我国《民法通则》第30条规定：个人合伙是指两个以上的公民按照协议，各自提供资金、实物、技术等，合伙经营、共同劳动。

我国《合伙企业法》第2条规定：本法所称合伙企业，是指自然人、法人和其他组织依照本法在中国境内设立的普通合伙企业和有限合伙企业。普通合伙企业由普通合伙人组成，合伙人对合伙企业债务承担无限连带责任。法律另有规定的，从其规定。有限合伙企业由普通合伙人和有限合伙人组成，普通合伙人对合伙企业的债务承担无限连带责任，有限合伙人以其认缴的出资额为限对合伙债务承担责任。

《民法通则》将个人合伙规定在自然人一章，在当时主要针对的是自然人之间的个人合伙，对个人合伙的发生、合伙财产的性质、合伙人之间的权利义务以及合伙的财产责任的规定原则、简洁。我国的《合伙企业法》于1997年2月23日颁布，2006年8月27日修订，2007年6月1日起实施。现行的《合伙企业法》规定的合伙企业，不限于自然人之间的合伙，还包括法人和其他组织之间的合伙。合

伙企业不限于普通的合伙企业,还包括特殊的普通合伙企业①和有限合伙企业。对合伙企业的成立、合伙财产的内容、性质、各类合伙人对合伙企业的权利义务以及各合伙人对合伙企业债务的承担、中途入伙、退伙以及散伙的规定更具体、明确、详尽,可操作性强。在有关合伙的规定上,《民法通则》是普通法,《合伙企业法》是特别法。

(二)合伙的性质

关于合伙的性质是否为独立的一类民事主体还是自然人主体或者法人主体的另类,学界认识不一。有不少观点认为,合伙是自然人、法人以外的第三类民事主体,是一种独立类型的民事主体,并认为在立法上亦有承认其作为独立类型的民事主体的立法考虑②。我们认为,不论是《民法通则》规定的自然人之间的个人合伙,还是《合伙企业法》规定的各类合伙企业,合伙都是一种经济组织,是一种独立类型的企业形式,在诉讼法上具有诉讼主体的地位,也是一种商事主体,但不能认为他是一种独立类型的民事主体。理由是由合伙财产的性质和合伙的财产责任所决定。虽然有《合伙企业法》第20条的规定,将合伙人的出资、以合伙企业名义取得的收益以及其他依法取得的财产,定其为合伙企业的财产。但不论是个人合伙还是各类合伙企业,合伙组织的财产与全体合伙人的其他财产(除有限合伙人外)彼此并不独立,因此不能认为合伙组织的财产具有独立性。财产不独立的法律后果就是责任不能独立承担。由于合伙没有属于合伙组织自己的独立财产,合伙也就无从独立承担民事责任。因此,当合伙企业的财产不足以清偿合伙债务时,不论是自然人合伙还是合伙企业,除有限合伙中的有限合伙人就其认缴的出资承担有限责任外,其他合伙人都得对合伙债务承担无限连带责任。无限连带责任是多数人责任,该多数人就是合伙人。如果合伙组织是一类独立的民事主体,各个合伙人就没有理由承担属于合伙组织的民事责任。合伙财产属合伙人共有,合伙人对合伙债务的无限连带责任,这在《民法通则》和《合伙企业法》都有明确规定,如何能够得出立法上亦有将合伙作为独立类型的民事主体的考虑的结论? 因此,我们认为不论是个人合伙还是合伙企业都不是一种独立类型的民事主体,而是主体的联合,或者是自然人主体的联合,或者是不同主体的联合。主体的联合不能成为新的主体。合伙只是一种独立类型的经济组织或经济实体,而不是民事主体。

---

① 根据《合伙企业法》第55条的规定,特殊的普通合伙企业是指以专业知识和专门技能为客户提供有偿服务的专业服务机构,如律师事务所、会计事务所等。

② 彭万林主编:《民法学》,中国政法大学出版社2011年版,第90—91页。

（三）合伙的法律特征

1. 合伙是两个以上的合伙人按照合伙协议组成的经济组织或者经济实体

合伙是一种独立类型的以营利为目的的经济实体或称经济组织，由两个以上的合伙人按照合伙协议成立。合伙人可以是自然人，也可以是法人或其他组织。作为自然人的合伙人除应当是完全行为能力人以外，还应当是能够承担无限连带责任的人①。国有独资公司、国有企业、上市公司以及公益性的事业单位、社会团体不得成为普通合伙人。根据法律和行政法规禁止从事营利性活动的人，也不能成为合伙企业的合伙人。根据《合伙企业法》的要求，合伙协议应经全体合伙人协商一致，以书面形式订立。

2. 合伙人按照协议共同出资、共同经营、共享收益、共担风险

合伙人必须按照合伙协议的约定完成出资义务，出资是成为合伙人的首要条件。出资的形式可以是资金、实物、土地使用权、知识产权或者其他财产性权利，经全体合伙人同意，合伙人也可以以劳务出资。以货币以外的其他形式出资的，应当对该出资形式进行评估。除有限合伙中的有限合伙人只承担出资义务，不参与合伙企业的经营外，其他合伙的合伙人对合伙企业有共同经营的义务。我国《合伙企业法》所规定的合伙包括普通合伙和有限合伙，普通合伙的合伙人既有共同出资义务，也有共同经营义务。有限合伙中的有限合伙人只出资不参与合伙的经营。合伙人对执行合伙事务享有同等的权利。但对合伙事务的执行可以由全体合伙人共同决定，也可以由合伙人约定委托一名或者数名合伙人执行。一名或数名合伙人执行合伙事务所产生的后果，对全体合伙人都有效。合伙人对合伙收益的分享、对合伙事务所生债务或亏损的承担按照合伙协议的约定进行。合伙协议对合伙收益的分配、合伙亏损的分摊没有约定或者约定不明的，经协商又协商不成的，由合伙人按照实际缴纳的出资比例分享收益，分担亏损；无法确定出资比例的，由合伙人均等的分配收益，分担亏损。合伙协议不得约定将合伙的全部收益分配给部分合伙人，也不得约定由部分合伙人承担合伙的全部亏损。

3. 除法律另有规定外，合伙人对合伙债务承担无限连带责任

合伙企业在其经营过程中所发生的债务，为合伙债务。关于合伙人对合伙债务的承担，根据合伙企业的类型不同而有所不同。

在普通合伙中，合伙债务应先以合伙企业的财产清偿，合伙企业的财产不足

---

① 当作为合伙人的自然人被认定为无行为能力人或者限制行为能力人时，根据《合伙企业法》第48条的规定，经其他合伙人一致同意，可以转为有限合伙人，以其在合伙企业的财产对合伙债务承担责任，否则，则应当退伙。

以清偿合伙债务的,其他合伙人负无限连带责任。合伙企业的债权人可以请求任何一个合伙人清偿全部债务,每一个合伙人都有义务清偿合伙债务。清偿了合伙债务的合伙人对超过其应承担的债务部分,有权向其他合伙人追偿。

在特殊的普通合伙中,一个或者数个合伙人在执行合伙事务中,因故意或重大过失造成合伙企业债务的,应当承担无限责任或者无限连带责任,其他合伙人以其在合伙企业中的财产份额承担有限清偿责任。

在有限合伙中,由于有限合伙由有限合伙人和普通合伙人组成,其中有限合伙人仅以其认缴的出资额对合伙债务承担有限清偿责任,其他合伙人对合伙债务承担无限连带责任。

二、合伙的财产

合伙的财产是指属于合伙企业的财产。合伙财产来源于两个方面:全体合伙人出资的财产和以合伙的名义取得的财产。根据《合伙企业法》第20条的规定,上述财产在合伙企业存续期间,为合伙企业财产。但是合伙企业的财产与法人财产不同,法人财产属于该法人所有,法人财产具有独立性。法人财产的独立性是指法人财产独立于法人出资人的其他财产,法人以其所有的财产对外承担责任。当法人的财产不足以清偿法人债务时,可以申请法人破产,法人的出资人对法人债务没有清偿义务。而合伙企业的财产不具有独立性,合伙企业的财产与其合伙人(有限合伙人除外)的其他财产不分离。合伙人对合伙财产形成共有关系,合伙人对合伙企业的财产不足以清偿合伙债务时,得负有无限连带清偿责任。

合伙人对合伙财产形成共有关系。该共有是按份共有还是共同共有?学界认识不一,有主张是按份共有,也有主张是共同共有,通说认为是共同共有。理由是《合伙企业法》第21、22、23、25条的规定。《合伙企业法》第21条规定:除本法另有规定外,合伙人在合伙企业清算前,不得请求分割合伙企业的财产。第22条规定:除合伙协议另有约定外,合伙人向合伙人以外的其他人转让其在合伙企业中的全部或部分财产份额时,须经其他合伙人同意。第23条规定:合伙人向合伙人以外的其他人依法转让其在合伙企业中财产份额的,在同等条件下,其他合伙人有优先受让的权利。第25条规定:合伙人以其在合伙企业中的财产份额出质的,须经其他合伙人一致同意;未经其他合伙人一致同意的,出质行为无效。根据共同共有的原理,共同共有是建立在共同的法律关系上的共有,在该共同的法律关系存续期间,共有人不得请求分割或者转让其共有份额。显然上述法律规定符合这一共同共有原理。但持按份共有说认为,根据上述法律规定合伙人在合伙企业中的财产份额是存在的,只是在合伙存续期间不得主张分割、不得自由转让、不得自由出质而已。这个问题可以讨论。

三、合伙人对合伙企业的权利义务

除有限合伙人只出资不参与合伙企业的经营外,其他合伙人对合伙企业的权利义务主要是共同出资、共同经营、共享收益、共担风险,对合伙债务承担无限连带清偿责任。除此以外,合伙人对合伙企业的权利义务还表现在以下方面:

(1) 在合伙存续期间,合伙人不得请求分割合伙财产,法律另有规定除外。

(2) 在合伙存续期间,合伙人向合伙人以外的其他人转让其在合伙中的财产份额时,须经全体合伙人同意。合伙人转让其在合伙财产中的份额时,其他合伙在同等条件下有优先受让的权利,有限合伙除外。

(3) 合伙人以其在合伙中的财产份额出质的,须经全体合伙人同意,未经全体合伙人同意而出质的,出质行为无效或作为退伙对待,有限合伙除外。

(4) 合伙人的竞业禁止义务和自己交易禁止义务。除有限合伙人外,在合伙存续期间,合伙人不得自营或者与他人合作经营与本合伙企业相竞争的业务;除合伙协议另有约定或者经全体合伙人同意,合伙人不得与本合伙企业进行交易。

(5) 合伙协议的禁用条款。合伙协议不得约定将合伙经营的全部利润分配给部分合伙人,也不得约定由部分合伙人承担合伙的全部亏损。

四、合伙企业的财产责任及与第三人的关系

(一) 合伙企业的财产责任(对合伙债务的清偿)

根据《民法通则》、《合伙企业法》及相关的司法解释,合伙债务的承担一般应按以下程序进行:

(1) 合伙债务首先以合伙企业的财产承担。合伙企业的财产不足以承担合伙债务的,全体合伙人以各自的全部财产,承担无限连带责任,法律另有规定的除外。

法律的除外规定:在特殊的普通合伙企业中,一个或者数个合伙人在执业活动中,因故意或重大过失造成合伙企业债务的,执业合伙人承担无限责任或者无限连带责任,其他合伙人就其在合伙企业中的财产份额承担有限责任。有限合伙的有限合伙人对合伙企业的债务只就其认缴的出资承担责任。

(2) 合伙协议对合伙债务的承担有约定的,从约定;没有约定或约定不明的,经协商不能达成一致的,各合伙人按实际缴纳的出资比例承担;无法确定出资比例的,各合伙人平均分担合伙债务。

(3) 除法律另有规定外,各合伙人对合伙债务负无限连带责任。债权人得请

求任一合伙人清偿合伙债务;每一个合伙人都有义务清偿合伙债务。合伙人清偿合伙债务超过其应当承担的部分的,有权向其他合伙人追偿。

(二)合伙企业与第三人的关系

1.第三人抵消权的禁止

合伙企业中某一合伙人发生与合伙企业无关的债务,相关的债权人不得以该债权抵消其对合伙企业的债务。

2.第三人代位权的禁止

合伙人个人对第三人负有债务的,其债权人(该第三人)不得代位行使该合伙人在合伙企业中的权利。

3.合伙人个人债务的清偿

合伙人的自有财产不足以清偿与合伙企业无关的债务的,该合伙人可以以其在合伙企业中可得的收益清偿;债权人也可以请求人民法院强制执行该合伙人在合伙企业中的财产份额用以清偿。

五、入伙和退伙

(一)入伙

入伙,也称中途入伙,指在合伙存续期间第三人加入合伙组织成为新合伙人。

由于合伙是人合公司,合伙企业在其经营过程中能否吸纳新合伙人?根据《合伙企业法》第43条的规定:在合伙经营中增加新合伙人,合伙协议有约定的,按协议约定处理;合伙协议中没有约定的,须经全体合伙人一致同意,并依法订立书面协议。

对于新入伙的合伙人除入伙协议另有约定,新合伙人与原合伙人享有同样的权利并承担相同的责任。新合伙人不仅对其入伙后发生的合伙债务负连带清偿责任,并且对其入伙前已经存在的合伙债务,同样负连带清偿责任。

(二)退伙

退伙,也称中途退伙,指在合伙存续期间,某一个或者数个合伙人退出合伙组织的行为。根据《合伙企业法》的规定,退伙有声明退伙、法定退伙和强制退伙三种情况。

1.声明退伙

声明退伙,是指根据合伙人自己的意思而提出的退伙。在合伙存续期间合伙人能否退伙,首先应依合伙协议办。书面合伙协议有约定的,按书面协议处理;合伙协议没有约定的,按照法律规定,《合伙企业法》第45条规定,合伙协议约定合伙企业经营期限的,有下列情形之一的,合伙人可以退伙:(1)合伙协议约定的退伙事由出现;(2)经全体合伙人同意退伙;(3)发生合伙人难以继续参加合伙的事由;(4)其他合伙人严重违反合伙协议约定的义务。第 46 条规定:合伙协议没有约定合伙企业的经营期限的,合伙人在不给合伙企业事务执行造成不利影响的情况下,可以退伙,但应提前三十日通知其他合伙人。

2. 法定退伙

法定退伙,也称当然退伙,是指基于法律的直接规定而发生的退伙。《合伙企业法》第 48 条规定,合伙人有下列情况之一的,当然退伙:(1)作为合伙人的自然人死亡或者被依法宣告死亡;(2)个人丧失偿债能力;(3)作为合伙人的法人或者其他组织依法被吊销营业执照、责令关闭、撤销,或者被宣告破产;(4)法律规定或者合伙协议约定合伙人必须具有相关资格而丧失该资格;(5)合伙人在合伙企业中的全部财产份额被人民法院强制执行。

作为合伙人的自然人被认定为无行为能力人或者限制行为能力人时,经其他合伙人一致同意,可以转为有限合伙人,该合伙企业转为有限合伙企业。未能经得其他合伙人一致同意的,该合伙人退伙。

3. 强制退伙

强制退伙,是指当某一合伙人发生法律规定的情形时,经其他合伙人同意可以决定将其除名。《合伙企业法》第 49 条规定:合伙人有下列情形之一的,经其他合伙人一致同意,可以将其除名:(1)未履行出资义务;(2)因故意或重大过失给合伙企业造成损失;(3)执行合伙事务时有不正当行为;(4)发生合伙协议约定的事由。

合伙人退伙的,应当对合伙组织的财产进行结算,退还属于退伙人的财产份额,包括该退伙人入伙时投入的财产以及合伙经营期间积累的财产中应当属于其应有的份额。因退伙给合伙企业造成损失的,退伙人负赔偿责任。

合伙人退伙的,应当按照约定分担合伙经营期间发生的合伙债务。即使退伙时已经承担了合伙债务中属于其应承担的部分,对于其退伙前已经发生的合伙债务,仍然承担连带清偿责任。

六、合伙的解散与清算

(一)合伙解散的事由

《合伙企业法》第 85 条规定,合伙企业有下列情形之一的,应当解散:(1)合伙期限届满,合伙人决定不再继续经营的;(2)合伙协议约定的解散事由出现;(3)全体合伙人决定散伙;(4)合伙人已不具备法定人数满三十天;(5)合伙协议约定的合伙目的已经实现或者无法实现;(6)合伙企业被依法吊销营业执照;(7)出现法律、行政法规规定的合伙企业解散的其他事由。

（二）清算

不论合伙企业是由于什么原因而解散的,解散合伙企业都应当依法进行清算。清算人可以由全体合伙人担任,也可以经合伙人过半数同意指定一名或者数名合伙人担任,或者委托第三人担任清算人。在法定期限内不能确定清算人的,合伙人或者其他利害关系人可以申请人民法院指定清算人。在清算期间合伙不得开展与清算无关的经营活动。

在对合伙企业进行清算时,合伙企业的全部财产不足以清偿合伙债务的,除有限合伙人外其他合伙人应当承担无限连带责任。合伙人内部对合伙债务的承担有约定的按约定办;没有约定或者约定不明的,各个合伙人按照实际的出资比例分担合伙债务;无法确定实际出资的,各合伙人平均分担合伙债务。合伙人清偿合伙债务超出其应当承担的数额时,就超出部分有权向其他合伙人追偿。

合伙企业注销后,原普通合伙人对合伙企业存续期间发生的债务,仍然应当承担无限连带责任。合伙企业不能清偿到期债务的,债权人可以向人民法院提出破产清算申请,也可以请求普通合伙人清偿。合伙企业被依法宣告破产的,普通合伙人对合伙企业的债务仍然应当承担无限连带责任。

第四章 法　人

第一节　法人概述

一、"法人"一词的最早提出

法人，是抽象人格之产物，是抽象人格在法律上的出现。

"法人"一词最早由 12—13 世纪意大利注释法学派学者所创，用以说明当时团体之法律地位，称"法人系以团体名义之多数人集合"。但当时尚未发展到在团体成员以外存在独立抽象人格的地步。法人概念的发明应归功于教会法学派，正是他们在解释教会拥有世俗财产的合理性时，想象在团体成员的多数人以外，尚有抽象的人格存在，该人格即法人，其与自然人一样得享有财产所有权。教会法学家将人的外延拓宽、推广到自然人以外。教皇英诺森四世言："法人者，法律所拟制之人格也，其存在纯为观念之物。"

注释法学派应用教会法的理论成果，认为法人是在团体成员的多数人之外独立存在的抽象人格。法人是可以永续存在的实体，在成员的交替上，保持其超然之永续。法人是法律拟制之人和观念上之人。

"法人"作为制定法的概念，首先在 1794 年《普鲁士邦普通法典》中被采用，当为《德国民法典》(1896 年)采用后，其影响扩大至全世界。

二、"法人"现象的最早出现

罗马法上并无"法人"一词，该名称是由注释法学派在总结罗马法的基础上，作为自然人的对应而提出的。

罗马法上只有 universitas 一词，具有团体的含义，可以指宗教团体、士兵团体，但都不享有法律上的人格。共和末年(前 510 年—前 27 年)法学进步，始承认国家和地方政府具有独立人格,与其成员相分离。此即是社团法人的起源。公元3世纪后,法律上承认神庙也可以享有财产权,可以以自己的名义订立契约,取得债权,承担债务,其构成的基础是财产而非人,此可以认为是财团法人的萌芽。帝政后期,受基督教影响,教堂、寺院和慈善团体也可以享有独立法律人格。

罗马法学家曾经就团体人格和其成员人格的不同作了分析:船舶的船员经常更换,但船舶依旧存在。军团亦如此,士兵走了一批又一批,但军团依旧存在,用中国的话说就是"铁打的营盘流水的兵"。罗马法学家认为:在一个团体中,其成员的变更并不影响团体的存在,因为团体的债务并非是成员个人的债务,团体的权利也非成员个人的权利。当时虽还未有"法人"概念的提出,但抽象人格的理论,扩大了人格的概念,可以将权利直接赋予法律拟制之人。[①]

三、法人的概念与特征

我国《民法通则》第36条规定:"法人是具有民事权利能力和民事行为能力,依法独立享有民事权利和承担民事义务的组织。"法人是与自然人相对应的另一类民事主体。

法人具有以下法律特征。

(一)法人是法律拟制之主体

法人作为另一类民事主体与自然人主体最主要的区别在于,自然人是有生命的有机体,而法人是法律拟制之主体,适用于非自然人团体,我国民法将之称为"社会组织"。该社会组织是按照一定目的和法律规定的条件建立起来,它们可以是人的结合,也可以是财产的集合,或者是人和财产的结合。但并不是所有的社会组织都可以拟制成为法人,只有符合法律规定的条件成立的社会组织,才能成为法人。

(二)法人是具有民事权利能力和民事行为能力的社会组织

民事权利能力是主体的资格要素,任何民事主体不论是自然人主体还是非自然人主体,都必须具有民事权利能力才能够成为民事主体。在今天的文明社会,法律将民事权利能力赋予所有有生命的个体,因此,在今天所有的自然人都有民事主体的资格。但并不是所有的社会团体或者社会组织都能够成为法人。可以成为法人的社会组织必须是依法享有民事权利能力和民事行为能力,可以以自己的名义独立地进行民事活动。法人的权利能力、行为能力与其成员的权利能力、行为能力无关。

[①] 周枏:《罗马法原论》上册,商务印书馆1994年版,第268页。

（三）法人是能够独立承担民事责任的社会组织

法人与其他非法人团体或组织的重要区别在于,法人不仅以自己的名义独立地进行民事活动,并且独立地承担该民事活动的法律后果。法人的独立性主要表现在财产上的独立和责任上的独立。所谓财产上的独立是指,不论法人财产的出资人是谁,一旦法人创设成立,该出资财产即成为法人的财产而与其出资人的其他财产分离,成为法人的独立财产,并且法人以该独立财产对外独立的承担法律责任。

四、法人成立的条件

法人是一种社会组织,但并不是所有的社会组织都能够成为法人,只有具备法人成立条件的社会组织才能成为法人。根据《民法通则》第 37 条的规定,成立法人必须具备以下条件。

（一）依法成立

法人是法律赋予社会团体或者社会组织以法律人格,因此,非依法律不得成立。依法成立的含义有二:(1)法人设立的程序必须合法。不同性质的法人其设立的条件和程序各有不同,各类法人必须按照法律规定的条件及程序设立。(2)法人设立的目的必须合法。任何法人都是为了某个具体的目的而设立,这个目的必须符合法律和社会公共利益。法人设立的目的一般通过其章程表现出来,并且法人一旦设立,不得为章程以外的行为,即不得为目的以外的行为。

（二）有必要的财产和经费（有称独立的财产）

法人是法律上拟制的民事主体,本身并无所谓的财产。法人的财产都是由他人出资形成的,一旦出资成为法人财产时,该财产便独立于出资人的财产,成为法人自己的财产。例如,在国有独资公司,该法人的财产由国家出资,但该法人的财产与国家的其他财产彼此独立;在股份有限公司,该法人的财产由公司股东出资形成,但该法人财产与股东的其他财产彼此独立。法人的财产是法人成为民事主体的物质基础,也是法人独立承担民事责任的物质保障。由于法人成立的目的、活动的性质和活动的范围不同,法律对各类法人所应具有的财产和经费的要求也有所不同。例如从事经营的法人,根据其经营规模的大小,法律有相应的最低注册资本的要求。

（三）有自己的名称、组织机构和场所

法人的名称是法人具有独立人格的标志,也是法人区别于其他法人的标志,法人对其名称经登记注册后享有专用权。

由于法人是一种社会组织,是一拟制之人,其本身无法进行具体的民事活动。

法人的民事活动应该有作为该法人组织体的内部机构以法人的名义进行。法人的组织机构通常由自然人担任。法人的组织机构从事各项具体的民事活动,对外代表法人,对内管理法人事务,如公司法人的权力机关(股东大会)、执行机关(董事会、经理)、监察机关等。不同的法人可以根据法人活动的需要设立不同的组织机构,从事不同内容的法人活动。

法人的场所,是法人进行业务活动的地方。法人应有自己固定的活动场所。法人的场所不同于法人的住所,场所可以有若干个,而住所只能是一个,如一公司可以有若干个生产场所和或销售场所,但法人的住所只能是一个,法人以其主要办事机构所在地为住所。

(四)能独立承担民事责任

由于法人的财产和经费是法人独立享有的,财产独立则责任独立,法人以其独立财产对外独立承担民事责任。是否能够独立承担民事责任是法人区别于其他社会组织的主要标志。法人的独立责任可以从三个方面理解:法人的责任与法人出资者的责任无关;法人的责任与法人成员的责任无关;在国有独资法人,某一法人的责任与同样作为国有独资的其他法人的责任无关。

第二节 法人的分类

法律上的主体概念起源于罗马法,法律上非自然人主体也始于罗马法。罗马法最早确认非自然人主体是国家。罗马法将非自然人主体分为社团和财团,即所谓的"人的集合体"和"物的集合体"。"人的集合体"即为社团法人,"物的集合体"即为财团法人。罗马法上的"物"泛指财产。社团和财团成为法人的主要存在形式,也是对法人的最早、最基本的分类,即通常所称的社团法人和财团法人。

对于法人的分类有学理上的分类和立法上的分类。

一、法人的学理分类

(一)公法人和私法人

由于学界对公法与私法的划分存在不同的观点,由此也影响了关于公法人与私法人的划分标准。但通说认为根据公法设立并行使国家权力或政府职能的法人为公法人,如各类行使国家权力和政府职能的机关:公安局、法院、检察院、教育局、卫生局等为公法人;根据私法设立并以私人利益为目的的法人为私法人,如各类公司法人或企业法人。

（二）社团法人和财团法人

根据法人设立的基础是人的集合还是财产的集合,可以将法人分为社团法人和财团法人。社团法人和财团法人是对法人的最基本的分类。社团法人是以自然人的结合为基础设立的法人,如各类公司、企业、协会、学校、医院、银行等;财团法人是以捐助的财产为基础设立的法人,如各类基金会、慈善机构。在我国,如宋庆龄基金会、希望工程、红十字会是典型的财团法人。

（三）公益法人、营利法人和中间法人

根据法人设立的目的和活动的内容不同,可以将法人划分为公益法人、营利法人和中间法人。公益法人是以社会公共利益为目的而设立的法人,如各类的学校、医院、博物馆、图书馆等;营利法人是以营利为目的而设立的法人,如各类企业法人和公司法人等;中间法人是指既不是为了公共利益,也不是为成员的个人利益而设立的法人,如校友会、同乡会等。

二、法人的立法分类

（一）企业法人

企业法人,指以营利为目的,从事商品生产和经营活动的法人。

企业法人的成立必须经核准登记。《民法通则》第 42 条规定:"企业法人应当在核准登记的范围内从事经营活动。"

根据企业法人的所有制性质不同以及企业的组织形式不同,可以将企业法人分为全民所有制企业法人、集体所有制法人、私营企业法人以及有限责任公司和股份有限责任公司等。

（二）机关法人

机关法人,指行使国家权力和政府职能的各类机关,包括权力机关、行政机关和司法机关。例如,公安局、检察院、人民法院、教育局、工商局等。机关法人的设立目的在于行使国家权力和政府的各项职能。国家机关在行使职能时需要从事各类必要的民事活动,国家机关在从事民事活动时,是以一个民事主体的身份出现,与其他民事主体地位平等,遵循一般民事活动的规则,以其必要的活动经费对外承担民事责任。机关法人的经费主要来源于行政拨款。

（三）事业单位法人

事业单位法人,指从事文化、教育、体育、卫生和新闻出版等以社会公共利益为目的的公共事业单位,如各类学校、医院、体育馆、博物馆、影剧院等。事业单位法人其设立的目的本身不是以营利为目的,但通过其合理的运作,可以产生良好的经济效益。事业单位法人的经费来源具有多元性,有国家财政拨款,也有其他

自然人、法人等各类民事主体的出资。事业单位法人就其活动经费独立对外承担民事责任。根据法律和行政命令组建的事业单位法人自成立时起具有法人资格，其他法人自办理法人登记后取得法人资格。

（四）社会团体法人

社会团体法人，指由自然人或其他单位自愿组成，按照组织章程进行有目的的活动的社会组织。例如，各类民间的学术机构、学术团体、行业协会等。社会团体法人的设立必须经过法人登记。

第三节　法人的民事权利能力、民事行为能力和民事责任能力

法人的民事权利能力、民事行为能力和民事责任能力构成法人的民事能力，也是法人成为民事主体的必备要素。

一、法人的民事权利能力

法人的民事权利能力，指法人作为民事主体依法独立享有民事权利和承担民事义务的资格。法人的民事权利能力是法律赋予的，是法人成为民事主体的资格条件。法人虽为民事主体，但不同于自然人主体，在权利能力方面，与自然人的权利能力相比较，具有以下特征：

（一）民事权利能力的开始与终止不同

自然人的权利能力始于出生，终于死亡；而法人是非生命体，不存在出生与死亡的问题，因此，法人的权利能力始于它的成立，终于它的解散或终止。我国《民法通则》第36条明确规定："法人的民事权利能力和民事行为能力，从法人成立时产生，到法人终止时消灭。"

（二）民事权利能力的范围不同

自然人的民事权利能力不受限制，而法人的民事权利能力受法人的属性、设立目的等方面的限制。具体表现在：(1)性质上的限制，凡以自然人的自然属性所专有的民事权利，法人不能享有，如亲属法上的以自然人的人身属性为前提的权利：结婚、收养、继承等民事权利法人不能享有。(2)法律上的限制，首先不存在一般的对法人权利能力的限制，只存在于个别法上，如根据公司法的规定，有限责任公司不得成为他公司的无限责任股东。(3)目的上的限制，法人为一定目的而创设，其存在时的活动只能以满足该目的的需要为必要，目的以外的行为违反法人设立的宗旨。

（三）民事权利能力的相互差异性不同

所有的自然人的民事权利能力相同，不因自然人的年龄、性别、职业、民族、受教育程度不同等因素而存在差异；而法人的设立各有其不同的目的，因此，各个法人之间权利能力存在差异。这种差异是由法人的性质、活动内容和设立目的决定的，如机关法人就不应从事生产经营活动。

二、法人的民事行为能力

法人的民事行为能力，指法人以自己的行为取得民事权利和承担民事义务的能力。与自然人不同的是法人的行为能力也是法律赋予的，而自然人的行为能力是自然人通过自己的行为取得的。与自然人的行为能力相比较，法人的行为能力具有以下特征：

（一）行为能力的开始与终止的时间不同

法人自其成立时起即享有行为能力直到法人终止。法人的行为能力与法人的权利能力同时产生，同时消灭，伴随于法人存在的始终。而自然人的权利能力始于出生，而完全行为能力要满足成年和智力状况正常时才能取得。由于自然人的行为能力受其智力状况的影响，行为能力并不一定伴随自然人生命始终。

（二）行为能力可能受到的限制不同

不同性质的法人具有不同内容的行为能力，与权利能力的范围受法人创立目的和宗旨的限制一样，法人行为能力的范围亦受法人创立的目的和宗旨限制。因此，法人与法人之间的行为能力是各不相同的。而自然人的行为能力只受其年龄和智力状况的影响，自然人相互之间的行为能力是没有区别的。

（三）行为能力的实现途径不同

由于法人是法律拟制的民事主体，法人本身作为一种组织体无法从事具体的民事活动，法人的行为能力只能通过法人机关或者法人代表人来实施。法人机构和法人代表由自然人担任，法人机关对外代表法人，对内管理法人事务。法人机关的行为就是法人的行为。而自然人的行为能力由自然人通过自己的意思表示或者授权他人在其意思表示的范围内来实施。

三、法人的民事责任能力

（一）民事责任能力的概念

民事责任能力是民事主体独立承担民事责任的法律地位或者法律资格。通说认为责任是债务履行的担保，法人的责任是指法人以什么财产来履行自己的债务。

法人的民事责任能力,是指法人对于自己的民事行为所产生的后果独立承担民事责任的能力。法人以其全部财产承担民事责任,法人的全部财产就是法人的责任财产。

（二）法人民事责任能力的基础

法人民事责任能力的基础是法人的财产,法人以其全部的财产对外独立承担民事责任,法人的全部财产就是法人的责任财产。法人的财产责任与法人出资人的财产责任分离。

（三）法人责任能力的承担

1. 法人机关与法人责任的划分

由于法人的行为能力通过法人机关或者法人代表人来实现,因此,法人机关或者法人代表人以法人名义实施的行为,视为法人的行为,法人对此行为的后果承担责任。法人机关超越法人章程的行为或者法人代表超越法人活动范围的行为,属越权行为,但该行为后果仍然由法人承担;行为人有过错的,法人内部可以追究行为人的个人责任,但对外责任由法人承担。

2. 法人成员与法人责任的划分

所谓法人的成员,在企业法人是为法人的出资者,如股东;在社会团体法人是为法人的参加者。法人成员不是法人机关,其行为未经法人授权时,是其个人行为,由行为人自己承担行为之后果。法人成员的行为由法人授权时是代理行为,由授权人即法人承担行为后果。法人成员对法人债务的承担,以其出资额为限承担有限责任。

3. 法人与其雇员的责任划分

法人的雇员或工作人员在执行职务时的行为,为法人的行为,其行为后果由法人承担。行为人有过错时,对外仍然由法人承担,对内法人可以追究行为人的个人责任。我国《民法通则》第43条规定:"企业法人对它的法定代表人和其他工作人员的经营活动承担民事责任。"国家机关或者国家机关工作人员在执行职务中,侵犯公民、法人的合法权益造成损害的,国家机关应当承担民事责任。

第四节　法人的机关

一、法人机关的概念

法人机关指根据法律或者法人章程的规定,对内管理法人事务,对外代表法人行使权利能力和行为能力的个人或集体。

由于法人是非自然人主体,是法律拟制之人,是观念之人而不是现实的存在,法人要行使权利能力和行为能力必须通过有生命的个体的自然人来实现。法人机关就是为了行使法人的权利能力和行为能力而设立的,法人机关的成员只能由有完全行为能力的自然人担任。

二、法人机关的特征

(一)有自主意志

法人为法律拟制之人,本无所谓自主的意志,是法人创设人的意志经转化而成为法人的意志。但一旦成为法人的意志,该意志就具有了相对的独立性和稳定性,不再受原创设人的意志影响,该意志就作为法人自己的意志而存在,并将伴随法人存在的始终。

(二)由个人或集体组成

由于法人机关的使命是代表法人行使权利能力和行为能力,因此,必须由有生命的并且有完全行为能力的自然人来承担。法人机关可以是单个的自然人,如厂长、经理;也可以是若干个自然人或一群自然人,如职工代表大会、董事会、管理委员会等。前者称独任制,后者称合议制。通常,法人的意思机关采用合议制,如职工代表大会;执行机关采用独任制,如厂长、经理。

(三)代表法人

设立法人机关的意义就在于代表法人,因此,只要是在法人章程内的行为,或者以法人的名义所为的行为就视为法人的行为,无需法人另行授权,法人即承担该行为所生法律后果。

(四)其活动具有连续性

虽然法人的机关由自然人担任,担任法人机关的自然人可能由于种种原因离职、被撤换改由其他人担任,但由于其行为代表法人,是法人的行为。当法人机关发生人员更替时,后任的法人机关对前任机关的行为所生后果,仍然应当承担法律责任,法人机关的活动具有连续性。

三、法人机关的分类及职能

(一)意思机关

意思机关是法人形成自己意思的机关,决定法人的重大事项和活动,如股东代表大会、社员大会。

(二)执行机关

执行机关是具体执行法人意思机关的意思,对内执行法人意思、管理法人事务,对外代表法人,参与民事活动的机构,如厂长、经理等。

（三）监察机关

监察机关是督查法人执行机关的活动是否遵循法人意思机关的决议的机构,如股份有限公司的监事、监事会等。监察机关是否需要设立,由该法人的属性决定,并不是所有的法人都需要设立一个监事机构。

第五节　法人的变更、终止和清算

一、法人的变更

法人的变更,指在法人存续期间,法人的组织形式和其他重大事项的改变。如法人的合并或者分立;法人责任形式的改变,由有限责任变更为股份有限责任等。

法人变更的常见情形主要有以下几个方面。

（一）法人组织体的改变

法人组织体的改变主要指法人的合并和分立。

1. 法人的合并

法人的合并,指由两个或者两个以上的法人合并为一个法人。法人合并的形式有两种:吸收合并和创设合并。吸收合并是数个合并的法人中,其中一个法人吸收其他法人,一经合并其他被吸收的法人不复存在,被吸收的原法人的权利义务由继续存在的法人承担。创设合并是数个法人合并成立一个新法人,一经合并原来的各个法人不复存在,原来各个被合并法人的权利义务由新创设的法人承担。

2. 法人的分立

法人的分立,指由一个法人分为两个或者两个以上的法人。法人的分立有新设分立和派生分立两种。新设分立,指原来的法人被分解成几个新法人,原来的法人不复存在,原来法人的权利义务由各个新法人按照法律规定承担。派生分立,指原法人继续存在,而由原法人分出的部分,成立一个或者几个新的法人。由于派生分立,原法人继续存在,原法人的权利义务的承担不因派生新法人而受影响。

法人的合并或者分立应按照法律规定的要求和程序进行,并履行相应手续,根据《民法通则》第44条第2款的规定:企业法人合并、分立的,原法人的权利义务关系由新法人享有或承担。

（二）法人责任形式的变更

法人责任形式的变更主要适用于企业法人,是指企业法人的责任形式的改变,如有限责任公司改变为股份有限责任公司。法人责任形式的改变,必须经审批并办理法人变更登记。变更后的法人承受原法人的权利义务。

（三）法人其他重大事项的变更

法人其他重大事项的改变有：法人名称、住所、法人代表、经营范围、经营方式、注册资本等事项的改变。这些重大事项的改变必须依法办理变更登记，否则，不发生变更的效力。

二、法人的终止

法人的终止，指法人作为民事主体资格的消灭或不复存在。

不同性质的法人终止的原因各有不同，可以是因法人自身的原因，也可能是因国家计划、政策等调整的需要。例如，机关法人通常由于法律的直接规定或者命令撤销而终止。企业法人多因企业自身的经营或者市场因素或者经济政策的调整而终止。根据《民法通则》第45条的规定，企业法人终止的原因主要有以下几个方面。

（一）依法被撤销

企业法人依法被撤销可以是由于国家的产业政策的调整需要，也可能是因为企业自身经营违法被有关机关责令撤销。

（二）解散

法人的解散，指企业法人因其设立的目的已经完成或者不可能完成，或者法人设立的期限届满或者章程规定的解散事由的出现，由法人自行决定解散，停止法人的活动。

（三）依法被宣告破产

企业法人出现资不抵债。当企业法人不能清偿其到期债务并且出现资不抵债时，人民法院可以根据债权人的申请或者企业法人自己的申请，依法定程序宣告其破产。

三、法人的清算

我国《民法通则》第40条规定："法人终止，应当依法进行清算，停止清算范围外的活动。"清算是法人终止的必经程序。《民法通则》第47条规定："企业法人解散，应当成立清算组织，进行清算。企业法人被撤销、被宣告破产的，应当由主管机关或者人民法院组织有关机关和有关人员成立清算组织，进行清算。"清算活动主要包括以下内容：了结现有的业务，清偿债务收取债权。剩余财产从哪里来，到哪里去。国家出资交还国家，其他民事主体出资的返还出资人。

法人清算终结，应由清算人向法人登记机关办理注销登记并公告。完成注销登记并经公告的，法人即告终止。

第五章　民事法律行为

第一节　民事法律行为概述

一、民事法律行为的概念和特征

（一）民事法律行为的概念

民事法律行为，简称法律行为，指以意思表示为要素，并依据该表示的内容发生法律效果的行为。民事法律行为是最主要、最常见的民事法律事实之一。

（二）民事法律行为的特征

1. 民事法律行为以发生一定的民事法律效果为目的

法律行为是行为人旨在设立、变更和终止民事法律关系的行为，是以发生一定的民事法律后果为目的的行为。我国民法通则将民事法律行为定位为合法行为，因此，法律行为的后果就是当事人所预期的。否则，即使也能发生一定的民事法律后果，但是如果该法律后果系法律直接规定，而不是行为人所追求的（即行为并不以发生这个法律后果为目的），则不属于民事法律行为。

2. 民事法律行为以意思表示为核心要素

所谓意思表示，是行为人将其期望发生某种法律效果的内心意思以一定方式表现于外部的行为。民事法律行为都是以追求一定法律后果为目的的有意识行为，是行为人内心意志支配的结果。所以，意思表示是法律行为不可或缺的内容，是法律行为最基本的要素。没有意思表示，就没有民事法律行为。

但是，意思表示并非民事法律行为的唯一要素。单方民事法律行为，有一方意思表示就能够成立，例如立遗嘱的行为。但是，双方或多方民事法律行为，就需要两个以上的意思表示达成一致才能够成立，例如订立合同的行为。实践性法律行为，除了要求意思表示之外，还要求从事一定的行为，民事法律行为才算成立。

例如民间借款合同,还必须实际交付借款,借贷行为才算成立。

3. 民事法律行为是合法行为

我国民事立法所确认的民事法律行为,其范围较传统民法上的法律行为小,仅涵盖传统民法上生效的民事法律行为(对于这个定位,学界有不同的意见)。依据我国民法通则,只有合法的法律行为才能够得到国家法律的确认和保护,从而产生行为人所追求的民事法律后果。

二、民事法律行为概念的产生

罗马私法已经出现了关于买卖、借贷、租赁等契约类型的概念,但并没有法律行为概念。《法国民法典》进一步承认了当事人之间所缔结的契约的法律效力,但仍然没有使用法律行为这一概念。《德国民法典》第一次在现代意义上使用法律行为概念,从而高度概括了契约、遗嘱等行为的共同的本质特征。《瑞士民法典》也规定了法律行为,并将意思表示和法律行为加以区别。

现今大陆法系各国普遍确定了法律行为制度。我国现行民事立法上,同样确认了民事法律行为制度。但与传统民法有所不同的是,我国民法通则规定了"民事行为"这一概念,并将其作为民事法律行为的上位概念。民事法律行为专指合法行为,而"民事行为"则是一中性概念,其实质相当于传统民法上的法律行为,包括有效的民事法律行为、无效的民事行为、可撤销的民事行为。

三、民事法律行为的意义

(一)民事法律行为与意思自治

意思自治,需要通过法律行为制度来实现。意思自治原则,即表现为民事法律行为自由原则。法律行为自由包含有两方面的意义:一是对行为人自由意思的信赖;二是排除国家等权力对于法律行为的非法干涉。

行为人所为的法律行为,只要不侵害他人合法利益,又不违反公共秩序和善良风俗,国家就应当允许和保护,而不能干预或取缔。从这个意义上说,行为人取得民事权利和承担民事义务的结果,正是源于自己所为的法律行为,而非法律的直接规定。因此,法律行为对于行为人来说,相当于法律的效力。

(二)民事法律行为制度对于民法体系的重要作用

民事法律行为概念的确立,是法技术的出色创造。法律行为概念的确立,对于民法总则的形成、私法秩序的构成,发挥了重大的作用。

民事法律行为作为观念的抽象,作为涵盖合同和单方行为,能够从逻辑上统一说明依意思表示而使法律关系发生、变更或者终止的行为的一般概念,不仅统辖着合同、遗嘱继承等具体的设权行为规则,形成了民法中不同于法定主义体系的独特法律调整制度,而且又以完备系统的理论体系概括了民法中一系列精致的概念和原理,形成学说中令人瞩目的独立领域。因此可以说,民事法律行为制度及其相关理论在现代民事法律制度以及现代民法学说中具有重要地位。

第二节　民事法律行为分类

民事法律行为根据不同的角度和标准,可以有不同的分类。

一、单方法律行为、双方法律行为和多方法律行为

以法律行为的成立是以一方还是多方的意思表示为标准,可以把法律行为区分为单方法律行为、双方法律行为和多方法律行为。

单方法律行为,指根据一方当事人的意思表示就可成立的法律行为。单方法律行为的特点在于不需要他方当事人的同意就可发生法律效力。例如订立遗嘱、抛弃继承权等行为,皆属于单方法律行为。

双方法律行为,指当事人双方的意思表示达成一致才可成立的法律行为。合同行为是典型的双方法律行为。

多方法律行为,即团体设立行为,指由多个方向一致的意思表示构成的法律行为。合伙人订立合伙合同的行为,即为多方法律行为。

区别单方法律行为、双方法律行为和多方法律行为的意义在于:法律行为成立的要求有所不同。据此可以判断只有一方的意思表示,法律行为是否成立。

二、财产法律行为和身份法律行为

以法律行为的效果是与财产还是身份相关为标准,可以把法律行为区分为财产法律行为和身份法律行为。

财产法律行为,指以发生财产上法律效果为目的的法律行为。如债权行为、物权行为等。

身份法律行为,指以发生身份上法律效果为目的的法律行为。如结婚、收养行为等。

区别财产法律行为和身份法律行为的意义在于:两者产生的法律效果及法律适用不同,特别是身份法律行为有其特殊的适用规则。

三、有偿法律行为和无偿法律行为

以法律行为有无对价为标准,可以把法律行为区分为有偿法律行为和无偿法律行为。

有偿法律行为,指当事人一方享有利益,必须向对方当事人支付相应代价的法律行为。例如买卖、租赁等行为皆是有偿法律行为。有偿法律行为乃法律行为之常态。

无偿法律行为,指只有一方负担给付义务,或双方当事人所为给付不具有财产利益上交换关系的法律行为。例如赠与、借用等皆是无偿法律行为。

区别有偿法律行为和无偿法律行为的意义在于:法律行为的解释以及行为人责任轻重的确定规则必须视法律行为的有偿还是无偿来确定。原则上,对于无偿法律行为的行为人,在注意义务、责任承担上的要求较有偿行为的标准低。

四、诺成性法律行为和实践性法律行为

根据法律行为成立要件的不同,可以把法律行为区分为诺成性法律行为和实践性法律行为。

诺成性法律行为,指行为人意思表示一致行为即告成立的法律行为。例如买卖、租赁等行为皆是诺成性法律行为,其为法律行为之常态。

实践性法律行为,又称要物行为,指除当事人意思表示一致外,还须交付实物才可成立的法律行为。例如自然人之间的借贷、借用等行为皆是实践性法律行为。

区别诺成性法律行为和实践性法律行为的意义在于:判断法律行为是否成立的要件规则不同。据此可以判断双方意思表示一致但尚无标的物的给付,法律行为是否成立。

五、要式法律行为和不要式法律行为

以法律行为的成立是否应当依据法律或行政法规具备一定的形式,可以把法律行为区分为要式法律行为和不要式法律行为。

要式法律行为,指依据法律或行政法规的规定,应当采取一定形式或履行一定程序的法律行为。对于一些重要的法律行为如不动产买卖、银行借贷等,法律或行政法规都确定了一定的形式要求。

不要式法律行为,指当事人可自由选择一种形式的法律行为。不要式法律行为为法律行为之常态。

区别要式法律行为和不要式法律行为的意义在于:判断法律行为是否成立的

要件不同。对于要式法律行为,一定形式的具备是行为成立的必备条件。

六、负担法律行为与处分法律行为

以法律行为的效果是否直接发生财产权的移转或消灭,可以把财产法律行为划分为负担法律行为与处分法律行为。

负担法律行为,指产生债法上给付义务效果的法律行为,也称为债权行为。产生的效果是:直接对行为人产生为某种给付的义务,而非直接导致权利的得失和变更。

处分法律行为,指直接使权利转移、变更或消灭的法律行为。表现为物权行为和准物权行为。物权行为,指以物权关系的发生、变更、终止为目的的法律行为。例如转移所有权的交付行为等。准物权行为,指以物权以外的权利的发生、变更、终止为目的的法律行为,例如股权、知识产权等权利的设定、转移行为。处分行为必须以行为人享有处分能力为有效条件。

区别负担法律行为与处分法律行为的意义在于:明确行为的目的和效果不同,以及行为人的法律地位、行为方式不同。

七、主法律行为和从法律行为

以法律行为之间的相互依从关系为标准,可以把法律行为区分为主法律行为和从法律行为。

主法律行为,指在彼此关联的法律行为中,不以其他法律行为的存在为前提就可独立成立的法律行为。例如附有担保合同的借贷合同,其中的借贷合同为主法律行为。

从法律行为,指从属于其他法律行为而存在的法律行为。从法律行为的成立和效力取决于主法律行为。主法律行为未成立,从法律行为无从成立。例如对借贷合同提供担保的行为,即为从法律行为。

区别主法律行为与从法律行为的意义在于:两种行为的效力不同,主法律行为独立生效,并具有独立存在的价值;从法律行为则依附于主法律行为而存在,自身没有独立存在的价值。

八、独立法律行为和辅助法律行为

以法律行为是否有独立的实质内容为标准,可以把法律行为区分为独立法律行为和辅助法律行为。

独立法律行为,指行为人凭借自己的意思表示即可成立的法律行为。有完全行为能力的民事主体所为的法律行为,皆为独立的法律行为。

辅助法律行为,也称为补助行为,指行为人的意思表示须在他人意思表示的辅助下才能成立法律行为时,该他人的意思表示即为辅助的法律行为。该行为本身不具有独立的实质内容,只是补充待补法律行为使之生效的法律行为。待补法律行为,就是依辅助行为而完成其效力的法律行为。法定代理人对未成年人的意思表示所作的同意表示,被代理人对代理人超越代理权行为的追认,皆属于辅助的法律行为。

区别独立法律行为和辅助法律行为的意义在于:明确独立法律行为能发生独立效力,辅助法律行为则是待补行为生效的条件,与待补行为相联才具有法律价值。

九、有因法律行为和无因法律行为

以法律行为与其原因的关系为标准,可以把法律行为区分为有因法律行为和无因法律行为。

有因法律行为,也称为要因法律行为,指行为与其给付原因在法律上相互结合不可分离的法律行为。即如果欠缺给付原因将影响法律行为的成立和效力。

无因法律行为,指行为与其原因可以分离的法律行为。法律行为的有因与无因问题,若以物权行为的独立性为前提,在物权行为与债权行为的关系上,最具争议。即独立于债权行为的物权行为,究竟是有因行为还是无因法律行为? 如为有因法律行为,那么物权行为的效力就要受到债权行为的影响,一旦债权行为不成立、无效或被撤销,物权行为也就不能发生相应的法律效力;如为无因法律行为,物权行为的效力就不受债权行为的影响。我国民法学界通说认为,不应承认物权行为的无因性。

区别有因法律行为和无因法律行为的意义在于:确定行为效力是否受到给付原因的影响。

十、生前法律行为和死因法律行为

根据法律行为效力的发生是在当事人生前还是死后,可以把法律行为区分为生前法律行为和死因法律行为。

生前法律行为,指在行为人生前发生效力的法律行为。多数法律行为属于此类。

死因法律行为,指以行为人的死亡为行为生效要件的法律行为。遗嘱为典型的死因法律行为。

区别生前法律行为和死因法律行为的意义在于：明确两种行为的生效时间不同。

第三节　意思表示

一、意思表示的概念

意思表示，指将意欲发生一定民事法律效果的意思表示于外部的行为。

意思表示的构成要件包括效果意思、表示意思和表示行为。效果意思，指表意人内心意欲发生法律上效力的意思，为内心的效果意思。表示意思，即确定发表此效果意思的意思。表示行为，指以口头或书面形式将意思表达于外的行为。

二、意思表示的形式

意思表示可以采取明示或默示两种方式。所谓明示的方式，指行为人以语言、文字或其他直接表意方法表示内在意思的表意形式。所谓默示的方式，指行为人以使人推知的方式间接表示其内在意思的表意形式。具体而言，意思表示有以下四种形式。

（一）口头形式

口头形式，指以对话的形式所进行的意思表示。"对话"包括电话交谈、托人带口信、当众宣布自己的意思等。口头形式，具有简便迅速的优点，但由于缺乏客观记载，一旦发生纠纷，日后难以取证。因此，口头形式主要适用于即时清结或标的数额小的交易。

（二）书面形式

书面形式，指用书面文字形式所进行的意思表示。合同书以及任何记载当事人权利、义务内容的文件，都属于书面形式。我国《合同法》第 11 条规定："书面形式是指合同书、信件以及数据电文（包括电报、电传、传真、电子数据交换和电子邮件）等可以有形地表现所载内容的形式。"书面形式可促使当事人深思熟虑后才实施法律行为，使权利义务关系明确化，并可保存证据，有助于预防和处理争议。其主要适用于履行期限较长、交易规则复杂、标的数额较大的交易行为。

（三）推定形式

推定形式，指当事人通过有目的、有意义的积极行为将其内在意思表现于外部，使他人可以根据常识、交易习惯或相互间的默契，推知当事人已作某种意思表示，从而使法律行为成立。例如租期届满后，承租人继续居住并交纳房租，出租人接受，由此可推知当事人双方做出了延长租期的意思表示。

（四）沉默方式

沉默方式,指既无语言表示又无行为表示的消极行为,在法律有特别规定的情况下,视为当事人的沉默已构成意思表示,由此使法律行为成立。在通常情况下,内部意思之外部表达须借助于积极的表示行为,沉默不是表示行为。因此,一般情况下,沉默不是意思表示,不能成立法律行为。只有在法律有特别规定时,当事人的消极行为才被赋予一定的表示意义,并产生成立法律行为的效果。

三、意思主义与表示主义

确定意思表示的内容,对于确定法律行为以及决定法律行为的效果,具有重要意义。在确定意思表示的内容时,究竟是以意思为重点,还是以表示为重点,在意思与表示不一致的情况,不同的趋向有着不同的效果。

因为着重点的不同,出现了意思主义理论、表示主义理论和折中主义理论。

意思主义理论着重于意思,重在探究行为人的内在意思。按照这一理论,意思表示的实质在于行为人的内心意思,法律行为本身不过是实现行为人意思自治的手段。因此,意思表示解释的目的在于发现或探求行为人的真意。在表示与意思不一致的情况下,法律行为应依据对行为人真意的解释而成立。

表示主义理论重在表示,重在解释行为人所表示出来的意思。按照这一理论,法律行为的本质不是行为人的内在意思,而是行为人表示出来的意思。因此,表示主义理论主张对于意思表示的解释原则上采取客观性立场,在表示与意思不一致时,以外部的表示为准;对于有相对人的意思表示的解释,应以相对人足以客观了解的表示内容为准,以保护相对人的信赖利益。

折中主义理论则是认为当内在意思与表示出来的意思不一致时,或采意思主义,或采表示主义,兼容并包意思主义理论和表示主义理论的合理因素。

我国通说采折中主义理论,以表示主义为主,意思主义为辅。通常情况下采取表示主义理论,但是在当事人因欺诈、胁迫、乘人之危、错误等意思表示不自由的场合,应当采用意思主义理论。

第四节   民事法律行为的成立与有效

长期以来,我国民法理论并不将民事法律行为的成立要件和有效要件加以区别,实际上,确定民事法律行为是否有效的第一步,应是确定该民事法律行为是否已成立。民事法律行为的成立规则,揭示的是法律行为是否已经存在的问题;民事法律行为的有效,揭示的是已经存在的法律行为是否合乎法律规定的要求的问题。

一、民事法律行为的成立要件

（一）民事法律行为的一般成立要件

民事法律行为的一般成立要件，指一切民事法律行为成立所必不可少的要件。何为民事法律行为的一般成立要件，说法不一。有的观点认为，民事法律行为的一般成立要件为意思表示。我国通说认为，包括当事人、标的和意思表示。

（二）民事法律行为的特别成立要件

民事法律行为的特别成立要件，是指某些特别类型的民事法律行为的成立，除了要求具备一般成立要件之外，还应具备特别的条件。例如实践性行为，该行为的成立除须具备民事法律行为的一般成立要件外，还须行为人交付实物。

二、民事法律行为的有效要件

民事法律行为的有效，是指民事法律行为因符合法律规定而获得能够引起民事法律关系设立、变更、终止的法律效力。根据民事法律行为的不同性质，法律规定了法律行为的一般有效要件和特别有效要件。

（一）民事法律行为的一般有效要件

1. 行为人适格

行为人适格，即要求行为人具有相应的行为能力。法律行为以当事人的意思表示为基本要素。具有健全的理智，是做出合乎法律要求的意思表示的基础。因此，行为人必须具有相应的行为能力。就自然人而言，完全民事行为能力人可以以自己的行为取得民事权利、履行民事义务；限制民事行为能力人只能从事与其年龄、智力和精神健康状况相适应的民事行为；无民事行为能力人原则上不能独立实施民事法律行为。不具有相应的行为能力的人所从事的民事法律行为，未经其法定代理人追认的，自始不发生效力。但限制行为能力人、无行为能力人可独立实施单纯获得法律利益的民事法律行为。

2. 当事人的意思表示真实

意思表示真实，包括两个方面的含义：一是指行为人的内心意思与外部的表示行为相一致的状态；二是指当事人是在意志自由的前提下，进行意思表示的状态。

行为人意思表示不真实的情况，其中包括：

（1）意思与表示不一致，即行为人的内心意思与外部的表示行为不一致。其主要有真意保留、虚伪表示、隐藏行为、错误、误传五类情形。

真意保留，又称单独虚伪表示，指行为人故意隐瞒其真意，而表示其他意思的意思表示。基于真意保留所为的民事法律行为，原则上可以生效。但该真意保留为相对人明知时,该行为应不生效力。

虚伪表示,指行为人与相对人通谋而为虚假的意思表示。基于虚伪表示所为的民事法律行为,原则上不生效力,但其不生效不得对抗善意的第三人。

隐藏行为,指行为人将其真意隐藏在虚假的意思表示中。基于隐藏行为所为的民事法律行为,隐藏真意的虚假意思表示应不生效力,至于被隐藏的真实意思表示,则应依据关于该意思表示的规定来具体判断。

错误,指行为人由于认识错误或欠缺对错误的认识,致使意思与表示不一致。错误包括关于当事人的错误,关于标的物的错误,关于民事法律行为性质的错误,关于价格、数量、履行地、履行期限的错误,关于动机的错误。在传统民法上,严格区分错误和误解。前者指行为人非故意的表示与意思不一致;后者指相对人对于意思表示了解的错误。我国民法不作类似区分,在关于重大误解的规定中,包括了错误和误解所包含的内容。

误传,指因传达人或传达机关的错误导致行为人意思与表示不一致。误传在我国民事立法上没有单独规定,司法实践中将其作为重大误解来处理。

(2) 意思表示不自由。意思表示不自由包括欺诈、胁迫、乘人之危三种。

欺诈,指故意告知对方虚假情况,或者故意隐瞒真实情况,诱使对方基于错误判断做出意思表示。基于欺诈所为的民事法律行为,我国民法通则一概认定为无效。我国合同法则采取了较为灵活的处理办法,即损害国家利益的方为无效,此外一概为可撤销。

胁迫,指以给自然人本人或其亲友的生命健康、荣誉、名誉、财产等造成损害或者以给法人、其他组织的名誉、荣誉、财产等造成损害为要挟,迫使对方做出违背真意的意思表示。基于胁迫所为的民事法律行为,我国民法通则一概认定为无效。我国合同法则规定,损害国家利益的方为无效,此外一概为可撤销。

乘人之危,指行为人利用对方当事人的急迫需要或危难处境,迫使其作出违背真意的意思表示。基于乘人之危所为的民事法律行为,我国民法通则规定为无效,合同法则规定为可撤销。

3. 民事法律行为的内容适当

民事法律行为的内容适当,就是要求民事法律行为的内容要合法、适当、确定和可能。即要求法律行为的内容必须符合法律、行政法规的规定,符合社会公序良俗和社会公共利益的要求,而且还必须确定和可能。

(1) 法律行为内容合法。民事法律行为所追求的法律效果要想得到国家法律的确认和保护,就必须合法,否则只能成为无效的或可撤销的法律行为。进行民事法律行为的行为人具有相应的行为能力、意思表示真实的有效要件,都出于法律的直接规定,也是法律行为必须合法所要求的内容,但这种列举式的规定难以涵盖一切可能的不合法的法律行为。因此,我国民法通则特设民事行为不得违反法律、行政法规的概括式有效要件,以扩大法律控制法律行为合法性的涵盖面。

(2) 法律行为内容适当。法律行为内容的适当,指法律行为内容不违反公序良俗和社会公共利益的要求。所谓社会公共利益,指不特定多数人的利益,包括了我国社会生活的政治基础、社会秩序、道德准则和风俗习惯等。违反社会公共利益的民事行为严重背离社会生活的目的,危害巨大,理当禁止。将不违反社会公共利益作为民事法律行为的有效要件,一方面可以弥补社会发展使法律调整出现的漏洞和脱节的不足,将那些在表面上似乎未违反强行性法规,但实质上却损害了全体人民的共同利益、破坏了社会秩序的民事行为认定为无效;另一方面也有利于维护公序良俗,即维护公共秩序和善良风俗。公序良俗和诚实信用原则也是判断民事法律行为是否有效的依据。

(3) 法律行为内容确定。民事法律行为内容的确定,指法律行为成立时必须明确化,或处于将来可以借助一定的方式加以明确的状态。也就是说,在行为成立时,该行为内容应当到达确定的程度,如果不确定,当事人的权利义务就无法确定,也无从判断行为内容是否合法,行为就无效。

(4) 法律行为内容的可能。民事法律行为内容的可能,指法律行为人所追求的目的在客观上具有实现的可能性。不可能的情形包括事实不能和法律不能;自始不能和嗣后不能;客观不能和主观不能;永久不能和一时不能;全部不能和部分不能。不论是何种不能,均可能影响法律行为的效力。所以,法律行为内容的可能也应作为法律行为的生效要件。

必须注意的是,我国民法通则并未将法律行为内容的确定和可能规定为法律行为的生效要件。但是,不论何种法律行为,其内容的确定和可能都是题中应有之义,否则无法实现当事人为法律行为的目的。因此,学说将其补充为有效要件,填补法律的漏洞。

(二) 民事法律行为的特别有效要件

通常,民事法律行为具备一般有效要件即产生法律力。但在特殊情况下,民事法律行为除须具备一般有效要件外,还须具备特别有效要件,才能产生法律效力。例如我国《合同法》第 44 条第 2 款规定,法律、行政法规规定,合同应当办理批准、登记等手续才生效的,应依照其规定。这里的批准、登记手续即是民事法律行为的特别生效要件。

第五节　无效民事行为和可撤销民事行为

一、无效民事行为的概念

无效民事行为,是指已经成立但欠缺法律行为实质性要件,自始、绝对、确定、当然地不发生行为固有法律效果的法律行为。

所谓"欠缺法律行为实质性要件",即欠缺行为能力、内容的确定和可能及合法等要件。这些要件对于行为的有效与否起着决定性作用,因为事关意思自治的能力、社会公共利益的维护等重大事项。所以,欠缺这些要件的行为,法律无从赋予其法律行为的固有效力。

所谓"不发生行为固有法律效果",即无效行为不发生依行为人意思表示取得法律效果的效力。所谓无效,意思正是在此,并非是指法律上的任何效力都不发生。

所谓"自始、绝对、确定、当然"的无效,这是指从行为成立时起,不待任何人主张,也不待法院或仲裁机关的确认或宣告,行为即确定无疑地无效。

需注意的是,根据无效民事行为所欠缺的有效要件所涉及的行为内容和范围的不同,无效民事行为可以分为全部无效和部分无效。依据我国民法通则关于"民事行为部分无效,不影响其他部分的效力的,其他部分仍然有效"的规定,法律行为部分无效的,是否导致行为的全部无效,关键要以该无效部分是否影响其他部分为判断标准。

二、无效民事行为的类型

关于无效民事行为的类型,涉及我国民法通则和合同法两个不同的法律规定。相对而言,较民法通则后制定的合同法,缩小了无效民事行为的范围,更加注重维护法律行为的有效性,体现意思自治原则。

根据所欠缺的有效要件的不同,可将无效民事行为作如下的分类:

1. 行为人不具有相应的行为能力所实施的行为

主要指无民事行为能力人所实施的依法不能独立实施的民事行为。至于限制民事行为能力人所实施的依法不能独立实施的法律行为的效力,合同法明确规定为效力待定的法律行为。

对于法人所从事的超越经营范围的行为的效力问题,现代立法存有争议。法人的权利能力和行为能力范围一致,超越民事权利能力就意味着超越民事行为能力,行为应属无效。但是,为了兼顾法人自身发展和社会交易安全两方面的利益平衡,现代各国立法对此大多采用宽泛的规定。根据我国合同法规定,法人超越经营范围的行为,不再认定无效,而是视具体情况而定。但是,如果违反国家限制经营、特许经营以及法律、行政法规禁止经营规定的除外。

2. 意思表示不真实,并损害了国家利益的民事行为

意思表示不真实,并非法律行为无效的必然原因,相反,对于当事人单方故意造成的意思表示不真实,如真意保留,法律在一定条件下还强令其生效,以惩戒不负责任的表意人。但对于一方以欺诈、胁迫手段,使对方在违背真实意思的情况下所进行的损害国家利益的法律行为,法律采取令其无效的立场。

需要注意的是,我国民法通则规定,因欺诈、胁迫而为的民事行为一律无效。我国在制定合同法时,则根据损害的利益的不同,将损害国家利益的合同认定为无效,将不损害国家利益的合同认定为可撤销合同,由当事人选择是否撤销。

3. 违反法律、行政法规或社会公共利益的民事行为

(1) 恶意串通,损害国家、集体或者第三人利益的民事行为。这一无效情形由主观和客观两个因素构成。主观因素为恶意串通,即当事人双方具有共同目的,希望通过订立合同损害国家、集体或者第三人的利益。它可以表现为双方当事人事先达成协议,也可以是一方当事人做出意思表示,对方当事人明知其目的非法而用默示的方式接受。它可以是双方当事人相互配合,也可以是双方共同作为。客观因素为合同现实地损害国家、集体或者第三人利益。

(2) 以合法形式掩盖非法目的的民事行为。这类行为是指当事人所实施的民事行为从表面上看是合法的,但在目的上是非法的。

(3) 违反法律或行政法规的强制性规定的民事行为。法律和行政法规中的强制性规定不容违反,一旦违反,民事行为即归于无效。

三、可撤销民事行为的概念

可撤销的民事行为,又称相对无效的民事行为,指行为虽已成立,但因欠缺法律行为的生效要件,可以因行为人撤销权的行使,使行为自始归于无效的民事行为。

可撤销的民事行为,只是相对无效。有效与否,取决于当事人的意志。这一点不同于无效民事行为的绝对无效。可撤销民事行为制度的设立,既体现了法律对公平交易的要求,又体现了意思自治原则,是对上述两项价值的调和。因此,可撤销的民事行为在被撤销前,已发生针对无撤销权的当事人的效力。在撤销权人行使撤销权之前,其效力继续保持。只有在一方行使撤销权后,被撤销的民事行为自始无效。

四、可撤销民事行为的类型

1. 基于重大误解所实施的行为

所谓重大误解，是指法律行为的当事人在做出意思表示时，对涉及法律行为法律效果的重要事项存在认识上的显著缺陷。重大误解的构成，从主观方面看，行为人的认识应与客观事实存在根本性的背离；从客观方面看，因为发生这种背离，应给行为人造成了较大损失。例如，行为人因对行为的性质，标的物的品种、规格、质量和数量，以及法律关系的主体等影响当事人利益的重要事项发生错误认识，使行为的后果与行为人的意思相悖，造成较大损失的，构成重大误解。基于重大误解而为的法律行为，应允许误解人撤销。

2. 显失公平的行为

显失公平的行为，指在有偿行为中，一方当事人利用优势或对方无经验而实施的行为，行为的结果对一方当事人过分有利，对他方当事人过分不利。显失公平系着眼于实施行为的结果，注重于客观因素的考察。在显失公平的行为中，处于不利地位的一方当事人只需举证证明双方利益失衡的状态，如果对方当事人不能举证证明这种状态是发生行为时双方自愿的结果，该行为即为可撤销的行为。

3. 因欺诈、胁迫或乘人之危而为的行为

一方以欺诈、胁迫的手段或者乘人之危，使对方当事人在违背真实意思的情况下为法律行为，并因此给该对方当事人造成损害。我国民法通则将此类行为规定为无效的民事行为，这类行为不正当地强化了国家干预、限制了当事人的自由意志，而且因此可能会给被欺诈、胁迫以及处于危难处境的当事人带来更为不利的法律后果。因此，我国合同法将其规定为可撤销的行为，赋予受损害方以选择权，让其自己决定行为的效力。

五、撤销权及其行使

（一）撤销权的概念

所谓撤销权，指当事人能够通过自己单方面的意思表示使法律行为的效力归于消灭的权利。撤销权为形成权。

（二）撤销权的行使

享有撤销权的人包括因产生重大误解，致使自身利益遭受较大损失的行为人；因非自愿的原因导致行为人之间的利益关系严重失衡，处于过分不利地位的行为人；被欺诈、胁迫或被别人利用了自身危难处境，并遭受损害的行为人。

撤销权的行使期限：享有撤销权的当事人自知道或者应当知道撤销事由之日起1年内行使撤销权。超过1年没有行使撤销权的；或者享有撤销权的当事人知

道撤销事由后,明确表示或者以自己的行为表明放弃撤销权的,撤销权消灭。

在我国司法实践中,撤销权人行使权利的意思表示,须向法院或仲裁机关提出,而非向相对人提出。因此,撤销权的现实实现,必须借助于法院或仲裁机关的裁断。

行为一经撤销,则行为的效力原则上溯及其成立之时消灭。但在法律行为为继续性合同等情况下,撤销行为的裁断只对将来生效,不具有溯及力。

六、民事行为被确认无效或被撤销的法律后果

有效的民事法律行为能够达到行为人所追求的法律效果。被确认无效和被撤销的民事行为也能引起一定的法律效果,但这种法律效果并不符合行为人的愿望。无效或被撤销的民事行为发生如下法律后果。

(一)返还财产

行为自成立至被确认无效或被撤销期间,当事人可能已根据该行为取得了对方的财产。行为被确认无效或被撤销后,当事人取得财产的法律根据已丧失,原物仍存在的,交付财产的一方可行使原物返还请求权,请求受领财产的一方返还财产。原物不存在的,交付财产的一方可主张不当得利返还请求权,要求对方返还不当得利。只有一方交付财产的,单方返还;双方皆交付了财产的,双方返还。

(二)赔偿损失

行为被确认无效或被撤销,如系由一方或双方的过错造成,即发生赔偿损失问题。有过错的一方应向无过错的一方赔偿因行为被确认无效或被撤销所发生的损失。在双方皆有过错的情况下,各自承担相应的责任。被确认无效或被撤销的行为为合同行为时,这种赔偿责任主要就是缔约上过失责任,责任的承担是为了弥补信赖合同能够有效的当事人所受到的损害。

(三)其他法律后果

在当事人双方恶意串通,实施民事行为损害国家、集体、第三人利益时,追缴双方所取得或约定取得的财产,收归国家、集体所有或返还给第三人。

第六节 效力待定的民事法律行为

一、效力待定的民事法律行为的概念

效力待定的民事法律行为,指民事法律行为虽已成立,但是否生效尚不确定,有待于特定当事人的行为,才能确定生效或不生效的民事法律行为。效力待定的民事法律行为,既存在转变为不生效民事行为的可能性,也存在转变为有效民事法律行为的可能性。

二、效力待定的民事法律行为的类型

（一）限制民事行为能力人所实施的依法不能独立实施的民事法律行为

限制民事行为能力人实施了超出自己的行为能力所能独立实施的民事法律行为，只有经过其法定代理人的追认，行为自始有效。否则，行为无效。

（二）无处分权的行为

无处分权的行为，指无处分权人以自己的名义，处分他人权利的行为。根据我国《合同法》第 51 条的规定，无处分权的人处分他人财产，只有经权利人的追认或事后取得了处分权，该行为方自始有效；否则，行为无效。但是，2012 年 6 月颁布的《最高人民法院关于审理买卖合同纠纷案件适用法律问题的解释》第 3 条规定："当事人一方以出卖人在缔约时对标的物没有所有权或者处分权为由主张合同无效的，人民法院不予支持。"

（三）无权代理行为

代理人没有代理权、超越代理权或者在代理权终止后，以被代理人的名义所进行的民事法律行为，只有经过被代理人的追认，溯及行为成立时起即为有权代理；否则，为无权代理。

三、效力待定民事法律行为效力的确定

效力待定的民事法律行为，确定其效力的途径分别是：

（一）特定当事人追认权的行使或不行使

围绕效力待定民事法律行为所进行的权利配置中，常赋予特定当事人以追认权。上述三种效力待定的民事法律行为，法定代理人、有处分权人、被代理人享有追认权。追认权人行使追认权的，效力待定的民事法律行为即成为自始有效的民事法律行为。追认权为形成权，其行使应采取明示的方式。权利人放弃追认权或在交易相对人确定的催告期内不为追认的明确表示的，效力待定的民事行为自始不生效力。

（二）相对人行使催告权和撤销权

为了平衡当事人之间的利益关系，法律也同时赋予了善意的交易相对人以催告权和撤销权，使善意的相对人有权在知晓民事法律行为效力待定的缘由后，通过催告权的行使，明确对方的意愿；或者经由撤销权的行使，使该行为自始不生效力，保护自身利益。

所谓催告权的行使，是指相对人有权在行为成立后，催告法定代理人或被代理人是否为同意或追认。催告权应在对方同意或追认之前发出，并且应当给予对

方一定的考虑期间。

所谓撤销权,指在法定代理人或被代理人做出同意或追认的表示之前,相对人有权撤销其与限制行为能力人或无权代理人所为的行为的权利。该项撤销权为形成权,撤销应该以通知的方式发出。

第七节　附条件与附期限的民事法律行为

一、附条件的民事法律行为

(一)附条件的民事法律行为的概念

附条件的民事法律行为,指法律行为效力的开始或终止取决于将来不确定事实的发生或不发生的法律行为。

法律行为以可以附条件为原则,以不许附条件为例外。不许附条件的法律行为,主要有两类:一是依其性质不许附条件的法律行为,例如票据行为,撤销、承认、解除及选择权的行使等单方行为。这些行为其性质决定必须即时地确定地发生效力,不允许处于效力不确定状态,因此不许附条件。另一类是附条件违背公序良俗的法律行为。这主要是指身份关系上的行为或与身份密切相关的行为。例如结婚、离婚、收养,收养关系之解除,继承权之承认与放弃,对非婚生子女的承认与否认等。此类法律行为,一经附条件即构成违反公序良俗,因此不许附条件。

(二)附条件法律行为所附条件的要求

(1) 条件必须是将来发生的事实。已经发生的事实不能作为条件。

(2) 条件必须是不确定能否发生的事实。条件是否发生,为当事人不能准确预料。肯定要发生的事实或者肯定不会发生的事实,不能作为条件。

(3) 条件必须是当事人选定的事实。法律规定或合同性质所决定的事实,不能作为条件。

(4) 条件必须合法。不能以违反法律或道德的事实作为条件,否则视为法律行为未附条件。

(三)法律行为所附条件的种类

1. 延缓条件和解除条件

(1) 延缓条件,也称停止条件,指决定法律行为所确定的法律效力发生的客观事实。在延缓条件成就之前,法律行为已经成立,但法律行为的效力处于停止的状态。延缓条件成就,该法律行为所追求的法律效果发生。延缓条件不成就,法律行为不发生效力。

(2) 解除条件,指决定法律行为所确定的法律效力消灭的客观事实。解除条件的作用是使已经生效的法律行为在条件成就时失去法律效力。在解除条件成就之前,法律行为当事人所追求的法律后果已经发生,但是能否持续尚不确定,一旦所附条件成就,行为所产生的法律效力消灭。所附条件不成就,行为所生法律效力被确定。

2. 积极条件与消极条件

(1) 积极条件,又称肯定条件,指以所定事实之发生为内容的条件。所定事实发生的,即为条件成就;反之,条件不成就。

(2) 消极条件,又称否定条件,指以所定事实之不发生为内容的条件。所定事实不发生的,为条件成就;反之,条件不成就。

3. 随意条件、偶成条件与混合条件

(1) 随意条件,指依当事人一方的意思可决定其成就或不成就的条件。其包括纯粹随意条件与非纯粹随意条件。条件之成就或不成就,纯由一方当事人意思决定者,属于纯粹随意条件。条件之成就,与一方当事人的意思有关,但非仅取决于该当事人的意思。除当事人意思外,还须有某种积极的事实与之竞合,则属于非纯粹随意条件。

(2) 偶成条件,指条件之是否成就与当事人的意思无关,而取决于当事人以外的人的意思或自然事实。

(3) 混合条件,指条件之是否成就,取决于一方当事人与第三人的意思。

上述条件的类型,往往会形成交叉。如积极的延缓条件、积极的解除条件、消极的延缓条件、消极的解除条件。

(四) 条件成就或不成就的法律效力

1. 条件成就的法律效力

所谓条件成就,指条件内容已经实现。

条件成就的法律效力,在于决定法律行为效力之发生或消灭。对于附延缓条件的法律行为,因条件之成就,使法律行为效力当然发生;对于附解除条件的法律行为,因条件之成就,使法律行为已生效力消灭。

2. 条件不成就的法律效力

所谓条件不成就,指条件内容确定的不实现。

条件不成就的法律效力,在于决定法律行为效力之不发生或不消灭。对于附延缓条件的法律行为,因条件之不成就,使法律行为效力确定的不发生;对于附解除条件的法律行为,因条件之不成就,使法律行为效力确定的不消灭。

二、附期限的法律行为

(一)附期限的法律行为的概念

附期限的法律行为,是以一定期限的到来作为效力开始或终止原因的法律行为。

民事法律行为以允许附期限为原则,以不许附期限为例外。例如身份上行为,如结婚、收养及非婚生子女之认领;债权行为,如撤销、承认等。如前所述,这类行为属于既不许附条件也不许附期限的法律行为。但是,不许附条件的法律行为,未必不许附期限,如票据行为不许附条件,但可以附期限。

(二)附期限的法律行为所附期限的特点

一是期限必须是将来的事实;

二是期限必须是将来确定发生的事实,这与条件不同;

三是期限必须是当事人自己选定的事实。法律规定的期限,不能作为附期限法律行为之期限。

(三)期限的种类

1. 始期与终期

(1) 始期,也称为延缓期限,是决定法律行为效力之发生的期限。始期之到来,又称“届至”。

(2) 终期,也称为解除期限,指决定法律行为效力之消灭的期限。终期之到来,又称“届满”。

2. 确定期限与不确定期限

(1) 确定期限,指发生时间确定的期限,例如明确的某月某日。

(2) 不确定期限。指发生时间不确定的期限,例如以死亡发生之时为期限的。

(四)期限到来的法律效力

所谓期限到来,指作为期限内容的事实业已发生。期限为客观上必定发生的事实,因此期限只有到来,而无不到来。

期限到来的效力,在决定附期限法律行为效力之发生或消灭。附始期的法律行为,当期限届至时,法律行为发生效力;附终期的法律行为,当期限届满时,该法律行为所生法律效力消灭。

第六章 代 理

第一节 代理的概念和法律特征

一、代理的概念

根据《民法通则》第63条的规定:代理指"代理人在代理权限内,以被代理人的名义实施民事法律行为。被代理人对代理人的代理行为,承担民事责任"。

代理是一项法律制度,同时又是一种民事法律关系。作为一项法律制度,代理是指代理人在代理权限范围内以被代理人的名义与第三人进行表意行为(法律行为),该表意行为(法律行为)的法律后果直接由被代理人承担。作为一项法律关系,代理关系具有与其他法律关系不同的特点。代理关系发生在三方面当事人之间,并且每一方当事人都与另外两方当事人存在法律上的关系。在代理关系中,其民事法律行为由他人代为实施的一方为被代理人,又称本人;以被代理人的名义实施代理行为的一方为代理人;代理人与之进行法律行为的相对方为相对人,也称第三人。在代理人与被代理人之间通常是委托授权关系,也称代理之内部关系;在代理人与相对人之间是为代理行为关系,所称的表意行为或民事法律行为是在他们之间进行,也称代理之外部关系;在被代理人与相对人之间是法律行为后果的承受关系,代理行为所产生的法律后果直接在他们之间发生,这也称代理之外部关系。

二、代理的法律特征

(一)代理人以被代理人的名义实施表意行为(民事法律行为)

代理人在为代理行为时,不论是对他人为意思表示还是受领他人的意思表示,都是以被代理人的名义进行。由于代理的发生是基于被代理人的需要,代理行为的后果是由被代理人承担,因此,代理人为代理行为时,并不是以其自己的名义而是以被代理人的名义进行。对于相对人而言,以谁的名义意味着该行为的后果由谁来承担。相对人更在意的是名义人是谁,而不是行为人或者代理人是谁。以被代理人的名义是代理行为与其他类似行为区别之所在,如行纪行为,虽同样是受人之托替人办事,但受托人(行纪人)是以自己的名义从事受托行为并承担该行为的后果。

（二）代理人进行的代理行为是一种表意行为

我国《民法通则》规定的代理主要适用于民事法律行为,民事法律行为以意思表示为必备要素,因此,代理行为是一种表意行为。代理人在为代理行为时,或者向相对人进行意思表示,或者对相对人的意思表示作出同意或者拒绝的表示。表意行为是具有法律意义的行为。所谓有法律意义的行为,是指能够产生法律后果的行为,包括民事法律行为和其他具有法律意义的行为。其中民事法律行为是最主要、最常见的代理行为,如代理订立合同的行为。代理行为虽主要是民事法律行为但不限于民事法律行为,其他有法律意义的行为也是代理的内容之一,如代理进行法人登记、代理申请商标注册、代理进行专利申请等。代为进行不具有法律意义的行为,不是民法上的代理行为,如代为请假、代为通知等。

（三）代理人在授权范围内独立为意思表示（民事法律行为）

代理人在授权范围内独立为意思表示（民事法律行为）,这一表述包含两层意思:一是代理人实施代理行为以被代理人的授权或者法律的规定为依据,代理人的行为不能超出授权范围。代理人只就授权范围受约束,被代理人也只就授权范围内的行为承担后果。超出授权范围的行为,被代理人可以拒绝承担后果。二是代理人在授权范围内得独立地进行意思表示而不受被代理人指使,代理人只就授权范围受约束,而不对行为的方式受约束。代理人在为代理行为时其意志是自由的、独立的。代理的这一特征有别于传达、居间等类似行为,居间、传达表达的是他人的意思。

（四）代理行为的法律后果直接由被代理人承担

由于代理人是以被代理人的名义并且在被代理人的授权范围内实施代理行为,因此,代理人在代理权限范围内所实施的行为,视为被代理人的行为,由被代理人直接承担该行为的法律后果。此与同样是受人之托替人办事的行纪不同,由于行纪是受托人以自己的名义替人办事,行为的结果首先是由受托承担,然后转移给委托人。

三、代理制度与类似制度的区别

（一）代理与代表的区别

在民法上所称的代表主要指法人代表,即将某自然人的行为直接视为法人机关的行为。代理人与法人代表的区别主要表现在以下几个方面。

1. 法律地位不同

法人代表人虽由自然人担任,但作为自然人的法人代表人的人格被法人人格所吸收。自然人在以法人代表的名义为行为时,其本人的自然人人格不再体现;而代理人以被代理人名义进行代理行为时,其本人的人格依然存在,仍然是一独立的民事主体。代理人的行为超越授权范围而没有取得被代理人追认的,得自行承担该行为的后果,足以说明在代理中代理人本人的人格仍然存在。

2. 法律后果归属的依据不同

法人代表人的行为直接被视为是法人的行为,是同一个行为主体,因此,该行为的后果自然应该由法人承担;而在代理关系中,行为由代理人进行,行为的后果则由被代理人承担,行为人和责任人分离。代理的行为主体与代理行为法律后果承受的责任主体是两个不同的主体,代理行为的后果之所以由被代理人承担是代理制度设计的结果。

3. 实施行为的范围不同

代理行为限于表意行为,并且受制于被代理人的授权范围,只能为授权范围内的行为,超出授权范围的行为,被代理人可以拒绝承担后果;而法人代表人的行为直接被视为是法人的行为,不存在授权范围的问题,代表人的行为可以是一切主体可为的行为,除法律行为以外,还可以是侵权行为、实事行为、行政行为等其他行为。

(二)代理与行纪的区别

行纪指受托人以自己的名义为委托人实施法律行为,并将行为之后果转移于委托人的法律制度。代理与行纪虽都是受人之托替人办事,都是发生在三方面当事人之间的关系,但三方当事人之间的关系与代理不同。其中,委托人与受托人(行纪)之间是一种委托关系,受托人(行纪)与相对人之间是为法律行为之关系,交易是在受托人(行纪)与相对人之间进行的,并且该交易行为的后果也是由行纪承担,然后由行纪转移给委托人,委托人与相对人之间不发生任何关系。

由于行纪是一种营业性行为,以赢利为目的,须经依法登记方能取得主体资格和营业资格,行纪行为适用于商业领域,是有偿行为;而代理是为特定人提供法律服务的一项制度,在主体资格上不受限制,亦无从业资格的限制,可以有偿,也可以无偿。

四、代理制度的萌生及其价值

罗马法时代并无代理制度,虽有家子或奴隶以家长的名义或恩主的名义从业的,但因其本身没有主体资格,因此,该行为被视为是家长的行为,是家长手足的延长而不是意志的延长。

早期罗马法奉行"债只能自为"的原则,即债只能在行为人之间发生。在商业领域罗马法更是严格奉行"任何人之所为,均是为其自己所为"的原则。在这种思想指导下,不仅直接代理不可能发生,间接代理亦不可能发生。另外,早期罗马法限制债的转移,客观上亦产生不了间接代理制度。

首先出现类似代理萌芽的是在监护领域。罗马人承认监护人或者保佐人得为欠缺行为能力人建立债权债务关系,此被后世称为法定代理的雏形。以后在商事领域出现了一些特殊制度,在一定程度上突破了"债只能自为"的观念。

中世纪后,由于贸易往来的增多,间接代理首先在实务中被广泛使用,但直接代理还是被禁止。间接代理中含有罗马人后期的债的思想,即行为的结果,只有经债权让与或债务承担,才能由行为人转移给本人,此被称为债权转移说。但直接代理是在十七八世纪后的产物。

代理制度的发生、发展是现实生活需要的产物。首先在监护领域,代理制度弥补了因被监护人行为能力不足而无法进行与其有关的法律行为的缺陷。在其他领域,尤其是商业领域,与社会的分工和商业活动的专业化要求的提高有关,代理制度由此用来弥补因社会分工,交易发达而显现出的个人时空活动的有限性和专业能力不足的缺陷。对被代理人而言,很多商人对自己尚不熟悉的领域或者自己不易到达的地域,通过代理制度,由代理人代为进行同样可以实现自己的意志,这样可以使自己的意志通过他人的行为得以延长;对代理人而言,由于代理行为的后果并非由其承担,代理人可以将某些代理行为专业化,尤其是某些商事代理可以将其作为职业来操作,并由此产生商事代理行业。

五、代理的适用范围

代理适用于民事法律行为以及其他有法律意义的行为,但并不是所有的法律行为或者其他行为都适用代理。根据法律规定可以适用代理的情形主要有:(1)各种民事法律行为,法律规定必须由当事人亲自进行的除外;(2)其他具有法律意义的表意行为,如意思表示的接受或拒绝;(3)司法、行政行为,如诉讼代理;商标注册代理、专利申请代理、法人登记代理等。

下列行为不适用代理:

(1) 在民法上具有身份意义的行为,如结婚、离婚、收养的建立或者解除等行为不能代理。身份行为对当事人意义重大,根据法律规定这类行为必须由当事人亲自进行。

（2）具有严格人身属性的行为不能代理,如订立遗嘱、继承的放弃等。订立遗嘱、放弃继承虽为意思表示,但这类意思表示对相关的当事人意义重大,必须由当事人亲自为之,不能代理。

（3）事实行为。事实行为虽可以发生法律后果,但事实行为不需要有行为人的意思表示,因此,不同于表意行为。事实行为是根据行为本身产生法律规定的后果,而不问行为人的意思如何。而代理行为必须是表意行为,因此,事实行为无法适用代理。

（4）违法行为。代理制度的目的是为了帮助无行为能力人、限制行为能力人以及有完全行为能力人在实施民事法律行为时的需要,是一项法律制度,违法行为不能适用,受人指使的违法行为仍然由行为人承担行为后果。

（5）其他当事人约定或者行为的性质决定了必须由本人亲自进行的行为,不适用代理。

第二节　代理的分类

代理依据不同的标准和角度,可作不同的分类。

一、法定代理、指定代理和委托代理

这是根据代理权发生的依据不同而对代理进行的分类,也是《民法通则》规定的代理的分类。

（一）法定代理

法定代理,指根据法律规定而产生代理权的代理。法定代理主要是为无行为能力人和限制行为能力人设立代理人的方式。《民法通则》第14条规定:"无民事行为能力人、限制民事行为能力人的监护人是他的法定代理人。"在法定代理中代理人与被代理人之间往往存在某种身份关系,如父母子女关系、夫妻关系,这种身份关系的存在是法定代理权的发生根据。

（二）指定代理

指定代理,指根据人民法院或者有关单位的指定而产生代理权的代理。指定代理一般发生在没有委托代理人也没有法定代理人或者对法定代理人的担任有争议的情况下适用。例如《民法通则》第16条的规定,对担任未成年人的监护人有争议的,由未成年人父母所在的单位或者未成年人住所地居民委员会、村民委员会在近亲属中指定。对指定不服提起诉讼的,由人民法院裁决。

（三）委托代理

委托代理,指根据被代理人的授权而产生的代理。由于委托代理的发生基于被代理人的意思和授权,又称意定代理、授权代理。在民法上授权行为属于单方的法律行为,只需被代理人(授权人)有授权的意思表示即可。由于授权行为是单方的法律行为,无须受托人同意即产生授权的效力,因此,授权人和受托人之间往往存在某种法律关系,这种法律关系被称为授权行为的基础关系。授权行为的基础就是授权人与代理人之间存在的基础法律关系,如委托合同关系、合伙关系或者劳动合同关系等。

二、一般代理和特别代理

这是根据在具体的代理关系中代理人代理权限的范围是否有限制而对代理进行的分类。

一般代理,指在具体的代理关系中,对代理人的代理权限范围没有特别限制的代理,也称全权代理、概括代理。

特别代理,指在具体的代理关系中,对代理人的代理权限范围有明确限定的代理,又称部分代理或限定代理。在特别代理中代理人的代理权限仅及于代理事项的某特定部分。

在实践中,如果当事人对某一代理关系没有明确是特别代理还是一般代理时,应推定为一般代理。

三、单独代理和共同代理

这是根据代理人的人数对代理进行的分类。

单独代理,又称独立代理,指代理权仅授予一个代理人或者各个代理人得单独行使代理权的代理。在单独代理中,代理人行使代理权各自独立。单独代理强调的是代理人为一个,而不问被代理人是一人还是数人。

共同代理,指代理权授予两个或两个以上的代理人,而两个以上的代理人共同行使代理权的代理。

在单独代理中,各代理人就自己的代理行为向被代理人负责;在共同代理中,数个代理人共同就代理行为向被代理人负责,并且,各代理人就共同的代理行为致他人损害时,负连带赔偿责任。但是根据《最高人民法院关于贯彻执行〈中华人民共和国民法通则〉若干问题的意见》第79条的规定,数个代理人共同行使代理权的,如果其中一人或者数人没有与其他代理人协商,所实施的行为侵害被代理人权益的,由事实行为的代理人承担民事责任。

四、本代理和复代理

这是根据代理权是由被代理人本人直接授予或者根据法律的直接规定取得，还是基于代理人的转委托而取得而对代理进行的分类。

本代理，指代理权直接由被代理人授予或者根据法律的规定而直接发生的代理。在本代理中，代理人直接行使代理权。

复代理，又称再代理，指代理人将其代理权限的部分或者全部再转托给第三人的代理。在复代理中，复代理人的代理权来源于代理人的转委托而不是被代理人的授权。在复代理中，由复代理人或者复代理人与代理人共同行使代理权。

五、显名代理和隐名代理

这是根据代理人在实施代理行为时是否显露被代理人的名义对代理进行的分类。

显名代理，又称直接代理，指代理人以被代理人的名义实施的代理，代理行为的法律后果直接由被代理人承担，大陆法上的代理都是指的显名代理。

隐名代理，又称间接代理，指代理人以自己的名义实施的代理。在隐名代理中，相对人知道代理人的代理身份，但不知道被代理人是谁，代理行为的法律后果先由代理人承担，然后通过代理人转移给被代理人。间接代理多用于商事代理，是英美法上的代理。我国外贸代理亦多采隐名代理。我国《合同法》第402条、第403条对隐名代理有具体的规定。

第三节   代理权

一、代理权的概念

代理权是代理人以被代理人的名义与相对人进行法律行为，由被代理人承担行为后果的资格，即为代理行为的资格。代理权是代理关系的基础，是代理制度的核心，决定着代理行为的效力。代理权的发生基于法律规定或者被代理人的授权。

二、代理权的发生

代理权的发生即代理权的取得。代理人代理权发生的依据不同形成不同的代理，不同的代理其代理权取得的依据不同。

（一）法定代理权的发生

法定代理权的发生基于法律的直接规定。法定代理多适用于当事人之间存在一定的身份关系或者其他法律关系,如监护关系。根据我国民法通则的规定,未成年人的父母是未成年人的法定代理人。法定代理人与被代理人之间往往存在特定的身份关系,并且这种身份关系的存在与否决定了法定代理权的有无,如父母子女关系、夫妻关系、监护人与被监护人之间的关系。

（二）指定代理权的发生

指定代理权的发生是根据人民法院或者有关单位的指定。指定代理往往发生在无行为能力人或者限制行为能力人没有法定代理人或者对于法定代理人的担任有争议的情形。在指定代理中对于代理人的指定往往根据有利于被代理人的原则,在被代理人的近亲属中指定。被代理人没有近亲属或者近亲属无力承担代理行为时,可以考虑由其所在地的居民委员会、村民委员会担任。

（三）委托代理权的发生

委托代理权的发生基于被代理人的委托授权。通说认为授权行为属单方法律行为,只需有被代理人一方授权的意思表示即可,无须受托人有接受授权的意思表示,即产生授权的效力。一经授权,代理人便取得了以被代理人的名义为特定法律行为的权利或资格,同时,亦意味着代理人必须以被代理人的名义去为特定的法律行为的义务。由于义务是行为的强制,谁能对代理人加以这种强制? 代理人能否拒绝接受授权? 被代理人向代理人单方授权的依据或者基础何在?

被代理人所以能够对代理人进行单方的授权,代理人能够或者应该接受授权,进行并完成授权范围内的行为,是因为被代理人与代理人之间往往存在某种基础法律关系。这些基础法律关系可以是劳动合同关系,如雇主对雇员的授权;可以是委托合同关系,如委托人基于委托合同对受托人的授权;还可以是合伙关系等。这些劳动合同关系、委托合同关系、合伙关系就是授权的基础法律关系。在没有基础关系的情况下,委托人的授权行为效力如何? 由于委托人与受托人之间不存在基础关系,受托人没有受约束的法律上的原因,受托人可以接受授权,也可以拒绝授权。受托人接受授权的,可以认为受托人与委托人之间达成委托合同关系,并同时发生授权的效力。代理人因此而取得代理权,亦产生必须完成代理行为的义务。受托人拒绝接受授权的,授权对其不发生效力,对受托人而言,既不能产生代理权,亦无为代理行为的义务。因此,当双方之间并无基础法律关系时,一方向对方授权或者为委托时,他方表示接受的,双方之间建立委托关系,同时发生授权的效力。

基础关系的意义在于确定双方(代理人与被代理人)之间的内部关系,如委托人与受托人的关系、雇主与雇员的关系。这类关系是双方的法律关系,须有双方的合意,它是代理关系中的内部法律关系。基础关系的存在是被代理人得以向代理人授权的前提,而授权的意义在于代理权的对外效力,即代理人以被代理人的名义实施法律行为,而该行为的法律后果由被代理人承担。

三、代理权的行使

代理权的行使,是指代理人以被代理人的名义实施代理行为的过程。代理人应该在代理权限范围内,为被代理人的最大利益行使代理权。因此,代理人在行使代理权时应充分注意以下几个方面:

一是代理人应在代理权限范围内行使代理权。没有代理权、超越代理权或者代理权期满以后实施的行为,除非经过被代理人追认,否则对被代理人不发生法律效力。该行为视为是代理人自己的行为,由行为人承担行为的后果。

二是代理人应亲自行使代理权。代理人与被代理人之间往往存在一种特殊关系,如法定代理和指定代理中,代理人与被代理人之间的身份关系;委托代理中,代理人与被代理人之间的相互信赖关系。这些关系是产生代理权的重要依据。因此,代理人应亲自行使代理权,亲自实施代理行为。

三是代理人应维护被代理人的利益,妥善行使代理权。代理人在行使代理权时,应本着诚实信用原则,以被代理人的最大利益为其行为的宗旨,妥善行使代理权。

四、代理权的限制

(一)禁止自己代理和双方代理

自己代理,指代理人以被代理人的名义与自己实施民事法律行为。在自己代理中,由于代理行为的相对人是代理人自己,代理人自己的利益与被代理人的利益直接对应,无法保证代理人能够最大限度地维护被代理人的利益。

双方代理,指代理人同时代理法律行为的双方。如在一个买卖关系中,既代理出卖人,又代理买受人。在双方代理中,代理人一人的意思表示就代表了法律行为双方的意思,在此关系中,代理人是无法真正表现出最大限度追求被代理人的利益的。

代理行为大多为合同行为,合同要求双方当事人的意思表示一致。在自己代理和双方代理中,行为人一方的意思就代表了双方的意思,没有双方协商一致的过程,不符合双方法律行为应有的要求,自己代理和双方代理有违合同的本义。

由于在自己代理与双方代理中无法保证代理人以被代理人的最大利益作为自己代理行为的宗旨,当被代理人知道代理人的代理行为是自己代理或者双方代理时,被代理人可以拒绝对该代理行为承担后果。被代理人拒绝自己代理和双方代理的,该代理行为的后果由行为人自己承担。但根据意思自治原则,被代理人对自己代理和双方代理行为的法律后果是否接受,由被代理人自己决定,法律不主动干预。当自己代理经过被代理人认可,双方代理经过双方当事人认可,该代理行为仍然对被代理人发生法律效力。

(二)禁止代理人与第三人恶意串通,损害被代理人的利益

代理人应本着为了被代理人利益实施代理行为,因此,任何损害被代理人利益的行为,应该被禁止。根据《民法通则》第66条的规定,如果发生代理人与第三人恶意串通,给被代理人造成损失的,由代理人和第三人承担连带责任。

(三)禁止利用代理关系进行违法行为

根据《民法通则》第67条的规定:代理人知道委托事项违法仍然进行代理的;或者被代理人知道代理人的代理行为违法不表示反对的,代理人和被代理人负连带责任。

五、代理权的消灭

《民法通则》第69条、第70条分别规定了各种代理权消灭的原因。

(一)委托代理消灭的原因

(1)代理期间届满或者代理事务完成;

(2)被代理人取消委托或者代理人辞去委托;

(3)代理人死亡或者代理人丧失民事行为能力;

(4)作为代理人或者被代理人的法人终止;

(5)被代理人死亡。但根据《最高人民法院关于贯彻执行〈民法通则〉若干问题的意见》第82条的规定,有下列情形之一的,被代理人的死亡,委托代理人实施的代理行为仍然有效:一是代理人不知道被代理人死亡的;二是被代理人的继承人承认的;三是代理人与被代理人约定到代理事项完成时代理终止;四是在被代理人死亡前已经进行,而在被代理人死亡后为了被代理人的继承人的利益继续完成的。

(二)法定代理和指定代理消灭的原因

(1)被代理人取得或者恢复民事行为能力;

(2)被代理人或者代理人死亡;

(3)代理人丧失民事行为能力;

(4)指定代理的人民法院或者指定单位取消指定;

(5)由其他原因引起的代理人与被代理人之间的监护关系消灭。

第四节 复代理

一、复代理的概念和特征

复代理,又称再代理,指代理人将其代理事项的一部或者全部再转托他人实施的代理。在一般情况下,代理人应亲自完成代理事务,但有时由于代理人方面的特殊原因,代理人无法亲自实施或者不便亲自实施,为了被代理人的利益,代理人可以将其代理事项的一部分或者全部转托他人进行。

我国《民法通则》第68条规定:"委托代理人为被代理人的利益需要转托他人代理,应当事先取得被代理人同意。事先没有取得被代理人同意的,应当在事后及时告诉被代理人,如果被代理人不同意,由代理人对自己所转托的人的行为负民事责任,但在紧急情况下,为了保护被代理人的利益而转托他人代理的除外。"根据《民法通则》的上述规定复代理的发生通常在两种情况下:一是事先有约定;二是在紧急情况下为了被代理人的利益。在此两种情况下的复代理由被代理人承担后果。

复代理具有如下法律特征:

一是复代理人的产生是基于代理人的选任,而不是被代理人的委托授权。复代理人不是由被代理人选任或者代理人以被代理人的名义选任,因此不是基于被代理人的授权委托,而是由代理人以自己的名义选任。

二是复代理人是被代理人的代理人,以被代理人的名义实施代理行为。虽然,复代理人的产生基于代理人的转委托,但代理人一旦选任了复代理人,复代理人是以被代理人的名义实施代理行为,而不是以代理人的名义实施代理行为。因此,复代理人是被代理人的代理人而不是代理人的代理人。

三是复代理人的代理权受原代理权限制。复代理人的代理权以原代理权有效存在为必要,其代理权限受原代理权范围的限制,超出原代理权限范围的复代理,除非被代理人追认,否则对被代理人不发生效力。

二、复代理的法律后果

(一)复代理人以被代理人的名义实施的代理行为的后果直接归属于被代理人

由于复代理人是以被代理人的名义实施代理行为,是被代理人的代理人,因此其以被代理人的名义实施的代理行为的后果直接由被代理人承担。

(二)代理人对其选任的复代理人的行为向被代理人负责

由于复代理人是由代理人选任而不是被代理人委托的,被代理人对复代理人的各方面情况可能一无所知,因此,代理人对于复代理人的行为应向被代理人负责。

(三)代理人与被代理人之间的代理关系不因复代理人的选任而受影响

在复代理中不管是代理事项的一部分转托还是全部转托,原代理人与被代理人之间的代理关系不变,原代理人的法律地位不因复代理人的产生而受影响。复代理(或转委托)不是代理权的让与,代理权的让与,是原代理人退出代理关系,由新代理人接替原代理人在代理关系中的法律地位。

第五节 无权代理

一、无权代理的概念

无权代理,指行为人没有代理权而以他人的名义实施民事行为的代理。无权代理有狭义和广义两种。狭义的无权代理指没有代理权、超越代理权以及代理权终止以后代理人继续以本人(被代理人)的名义实施的代理;广义的无权代理除狭义的无权代理外,还包括表见代理。狭义的无权代理没有取得本人(被代理人)的追认,本人(被代理人)对代理行为的后果不承担责任;广义的无权代理中的表见代理,虽也是没有本人(被代理人)的授权,但为了保护相对人得利益,保障交易安全,根据法律规定本人对无权代理的后果仍将承担法律责任。

二、狭义的无权代理

狭义的无权代理,指行为人没有代理权,也没有足以使相对人相信其有代理权的事实,而以他人的名义实施的代理。《民法通则》第 66 条、《合同法》第 48 条规定了狭义无权代理的三种情况。

(一)代理人自始没有代理权

即行为人以被代理人的名义与第三人实施民事行为时,并没有获得过被代理人的授权,而是擅自以被代理人的名义进行的代理。

(二)代理人超越代理权

代理人虽然有被代理人的授权,但代理人的行为超越了被代理人的授权范围。代理人在代理权限范围内的行为属有权代理,超越代理权限范围以外的行为构成无权代理。

(三)代理权终止以后的代理行为

代理人虽然曾经有过代理权,但是代理人在代理权终止以后,如代理事项的完成,代理期限的到来,继续以被代理人的名义实施民事行为的,同样属于无权代理。

狭义的无权代理,属于效力待定的民事法律行为,该行为的效力如何,取决于相关当事人的意思表示。根据法律规定狭义无权代理的法律后果如下:

1. 本人(被代理人)的追认权和拒绝权

就本人而言,无权代理对其属于效力待定的民事行为。本人有权对无权代理行为进行追认或者拒绝追认。本人对无权代理行为表示追认的,追认具有溯及力,一经追认该代理行为自始有效,成为有权代理;本人拒绝追认的,该代理行为的后果有行为人自己承担。根据《民法通则》第66条的规定,本人知道他人以本人的名义实施民事行为而不作否认表示的,视为同意。

2. 相对人的催告权和撤销权

就无权代理的相对人而言,在本人作出追认的意思表示以前,可以向本人提出催告,催告本人在一定期限内就无权代理行为作出承认或者拒绝的意思表示。根据《合同法》第48条的规定,相对人可以催告本人在1个月内作出追认。本人经相对人催告不作出意思表示的,视为拒绝追认。相对人在得知代理人无代理权时,也可以直接就无权代理行为行使撤销权。撤销同样具有溯及力,一经撤销,代理行为自始无效。相对人行使撤销权应该以通知的方式作出。

相对人的撤销权和本人的追认权都具有溯及力,两者发生冲突时,撤销权行使在先,本人追认发生在后的,撤销有效,追认无效;本人追认在先,相对人撤销在后的,追认有效,一经追认,不得再为撤销。本人的追认与相对人的撤销同时作出的,以追认有效。该代理行为成为有权代理。

3. 无权代理人的责任

无权代理行为未得到本人追认或者被相对人撤销的,该代理行为的后果由代理人自己承担。无权代理行为被相对人撤销,因此而给相对人造成损失的,行为人对相对人承担赔偿责任。

三、表见代理

(一)表见代理的概念

表见代理,指无权代理人的代理行为,存在足以使第三人相信其有代理权的事由,根据法律规定发生有权代理的法律后果,该表见代理的后果由本人(被代理人)承担。我国《合同法》第49条规定:"代理人没有代理权、超越代理权或者代理权终止以后以被代理人的名义订立合同,相对人有理由相信行为人有代理权的,该代理行为有效。"这是我国合同法上的对表见代理的法律规定。

表见代理本属于无权代理,但由于在外观上存在足以使他人(相对人)相信其有代理权的事由,为了保障交易安全,维护相对人的利益和代理制度的严肃性,法律创设表见代理制度,强制本人如有权代理一样承担表见代理行为所产生的法律后果。代理人对表见代理的发生存在过错的,本人可以另行追究代理人的法律责任。

(二)表见代理的构成要件

由于表见代理为无权代理却发生有权代理的后果,加大了被代理人的责任,因此,对于一项无权代理是否构成表见代理,应有一个判断的依据并严格掌握。根据法律规定构成表见代理应符合下列条件:

1. 行为人没有代理权

没有代理权的情况可以是被代理人自始没有授权,或者代理人超越代理权限范围,或者代理人在代理权终止以后继续以被代理权名义进行代理活动的。

2. 客观上存在足以使第三人相信行为人有代理权的事由

所谓客观上存在足以使相对人相信其有代理权的事由,如行为人持有被代理人签名的合同文本,持有有效的合同专用章,或者其他可以证明其享有代理权的文件等。

3. 相对人主观上没有过错

即相对人不知道或者不可能知道表见代理人没有代理权。表见代理制度的设计本为了保障交易安全,保护交易相对人的利益,因此,以相对人没有过错为前提。如果相对人知道或者应该知道行为人没有代理权而继续与之进行代理行为的,相对人应当对自己的过错行为负责,法律没有给予特殊保护的必要。

4. 表见代理人与相对人进行的行为须具备并且符合代理的基本法律特征

表见代理除了没有本人的授权以外,必须客观上已经具备或者符合代理行为的基本条件,因此,可以按有权代理行为来对待。

(三)表见代理的常见的发生原因及类型

(1)被代理人授权不明,使代理人为代理行为时没有明确的授权范围,加大了代理人为代理行为时的自由;

(2)代理权被撤销或终止后,没有及时采取公示手段让相关的当事人知晓,致使相关的当事人不知情而与之进行交易;

(3)被代理人内部管理不当,致使行为人在没有获得授权的情况下,也能有机会持有有效代理的证明文书等证件或材料;

(4)因表见代理人与被代理人之间存在特殊的关系,而被代理人未向公众披露各自是独立的民事主体,致使第三人误信。

（四）表见代理的法律后果

表见代理制度的设计目的在于保护无过错相对人的利益，维护交易安全，因此表见代理虽为无权代理，但发生有权代理的法律效力，被代理人应当承担表见代理的法律后果。被代理人承担表见代理的法律后果后，使自己蒙受损失的，有权向有过错的无权代理人追偿。对于表见代理的发生被代理人与表见代理人都有过错的，按各自的过错程度分担损失。

第七章 时 效

第一节 时效制度概述

在通常情况下,权利胜于事实,即一定权利的存在能够改变事实状态,这是法律赋予权利的效力所致。但在某些特殊的场合,事实胜于权利,即一定的事实状态,当其存在了足够长的时间后,可以改变权利状态,这是时间经过的效力所致,同样是法律赋予时间经过的效力所致。为保护已经存在足够长时间的事实状态,法律特设时效制度,以稳定现有的社会、经济秩序。

一、时效的概念与特征

时效是指一定的事实状态持续地经过了一定的期间后,即可产生一定的法律后果的法律制度。

当某一事实状态存在足够长的时间以后,在符合法律规定的其他条件下,可以改变权利状态。当事实状态能够改变权利时,这就是民法上时效制度的结果。在法律上设置时效制度的立法理由是:确定某种为人们业已信赖的事实状态,以保护在此事实状态上所建立的各种法律关系的稳定性,法律认可这种持续存在的事实状态,并赋予其合法的、可信赖的法律效力。

由于时效的经过可以引起一定的法律后果,时效在性质上是一种法律事实;又由于时间的经过是不以人的意志为转移,因此,属于法律事实中的事件。

时效制度具有如下特征。

(一)一定的事实状态的存在

时效制度以一定的事实状态的存在为前提,该事实状态由法律明文规定。适用时效的事实状态有两类:一是对于他人财产的实际占有;二是权利人能够行使权利而不行使权利。

(二)一定的事实状态持续经过一定的期间

适用时效的事实状态必须持续地经过一定的时间,如对他人财产的占有满3年、5年、10年甚至20年;权利不行使的状态满1年、2年、3年或者更长。一定的事实状态所以能够改变权利,是因为其存在了足够长的时间,使人们对于这一事实状态产生了信赖,并可能在此基础上建立了各种法律关系。一定的事实状态所需经过的时间应该有多长,由法律规定,并且这一规定为法律的强制性规定,不得由相关的当事人通过约定来改变时效期间的规定或者放弃时效利益。因占有的事实状态所需经过的时间,因占有的财产是动产还是不动产而有所不同。一般而言,对不动产所需占有的时间要比动产的占有时间更长。

(三)能发生一定的法律后果

不同的事实状态持续经过一定的期间,所产生的法律后果有两类:权利的取得和权利的丧失。当对他人财产占有的事实状态持续经过法律规定的期间后,占有人即可取得对占有物的所有权或其他物权;当权利人不行使权利的事实状态持续经过法律规定的期间后,权利人将有可能丧失该权利或者丧失对该权利的法律保护。

二、时效的种类

根据不同的划分标准,时效可分为不同的种类。

(一)取得时效与消灭时效

根据事实状态和所产生的法律后果是取得权利还是丧失权利的不同,时效可以分为取得时效和消灭时效,这是对整个时效制度的最基本的分类。

取得时效,指持续占有他人财产的事实状态,经过法律规定的期间而取得对于占有财产的所有权或者其他物权。由于取得时效以占有他人财产为前提,取得时效也称占有时效。

消灭时效,指权利人怠于行使权利的事实状态,经过法律规定的期间后,该权利消灭或者不再受法律保护。由于对权利的保护一般通过诉讼表现出来,我国《民法通则》规定的诉讼时效与消灭时效相同。

由于取得时效与消灭时效的法律后果不同,各国对此所采取的立法例也不尽相同。有将取得时效和消灭时效作为完整的时效制度规定在民法典的总论部分,如《日本民法典》;也有将消灭时效规定在民法典的总论部分,而将取得时效作为财产所有权或者其他物权的取得手段之一,规定在物权篇,如《德国民法典》。

在我国现行法上对取得时效尚无规定,我国现行法上的时效规定仅指诉讼时效。

（二）普通时效与特殊时效

根据时效所适用的法律规范不同,时效可以分为普通时效与特殊时效。

普通时效,指由民法统一规定的时效,在没有法律另行规定的情况下,普遍的适用于一般的民事活动。我国民法对诉讼时效期间规定的 2 年,即属于普通时效期间的规定。

特殊时效,指由特别法规定或者是民法中特别规定的时效期间,适用于特殊的民事活动或者商事活动,如《海商法》中有关时效的规定,《环境保护法》中的时效规定,《民法通则》第 136 条关于时效期间为 1 年的规定即属于特殊时效的规定。特殊时效的期间规定,可以是长于普通时效期间,如《环境保护法》规定的时效期间是 3 年;也可能是短于普通时效期间,如《民法通则》第 136 条中规定的四种适用 1 年的时效期间。

取得时效中有普通时效与特殊时效的规定,诉讼时效中也有普通时效与特殊时效的规定。由于我国目前仅有对诉讼时效的规定,在我国关于普通时效与特殊时效的规定都仅针对诉讼时效。

（三）一般时效、短期时效和长期时效

在诉讼时效中,根据诉讼时效所规定的期间长短不同,诉讼时效可以分为一般时效、短期时效和长期时效。一般时效指普遍适用的时效期间,通常指规定为 2 年的时效期间;短期时效指时效期间的规定短于 2 年的,如《民法通则》第 136 条规定的四种适用 1 年时效期间的规定;长期时效通常指法律规定权利保护的最长时间,如 20 年的时效期间的规定;也有指时效期间的规定长于普通时效 2 年的时效规定,如《环境保护法》规定因环境污染受到侵害请求保护的时效期间为 3 年。

三、时效制度的意义

（一）保护交易安全,稳定现存的社会经济秩序

时效制度的设计目的,是为了尊重已经存在了足够长时间的事实状态,以及基于这个事实状态而发生的各种法律关系。承认这种事实状态的法律效力,能够起到维护和稳定现存的社会秩序和业已建立起来的经济秩序的作用。

（二）敦促权利人及时行使权利

权利人能行使权利而不及时行使权利,使主要以商品流通为目的而发生的各种权利义务关系处于不确定状态。不能及时了结权利义务,交易的目的不能及时达到,也不利于对社会财富的充分利用。这实际上是一种不稳定的社会经济秩序。时效制度设计的目的,就是为了解决这种不稳定的社会经济秩序,敦促权利

人及时行使权利,及时了结相应的权利义务关系。

(三)有利于人民法院提高办案质量和办案效率

人民法院审理案件的原则是以事实为根据,以法律为准绳。时间的经过可能使案件的证据流失,这对于法院的办案极为不利。时效制度可以促使权利人及时行使权利,也可以使法院能够及时审理案件,提高办案质量。

四、时效与除斥期间

除斥期间也是法律上关于时间的规定,其与时效的规定有何不同?

除斥期间,是指法律规定的某种权利的存续期间,又称预定期间,期间届满,该权利消灭。我国《合同法》第54条、第55条关于当事人行使撤销权期间的规定,就是属于除斥期间的规定。根据合同法的规定,撤销权的行使期间为1年。当事人得知撤销理由而没有在一年的期间内提出撤销的,撤销权消灭。除斥期间的计算不适用中止、中断、延长等情形,属于不变的期间。

时效与除斥期间的区别主要表现在以下几个方面。

(一)两者设立的目的不同

法律上设计除斥期间的目的,是为了维护原有的法律关系,而时效制度设计的目的在于维护与原有法律关系相对立的现有的法律关系。在除斥期间内权利人行使权利的,就变更了原有法律关系。而根据时效的规定,权利人不及时行使权利的,不行使权利的事实状态就获得了法律的承认,具有了法律上的效力。

(二)两者的构成条件不同

时效期间的经过必须是伴随着一定的事实状态,该一定的事实状态只能是对他人财产的占有或者有权利(请求权)而不行使权利,而不能是其他,而除斥期间的时间经过不问事实状态如何。

(三)两者的适用情形不同

除斥期间是不可变期间,不管在除斥期间内发生什么事由都不适用中止、中断和延长的情形;时效的期间规定是可变的,在时效进行过程中如发生法定事由或者其他特殊情况可以适用中止、中断和延长。

(四)两者适用的客体和法律后果不同

时效适用请求权,除斥期间适用形成权。时效期间届满权利人没有行使权利的,实体权本身不一定消灭,在我国是丧失了请求法院强制保护的权利。义务人自觉履行义务的,权利人仍然有权受领而并不构成不当得利。除斥期间届满,权利人没有行使权利的,权利本身消灭。

（五）两者的起算点不同

除斥期间自权利发生时起计算;时效中取得时效的期间自占有的事实状态发生时起计算,诉讼时效期间自权利人知道或者应该知道权利被侵害时(或能行使权利而不行使权利时)起计算。

第二节　诉讼时效

一、诉讼时效的概念和适用对象

（一）诉讼时效的概念

在我国,诉讼时效是指权利人能够行使权利而不行使权利的事实状态,经过一定的期间后,就丧失了请求人民法院依诉讼程序强制义务人履行义务的权利的法律制度。

诉讼时效以权利人能够行使权利而不行使权利的事实状态为基础,这一事实状态如果持续经过了法律规定的期间,人民法院便不再保护该权利。《民法通则》第135条规定:"向人民法院请求保护民事权利的诉讼时效期间为二年,法律另有规定的除外。"

（二）诉讼时效的适用对象（客体）——请求权

任何民事权利都包含权利本体和请求权两个方面的内容。权利本体从根本上反映权利的内容,请求权是使权利本体处于圆满状态的补充和救济。在绝对权,权利本体表现为对客体的直接支配,而请求权则表现为排除他人妨碍;在相对权,权利本体表现为对义务人所为给付行为的受领,而请求权则表现为请求义务人为给付行为。通说认为诉讼时效的客体是请求权,诉讼时效客体所指向的请求权,包括绝对权保护手段的请求权和相对权中的请求权。请求权以外的民事权利不适用诉讼时效。但并非所有的请求权都能适用诉讼时效。根据现有的法律规定不能适用诉讼时效的请求权主要有以下情况:

1. 因侵害人格权而产生的请求权

因人格权与主体资格有关,因此,不能因为时间的经过权利人没有行使权利,对于人格权就不再提供保护。对于人格权的侵害就是对主体资格的侵害,只要主体资格在,其受法律保护是当然的。但因人格权受侵害而发生的损害赔偿请求权仍然适用诉讼时效的规定。

2. 因相邻关系产生的请求权

为了缓和相邻关系可能引发的冲突,法律并不因相邻权受到损害的一方因没有及时提出诉讼保护,而不再给予保护。只要相邻关系存在,相邻权受到侵害,法律在任何时候都提供保护。因此,因相邻关系而发生的请求权不适用时效。

3. 因支付存款本金及利息而发生的请求权

为了保护储户的储蓄安全,自然人、法人将其现金存入银行,不能因为到期没有及时提取,这一储蓄关系就不再受法律保护,这在任何一个国家都是如此。此与自然人之间的相互借款不同。自然人相互之间因借款产生的请求权适用诉讼时效。

4. 因兑付国债、金融债券以及向不特定对象发行的企业债券的本息而发生的请求权

5. 因基于投资关系产生的缴付出资请求权

6. 因侵害国家财产而产生的请求权

由于国家作为民事主体的特殊性,对国家财产的管理和保护不易落实到位,容易发生国家财产受到侵害而没有及时提出保护的情况。因此,对国家财产的保护不能考虑适用诉讼时效。

7. 其他依法不适用诉讼时效规定的债权请求权

二、诉讼时效的种类

根据诉讼时效期间规定的长短不同,适用的对象和范围不同,可将诉讼时效分为一般诉讼时效、特殊诉讼时效和最长诉讼时效。

(一)一般诉讼时效

一般诉讼时效,又称普通诉讼时效,指由民法基本法统一规定,具有普遍适用效力的时效规定。例如《民法通则》第 135 条规定的,向人民法院请求保护民事权利的诉讼时效期间为 2 年。除法律另有规定的其他场合,2 年诉讼时效期间的规定,即属一般时效的规定,具有普遍的适用效力。

(二)特殊诉讼时效

特殊诉讼时效,是指由特别法规定或者在《民法通则》中特别规定的,适用于特殊的民事法律关系或商事关系的诉讼时效。特殊诉讼时效期间的规定往往比普通时效期间的规定或长或短。一般短于普通时效规定的称短期时效,长于普通时效规定的称长期时效。特殊诉讼时效的规定有两种方式:一是在各特别法单行法中规定,如《环境保护法》中 3 年时效期间的规定;二是在民法中作特别规定,如《民法通则》第 136 条关于一年诉讼时效期间的规定,即属于特殊时效的规定。

1. 短期时效

短于一般时效期间规定 2 年的,即为短期时效。例如《民法通则》第 136 条规

定,下列的诉讼时效期间为 1 年:

(1) 身体受到伤害要求赔偿的;

(2) 出售质量不合格的商品未声明的;

(3) 延付或者拒付租金的;

(4) 寄存财物被丢失或者毁损的。

2. 长期时效

长于一般时效期间 2 年的,即为长期时效。例如我国《合同法》第 129 条规定,因国际货物买卖合同和技术合同争议提起诉讼和请求仲裁的时效期限为 4 年。长期时效适用的法律关系往往比较复杂,需要给予更长的保护时间。

(三) 最长诉讼时效

我国《民法通则》第 137 条规定,从权利被侵害起超过 20 年的,人民法院不予保护。一般认为,这一时效期间的规定即属于最长时效期间的规定。

在适用最长时效规定时,应注意它的计算方法。一般诉讼时效和特殊诉讼时效的起算,从权利人知道或者应该知道其权利被侵害时起计算;而最长诉讼时效从权利被侵害时起计算。一般诉讼时效和特殊诉讼时效适用时效的中止、中断和延长;而最长的诉讼时效不适用时效的中止、中断,但可以适用时效的延长。

三、诉讼时效的效力

诉讼时效的效力,指诉讼时效完成后的法律后果。对此,各国立法有不同的规定。

(一) 实体权利消灭

即诉讼时效届满实体权利消灭。债务人自愿履行债务的,债权人也不得受领,否则,构成不当得利。日本民法取此立法模式[1]。

(二) 诉权消灭

即诉讼时效届满实体权不消灭而诉权消灭。根据诉权的性质不同可以分为起诉权消灭和胜诉权消灭两种。起诉权消灭是指时效届满,法院不再受理这类诉讼。此以俄罗斯联邦立法为典型[2]。胜诉权消灭是指时效届满,人民法院不再以强制义务人履行义务的方式保护其权利。我国现行的立法即是。

---

[1]　《日本民法典》第 167 条:"(一)债权,因十年间不行使而消灭。(二)债权或所有权以外的财产权因二十年间不行使而消灭。"中国公安大学出版社 1992 年版,第 31 页。

[2]　《俄罗斯联邦民法典》第 195 条:"诉讼时效是被侵权人为维护自己的权利而提起诉讼的期限。"中国大百科全书出版社 1992 年版。

（三）抗辩权发生

即时效届满实体权和诉权都不消灭,但使义务人产生拒绝履行义务的抗辩权。此以德国法为典型①。

根据对我国《民法通则》的理解,对于诉讼时效的效力,我国取胜诉权消灭说。因此,在我国诉讼时效届满发生如下效力:

1. 胜诉权消灭

诉讼时效届满,权利人实体权利并不消灭,但已不能通过诉讼程序请求人民法院以判决的形式强制义务人履行义务的方式给予保护。

2. 诉权不消灭

诉讼时效届满权利人仍可向人民法院提出诉讼,法院不应以时效届满而拒绝受理。但对于没有正当理由而超过诉讼时效期间提起诉讼的,人民法院可以不予支持。

3. 实体权不消灭

诉讼时效届满后权利人仍可以向义务人主张权利,义务人履行义务的,权利人有权受领而不构成不当得利。诉讼时效期间届满,当事人一方向对方当事人作出同意履行义务的意思表示或者自愿履行义务后,又以诉讼时效期间届满为由进行抗辩的,人民法院不予支持。

四、诉讼时效的援用及效力所及范围

（一）诉讼时效的援用

诉讼时效应由谁援用,存在两种不同的理论及立法:

一则以罗马法为代表,诉讼时效只能由当事人主张而法官不能主动援用;大陆法系国家主要持这一主张。此主张也是通说的观点。

一则认为:不论当事人是否主张,法官均可依职权主动援用。

我国《民法通则》对此未作明文规定,在相当长的一段时间里我国的司法实践中曾允许法官依职权主动援用。法理上也一直存在着法官是否可以依职权主动援用的讨论。2008 年 8 月《最高人民法院关于审理民事案件适用诉讼时效制度的若干问题的规定》(简称《诉讼时效适用的司法解释》)第 3 条给出了明确的规定:"当事人未提出诉讼时效抗辩,人民法院不应对诉讼时效问题进行阐明及主动适应时效的规定进行裁判。"显然现行法认为,法官不能在诉讼中主动援用诉讼时效。

---

① 《德国民法典》第 214 条:"消灭时效完成后,债务人有拒绝履行给付的权利。"法律出版社 2006 年版,第 73 页。

（二）诉讼时效的效力是否及于从权利

诉讼时效的效力是否及于从权利？根据民法原理主权利的命运应及于从权利，当主权利因时效届满而不予保护时，从权利亦不应保护。我国《物权法》第202条的规定："抵押权人应当在主债权诉讼时效期间行使抵押权；未行使的，人民法院不予保护。"物权法的立法符合法律逻辑，即坚持主从权利的一致性，因此，诉讼时效的效力及于从权利。

第三节 诉讼时效期间的计算

一、诉讼时效的起算

根据我国《民法通则》第137条的规定，诉讼时效期间从权利人知道或者应该知道权利被侵害时起计算。但是，权利被侵害超过20年的，人民法院不予保护。

根据《民法通则》及其相关的司法解释的规定，对于各种具体的民事法律关系，诉讼时效期间的起算如下：

(1) 有期限的债权，从期限届满之日起计算。对于没有约定履行期限的债权，可以确定履行期限的，自履行期限届满之日起计算；不能确定履行期限的，自债权人要求债务人履行义务的宽限期届满之日起计算，但债务人明确拒绝履行债务的，自债务人明确拒绝履行债务之日起计算。当事人约定同一债务分期履行的，自最后一期履行期限届满时起计算。

(2) 合同被撤销，请求返还财产、赔偿损失的时效期间，自合同被撤销之日起计算。

(3) 请求返还不当得利的时效期间，自当事人一方知道或者应当知道不当得利事实及对方当事人之日起计算。

(4) 因无因管理发生的请求权时效期间的计算：管理人请求给付必要费用、赔偿损失的时效期间，自无因管理行为结束并且管理人知道或者应当知道本人之日起计算。本人因不当无因管理行为发生的损害赔偿请求权，自其知道或者应当知道管理人及损害的事实之日起计算。

(5) 附延缓条件的债权，自条件成就时起计算。

(6) 以不作为为内容的债权，自义务人违反不作为义务而作为时起计算。

(7) 因身体受到伤害提起的损害赔偿的请求权，伤害明显的，自伤害之日起计算；伤害没能及时发现的，自被确诊伤害之日起计算。

(8) 物上请求权以该财产被他人非法占有时起计算。占有人占有之初有合法依据，以后合法依据消灭的，自合法依据消灭时起计算。

20 年的最长时效期间,自权利被侵害时起计算。

二、诉讼时效的中止

(一)诉讼时效中止的概念

诉讼时效中止,指在诉讼时效期间进行到最后六个月时,发生因不可抗力或者其他使权利人不能行使权利的客观事由,诉讼时效期间暂停计算,待引起时效中止的事由消除之日起,诉讼时效期间继续计算。

(二)引起诉讼时效中止的法定事由及其发生的时间

根据《民法通则》第 139 条的规定,可以引起时效中止的事由有两类:不可抗力和权利人不能行使权利的其他障碍。

1. 不可抗力

民法上的不可抗力指不能预见、不能避免、不能克服的客观情况,如地震、海啸等自然灾害。

2. 权利人不能行使权利的其他障碍

这些障碍具体所指由法院掌握,一般包括以下情况:(1)权利人为无行为能力、限制行为能力人且没有法定代理人,或者法定代理人死亡、丧失代理权、丧失行为能力的;(2)继承开始后未确定继承人或者遗产管理人的;(3)权利人被义务人或者其他人控制无法主张权利的;(4)其他导致权利人不能主张权利的客观情形。

上述可以引起时效中止的法定事由应该发生在时效进行的最后六个月。

(三)诉讼时效中止的法律后果

诉讼时效中止,已经经过的时效期间仍然有效,引起时效中止的事由发生和持续的时间不予计算,即扣除这段时间。待时效中止的事由消除之日起,诉讼时效继续计算。

三、诉讼时效的中断

(一)诉讼时效中断的概念

诉讼时效中断,指在诉讼时效进行期间,由于发生法定事由,使已经经过的时效期间归于无效,自引起时效中断的事由消除之日起,诉讼时效期间重新计算。《民法通则》第 140 条规定:"诉讼时效因提起诉讼、当事人一方提出要求或者同意履行义务而中断。从中断时起,诉讼时效期间重新计算。"

(二)诉讼时效中断的法定事由

可以引起时效中断的事由由法律直接规定,因此称法定事由。根据《民法通

则》第140条以及相关司法解释的规定,可以引起时效中断的法定事由是:

1. 权利人请求

权利人向义务人提出权利主张,要求义务人履行义务,是权利人在积极行使权利的表现,因此,诉讼时效中断。权利人主张权利可以直接向义务人提出,也可以向义务人的代理人、保证人或者财产管理人提出。权利人可以亲自提出,也可以委托代理人提出。

有下列情形之一的,应当认定为"一方当事人提出要求",产生诉讼时效中断的效力:

(1) 一方当事人直接向对方当事人送交主张权利的文书,对方签字、盖章或者虽未签字、盖章但能够以其他方式证明该文书已经到达对方的;

(2) 一方当事人以发送信件或者数据电文方式主张权利,该信件或者数据电文到达或者应当到达对方当事人的;

(3) 当事人一方为金融机构,按照法律规定或者当事人约定从对方账户中扣收欠款本息的;

(4) 当事人一方下落不明,对方当事人在法定媒体上刊登具有主张权利内容的公告的。

2. 义务人承认

义务人向权利人表示承认义务和愿意履行义务的,或者作出分期履行、部分履行、提供担保、请求延期履行、制定清偿债务计划等承诺或者行为的,可以发生诉讼时效的中断。

3. 权利人起诉

权利人向人民法院提起诉讼是权利人行使权利的表现,也是权利人行使权利的最有力的手段,诉讼时效中断。权利人提起诉讼可以是以提交诉状的方式,也可以是口头起诉,诉讼时效自提交诉状或者口头起诉之日起中断。

下列事项具有与起诉同等的诉讼时效中断的效力:

(1) 申请仲裁;

(2) 申请支付令;

(3) 申请破产、申请破产债权;

(4) 为主张权利而申请宣告义务人失踪或死亡;

(5) 申请诉前财产保全、诉前临时禁令等诉前措施;

(6) 申请强制执行;

(7) 申请追加当事人或者被通知参加诉讼;

(8) 在诉讼中主张抵消；

(9) 其他与提起诉讼具有同等诉讼时效中断效力的事项。

此外，权利人向人民调解委员会或者其他有权解决民事纠纷的国家机关、事业单位、社会团体等机构提出权利保护请求的，诉讼时效自提出请求之日起中断。权利人向公安机关、人民检察院、人民法院报案或者控告，请求保护其民事权利的，诉讼时效自报案或者控告之日起中断。

（三）诉讼时效中断的发生时间和法律后果

诉讼时效的中断可发生在时效进行的任何阶段。诉讼时效中断的法定事由发生后，已经经过的时效期间归于无效，待中断事由结束时，时效期间重新计算。但根据引起时效中断事由的性质不同，重新计算的方法有所不同：

1. 诉讼时效因权利人请求和义务人承认中断的重新计算

权利人请求的自权利人请求之日起时效重新计算；义务人承认或者部分履行的，自义务人的承认到达权利人时起重新计算或者自义务人履行义务时起重新计算。

2. 诉讼时效因起诉中断后的重新计算

诉讼时效因起诉中断的，自法院作出的裁判生效之日起重新计算。

3. 诉讼时效因调解或者仲裁中断后的重新计算

调解失败的，自调解失败时起重新计算；调解成功达成协议的，自义务人未按协议约定的期限履行义务时起重新计算。当事人申请仲裁的自作出裁决之日起重新计算。

4. 诉讼时效期间自权利人知道或不知道的重新计算

公安机关、人民检察院、人民法院对报案、控告、起诉决定不立案、撤销案件、不起诉的，诉讼时效期间自权利人知道或者应当知道不立案、撤销案件或者不起诉之日起重新计算。

四、诉讼时效的延长

诉讼时效的延长，指法律赋予人民法院在特殊情况下，对于已经届满的诉讼时效期间予以适当延长的法律规定。人民法院对于当事人在法律规定的时效期间内没有及时提出诉讼请求，也没有可以适用时效中止、中断事由但确实存在其他特殊情况的，人民法院可以酌情考虑，适当延长诉讼时效的期间。哪些事由可以适用时效的延长，以及延长多长时间，由人民法院根据具体情况酌情考虑。

第四节　期日与期间

一、期日和期间的概念

时间是表示事物运动发展的持续性和顺序性的范畴,有两种表现形式:一为表现某一时刻,是理论上的最小单位,具有不可分性,称时点,为静态表现形式。二为表现两个时点的间隔,具有可分性,称时段,为动态表现形式。

民法是对民事权利义务的规定。任何民事权利义务,均有发生时间和终止时间。民事权利义务的发生时间和终止时间是民事权利义务的内容。因此,民法离不开对时间的规定。民法时间也有两种形式:一为表现某一时刻,具有法律上的不可分性,即无始终之分,称期日,为静态表现形式。二为表现两个期日的间隔,具有法律上的可分性,即有始终之分,称期间,始期到来称届至,终期到来称届满,为动态表现形式。民法时间的两种形式是时间的两种一般形式在民法中的具体表现。

二、期间的计算方法

期间之计算有两种方法:自然计算法和历法计算法。

自然计算法,又称固定计算法,即一日为 24 小时,一周为 7 日,一月为 30 日,一年为 365 日,不问年之闰平,月之大小。

历法计算法,又称日历计算法,即按日历计算,年有闰平,月分大小;日历翻过一页即为一日,不问事发是否已满 24 小时。

通说认为,自然计算法是按实际经过的时间计算,比较精确,但不够简便。[1]自然计算法以 24 小时为一日,计算天数符合实际时间,比历法计算法精确。但自然计算法年不问闰平,月不分大小,计算年月数常常不符合实际时间,不如历法计算法精确,但比历法计算法简便。

据《民法通则》,我国计算期间依照公历;计算小时采自然计算法;计算年月日采历法计算法,始日不计。但存在例外:一是非连续时间采自然计算法,如"请假满 2 月者",此处"2 月"为 60 日。二是自然人年龄从出生日计算,因其权利能力始于出生。计算周数两种方法完全一致。

期间之终日如为星期日或其他法定休假日,以休假日之次日为终日。期间终

---

① 史尚宽:《民法总论》,正大印书馆 1979 年版,第 552 页;江平主编:《民法学》,中国政法大学出版社 2000 年版,第 244 页;彭万林主编:《民法学》,中国政法大学出版社 1999 年版,第 191 页。

日截止时间为二十四点,有业务时间者至业务终止时。

民法中"以上"、"以下"、"以内"、"届满"均含本数,"不满"、"以外"不含本数。

三、意定时间和法定时间

从由当事人设定还是法律规定的角度,民法时间可分为意定时间和法定时间。

(一)意定时间

当事人设定之时间为意定时间。有些民法时间,包括期日和期间,法律许可当事人设定,前者如债务清偿时间,后者如租赁期间、保证期间。意定时间法律也有干预,如租赁期间和保证期间均可由当事人约定。但《合同法》第214条规定:"租赁期限不得超过20年。超过20年的,超过部分无效。租赁期间届满,当事人可以续订租赁合同,但约定的租赁期限自续订之日起不得超过20年。"《担保法》第32条规定:"保证合同约定的保证期间早于或者等于主债务履行期限的,视为没有约定,保证期间为主债务履行期届满之日起6个月。保证合同约定保证人承担保证责任直至主债务本息还清时为止等类似内容的,视为约定不明,保证期间为主债务履行期届满之日起2年。"

(二)法定时间

法律规定的民法时间为法定时间。法律直接规定的时间为直接法定时间,如时效期间、除斥期间。法官根据法律裁定的时间为间接法定时间,亦称指定时间。意定时间一经法律干预,属法定时间。当事人变更法定时间无效。

民法时间就是民事权利义务的发生时间和终止时间,其实就是民事权利的存续期间。从权利存续期间是否与因主观障碍不行使权利有关,民法法定时间可分两类:

1. 权利存续期间与主观障碍不行使权利无关

其包括人身权存续期间,知识产权中的著作权、专利权存续期间。人身权中,人格权与人格同始终,身份权与身份同始终,均与权利人是否行使权利无关。知识产权存续期间因必要维护和限制权利人之垄断利益而规定,其中著作权、专利权存续期间,与权利人是否行使权利无关。

2. 存续期间与因主观障碍不行使权利有关

其包括:(1)请求权,适用消灭时效;(2)所有权和用益物权,适用取得时效;(3)形成权,适用除斥期间;(4)商标权,适用商标权撤销制度。我国《商标法》规定:注册商标权利人连续3年不使用注册商标,商标局可撤销其注册商标。

权利人如因主观原因,在足够长的时间不行使上述权利(其中,不行使所有权和用益物权,以他人占有物或行使用益物权为条件),该事实状态所反映的特定人之间的法律关系,视为已不稳定。法律规定了相关权利的存续期间,主体可行使而不行使此类权利,期间届满,权利消灭。此类规定是对"权利上的睡眠者"即怠于行使权利者的惩罚,包括时效制度和除斥期间制度。但法律也规定了此类权利的存续期限,即使权利人因客观障碍未行使权利,期限届满,权利也消灭。所谓时效,简单地说就是某些事实状态持续存在于法定期间,即受法律保护。时效包括消灭时效(我国称诉讼时效)和取得时效。所谓除斥期间,简单地说就是某些权利的法定存续期间。法律终止此类权利,其实是否定一种法律关系,保护无该法律关系之事实状态。

第二编　人身权

第八章　人身权总论

第一节　人身权概述

一、人身权的概念

人身权是民事主体依法享有的与其人身密切联系的、不以财产内容为直接目的的民事权利。在民事权利领域,人身权是与财产权相对应的一个类概念,是民事主体依法享有的最基本的民事权利。

人身权作为一个法学范畴,是自近代才逐步形成、发展起来的。但是,法律对人身关系的调整早在法律产生之时就开始了,并且随着人类文明的进步,对人身关系的法律调整日益受到重视和完善。时至今日,人身权已经成为世界各国民事立法的一项重要制度。概括而言,整个人身权法律制度的发展历史,就是其权利主体范围不断扩大、客体范围不断被发掘、主体间的法律人格不平等差距不断缩小的过程。

我国的人身权民事法律制度也经历了一个发展的过程。1987年的《民法通则》在民事权利一章中专设人身权一节,内容涉及生命健康权、姓名权、肖像权、名誉权、人格尊严、婚姻自主权和法人的名称权等。虽然规定得比较简略,但它首次系统地确立了我国的人身权法律制度。2009年底颁布的《侵权责任法》使我国人身权立法有了新的发展。该法第2条首次在我国民事立法上明确提出了隐私权的概念。[①]该法第22条规定:"侵害他人人身权益,造成他人严重精神损害的,被侵权人可以请求精神损害赔偿。"这是我国在立法层面上对精神损害赔偿的明确

[①]　也有学者质疑《侵权责任法》是否有创设权利的职能。参见《〈中华人民共和国侵权责任法〉条文理解与适用》,人民法院出版社2010年版,第23页。

规定。

在现代文明社会,自然人的人身权是人权的基本组成部分。一般认为,人权是指自然人在一切社会关系和社会领域中的地位和权利的总和,既包括经济、文化权利及政治权利,也包括民事权利,在国内法上大致相当于各国宪法规定的"公民的基本权利"。自然人的人身权比人权的外延要小得多,它只是与自然人的人身不可分离的民事权利,是人权的一个组成部分,但可以说它是最基本的人权。

二、人身权的特征

人身权与其他民事权利相比,概括起来主要有以下几个法律特征。

(一)人身权是民事主体依法固有的权利

人身权是民事主体依法当然享有的权利,它的获得无需依赖民事主体的意志。自然人、法人从其成为民事主体的那一刻起,就依法当然享有了人格权;同样,具体的民事主体从其获得特定的身份时起就依法当然享有了相应的身份权。而且,人身权与民事主体的主体资格及特定身份相始终。只要自然人、法人作为主体存在着,他们就享有人格权;只要他们的特定身份存在着,他们就享有相应的身份权。民事主体无论是否意识到自己的人身权的存在,其人身权都是客观存在的。人身权的这种固有性是其与财产权的一大不同。财产权的获得要依赖民事主体的意志,绝大多数情况下民事主体须实施一定的行为才能取得一项财产权。

(二)人身权与权利主体的人身联系紧密

人身权的客体(人格和身份)存在于权利主体的身上,它必须依附于主体的存在而存在。同样,民事主体要生存,也必须以人身权的享有为前提,两者密不可分。比如姓名与肖像是自然人的人身标志,名称是法人的人身标志,名誉、自由等是民事主体参与社会活动、维持正常生活的必要条件,这些都与特定的主体不可分离。人身权离开了权利主体就变得毫无意义,民事主体离开了人身权就失去了赖以生存的社会条件。因此,人身权不能被让与、抛弃,也不能被剥夺。而财产权在被让与、抛弃或剥夺后,不影响原主体继续存在。不过值得注意的是,根据《民法通则》的规定,企业法人、个体工商户、个人合伙的名称权可以转让,这是人身权不可分离性的一个例外。

(三)人身权不具有直接的财产内容

人身是对民事主体的形象称呼,作为权利义务承受者的民事主体是物质要素与精神要素的有机组合,前者如生命、身体、健康等,后者如姓名、名称、肖像、名誉、身份等,这些都不是财产,既没有经济学上的价值和使用价值,也不能用金钱去衡量,只能从观念上对它们做出评价。主体行使人身权的直接目的是满足其精神上的需要。当然,人身权并非与主体的财产利益毫无关系。当民事主体参与具体的民事活动时,其精神利益与财产利益往往很难分离,这就使人身权在行使过程中难免与主体的财产利益发生一定的联系。例如,肖像权人可以许可他人使用自己的肖像而获得使用费;配偶权、亲属权的享有是继承权享有的前提和依据;对企业法人名誉权的侵害,会导致其信誉下降,从而使其蒙受经济利益的损失;等等。但是,应该看到上述联系是间接的,就人身权的内容而言,在根本上体现为人格关系、身份关系中的精神利益。

三、人身权的分类

在现代文明社会,每个民事主体都是人身权的主体。作为具体的存在,每个民事主体因其具有一般主体所共同具有的性质而具有人格,又因其在特定群体中所处的特定地位而具有身份。因此,人身权可以分为人格权和身份权两个大类。

(一) 人格权

"人格"一词在民法上有两种含义,一是等同于权利能力,指独立的民事主体资格;二是指人格利益。应该说两者是有密切联系的,独立人格是享有人格利益的前提,而人格利益是人格独立的必然结果。因此,人格权是以人格利益为客体的、维护民事主体独立人格所必备的权利。

根据人格利益的抽象程度,可将人格权分为一般人格权和具体人格权。一般人格权指民事主体享有的概括人格独立、人格自由、人格尊严全部内容的一般人格利益的基本权利。[1]具体人格权是主体对某种特定人格利益的排他支配权。《民法通则》等法律规定的生命权、健康权、身体权、姓名权、名称权、肖像权、名誉权、隐私权等就属于具体人格权。一般人格权是对具体人格权的补充,也是创设新的具体人格权的基础。

在理论上,根据客体的性质对具体人格权又有多种分类。比较典型的是,根据人格利益的有形与否,将人格权分为物质性人格权和精神性人格权。前者如自然人的生命权、健康权、身体权等,后者如姓名权、名称权、肖像权、名誉权、隐私权等。对精神性人格权,依其作用的不同,进一步区分为:表标型人格权(如姓名权)、尊严型人格权(如名誉权)和自由型人格权(如婚姻自由权)。

(二) 身份权

身份是具体的民事主体在特定群体中的特定地位。民事主体基于特定地位,往往享有特定的利益,对这种利益的排他支配构成身份权的核心内容。因此,身

---

[1]　杨立新:《人身权法论》人民检察出版社 1996 年版,第 694 页。

份权是民事主体基于特定身份而专属享有的支配特定身份利益的权利。

根据民事主体所处的关系的不同,可以将身份分为亲属关系中的身份与非亲属关系中的身份。因此,身份权可以分为亲属法上的身份权和非亲属法上的身份权。前者包括配偶权、亲权和狭义的亲属权,后者主要包括监护权、荣誉权、智力成果创造者身份权等。

（三）人格权与身份权的区别

人格权与身份权的区别主要在于:

1. 权利取得上的不同

人格权是基于主体资格而当然享有的权利,是一种原始权利,民事主体从其产生时即获得了人格权,其取得不需要有特定的法律事实的发生,其存在与主体的存在相始终。而身份权并不与主体的存在相始终,其获得需要具备特定的法律事实,只能存在于特定的法律关系中。

2. 权利主体的范围不同

人格权在本质上是法律对民事主体资格的一种确认。因此,其权利主体具有普遍性,凡是民事主体,都享有人格权。而身份权的权利主体具有条件性和有限性,并非任何民事主体都享有身份权,只有具备特定身份的人才享有身份权。

3. 权利性质上的差异

人格权是绝对权、对世权,其他任何人对人格权人都负有不为侵害的不作为义务。对此,已形成共识。但关于身份权是否具有绝对性、对世性,理论界有不同的观点。一些学者认为,不能一概而论。非亲属法上的身份权(如荣誉权、智力成果创造者的身份权)是绝对权,它们的义务主体是不特定的人。这类身份权人实现其权利不需要义务主体实施特定行为予以配合,义务主体所负的义务是不实施妨害权利人权利行使的任何行为。而亲属法领域的身份权(如配偶权、亲属权)有所不同,这类身份权可以对抗不特定的人,排除任何人的妨碍,从这一层面讲,它们仍不失为绝对权。但同时,这类身份权的实现必须依赖特定相对人的配合,如配偶权的实现须依赖对方配偶的一定行为的配合,亲属权的实现须以对方亲属履行一定义务作为条件,否则它们无法实现。从这一层面讲,它们又具有相对权的性质。

第二节　对侵害人身权引起的精神损害的救济

一、精神损害的概念

侵权行为致人损害的后果可以区分为两种形态:财产上损害和非财产上损

害。财产上损害是指一切有形财产和无形财产的损失,包括现有实际财产的减少和可得利益的丧失。其基本特征是损害具有财产上的价值,可以用金钱加以计算。非财产上损害是指没有直接的财产内容或者不具有财产上价值的损害,其损害本身不能用金钱加以计算。广义上的精神损害等同于非财产上损害,①指侵权行为造成的不具有财产上价值的、不能用金钱加以计算的损害,包括生理、心理以及超出生理、心理范畴的抽象精神利益损害。广义上的精神损害不以民事主体是否具有生物形态的存在和精神感受力为前提,具体表现为两种形态:一是以自然人的生理、心理的可感受性为前提和基础的具体形态的精神损害,主要表现为自然人因其合法权益受到侵害而引起的精神痛苦、肉体痛苦、知觉或心神的丧失等;二是不以自然人的生理、心理的可感受性为前提和基础的抽象形态的精神损害,如民事主体(包括自然人、法人或者其他组织)因名誉权受到侵害而导致其社会评价的降低等。狭义的精神损害仅指自然人因其人身权益或特定财产遭受侵害导致的生理、心理的损害。②

二、对侵害人身权引起的精神损害的救济方式

对侵害人身权引起的精神损害,侵权人应当承担相应的民事责任,包括非财产性质的民事责任和财产性质的损害赔偿。通常情况下,以非财产性质的责任承担方式为主,以财产性质的责任承担方式为辅。在《民法通则》规定的十种民事责任方式中,适用于侵害人身权引起的精神损害的救济的主要有以下几种方式。

(一) 停止侵害

停止侵害是指对正在实施的侵权行为可依法要求行为人立即停止,其目的是及时制止侵权行为,防止损害后果的扩大。停止侵害可以由受害的自然人、法人或有关利害关系人向侵权人提出。在侵权行为尚未造成任何实际损害后果的情况下,权利人可以单独要求侵权人承担停止侵害的责任;如果侵权行为已经造成了实际损害后果,权利人可以在停止侵害之外,再要求侵权人承担其他形式的民事责任。

(二) 消除危险

行为人实施的行为尚未对权利人的人身造成实际损害,但已对其人身构成某种威胁,此时,受到危险威胁的权利人有权要求行为人消除危险。这种方式多见于生命权、健康权、身体权受到危险威胁时适用。

---

① 唐德华主编:《最高人民法院〈关于确定民事侵权精神损害赔偿责任若干问题的解释〉的理解与适用》,人民法院出版社 2001 年版,第 8 页。也有学者对此持不同意见。

② 精神损害赔偿的适用范围通常限于此。有学者认为,法人根本没有精神活动,故无所谓精神损害。

(三)消除影响,恢复名誉

消除影响是指侵权行为已经给权利人造成了某种不良后果,侵权人因此要在影响所及的范围内,采取措施消除对权利人的不良影响,以求使权利恢复到受侵害前的状态;恢复名誉是指侵权行为已经给受害人造成了其社会评价的降低,侵权人因此要在名誉受损的范围内,采取措施消除对受害人的不利影响,以将其社会评价恢复到受侵害前的状态。

(四)赔礼道歉

赔礼道歉是要求侵权人向受害人承认错误,表示歉意,请求受害人宽恕。它是侵害人身权责任中最轻的一种,是将道德要求上升为法律责任的表现,虽其可操作性近年已被学界质疑,但其具有的抚慰、平复受害人的精神损害的作用无可置疑。

(五)损害赔偿

损害赔偿指侵权行为已经给受害人造成了实际的精神损害后果,在采用了其他手段仍不足以平复受害人的精神损害的情况下所采用的救济方式。在实践中,一般情况下应该先考虑适用非财产性质的方式救济,只有在精神损害后果较为严重、用了其他手段仍不足以平复受害人的精神损害的情况下,才可以适用损害赔偿方式。

三、精神损害赔偿

(一)精神损害赔偿的性质

精神损害赔偿是指民事主体因其合法权益受到不法侵害,致其人格利益或身份利益受到损害,或者因此遭受精神、肉体上痛苦,从而要求侵权人通过财产赔偿方式进行救济的民事责任方式。与财产损害不同,精神损害无法用金钱计量,也不可能以加害人的财产弥补。之所以确定精神损害赔偿责任,目的是期望通过让加害人承担财产上的不利后果,对受害人造成一种良性刺激、以达到平复其精神不良状态的效果。所以说,精神损害赔偿的补偿作用并不显著,它的主要功能是惩罚加害人、抚慰受害人。广义上的精神损害的救济可以根据具体情形,以要求加害人停止侵害、消除影响、恢复名誉、赔礼道歉等方式进行,但以精神损害赔偿方式救济的精神损害,通例采取狭义说。有关国家和地区的立法一般仅将自然人因侵权行为而受到的生理、心理的损害作为精神损害赔偿的范围,而将法人的抽象精神利益的损害排除在外。[1]换个角度讲,请求精神损害赔偿的主体范围仅限

---

① 唐德华主编:《最高人民法院〈关于确定民事侵权精神损害赔偿责任若干问题的解释〉的理解与适用》,人民法院出版社 2001 年版,第 8 页。

于自然人,盖因精神损害赔偿制度意在体现现代法制以人为本的基本价值观念和人文关怀精神,故不适用于法人。但对法人受到的抽象精神利益的损害,可以要求侵害人承担其他形式的民事责任。根据我国目前的有关规定,人民法院只受理自然人提出的精神损害赔偿请求。①

(二)精神损害赔偿的范围

适用精神损害赔偿救济的权益范围,一般限定在自然人的人身权益范围,即当自然人的某项人身权益遭受侵害而造成精神损害时,可以援引精神损害赔偿加以救济。根据有关规定,我国目前立法与司法实践确认的适用精神损害赔偿救济的权益主要为自然人的人格权,包括生命权、健康权、身体权、姓名权、肖像权、名誉权、隐私权、婚姻自主权、人格尊严权、人身自由权和其他人格权益。

另外,对自然人的特定身份权益也可依法适用精神损害赔偿救济,包括荣誉权、近亲属间的监护权以及配偶的身份利益。

对因侵害自然人的财产权益引发的精神损害,原则上不得主张损害赔偿救济,但考虑到实际情况和公平需要,目前我国司法实践对因侵权而造成的具有人格象征意义的特定纪念物品的永久性灭失或毁损,也适用精神损害赔偿救济。这是一个例外,因为在这种情况下,仅赔偿财产损失无以平复财产所有人所受到的精神痛苦。

(三)精神损害赔偿的标准

在我国,精神损害赔偿的费用称精神损害抚慰金,确定精神损害抚慰金的标准和数额是司法实践中经常碰到的问题,也是比较棘手的问题。精神损害无法用金钱衡量估算,所以要确定一个具体且公平的赔偿数额很困难。

国外关于确定精神损害赔偿数额的标准不尽相同。在日本,对于抚慰金的赔偿采用固定赔偿原则,制定固定的抚慰金赔偿表,法官只要查表,就可以确定应当赔偿的数额;德国等国家通过受害人必要的医疗费用数额的一定比例来确定精神损害赔偿数额;丹麦确定每日赔偿标准,按标准计算赔偿金数额;哥伦比亚等国定有精神损害赔偿的最高限额,法官在最高限额下酌定具体数额;而英美法系国家多由法官自由裁量,由法官根据案件具体情况酌定具体数额。

在我国,目前仅有个别法律、法规对精神损害赔偿有所规定,如《消费者权益保护法》、《产品质量法》、《道路交通事故处理办法》、《国家赔偿法》等,适用范围很有限,对大多数侵权行为引发的精神损害赔偿问题,立法没有明确规定。考虑到涉及精神损害赔偿的案件多种多样,每个案件的具体情况各不相同,且各侵权行

---

① 参见《最高人民法院〈关于确定民事侵权精神损害赔偿责任若干问题的解释〉》第五条。

为发生地的经济水平不尽一致等因素,所以制定一个统一的精神损害赔偿标准既不科学,也不实际。但同时也要尽可能降低裁量的主观性和任意性,尽量做到有章可循,避免相似案件在赔偿数额上的过分悬殊。有鉴于此,最高人民法院在有关司法解释中提出了确定精神损害赔偿数额的参考因素:①

1. 侵权人的过错程度

过错责任原则是侵权责任的一般归责原则,对于精神损害赔偿的适用,也不例外。在精神损害发生后,行为人没有过错的,除非法律另有规定,否则不能判其承担精神损害赔偿责任;在侵权后果大致相同的情况下,故意的致害人较过失的致害人、重大过失的致害人较一般过失的致害人,前者支付的赔偿数额要高于后者。

2. 侵害的手段、场合、行为方式等具体情节

不同情节的侵权行为,可以反映出侵权人主观上的过错程度和社会危害性大小,并直接影响受害人的精神损害程度,如是长期的侵权行为还是一时的侵权行为,是一般的口头传播还是借助大众传媒,是在大庭广众之下还是在非公开场合,不同的情节决定侵权行为的可归责性有强弱之分,情节严重的,其行为实施者应承担的精神损害赔偿责任就重。

3. 侵权行为所造成的后果

精神损害难以证明,一般情况下,对相同情节的侵权行为推定其所造成的损害程度基本相同。但是,审判实践仍应强调个案斟酌、具体平衡,结合受害人的身份、地位、社会知名度,甚至其心理承受能力等考察侵权行为给受害人造成的精神损害,如相同情节的侵权行为,一个导致受害人自杀或精神失常,一个仅导致受害人的一般精神痛苦,显然,前者的赔偿数额要高于后者。另一方面,侵权行为也在某种程度上破坏了社会的和谐发展和精神文明建设,故在确定赔偿数额时,还应参酌其社会危害的大小。

4. 侵权人的获利情况

侵权人因侵权行为而从中获得利益的,在确定赔偿数额时应相应提高,以充分发挥精神损害赔偿责任的调整功能,使当事人双方失去的利益平衡得以恢复。实际中,对出于经济利益而侵害他人人身权的,应视其营利情况增大其赔偿数额。

5. 侵权人承担责任的经济能力

精神损害无法通过财产赔偿加以弥补,之所以要求加害人承担精神损害赔偿责任,实际是将对加害人苛以财产责任来作为对受害人心理上的良性刺激,以达

----

① 参见《最高人民法院〈关于确定民事侵权精神损害赔偿责任若干问题的解释〉》第十条。

到平复其精神上的不良状态的目的。所以,如果让受害人感到赔偿数额对于侵权人的经济状况来说已经属于一种惩罚了,通常能使其得到安慰。

6. 受诉法院所在地平均生活水平

精神损害赔偿数额的确定不能脱离社会经济发展的水平和公众的合理期待,受诉法院在确定具体的赔偿数额时,可以参考其所在地的平均生活水平作出合理、公正的判决。

第三节   人身权的延伸保护

一、人身权延伸保护的必要性

人身权的延伸保护涉及的是对民事主体依法可以享有的人格利益和身份利益在其民事权利能力取得前或消灭后是否给予法律保护的问题。从法理上讲,民事权利能力是取得民事权利的前提和基础,而民事权利能力是民事主体存续期间才被赋予的法律资格,在民事主体诞生之前或消灭之后,没有民事权利能力可言,所以也没有人身权可言。但民事主体从无到有再从有到无,是一个连续的过程,为了充分、完整地保护民事主体的人身权益,法律有必要在其诞生之前就预先给予一定程度的保护,或者在其消灭之后继续给予一定程度的保护。这种完备、统一的人身利益法律保护,不仅是维护民事主体个体利益的需要,也是维护社会利益的需用。它对树立正确统一的社会价值观、道德观具有积极的导向作用,引导人们珍视自己的人身利益,同时尊重他人的人格和尊严,为整个社会的和谐、有序发展创造良好的氛围。

二、人身权延伸保护的内容

在实践中,对人身权的延伸保护主要是关于自然人在其出生前和死亡后的人身利益保护问题。我们称前者为人身利益的先期延伸保护,后者为人身利益的后期延伸保护。

(一)人身利益的先期延伸保护

根据各国通例,对自然人人身利益的先期延伸保护一般自胎儿出生之时溯及至其成功受孕之时。罗马法就已经注意到了对胎儿的保护问题。罗马法规定:人的权利能力始于出生,但"关于胎儿的利益,视为已经出生"。近现代民事立法在规定自然人的权利能力始于出生的同时,并不排斥对胎儿的法律保护。《瑞士民法典》规定:"胎儿只要其出生时尚生存,出生前即具有权利能力的条件。"法国承认胎儿有继承权;德国规定胎儿有赔偿请求权;日本民法规定:胎儿有赔偿请求权、继承权、受遗赠权。我国台湾地区民法规定:"胎儿以将来未死者为限,关于其个人利益之保护,视为既已出生。"英美法国家的判例承认胎儿对伤害其健康的行为人有赔偿请求权。

我国《继承法》第 28 条规定:"遗产分割时,应当保留胎儿的继承份额。"这里保护的是胎儿的继承利益,前提是对胎儿与被继承人之间身份关系的确认。我国刑法对审判时已怀孕的妇女不适用死刑,目的是让人犯腹中的胎儿继续生存并出生。我国司法实践也肯定胎儿在母腹中因第三人的行为遭受健康损害的,在其出生后可以就此请求赔偿。

(二)人身利益的后期延伸保护

对自然人人身利益的后期延伸保护所涉范围远较先期延伸保护范围广,死者的名誉、姓名、肖像、身体、隐私以及身份利益等都可包含其中,尤其对死者名誉的保护已成为各国民事立法和司法的通例。《德国宪法》第 1 条第 1 款规定:自然人死亡时,人身固然消灭,但人之尊严仍应予以保护;《德国美术作品著作权法》规定:肖像人死亡后未经过 10 年的,公布或展览其肖像,必须征得死者亲属的同意;《匈牙利民法典》规定:"如果损害死者(或者已撤销的法人)声誉的行为同时也损害社会利益,则检察官也有权提起诉讼。"

我国最高人民法院在 1992 年发布的《关于贯彻执行〈民法通则〉若干问题的意见(修改稿)》和 1993 年的《关于审理名誉权案件若干问题的解答》中都明确了对死者名誉的保护。2001 年发布的《精神损害赔偿责任的解释》扩大了对死者人身利益的保护范围,其第 3 条规定:自然人死亡后,他人以侮辱、诽谤、贬损、丑化方式侵害死者的姓名、肖像、名誉、荣誉,非法披露、利用死者隐私,非法利用、损害遗体、遗骨,或者以违反社会公共利益、社会公共道德的其他方式侵害死者的姓名、肖像、名誉、荣誉、隐私、遗体、遗骨,死者的近亲属可以向法院起诉请求精神损害赔偿。

关于死者人身利益延伸保护的办法,各国通行的是由死者的一定范围的亲属和遗嘱受益人提起诉讼。在我国,目前根据《精神损害赔偿责任的解释》的规定,遇有侵害死者人身利益的行为,死者的近亲属即死者的配偶、父母、子女、兄弟姐妹、祖父母、外祖父母、孙子女、外孙子女因此遭受精神痛苦的,可以向法院起诉请求精神损害赔偿。

第九章　人格权

第一节　生命权、健康权与身体权

一、生命权

生命权是自然人以维护其生命活动的延续为内容、以保障其生命安全为目的的人格权。

生命权的客体是自然人的生命。生命是人体维持其生存的基本的物质活动能力,是自然人生存的基本要素,也是自然人作为民事主体的首要条件。生命始于出生,终于死亡。确定出生和死亡的时间应依照法律的规定。

生命权的根本目的是维护自然人的生命安全。生命安全是自然人从事民事活动和其他一切活动的物质前提和基本要求,自然人的各项人格权均以其生存为基础,如果生命终止了,自然人的其他人格要素也都失去了存在的基础和意义。因此,生命的存在和生命权的享有是每个自然人最高的人身利益。法律赋予公民以生命权,即依法维护生命的自然行进过程,保障生命不被非法剥夺。在现代社会,任何自然人都是生命权的主体。

二、健康权

健康权是自然人以维护其机体器官的安全运作为内容、以保障其生理正常为主要目的的人格权。

健康权的客体是自然人的健康。从词义上讲,健康包括生理健康和心理健康,两者都是法律保护的对象。健康权作为一项物质性人格权,实践中比较多的是被援用来保护生理健康,当公民的生理机能因受到不法行为的侵害而不能健全发挥功能时,就会直接以健康权受到侵害为由而请求法律救济。在当代,心理健康的价值日益受到重视,民法对心理健康的保护更多地借助精神损害赔偿的方法进行,而且在司法实践中,心理健康的损害往往是作为其他人身权受侵害的一种后果产生的,如侵犯他人身体、毁损他人名誉等导致他人心理健康状态受损,加害人就会被要求承担相应的侵权责任。

健康与生命密切相关,两者相伴相存、相辅相成。但两者是不同的概念,是不同的人格权客体。健康权在内容和目的上都与生命权有别,生命权着眼于生命活动的存在和延续,而健康权着眼于生命活动的正常和质量,它是通过维护人体机能的完善性,从而维护人体的生命活动的正常进行。在现实中,有些不法加害行为的侵害目标是生命权,结果却只造成受害人的健康状况损害而未能夺其性命,对此现象,民法上只能认定侵害了健康权;相反,有些不法加害行为的侵害目标是健康权,但最终结果却因健康受到严重损害而导致受害人死亡,此时在民法上就应认定侵害了生命权。

三、身体权

身体权是自然人以维护其身体构造的完整性为内容、以保障其对自己身体的完整支配为目的的人格权。

身体权的客体是自然人的身体。身体是自然人生理组织的整体,又称躯体,它由主体部分(包括头颅、躯干、肢体、组织器官等)和附属部分(如毛发、指甲等)组成。移植的器官和其他组织应视为接受移植者的身体组成部分,装置在人体上的不能自由装卸的人工替代物也应视为身体的组成部分。

身体是生命和健康的载体,离开了身体,就无所谓生命和健康了。同样,没有生命和健康,身体也就不成其为身体了。可见,身体与生命、与健康的关系极为密切。然而,分别以它们为客体的人格权的内容却不相同,其中尤其要注意身体权与健康权的区别。健康权的健康指的是权利主体的生理功能,它所保护的是各个器官及系统、乃至身心整体的安全运作,以及功能的正常发挥,注重的是对人的身体内部的生理机能的健全的保护;身体权的身体指的是权利主体的生理组织,它所保护的是身体组织部分的肢体、器官和其他组织的完整性和完全性,以及对自己身体的完全支配,注重的是对人的身体外部的肉体的完整性的保护。两者有重合之处,对身体权的侵害往往同时也造成了对健康权的侵害,但也有仅侵害身体权而不侵害健康权的,或仅侵害健康权而不侵害身体权的情况。因此,身体权与健康权是两种不同的人格权,不能将身体权包含在健康权中,从而否定它的独立地位。

四、对生命权、健康权、身体权的侵害和法律救济

（一）侵害行为

对自然人生命权、健康权、身体权的侵害，司法实务中习惯上统称为人身损害。

侵害生命权的行为典型地表现为非法剥夺权利人的生命，凡是致人死亡的一切非法行为都属侵害生命权的行为。侵害健康权的行为是以作为或不作为的方式，非法导致权利人生理机能被破坏或生理功能无法正常发挥，如殴打致伤或致残、以污染物、噪音等损害他人健康、违反法定的注意义务对他人造成伤害等。侵害身体权的行为主要表现为故意非法触摸他人身体、殴打他人、对他人身体造成不影响其组织功能的破坏等。

（二）法律救济

对人身损害行为，法律上根据侵权行为的性质、情节和危害程度等，可相应追究加害人的刑事责任、行政责任和民事责任。在民法上，对人身损害行为，可以要求加害人承担一定的民事责任，如停止侵害、消除危险、赔礼道歉、赔偿损失等。

人身损害赔偿的范围包括财产损失和精神损害。对财产损失的赔偿可以分为常规赔偿、致残赔偿和致死赔偿。

1. 常规赔偿

这是在侵权行为尚未造成受害人伤残、死亡后果的情况下，侵权人应承担的赔偿范围。一般包括受害人因就医治疗支出的各项必要费用以及因误工减少的收入，前者具体涵盖医疗费、护理费、交通费、住宿费、住院伙食补助费、必要的营养费等为治疗和康复支出的合理费用。

2. 致残赔偿

这是在考虑受害人劳动能力丧失的程度后，在常规赔偿的基础上，再赔偿受害人因生活上需要增加所支出的必要费用以及因丧失劳动能力导致的收入损失，包括残疾赔偿金、残疾生活辅助器具费。

3. 致死赔偿

该赔偿的义务人除了应当根据抢救治疗受害人的实际情况进行常规赔偿外，还应当赔偿必要的丧葬费和死亡赔偿金。[①]

对精神损害的赔偿是以支付抚慰金的方式进行的，是平复受害者（在侵害身

_____

① 《侵权责任法》对之前的相关司法解释中的规定作了修订，明确残疾赔偿金、死亡赔偿金的性质是财产损害赔偿，它们涵盖了死者生前实际扶养的人的必要的生活费。

体权、健康权场合指受害人本人;在侵害生命权的情况下,是死者的近亲属)因侵害身体权、健康权、生命权的行为而遭受的精神痛苦、心理创伤和其他精神上的损害的法律救济手段。

第二节 姓名权和名称权

一、姓名权

姓名权是公民依法享有的决定、使用、变更自己姓名的人格权。

姓名权的客体是姓名。姓名由姓氏和名字两部分组成,姓氏是代表所属的家族系统的符号,名字则是单纯标表当事人本人的符号。姓氏和名字的组合是特定的自然人区别于其他人的特有的符号标志,自然人只有以自己的姓名参加民事活动,才能使自己的行为与他人的行为相区分,从而为自己取得民事权利、设定民事义务。姓名既然有标表自己、区别于他人的作用,因此只有确实与某一个特定的人联系在一起的符号才能作为姓名权的客体。

姓名有广义与狭义之分。狭义的姓名仅指公民在户籍册上登记的姓名,称登记姓名或正式姓名;广义的姓名除登记姓名之外,还包括曾用名、别名、笔名、艺名、化名,以及字、号,甚至小名、乳名、诨名等。只要某一个符号确实能标表某一个特定的自然人,它就属于该自然人广义的姓名范畴,就可以作为姓名权的客体受到法律的保护。

作为公民的一项重要的人格权,姓名权的内容主要包括姓名的决定权、变更权和专用权。

二、名称权

名称权是法人或非法人团体依法享有的决定、使用、变更其名称的人格权。

名称权的客体——名称是特定团体或组织表彰自己、以示与其他团体或组织区别的语文符号。依照我国现行法律,名称专门表示法人、个体工商户、个人合伙等自然人以外的组织体。个体工商户、个人合伙的名称一般称字号,企业法人的名称一般称商号,但严格讲,名称与字号、商号有别:一是在外延上,字号、商号仅是部分社会团体的标志,其能代表的团体的范围显然比名称所能代表的团体的范围要小,故它们只是名称的一种;二是在内涵上,字号、商号仅是个体工商户、个人合伙或企业法人的名称的一个组成部分,而非其名称的全部,当然,就标表的作用讲,字号、商号是其中的关键组成部分。

名称权的主要内容包括名称的设定权、使用权、变更权。另外,一些特殊主体还可以依法转让其名称。我国《民法通则》规定,企业法人、个体工商户、个人合伙有权转让其名称。

三、对姓名权、名称权的侵害和法律保护

对姓名权、名称权的侵害主要表现为:

(一)干涉权利人行使姓名权、名称权

例如,干涉权利人对自己姓名、名称的选择;干涉权利人对自己姓名、名称的使用;干涉权利人对自己姓名、名称的变更;等等。

(二)非法使用权利人的姓名、名称

例如,盗用他人的姓名、名称;假冒他人的姓名、名称;侮辱性地使用他人的姓名、名称;等等。

(三)故意与权利人的姓名、名称相混同

例如,故意选用与他人的姓名、名称音形等相近的、易使人误认的语文符号作为自己的姓名、名称,以期达到某种目的;故意将在公众中有一定知名度的权利人的姓名、名称作为自己产品或服务的标志,从而引起消费者的误认;等等。

根据我国的相关规定,对自然人的姓名权和社会团体的名称权的法律保护手段基本相同,对于侵害姓名权、名称权的行为,受到侵害的权利人可根据具体情节,要求侵权人停止侵害、消除影响、赔礼道歉,并可以要求赔偿损失。需要注意的是,根据有关规定,自然人因其姓名权受到侵害要求赔偿的损失,可包括精神损害赔偿,但侵害法人和非法人团体的名称权一般不产生精神损害赔偿问题,这是基于主体的不同而定的。在现实中,一个侵害姓名权、名称权的行为还可能给权利人造成社会评价降低或其他民事权益的损害,此时应按民事责任竞合的原理要求侵权人承担侵权责任。

第三节 肖像权

一、肖像的概念和特征

肖像是肖像权的客体,它是指固定在物质载体上的、以造型艺术或其他手段再现的自然人外貌的视觉形象。肖像是自然人的形象识别标志,是自然人人格的重要组成部分。

肖像具有如下主要特征:

(一)肖像是自然人外貌的再现

自然人的外貌不是肖像,其在物质载体上再现的形象才是肖像。

（二）肖像具有可识别性

作为自然人的形象识别标志，肖像所再现的自然人的外貌应具有可辨别性，即它能反映肖像人的真实形象和特征。肖像的可辨别性是人们通过视觉感受的，因为它是通过绘画、摄影、雕塑、刺绣、剪影、录像、电影等造型手段直观地再现自然人形象的，人们只要靠视觉就能感受它、辨认它。

（三）肖像是独立于主体而存在的

肖像不能凭空存在，一定要借助一定的物质载体把它固定下来，所以，肖像与肖像人在客观上是分离的，是游离于主体而独立存在的。

肖像与肖像载体、肖像作品是既有联系，又不相同的三个概念。肖像载体是再现自然人形象的物质载体，肖像作品是制作者创造性劳动完成的以肖像为内容的艺术作品。三者在存在形式上表现为"三位一体"，但它们分别是肖像权、物权、著作权的客体，三者应严格区分，不可混同。

二、肖像权的概念和内容

肖像权是自然人以造型艺术或其他手段再现自己形象所享有的专有权。肖像权作为自然人的基本人格权，其主要内容有：

（一）肖像制作权

肖像的制作是指通过造型手段将自然人的外貌再现出来，并将再现的形象固定在物质载体上的过程。只有经过制作过程，自然人的形象才能转化为肖像，因此，肖像制作权是肖像权的最基本内容。任何一个自然人，无论其事实上有无肖像，其都有这种最基本的肖像制作权。对肖像的制作是肖像权人的专有权利。

（二）肖像使用权

肖像是自然人的精神性人格要素，但其一经制作，就固定在物质载体上了，这使得它可以游离于主体而为人们利用。对肖像的使用是肖像权人的专有权利，它首先表现为肖像权人的自我使用，其次表现为肖像权人授权他人为一定目的以一定方式、在一定时间和一定范围内使用自己的肖像。

三、对肖像权的侵害和法律保护

《民法通则》第100条规定："公民享有肖像权，未经本人同意，不得以营利为目的使用公民的肖像。"无疑，《民法通则》对侵害肖像权行为的界定过于狭窄，不利于对肖像权的充分保护。

我们认为，肖像权作为自然人的一项基本人格权，它的根本目的在于维护自然人对自己肖像这一人格要素的专属支配，维护其作为人的尊严。因此，任何无合法根据而破坏自然人对肖像的这种专属支配的行为都可以构成对肖像权的侵害,所区别的只是程度的不同及责任的大小,但侵权的性质完全相同。

基于上述考虑,我们认为,侵害肖像权行为的构成要件只有两个:

（一）未经本人同意对其肖像进行支配

其主要表现为:(1)擅自制作他人肖像,如未经同意,偷拍他人形象,或强行就他人的形象进行其他的造型创作等。(2)擅自公布他人肖像,如未经同意,将他人肖像陈列在公众面前等。(3)擅自使用他人肖像,这种使用不问是否以营利为目的,包括侮辱性的与非侮辱性的使用。

（二）无阻却违法事由

所谓阻却违法事由,就是对他人肖像的合法支配情形。例如为新闻报道、公共利益、权利人本人利益等的需要而制作、使用他人肖像的行为,都不构成对他人肖像权的侵害。

对于侵害肖像权的行为,受害人可以自力制止,也可以依法请求加害人停止侵害、消除影响、赔礼道歉、赔偿损失。要求赔偿的损失,包括财产上的损失和精神上的损害。

第四节　名誉权

一、名誉

名誉是社会对特定民事主体的综合评价。自然人的名誉是社会对其品行、才干、功绩、信用、资历、身份等方面的评价的总和。法人的名誉是社会对法人的活动、信用、资质、成果、贡献等方面的评价的总和。名誉的好坏直接关系到民事主体在社会上的人际交往和受尊重程度,进而影响民事主体参与社会竞争的机会。因此,名誉是民事主体人格不可或缺的组成部分。

名誉是一种社会评价,它是社会公众鉴于特定主体的行为或表现所做出的外部评价,这使名誉与名誉感相区别。名誉感是主体的自我评价、自我感受,具有主观性,在许多时候,主体的名誉感与其社会评价相去甚远,不宜用名誉权加以保护。而名誉是客观的评价,它不以被评价者的内心感受、自我认识为转移。所以,名誉才是名誉权的保护对象。

二、名誉权的概念和内容

名誉权是民事主体对其自身的社会评价所享有的专有支配权。名誉权人通过自己的优良表现来追求社会对他的良好评价或保持社会对他的良好评价,是其行使名誉权的积极行为。此外,名誉权人也可以利用自己的良好名誉,与他人进行交往,使自己在社会生活中获得更多的便利和效益。在他人诋毁其应有的社会评价时,名誉权人有权采取合法的手段加以制止,并采取措施以恢复自己应有的社会评价。

《民法通则》第101条规定:"公民、法人享有名誉权,公民的人格尊严受法律保护,禁止用侮辱、诽谤等方式损害公民、法人的名誉。"该条规定将人格尊严视为名誉权的范畴,这无疑是泛化了名誉权的内涵。人格尊严是一个极抽象的概念,关于其内涵,学界表述不一。我们认为,人格尊严是自然人作为"人"所应有的最起码的受尊重状态,是对生而为"人"的自我认同和社会认同。人格尊严是人格权制度的基座,是各项具体人格权的权利渊源。侵害自然人名誉权的行为,都会不同程度地损害受害人的人格尊严,但损害其人格尊严的行为,未必造成受害人名誉的降低。最高人民法院在《精神损害责任的解释》中明确规定了人格尊严权,表明审判实践已充分认识到人格尊严权与名誉权的区别。目前,学界公认人格尊严权具有一般人格权的性质,对具体人格权立法的不足可以起到重要的补充作用。所以,名誉权作为一项具体人格权,不能涵盖人格尊严。

三、对名誉权的侵害和法律保护

(一)侵害名誉权行为的主要特征

1. 针对性

名誉是与特定主体联系在一起的。因此,侵害名誉权的行为必须是针对特定的民事主体实施的。指向特定的人,可以是指名道姓,也可以是含沙射影,只要能使具有正常思维的第三人从中辨别出其所指的对象即可。

2. 公开性

名誉是种社会评价,贬损他人名誉的行为必须为第三人知悉,才可能作用于第三人,导致其对受害人的评价的降低。

3. 损害性

名誉损害是侵害名誉权的基础性损害事实,确定侵权人的行为导致了公众对受害人评价的降低是认定侵害名誉权的关键。社会评价是存在于公众内心的,可能表现出来,也可能不表现出来。所以,只要行为已为第三人知悉,并且根据一般人的经验可以推断名誉受损害的事实,就可以认定侵害了名誉权。

(二)侵害名誉权行为的主要表现

1. 诽谤

诽谤即加害人以语言、文字等方式散布虚假信息,贬低受害人的社会评价的行为。诽谤有两种方式:口头诽谤和文字诽谤。

2. 公开侮辱

侮辱是加害人以行为、语言、文字等方式贬损受害人的人格,使其蒙受耻辱的行为,可以用行为、语言或文字侮辱。单纯的侮辱只是羞辱他人的人格,它与被羞辱者的名誉损害并无必然联系,只有当一个侮辱行为同时还导致了被羞辱者的社会评价降低时,它才构成对名誉权的侵害。所以,作为侵害名誉权的侮辱,必须具有公开性。

3. 其他侵害名誉权的行为

比如,以泄露受害人隐私、不法使用受害人姓名或名称等方式,对受害人名誉造成损害的,既侵犯了受害人的隐私权、姓名(或名称)权,也侵害了其名誉权;等等。

(三)对名誉权的法律保护

对侵害名誉权的行为,受害人可以根据侵权行为的具体情节,要求侵权人停止侵害、消除影响、恢复名誉、赔礼道歉,并可以要求赔偿损失。需要注意的是,根据有关规定,侵害自然人名誉权导致的损害赔偿应包括精神损害赔偿,但侵害法人名誉权一般不产生精神损害赔偿问题。

在现实中,一个侵害名誉权的行为还可能同时侵害了权利人的隐私权、姓名权或名称权,此时应按民事责任竞合的原理处理。对于情节恶劣、危害程度大的侵害名誉权的行为,除了承担民事责任外,还应依法追究侵权人的其他法律责任。

在实践中,应注意将正当的行使批评、监督权利的行为与侵害名誉权的行为相区别。如公民通过正常的途径批评国家机关工作人员,或对国家机关及其工作人员的行为提出申述或控告,只要没有使用侮辱性的言辞,没有诬告陷害的目的,即使反映的情况不完全真实,也不能认定为侵权;再如有关单位对其管理的本单位人员做出的评价,即使有不当之处,也不能认定为侵权;新闻媒体为实施舆论监督发表报道或评论,只要主要事实是真实的,没有使用侮辱性的文字,只是个别细节上有失真实或个别遣词造句不很恰当,也不宜认定为侵害名誉权。

第五节　隐私权

一、隐私的概念与特征

隐私是自然人不愿为外界所知的、与公共利益无关的私人信息。隐私不同于阴私。阴私通常指男女性关系方面的秘密,一般认为是不名誉的;而隐私是一个中性词,泛指私人生活领域一切不愿为人所知的、不涉及公共利益的信息,包括阴私。

构成隐私有两个基本要件：一为"隐"；一为"私"。"私"指与公共利益无关，这是隐私客观方面的特征。"隐"的本义是不显露、不为人知，但这里的"隐"并非指某事不为人知的事实状态，而是指当事人不愿某事为人知的心理状态。本人不愿意公开是隐私主观方面的特征。

隐私是自然人的人格利益，法人不存在隐私问题，即便企业法人的商业秘密也不具有构成隐私所必需的与公共利益无关的本质属性。

二、隐私权的内容

隐私权是自然人依法享有的对其个人的、与公共利益无关的私人信息进行专属支配的人格权。隐私权的主体仅限于自然人，它是自然人才享有的一项人格权。法人的秘密不以隐私权相保护。

隐私权的内容主要有：

（一）隐私公开权

权利人可以根据自己的意愿和需要，决定是否公开某些个人信息；有权就公开的时间、方式、范围等问题进行自主决定。当然，权利人对自己隐私的公开行为不得违背法律和公序良俗。

（二）隐私利用权

权利人可以以合法的方式积极地支配某些个人信息，以满足自己的需要和爱好。例如利用自己的生活经历创作文学作品，在求职、求偶时介绍自己的情况，等等。权利人也可以将自己的某些信息提供给他人并准许他人以一定的方式加以利用。对隐私的利用同样不得违背法律和公序良俗。

（三）隐私维护权

权利人有权制止他人窃取或披露其个人信息，有权制止他人对自己私人活动的非法监视、监听，有权阻止他人对自己私人领域的非法侵入。在其隐私受到侵害时，有权寻求司法保护，以救济其权利。

三、隐私权与知情权

知情权是美国一位新闻编辑在 20 世纪 50 年代提出的，其基本含义是，公民有权知道他应该知道的事情，国家应最大限度地确认和保障公民知悉、获取信息尤其是政务信息的权利。可见，知情权的作用是满足人们对某些信息的获取，它与阻止他人获取某些信息的隐私权难免发生冲突。比较突出的表现是，公民的个人信息知情权与其他公民的隐私权的冲突、公众的政务知情权与公务人员的隐私权的冲突、公众的社会知情权与公众人物的隐私权的冲突等。学者们就如何解决这一冲突提出了一些原则,如权利协调原则、尊重人格原则、公共利益为先原则等等,在司法实务中都颇具可行性。尤其公务人员和公众人物,因为他们所进行的活动或从事的事业有相当的公共性、社会性,所以,较之普通的自然人,他们的隐私权要受到更多的限制。

四、对隐私权的侵害和法律保护

对隐私权的侵害概括起来主要表现为:

一是非法窃取他人隐私,如刺探他人的私人信息、私拆他人信件、非法监视监听私人活动、非法搜查私人领域等等。

二是非法披露他人隐私,即行为人将其通过合法或非法途经掌握的他人的个人信息泄露给第三人。

在《侵权责任法》实施之前,我国民法对隐私权的保护主要采用的是间接保护方法,即主要是依照侵害名誉权来处理。其实,侵害隐私权不一定导致权利人社会评价的降低,所以将侵害隐私权当做侵害名誉权来处理,不利于对自然人隐私权的充分保护。2001年的《精神损害责任的解释》虽规定,违反社会公共利益、社会公德侵害他人隐私的,受害人可以诉请精神损害赔偿,但其适用条件比较严格,仍然难以提供较为充分的隐私权救济。2010年7月1日起实施的《侵权责任法》始确立了隐私权的独立地位,使我国对隐私权的保护上了一个新的台阶。

第六节　人身自由权

一、人身自由权的概念

法律上的自由是指在法律允许的范围内,自然人按照自己的意志进行行动和思维,不受妨碍、约束或控制的状态。这里的自由不是权利,而是作为权利客体存在的,是权利所要维护的一种状态、一种利益。作为权利客体的自由是法律规范下的自由,要受到一定的限制。

以自由为客体的自由权是自然人维护自己的行动和思维处于不受非法妨碍、约束或控制状态的权利。它可分为两类:一类是政治自由权,诸如言论自由、出版自由、结社自由、集会自由、游行示威自由、宗教信仰自由等。这类自由权主要由国家宪法、刑法、行政法加以规定和保护,主要目的在于限制掌握公权力的国家对公民上述自由的不适当干涉,故又称公法上的自由权。另一类是民事自由权,婚姻自由、契约自由、人身自由等即为此类自由权,这些自由权通常由民法作具体规定,并主要以民法保护,属于私法上的自由权。

人身自由权有广义、狭义之分。广义的人身自由权可以将住宅自由、通信自由、婚姻自由等自由权甚至政治自由权都包含其中,狭义的人身自由权仅指自然人的活动不受非法干涉、拘束或妨碍的权利。本节下面将讨论的仅是狭义的人身自由权。

二、人身自由权的内容及其法律保护

一般认为,人身自由权的内容主要是身体自由权,即自然人对其身体运动的自主支配权,它是以身体的动静举止不受非法约束、控制为内容的权利。权利人可以按照自己的意志和利益,在法律规定的范围内作为或不作为。他人通过非法手段限制权利人身体运动的行为,都是侵犯身体自由权的行为,其主要表现为:非法限制、拘禁他人;利用被害人自身的羞耻、恐怖等观念,妨碍其行动;妨碍他人道路通行;等等。

也有学者认为,自然人自主支配其思维活动的权利也是人身自由权的内容,称之为内心自由权或意志自由权。诸如欺诈胁迫、虚伪报告、恶意贬低等行为,即属对意志自由权的侵害。

对侵害自己人身自由权的行为,受害人可以进行正当防卫和紧急避险,还可以要求加害人承担停止侵害、消除影响、赔礼道歉,赔偿损失(包括精神上的损害)等形式的民事责任;此外,还将根据侵害行为的具体情节追究加害人刑事责任或行政责任。

第七节　婚姻自主权

一、婚姻自主权的概念

婚姻自主权,指自然人依法自主自愿地决定自己的婚姻问题、不受他人非法干涉的权利。择偶婚配是自然人的基本需要,自己做主自己的婚姻问题,是自然人具有独立人格的标志。

婚姻自主权属于广义上的人身自由权范畴。同时,它也是一项独立的人格权。民事主体必须具备婚姻行为能力才能行使婚姻自主权。与一般民事行为能力相比,婚姻行为能力在年龄和智力状况上都有其独特的标准。

二、婚姻自主权的内容

婚姻自主权包含结婚自主权和离婚自主权。

　　结婚自主权,指自然人自主决定缔结婚姻关系,不准其他任何人加以干涉、强迫或包办的权利。其具体内容包括:权利人在法律允许的范围内,有决定结不结婚、与谁结婚、何时结婚、何地结婚、以何种仪式结婚等问题。结婚自主权是任何一个符合法定结婚条件的自然人都享有的权利,未婚的男女的初婚自主权、离婚的男女的复婚自主权和再婚自主权,以及丧偶男女的再婚自主权,都是结婚自主权的范畴。

　　离婚自主权,指存在合法婚姻关系的当事人在无法再维持婚姻关系的情况下,有自主决定解除婚姻关系的权利。法律对离婚自主权的限制较多,因其牵涉一个家庭的解体,将涉及他方、子女和其他家庭成员的利益。在未能与对方就离婚及相关问题达成协议的情况下,离婚须经法院的判决。

三、对婚姻自主权的侵害和法律保护

　　侵害婚姻自主权的行为可以分为两类,一类是对结婚自主权的侵害,一类是对离婚自主权的侵害。

　　前者主要表现为:(1)包办婚姻,即第三人违背当事人的意愿包办强迫而成婚的行为。(2)买卖婚姻,即第三人以索取大量财物为目的、违背当事人的意愿强迫成婚的行为。(3)借婚姻索取财物,指结婚基本是自愿的,但一方却向另一方索取许多财物作为成婚的先决条件。(4)胁迫结婚,即行为人以给当事人或其近亲属的生命、身体健康、名誉、财产等方面造成损害为要挟,迫使当事人违背真实意愿结婚的行为。(5)其他干涉结婚自由的行为。例如阻挠子女的婚事、干涉丧偶妇女再婚、子女干涉丧偶或离婚的父母再婚等。

　　后者主要有:(1)强制离婚或不准离婚。如一方当事人采取暴力、胁迫等方法,逼迫对方同意离婚,或逼迫对方收回离婚的要求,等等。(2)其他干涉离婚自由的行为。例如向对方索取高额财物,以此作为离婚的先决条件,实际就是借离婚索取财物;再如欺瞒对方、弄虚作假骗取离婚,等等。

　　除此之外,少数婚姻登记机关故意刁难,不给当事人办理结婚、离婚登记手续的行为,也属侵害婚姻自主权的行为。

　　法律保护自然人的婚姻自主权,对婚姻自主权受到侵害的当事人都有相应的法律救济措施。受害人可以要求加害人停止侵害,消除权利行使的障碍,同时也可以根据侵害行为给自己造成的损害后果,要求加害人采取措施消除不良影响,赔礼道歉,并要求赔偿损害。对侵害当事人婚姻自主权的结婚、离婚行为,可以依法宣告无效或撤销。对以暴力等手段严重侵害婚姻自主权的,除了要求其承担民事责任外,还应追究行为人的行政责任,直至刑事责任。

第十章　身份权

第一节　荣誉权

一、荣誉的概念和特征

荣誉是特定民事主体从特定组织获得的正式的、积极的评价。这种评价通常以授予被评价者一定的荣誉称号表现出来。与名誉一样,荣誉也是对特定主体的一种评价,所以两者有一定的关联性,如获得某种荣誉称号,能提高获得者的社会名誉。因此,在某种程度上可以说,荣誉就是"光荣的名誉"。但从性质上说,两者是不同人身权的客体,它们的区别还是明显的。首先,名誉来源于社会公众的自发评价,而荣誉来源于特定组织的有组织性的评价;其次,名誉是一种综合评价,而荣誉仅是对主体在某一方面突出表现的积极评价;再次,名誉与每个主体如影相随,是人格的象征,而荣誉仅是那些获得了某种荣誉称号的主体才有,它代表一种身份,并且可以被依法剥夺。

二、荣誉权的概念和内容

荣誉权是荣誉称号获得者依法保有并支配其荣誉及相关利益的权利。一说荣誉权是获取荣誉的权利,这实际上是将获取荣誉的资格等同于权利了。荣誉的获得一靠主体自身的突出表现,二须有组织的认可并授予,所以荣誉权并非每个民事主体都能享有的权利,在性质上,它属身份权,其基本作用非为维护主体之人格,实乃维护主体之荣誉获得者的身份利益,所以荣誉权可以被依法剥夺。

荣誉权的内容主要有:荣誉保有权、相关精神利益支配权、相关物质利益获取权。

荣誉保有权,即权利主体保持获得的荣誉本身归己享有并要求他人不为侵害的权利。归己享有也即独占享有,荣誉只归荣誉权人享有,任何他人不得染指。对荣誉的撤销、剥夺须有正当理由、依法定程序进行。

相关精神利益支配权,即权利主体享受其获得的荣誉中的精神利益的权利。荣誉是对主体的褒奖,主体因此而享受到被他人或社会尊敬、崇拜的精神待遇,权利人可以积极地利用这种精神利益,凭借自己的荣誉身份从事社会活动。

相关物质利益获取权,即权利主体对附随于荣誉的物质利益的获得权利。荣誉所附随的物质利益通常指奖金、奖品、奖章、奖杯等含有价值和使用价值的财物,以及其他具有财产价值的待遇等,物质利益并非任何荣誉都有,应依有关的章程或授予机关的规定而定。但一旦有关章程或规定中明确规定了物质利益的,那它就是附随于荣誉的,必须授予荣誉权人,也只有荣誉权人才有资格获取和享有。

三、对荣誉权的侵害和法律保护

对荣誉权的侵害行为主要表现为以下几个方面。

（一）非法剥夺荣誉

即没有正当理由、非依法定程序而宣布撤销或剥夺权利人的荣誉。这是最典型的侵害荣誉权行为,是以组织的名义进行的,行为主体仅限于国家机关或社会组织,多数与授予的组织为同一单位或有一定联系的单位。

（二）侵占荣誉

即行为人以非法手段窃取、强占或冒领他人的荣誉,行为主体可以是机关、组织,也可以是自然人,实践中常见的是与荣誉权人有一定关系的人,比如荣誉权人受雇或隶属的单位、对荣誉权人的突出表现给予过支持、帮助的人,等等。

（三）妨碍荣誉权人享受其应有的荣誉利益

例如授予荣誉的组织不按有关章程或规定,扣发、不发、少发相应的奖金、奖品、奖章、奖杯等财物,或负有兑现相应物质待遇的单位不按规定兑现荣誉权人享有的物质待遇的,或者侵犯荣誉权人在升学、就业等方面所享有的特殊待遇的等等,都是侵害荣誉权的行为。

对侵害荣誉权的行为,受害人可以针对不同的侵害方式要求侵权人承担相应的责任,如对非法剥夺荣誉的,可以要求侵权人恢复其被剥夺的荣誉,返还被收缴的奖状、奖杯等物品;对侵占荣誉的,可以要求侵权人将荣誉归还自己;对妨碍荣誉权人享受其应有的荣誉利益的行为,可以要求停止侵害、补发相应财物,或要求兑现相应待遇。另外,受害人还可以要求侵权人赔礼道歉,并可以要求赔偿损害。

第二节 亲 权

一、亲权的概念和特征

(一)亲权的概念

亲权是指父母对未成年子女在人身和财产上的管教和保护的权利和义务。现代亲权制度以保护未成年子女为中心,不仅是权利,同时也是义务。目前大陆法系国家普遍设有亲权制度,英美法系国家并未明确规定亲权,而是将亲权合于监护中。

在大陆法系中,亲权与监护有严格区别。亲权人只限于未成年子女的父母,受亲权保护的对象仅限于未成年子女;而监护是为得不到亲权保护的无行为能力或限制行为能力人而设,监护人是未成年子女父母以外的人。立法对亲权采放任主义,对亲权人限制较少,但对监护的限制较严。另外,亲权人对子女有抚养义务,而监护人对被监护人则没有经济供养的义务。比较起来,亲权具有明显的身份权性质,而监护是否为身份权,学者们的分歧较大。

我国法律目前也没有专门的亲权制度,只有统一的监护制度,但婚姻法和相关的监护立法关于父母与未成年子女的关系都作了不同于其他监护人与被监护人之间的关系之规定,其中体现了一定的亲权内容。

(二)亲权的特征

纵观当代各国的亲权立法,我们可以总结出亲权制度的基本特征:首先,亲权是基于父母的身份对未成年子女所享有的身份权利,以特定的人身关系为前提。不具有父母身份的人,不得享有亲权。子女成年后,不论其是否取得了完全民事行为能力,都不再受亲权的保护。其次,亲权是父母对未成年子女的权利和义务的统一。作为权利,亲权人可以在法律允许的范围内自主地决定采取何种措施管教、保护子女,自主地选择救济方式来救济其被侵害的亲权;作为义务,亲权人不得任意抛弃其亲权,不得任意将亲权人所负的养育、照管未成年子女的责任转嫁于他人,更不得以任何理由拒绝行使亲权。第三,行使亲权的目的是为了教育和保护未成年子女,父母行使亲权的手段和方法应该遵循法律的规定,并服从于这一目的。当亲权被滥用时,可以依法剥夺父母的亲权。

二、亲权的内容

亲权的内容相当广泛,既包括父母对未成年子女人身方面的权利义务,也包括父母对未成年子女财产方面的权利义务。

（一）人身方面的主要亲权

1. 抚养教育权

亲权人在经济上、物质上有为未成年子女提供生活保障的权利和义务。同时，亲权人对未成年子女在身心发育、人格完善等方面有培育引导的权利和义务。

2. 住所决定权

未成年子女的住所一般应与其父母的一致，子女不得随意离开父母为其指定的住所，他人没有合法根据不得将孩子带离其父母指定的住所。

3. 命名权

父母对未成年子女使用何种姓氏和名字有决定权。

4. 管束保护权

亲权人对未成年子女有进行必要的管教和束缚的权利，防止其对他人和社会造成损害。在未成年子女不服从管教时，亲权人有权在法律允许范围内对子女进行适度惩戒。同时，亲权人也应采取有效的措施保护未成年子女的身心健康和生命安全，排除来自外界的伤害。

5. 身份行为及身上事项的代理权和同意权

例如，就涉及未成年子女的认领等身份行为，亲权人可以行使代理权；就未成年子女的结婚、离婚等身份行为，亲权人可以行使同意权；对于事关未成年子女的医疗、休学、从业等身上事项，亲权人可以行使同意权。

6. 子女返还请求权

当未成年子女被人非法扣留、隐匿、诱骗或拐卖时，亲权人有权要求司法机关追究不法行为人的责任，并强令其归还未成年子女。

7. 探望权

因某种原因不能与未成年子女共同生活的一方父母享有探视、看望子女的权利，我国台湾地区称其为会面交往权。探望权的目的是使父或母借此可保持与未成年子女的生活交往和亲情交流。

（二）财产方面的主要亲权

1. 管理权

亲权人对未成年子女的财产享有以占有、保存、利用、改良为主要内容的管理权。亲权人在行使这一管理权时，应尽到相当的注意义务。

2. 用益权

亲权人在不损害财产的价值、效用和不改变财产归属的前提下，可以对未成年子女的财产合理地支配利用，并获取收益。但许多国家要求这种收益应尽量用于该未成年子女的抚养和教育，或用于偿付因抚育子女所欠的债务。

3. 处分权

亲权人原则上不得处分其管理的未成年子女的财产,但为了子女本人的利益和需要,法律允许父母对未成年子女的财产为必要的处分。

4. 法定代理权和同意权

亲权人对无民事行为能力的未成年子女的财产行为有法定的代理权,对限制民事行为能力的未成年子女的财产行为有法定的同意权。亲权人行使法定的代理权应当以维护未成年子女利益为原则,违反这一原则的代理行为无效。

三、亲权的中止、丧失与消灭

亲权的中止指因不可归责于亲权人的原因,致使亲权人难以或无法行使亲权,所以暂停其亲权的行使,待相关事由消失时,仍恢复其亲权行使的制度。引起亲权中止的有事实上的原因,如父母患病、长期外出等;有法律上的原因,如父母被宣告失踪或被宣告为无民事行为能力人等。

亲权的丧失是指因可归责于亲权人的原因致使其不宜继续行使亲权,而被依法宣告暂停其亲权的行使,待相关事由消失后,再恢复其亲权行使的制度。理论上又称为亲权的剥夺。引起亲权丧失的原因是亲权人违反了亲权行使的目的或原则、对未成年子女的利益造成或可能造成严重的损害。需要指出的是,亲权丧失的法律后果是暂时停止亲权人行使亲权,可以是仅剥夺人身上或财产上一个方面的亲权,也可以是整体剥夺亲权。但是,亲权人对未成年子女所负的抚养义务并不就此免除。另外,丧失亲权一般并不当然剥夺亲权人的探视权,在不危害子女的前提下,允许其探望会见自己的未成年子女。

亲权的消灭是指基于法定事由的出现,导致亲权无须履行或不能履行,从而使亲权归于消灭。与亲权的中止、丧失不同的是,亲权的消灭不存在恢复的问题。引起亲权消灭的原因主要有:子女已达成年或死亡、父母死亡或收养关系解除。

第三节　配偶权

一、配偶权的概念

配偶是男女双方因结婚而产生的亲属,是婚姻一方相对于另一方的身份。这种不分性别的称谓表明了夫妻平等的法律地位。配偶权是婚姻当事人基于配偶身份而当然享有的身份权。配偶权是夫妻在法律上的权利和义务的高度概括。

二、配偶权的主要内容

关于配偶权的内容,学术界有不同主张。我们认为,配偶权既然是一种身份权,它必须是基于配偶的身份才能当然取得的权利。据此,我们认为配偶权的内容主要有:

(一)夫妻冠姓权

夫妻冠姓权,即男女婚后以对方姓氏为自己姓氏的权利。

(二)住所决定权

住所决定权,即夫妻对婚后双方共同居住的住所有选择决定的权利。

(三)同居权

同居指夫妻同寝共食、共同生活,其中夫妻性生活是其重要内容。同居是婚姻关系存续的标志和基础。要求对方与己同居,排除他人对夫妻同居的妨碍,是配偶权人应有的权利。当然,这项权利的行使也受到对方人身自由权和法定中止同居理由等的限制。

(四)忠实义务

也称贞操义务,一般指夫妻婚后应负有保持性行为专一的义务。广义的解释还包括不得恶意遗弃配偶,以及不得为第三人的利益而损害或牺牲配偶他方的利益。

(五)家事代理权

指夫妻一方因家庭日常生活需要而享有的代另一方为一定法律行为的当然代理权,被代理的他方对该行为的后果承担连带责任。

(六)请求对方扶助权

夫妻是生活共同体,双方在生活上相互协助、在物质上相互供养是婚姻效力的表现,也是配偶权的重要内容。

第四节　亲属权

一、亲属权的概念

亲属是因婚姻、血缘(包括自然血缘和拟制血缘)而产生的身份,也指具有此种身份的人。亲属分类的标准很多,当代对亲属的基本分类是以亲属关系的发生原因为标准,将亲属分为配偶、血亲和姻亲。配偶是男女因结婚而形成的亲属,是血亲和姻亲的基础;血亲是相互之间有血缘联系的亲属,包括因生育而形成的自然血亲和因收养等形成的拟制血亲;姻亲是配偶以外的以婚姻为中介形成的亲属,如公婆、儿媳、兄嫂等。广义的亲属绵延不尽,狭义的亲属仅指在法律上有权利义务关系的亲属。各国法律对狭义亲属范围的规定不尽相同,有的较宽,有的较窄。在我国,法律上有权利义务关系的亲属主要指近亲属,包括配偶、父母、子女、兄弟姐妹、祖父母、外祖父母、孙子女、外孙子女。

亲属权也有广、狭义之分。广义的亲属权指因亲属关系而享有的身份权,包括配偶权、亲权。狭义的亲属权仅指除配偶权和亲权以外的因亲属关系而享有的身份权。此处取其狭义。在我国,狭义的亲属权存在于父母与成年子女之间、祖孙之间以及兄弟姐妹之间。

二、亲属权的主要内容

(一)请求对方扶养的权利

广义上的扶养是扶养人对被扶养人提供经济上供给、生活上照顾的法定义务,包括长对幼的抚养、幼对长的赡养和平辈间的扶养三种情况。具体来说:

1. 父母与成年子女之间有相互请求扶养的权利

根据我国有关规定,成年但尚不能独立生活的子女有请求父母继续抚养的权利;无劳动能力或生活困难的父母有请求成年子女赡养的权利。

2. 祖孙之间有相互请求扶养的权利

根据我国的规定,未成年的孙子女外孙子女在其父母死亡或父母无力抚养自己的情况下,有权请求有负担能力的祖父母外祖父母对其进行抚养;在子女死亡或子女无力赡养的情况下,需要赡养的祖父母外祖父母有权请求有负担能力的成年孙子女外孙子女对其进行赡养。

3. 兄弟姐妹间有相互请求扶养的权利

我国法律规定,未成年的弟、妹在其父母死亡或父母无力抚养自己的情况下,有权请求有负担能力的兄、姐对其进行扶养;丧失劳动能力、孤独无依的兄姐对由其扶养长大的有负担能力的弟妹,有请求扶养的权利。

(二)继承对方遗产的权利

一定范围的亲属身份是成为遗产继承人的前提条件。我国《继承法》规定了六类法定继承人:配偶、父母、子女、尽了主要赡养义务的丧偶儿媳与女婿、兄弟姐妹、祖父母外祖父母,另外还规定了先亡子女的晚辈直系血亲为代位继承人。

除上述之外,亲属权的内容还表现在许多方面,凡是基于一定亲属身份可以依法享有的利益与待遇,都是亲属权效力的体现。例如民法上的担任法定监护人、财产代管人的权利,申请宣告失踪或宣告死亡的权利,在收养上的特殊待遇,等等。

第三编 物 权

第十一章　物权总论

第一节　物权概述

一、物权的概念和特征

（一）物权的概念

物权是民事主体直接支配物的排他性权利。我国《物权法》第 2 条第 2 款规定："本法所称物权,是指权利人依法对特定的物享有直接支配和排他的权利,包括所有权、用益物权和担保物权。"可见,在表面上,物权反映的是人与物之间的关系,是人对物的使用价值或交换价值的利用、控制与支配。但在本质上,物权反映的是人与人之间的关系,即物权人与非物权人之间就物的归属和利用而发生的权利义务关系。人对物的关系这一形式和人与人的关系这一实质,构成了物权的全部内容。

物权是民法上的一个重要概念,在近现代财产权体系中,物权是其他一切财产权的起点和终点。在物权与债权关系中,物权是债权发生的前提条件和最终归宿。没有物权人对物的支配和处分,就不可能发生以商品交换为典型代表的各种债权关系。在物权与继承权关系中,遗产只能是被继承人生前享有所有权的财产,继承权的实现结果是继承人取得被继承人生前财产的所有权。

（二）物权的特征

在民法上,物权与债权一起构成了最基本的财产权形式。两者有诸多联系,但毕竟是两类不同的财产权,有着不同的法律属性。这种性质上的差异集中体现在两者的特征上。就物权而言,其主要特征表现为:

1. 物权是绝对权、对世权

物权的权利主体是特定的人,物权人对物的支配力可对抗任何人,即除权利主体以外的任何人都是义务主体,他们负担着不得非法干涉权利人对物的支配的义务。而债权一般只能对抗特定的债务人,是一种相对权、对人权。

2. 物权是支配权

物权人可以仅凭自己的意志直接对标的物的使用价值或交换价值进行支配,通过对物的占有、使用、收益和处分,享受物上的利益。其物权的实现无需义务人意思或行为之介入。义务人所负的仅是不得实施侵害或干涉的义务。债权则不同,债权人不能对其权利的标的进行直接支配,而只能请求义务人履行义务,以协助其实现债权。因此,债权是一种请求权。

3. 物权的客体是物

物权是权利人对于物的直接支配权,它的客体只能是物。作为物权客体的物原则上须为有体物、独立物、特定物。而债权的客体是给付行为,而且给付的标的物可以是不特定的种类物,也可以是债权成立时尚不存在的物。

4. 物权具有排他性

物权人对标的物的直接支配性决定了在同一物上不能同时设定两个以上的所有权,也不能同时设定两个以上互不相容的他物权。而债权是通过债务人的给付行为间接地支配标的物,所以债权具有相容性,可以并存于同一标的物之上。

5. 物权具有优先性

物权的优先性,一是表现为其效力优先于债权,即当同一物上同时存在物权与债权时,无论设立的先后,物权的效力都优先于债权;二是表现为物权相互之间有效力的先后,即当同一物上同时存在数个物权时,应根据法律规定或物权的类型、设立时间的先后等确立何者具有优先的效力。

二、物权的客体

物权的客体是物。此处的物除了应具备民法上的物的共性(参见本书第一编第二章第四节内容)外,还具有其作为物权客体的特征,主要表现为:

(一) 作为物权客体的物原则上应为有体物

有体物相对于无体物而言,指具有物理形态、能为人之感官感觉到的物质,包括固体、液体、气体。无体物实际就指有财产价值的权利。我国《物权法》第2条第2款规定:"本法所称物,包括不动产和动产。法律规定权利作为物权客体的,依照其规定。"可见,我国现行法律原则上将物权的客体限于有体物,但并不排斥权利在一定条件下作为物权的客体。

(二) 作为物权客体的物必须独立存在

意即其在观念上、法律上能够与其他的物区别开来而独立存在,对于特定的主体而言,能够独立地发挥作用,满足其生产、生活的需要。

(三)作为物权客体的物一般具有特定性

物权是对物的支配权,而支配一般只能针对特定的物进行,且就物权的公示而言,标的物若不是特定的话,难以交付或登记。但在现代担保物权领域,物的这一特定性有缓和的趋势,如英美法上的浮动担保制度,我国物权法也有类似的规定。①

(关于物的分类参见本书第一编第二章第四节内容)

三、物权的种类和分类

物权法定是物权法的基本原则,大陆法系各国均从本国的法律传统、社会经济条件出发来设定物权的种类。

我国物权法基本确立了我国的物权法律体系,规定的主要物权种类包括所有权、土地承包经营权、建设用地使用权、宅基地使用权、地役权、抵押权、质权和留置权。另外,我国的其他一些法律,如矿产资源法、渔业法、海域使用管理法等规定的采矿权、捕捞权、水资源利用权等也具有鲜明的物权性质,因此学界的通说把这些权利也解释为物权。

在民法理论上,物权可以按不同标准划分为如下几种主要类型:

(一)所有权与他物权

根据物权客体是他人财产还是自己财产,可将物权分为所有权与他物权。所有权又称自物权,是权利人对自己之物的支配权,它是最完整、最充分的物权。他物权是所有权以外的物权,是权利人对他人之物的支配权。所有权与他物权的主要区别在于:

(1) 所有权的权利主体是物的所有人,他物权的权利主体是所有人以外的人。

(2) 所有权是原始物权,是他物权发生的基础;他物权是从所有权中派生的物权,是所有权部分权能与所有权分离的结果。

(3) 所有权是完全物权,所有权人对物的支配是全面的;他物权是定限物权,他物权人对物的支配通常要受到法律和所有权人意志的限制。

(4) 所有权是无期限物权,其存续无时间上的限制;他物权是有期限物权,其存续通常有时间上的限制。

(二)用益物权与担保物权

根据设立的目的,可将他物权分为用益物权与担保物权。用益物权是以对物

---

① 参见《中华人民共和国物权法》第 181 条、第 189 条之规定。

的使用并获取收益为目的的权利,如建设用地使用权等;担保物权是为担保债权的实现而设定的权利,如抵押权等。两者的主要区别在于:

(1) 用益物权主要支配物的使用价值,其权能包含对物的占有、使用、收益;担保物权支配物的交换价值,其权能不包含对物的使用、收益,仅就物的价值有优先受偿的权利。

(2) 用益物权一般都具有独立性,属主权利,无需以权利主体享有其他权利为前提;担保物权具有从属性,是从权利,其命运受其所担保的债权的影响。

(3) 用益物权不具有物上代位性,其标的物灭失后,用益物权就此消灭;担保物权具有物上代位性,担保物灭失后,担保物权可以在其转化的价值形态上继续存在。

(三) 动产物权、不动产物权与权利物权

根据物权客体的种类,可将物权分为动产物权、不动产物权与权利物权。以动产为客体的称为动产物权,如动产所有权、动产质权等;以不动产为客体的称为不动产物权,如宅基地使用权、地役权等;以特定权利为客体的称为权利物权,如权利质权、权利抵押权等。区别动产物权、不动产物权与权利物权的主要意义在于:

(1) 法律允许设立的他物权种类不同。一般而言,用益物权只能设定于不动产之上,而不设定于单独的动产和权利之上。

(2) 物权变动的公示要求不同。不动产物权的变动要求登记,动产物权的变动通常以交付为准,只有个别的如船舶、汽车、飞机等动产的物权的变动有登记的要求。权利物权的变动根据权利的性质不同,分别以登记或权利凭证的交付为公示方式。

(3) 诉讼管辖和法律适用不同。就不动产物权发生的纠纷,一般由不动产所在地的法院依不动产所在地法处理。对动产物权与权利物权纠纷的处理则无此要求。

(四) 意定物权与法定物权

以物权的发生原因不同为标准,可将物权区分为意定物权与法定物权。意定物权指依据当事人的合意而发生的物权,如地役权、质权等;法定物权指直接根据法律规定而发生的物权,如留置权、法定抵押权等。区分意定物权与法定物权的主要意义在于,两者的成立要件与适用的法律不同。

(五) 本权与占有

占有是主体对物的实际控制,大陆法系民法大多将占有规定为一种对标的物有支配力的事实,而非物权。相对于占有而言,物权乃至租赁权等债权都是本权,

它们赋予主体对物的法律上的支配权利。占有的背后是否有本权的支撑,关系到对占有保护方法的确定。

四、物权的效力

物权的效力是指物权所具有的法律上的保障力。物权的效力有共同效力和特别效力之分,前者指各类物权所共同具有的法律效力,后者指各类物权各自所独有的法律效力。此处讨论的是物权的共同效力。

物权对物的直接支配的本质属性和这种支配的排他性,导致物权具有四个基本效力,即排他效力、优先效力、追及效力以及物上请求权。

(一)物权的排他效力

物权排他效力是指在同一物上不能并存两个或两个以上互不相容的物权,即所谓的"一物一权"。其主要表现在:

(1)同一物上不能同时设定两个或两个以上的所有权。

(2)同一物上不能同时设定两个或两个以上都包含占有权能的他物权。比如,在同一片土地上不能同时既设立宅基地使用权,又设立土地承包经营权。

必须注意的是,相容的物权可并存于同一物上。例如所有权与他物权、包含占有权能的他物权与不包含占有权能的他物权、均不包含占有权能的他物权可以并存在同一物之上。

(二)物权的优先效力

物权的优先效力是指某一物权的效力优先于其标的物上同时存在的债权或其他物权。优先效力主要表现为:

1. 物权优先于债权

(1)破除债权。同一物上既设定了物权又设定了债权的情况下,无论设定时间的先后,物权均优先于债权,已成立的债权因无法履行而消灭。此时,债权人只能请求债务人承担债务不履行的责任。

(2)优先受偿。享有担保物权的债权人就担保物的价值有优先于其他债权人受清偿的权利。

(3)优先购买。当物的所有人出卖其物或物权份额时,就该物享有物权或类似权利的人在同等条件下有优先购买的权利。其主要表现为当按份共有人之一出卖其共有份额时,其他共有人在同等条件下有优先购买的权利。

出于公益、社会政策或交易安全的考量,法律也规定了物权优先于债权原则的例外,主要表现为:

(1)买卖不破租赁。在租赁关系存续期间租赁物所有权发生转移的,租赁权不因此而受影响,承租人的租赁权可以对抗新的租赁物所有人。《合同法》第229条规定:"租赁物在租赁期间发生所有权变动的,不影响租赁合同的效力。"

(2) 特定的债权优先于物权。法律赋予某些特定的债权优先于物权得到清偿。比如,预告登记的债权优先于物权,海商法上规定的船舶优先权优先于物权,等等。

2. 物权相互之间的优先效力

同一物上并存数个物权时,相互之间也有效力先后之分。确定物权之间的效力先后,一般可以根据以下几个标准:

(1) 根据法律的规定。法律对数个物权的效力顺序有明确规定的,就按照规定确定效力顺序。例如《物权法》第239条规定:"同一动产上已设立抵押权或者质权,该动产又被留置的,留置权人优先受偿。"

(2) 根据物权的类型。一般来说,定限物权优先于其所赖以设定的基础物权。例如,某块土地上的承包经营权优先于该块土地的所有权;再如,以建设用地使用权抵押的,抵押权优先于建设用地使用权。另外,费用性担保物权优先于融资性担保物权。[①]前者如留置权,其是为担保因保存或增加标的物的价值所发生的费用的清偿而产生的担保物权,后者如抵押权、质权,其是为担保融资得到清偿而设立的担保物权。由于费用性担保物权对保存物的价值关系重大,故法律赋予其优先效力。

(3) 根据物权的设立时间。通常先设立的物权优先于后设立的物权。比如,对同一不动产设立了多个抵押权,登记在先的应当优先清偿;再如,在道路拥挤的情况下,先设定的通行地役权优先于后设定的通行地役权。另外,先成立的物权的行使可以阻碍后成立物权的行使。比如,在同一不动产上先设立了抵押权,随后又设立了用益物权。行使抵押权时,可以要求将后设立的用益物权除去。

(三) 物权的追及效力

物权的追及效力是指物权成立后,其标的物无论辗转落入何人之手,除法律另有规定外,物权人均可追及该物之所在以行使支配权。物权的追及效力主要表现在:

一是,当物由无权处分人转让与第三人时,除法律另有规定外,所有权人有权直接请求第三人返还原物。

二是,当抵押物未经抵押权人的同意而转让与第三人时,除法律另有规定外,

---

① 参见谢在全:《民法物权论》(上册),中国政法大学出版社1999年版,第38—39页。

抵押权人可以追及抵押物之所在以实现其被担保的债权。

需要注意的是,在现代民法中,为了维护交易安全、保护善意第三人的利益,各国物权法一般采用善意取得制度、公示公信原则等对物权的追及效力加以必要的限制。

(四)物权请求权

物权请求权又称为物上请求权,是指物权人在其对物的支配因他人的妨碍而出现缺陷时,享有请求排除妨碍以恢复对物的圆满支配状态的权利。根据对物权妨害的状态的不同,物权请求权包括:返还原物请求权、排除妨害请求权和防止妨害请求权。但物权人对于他人轻微、正当的妨碍有容忍的义务。

关于物权请求权的性质,学界有多种观点。第一种认为物权请求权是纯粹的债权,是请求特定人为特定行为的权利;第二种认为物权请求权是准债权,因为该请求特定人为特定行为的权利在发生、变更和消灭上均从属于物权;第三种认为物权请求权是从物权派生出来的请求权,与物权密不可分;第四种认为物权请求权不是一种独立的权利,只是物权的一种作用。

我们认为第三种观点可以采用。首先,物权请求权从属于物权,与物权密不可分。物权请求权基于物权而产生,只有物权人才可能享有物权请求权。物权发生变动或者消灭,物权请求权也随之变动和消灭。物权请求权是对物权的救济权,目的在于排除妨害以恢复权利人对物的圆满支配状态。因此,物权请求权要以对物的圆满支配状态有恢复的可能为其行使的前提条件,即此时物权仍然存在。若物权人因妨害而丧失了物权,则其无法行使物权请求权,只能行使债权请求权。其次,物权请求权是一种优先于债权得到适用的请求权,如破产清算时,物的所有权人可以从破产财产管理人处取回归其所有的财产,这就体现了返还原物请求权优先于破产债权得到满足。

第二节　物权法及其基本原则

一、物权法的概念及其调整对象

物权法是调整物的归属和利用关系的法律规范的总和。所谓物的归属关系,指某特定的物在法律上归谁所有,所有人可对其进行何种支配。物权法上的所有权制度即是调整这一关系的重要规范。所谓物的利用关系,指物的所有权人以外的人对物的使用价值或交换价值如何进行支配。物权法上的他物权制度即是调整这一关系的重要规范。因此,物权法的作用直接体现在两方面:一是定分止争;二是物尽其用。

物权法可作广义和狭义两方面理解。狭义的物权法仅指一国民法典中的物权篇或者物权单行法。广义的物权法除了民法典中的物权篇和物权民事单行法外,还包括其他法律法规中调整财产归属和利用关系的规范。通常所说的物权法是指狭义的物权法。我国2007年10月1日起施行的《中华人民共和国物权法》即是狭义的物权法。但是,宪法、民法通则、担保法、农村土地承包法等法律法规中关于财产归属和利用问题的规定,也是我国物权制度的组成部分。

二、物权法的基本原则

物权法的基本原则是贯穿于物权法始终的,是反映物权法调整的社会关系的本质和规律的最根本规则。它是研究、制定、适用物权法的出发点。物权法的基本原则主要有以下几个方面。

(一)物权法定原则

物权法定原则指物权的种类、内容等都要由法律规定,而不能由当事人通过合同任意创设。物权具有绝对的、排他的对世效力,它的设定及效力直接关系到第三人的利益。因此,只有将物权的种类、内容法定化,使物权具有统一性,才能使财产秩序透明,减少交易成本,同时也抑制因私利而损害公益。物权法的大多数规范表现为强制性规范。

物权法定原则主要表现为:

1. 物权的类型法定

物权的类型须由法律规定,当事人不能随意创设法律所不认可的新物权类型。这在理论上称为"类型强制"。例如我国物权法与担保法均无不动产质权的规定,故在我国不得在不动产上设立质权。

2. 物权的内容法定

某一物权的具体内容须由法律规定,当事人无权约定与物权法定内容相背的权利义务,不得依协议扩张物权对第三人所具有的拘束力。这在理论上称为"类型固定"。例如,根据我国《民法通则》第7条的规定,所有权的内容是"对自己的财产享有占有、使用、收益、处分的权利"。如果当事人协商设定缺少这四项权能中的任一权能的所有权即不为认可。

(二)一物一权原则

一物一权原则指一个物权的客体只能是一个特定的物,一个特定的物上不能同时成立两个以上互不相容的物权。一物一权原则是物权的支配性与排他性的必然结果。

一物一权原则主要表现为:

1. 一物之上只能设定一个所有权

所有权是完全物权,具有占有、使用、收益、处分的全部权能。若一个特定物上有两个以上的所有权,各所有人在行使对物的支配时必然发生冲突。因此一物之上的所有权只能是唯一的。在共有的情况下,所有人为复数,但所有权仍是一个,并不违反一物一权原则。

2. 一物之上不能同时存在两个以上内容、效力互相排斥的物权

比如,两个都以物的占有为内容的他物权是不能并存于同一物上的,不然会发生支配时的冲突。

需要注意的是,一物一权原则并不排斥一个物上可以同时设定多个彼此相容的物权,如所有权可与他物权并存,用益物权可与担保物权并存,数个担保物权可并存于同一物上。

(三)公示公信原则

这一原则其实是公示原则和公信原则的合称,是关于物权享有和变动的基本规则。

公示原则要求物权的享有和变动必须以法定的可以从外部查知的方式表现出来。因为物权具有排他的效果,如果其享有或变动不通过一定方式告知天下、公之于众,就会给第三人带来不测,影响交易的安全。因此,物权的享有或变动须按法定的方式公示,否则不发生相应的法律效力。

公信原则是指依法定方式公示的物权享有或变动状况具有取信于公众的公信力,即使公示的物权状态与真实的物权状态不符,因信赖这种公示而与公示的物权人为交易行为的第三人的利益仍受法律保护。公信原则的适用难免牺牲真正权利人的利益,但这是法律为促进社会经济发展,在真正权利人的个人利益与社会利益之间进行均衡、选择的结果。

公示公信原则是日益发达的市场经济的产物,其目的在于保护交易的安全与便捷,稳定社会的经济秩序。

第三节　物权的变动

一、物权变动的概念及其类型

物权的变动是物权法律关系的产生、变更和消灭的总称。从权利主体角度讲,物权的变动即物权的取得、变更和丧失。

物权的产生,指物权人取得了一项物权,它在特定的权利主体与不特定的义务主体之间形成了物权法律关系,并使特定的物与物权人相结合。物权的取得有

原始取得与继受取得之分,前者是指不以他人的权利及意思为依据,而是依据法律规定直接取得一项物权,例如因添附、先占等取得物的所有权;后者指以他人的权利及意思为依据取得物权,例如因买卖、赠与取得物的所有权。继受取得又可分为创设与转移两种取得方式:创设的继受取得系因物权人在自己支配的物上再为他人设定他物权而取得一项他物权。例如房屋所有人将房屋抵押给贷款人使贷款人取得抵押权。移转的继受取得即物权人将自己享有的物权转让给他人,由他人取得该物权,如房屋所有人将房屋所有权出让与他人。继受取得通常通过法律行为进行,必须符合法律行为的有效要件。基于"受让人不能取得大于前手的权利"规则,标的物上的一切负担仍对继受取得人继续存在。

物权的变更有广义、狭义之分。广义的物权变更包括物权主体、客体和内容的变更。狭义的物权变更仅指物权的内容或客体的变化,而不包括物权主体的变更,因为涉及其属物权的取得与丧失问题。其中物权内容的变更,是指在不改变物权基本内容的前提下发生的物权范围、方式等方面的变化,比如使用权期限的延长、缩短,地役权行使方法的改变等。物权客体的变更,是指在不改变物权同一性的前提下发生的物权标的的变化,如所有权的客体因附合而有所增加,使用权的客体因一部分灭失而有所减少等。

物权的消灭从权利人方面观察即物权的丧失,可以分为绝对的消灭与相对的消灭。绝对的消灭是指物权本身不存在了,不仅原物权人丧失了物权,他人也未取得该物权,如因标的物灭失导致所有权消灭,他物权因期限届满而消灭等。相对的消灭指某项物权脱离原物权人而与新权利人结合,如因转让使得一方丧失所有权而另一方取得所有权。严格地说,物权的相对消灭并非物权消灭的问题,而应当属于物权主体的变更。

二、物权变动的原因

引起物权变动的原因可以分为两大类:一类是民事法律行为,包括双方法律行为和单方法律行为。这是根据当事人的意思表示引发物权变动,是最常见的引发物权变动的法律事实。另一类是民事法律行为以外的原因,可以是特定的事件,如继承、时效经过等;也可以是某些行为,如生产、无主动产的先占等;还可以是公法上的原因,如征收、判决等。

(一)物权取得的原因

1. 民事法律行为

例如通过买卖、赠与等双方法律行为取得所有权,通过当事人的合意设定抵押权、地役权等他物权,也可以因为遗赠等单方法律行为取得物权。

2. 民事法律行为以外的原因

这主要有:(1)因取得时效取得物权;(2)因公益征收或没收取得物权;(3)因添附取得所有权;(4)因继承取得物权;(5)因拾得遗失物、发现埋藏物取得所有权等等。

(二)物权消灭的原因

1. 民事法律行为

其主要有:(1)合意消灭物权,如当事人协商一致消灭物权,或物权因约定的物权存续期限届满或约定的物权消灭条件成就而归于消灭。(2)抛弃物权,抛弃是物权人单方放弃物权的意思表示。原则上物权人可以自由抛弃其物权,但如果抛弃物权会妨害他人利益或者违反公序良俗的,物权人则不得抛弃其权利。他物权的抛弃,须向因抛弃而受利益的人为意思表示;不动产物权的抛弃,还需办理注销登记才能生效。

2. 民事法律行为以外的原因

其主要有:(1)标的物灭失。物权是对物的权利,如果其标的物灭失,物权一般也就此消灭。但担保物权具有物上代位性,可以在原标的物的价值替代物上继续存在。(2)法定存续期间的届满。法律对许多用益物权都有明确的存续期间的规定,一旦法定期间届满,又没有获准续期的,物权即消灭。(3)混同。物权的混同是指同一物上的两个可以兼容的物权归属于同一主体的法律事实。若两项物权的混同使得其中一项物权因此已无存在之必要时,该项物权即告消灭。但若物权消灭可能损及当事人或第三人利益的,则不因混同而消灭。

另外,能够引起物权在新旧主体之间更迭的法律事实,对原物权人而言,都是引起其物权消灭的原因。

三、物权的公示

物权公示指物权的享有和变动(产生、变更、消灭)必须以法定的、可以从外部查知的方式表现出来。物权公示的目的在于取得物权享有或变动的公信力。物权公示的基本内容涉及公示的方法及公示的效力。

(一)物权公示的方法

1. 登记

登记是指将物权享有或变动的状态登载于专门机关的簿册上,以供公众查阅,其主要为不动产物权的重要公示方法。不动产具有价值大、不可移动的特点,采用登记方式,便于对不动产物权的确认。因此,现代各国物权法普遍确立了以登记和登记的变更作为不动产物权享有和变动的公示方法。我国物权法规定,不动产物权的享有或变动一般须经登记,未经登记,不能产生相应的物权效力。

值得注意的是,在某些特定情况下,不动产物权的享有或变动无需登记。例如,按照我国物权法的规定,非依民事法律行为而发生的物权变动无需登记;依法属于国家所有的自然资源,所有权可以不登记;某些不动产用益物权(如土地承包经营权、地役权等)的设立无需登记。

另外,我国《物权法》还规定了两项特殊类型的涉及不动产的登记。一个是预告登记,即债权人为了保全一项旨在取得、变更和消灭不动产物权的请求权,限制债务人重复处分该不动产而进行的登记。另一个是异议登记,即利害关系人认为不动产登记簿记载的事项有误,为了阻止不动产登记的公信力而进行的登记。

登记虽是不动产物权的重要公示方法,但对某些动产物权的变动,法律也要求其采用登记方式才可对抗第三人。比如,航空器、船舶、车辆等交通工具的物权变动登记后才可对抗第三人;动产抵押权须经登记后才可对抗第三人。

2. 占有

占有是指主体对物有事实上的管领力的状态,它是动产物权享有的公示方法。占有包括直接占有和间接占有,前者指某主体事实上占有着其物,后者指某主体基于一定的法律关系而对事实上占有其物的人享有返还请求权。无论是直接占有或间接占有,均可作为享有动产物权的公示方法。

3. 交付

这里的交付是指出让人以转移物权的意思向受让人转移其对物的占有。交付是动产物权变动的主要公示方法。动产交付有如下几种基本方式:

(1) 现实交付,即出让方将其对物的实际控制直接移转给受让方,这是最常见的交付方式。

(2) 简易交付,即受让人之前已实际占有动产,则于物权变动的合意生效时视为交付。例如,甲将一台电视机卖给乙,但在买卖成立之前,电视机已经借给了乙使用,则于买卖合同生效时即完成了交付行为。

(3) 占有改定,即动产物权转让后,标的物按约定仍由出让人继续占有,受让人取得对标的物的间接占有以代替实际交付。比如,甲将其电视机卖给乙,但是双方约定电视机由甲继续保管一段时间,则交付应认为已于买卖合同生效时即完成,甲继续直接占有电视机而乙取得电视机的所有权和间接占有。

(4) 指示交付,即动产由第三人占有时,出让人将其对于第三人的返还请求权让与受让人,以代替交付。比如,甲将其借给乙使用的电视机卖给了丙,这时甲只要将对乙拥有的返还电视机的请求权转让给丙即可代替交付。

需要明确的是,交付只是动产物权发生变动的方法之一,它只适用于基于法律行为转让动产物权的情形。以原始取得和继承方式取得动产物权时,无需以交付作为公示方法。

(二) 物权公示的效力

物权公示究竟产生何种效力?这要根据法律的具体规定。就我国物权法的规定看,主要有以下两种效力:

1. 公示为生效要件

即未经公示,不能产生当事人希望的物权变动的法律效力,不仅物权变动不得对抗第三人,而且在当事人之间也不发生物权变动的效力。例如,根据我国物权法的规定,建设用地使用权、不动产抵押权等物权自登记时设立,未经登记,不能取得这些不动产物权。

2. 公示为对抗要件

即未经公示,物权变动仅对当事人生效,不能对抗第三人。例如,根据我国物权法的规定,地役权自地役权合同生效时设立,但未经登记,不得对抗善意第三人,航空器、船舶、车辆等交通工具的物权变动登记后才可对抗第三人,动产抵押权须经登记后才可对抗第三人。

我国《物权法》第9条第1款规定:"不动产物权的设立、变更、转让和消灭,经依法登记,发生效力;未经登记,不发生效力,但法律另有规定的除外。"第23条规定:"动产物权的设立和转让,自交付时发生效力,但法律另有规定的除外。"可见,我国原则上以公示为物权变动的生效要件,无需以公示为生效要件的物权变动均须有法律的明确规定。另需注意的是,我国物权法规定,民事法律行为以外的原因引发的物权变动无需公示,但在物权人处分这类物权时,如果依照法律规定需要办理登记的,就应办理登记,不然不发生物权效力。

物权公示还产生公信力,对善意第三人而言,他可依据公示来推定物权人,依据公示来推定物权的有无及其状态。例如,动产为某人占有的,可推定该动产为该占有人所有;登记簿上涂销了某项物权时,推定该项物权消灭,等等。由公示推定出来的物权状态即使与真实的权利状态不符,善意第三人仍然可以获得公示公信原则或善意取得制度的保护。利害关系人对错误公示,可以通过更正登记、异议登记、诉请法院裁判等方式纠正,对因错误公示遭受的损害,利害关系人可以依法请求相关当事人或登记机关赔偿。

四、物权行为

物权行为是以物权的设立、变更、消灭为目的的法律行为。物权行为理论是德国法学家萨维尼在19世纪提出来的。按照萨维尼理论的解释,一个买卖可以被分解为一个债权契约和两个物权契约。买卖合同是债权契约,根据这一契约,出卖人承担交付标的物的义务而买受人承担支付价款的义务;两个物权契约分别是转让标的物所有权的契约和转让价款所有权的契约。买卖契约所产生的交付标的物和价款的义务是随后进行和完成标的物及价款所有权转移的原因。所以,债权契约是物权契约的基础关系,但物权变动的直接原因是物权契约,即使作为物权行为基础的债权行为存在瑕疵,也不应当对已经发生的物权变动产生影响。物权行为的独立性与无因性由此产生。

所谓物权行为的独立性,指在物权变动中存在一个独立于债权行为的、直接以发生物权变动为目的的意思表示,即物权行为。债权行为只是物权行为的基础,而非物权变动的直接原因。物权变动的直接原因是物权行为。所谓物权行为的无因性,是指无论作为物权行为基础的债权行为的效力如何,都不会影响已经完成的物权行为的效力——物权变动的结果。无因性以独立性为前提,它是物权行为理论的核心。

关于物权行为的独立性与无因性,学术界颇有争议。推崇者认为,物权行为理论有利于明确法律关系,保障交易安全。反对者指出物权行为理论将简单的法律现象复杂化,对出让人的保护不足,其所具有的维护交易安全的功能完全可以由公示公信原则及善意取得制度来承担。

从世界各国看,关于法律行为引发物权变动的立法模式主要有以下三种:

(一)债权意思主义

即完全不采用物权行为理论,仅以当事人的债权合意作为物权变动的唯一原因,无需交付或者登记。法国即采此例。《法国民法典》第 1583 条规定:"当事人一经对买卖之物和价金达成一致,即使物未交付,价金尚未支付,买卖即告完全成立,且买受人对出卖人从法律上取得所有权。"

(二)物权形式主义

即完全采纳物权行为理论,强调物权的变动必须以当事人就物权变动达成合意并且履行动产交付或者不动产登记为生效要件。德国即采此例。《德国民法典》第 929 条规定:"转让动产所有权需由所有权人将物交付于受让人,并就所有权的转移由双方成立合意。"

(三)债权形式主义

又称折衷主义,认为物权变动除需当事人的债权合意外,还需要以登记或交付作为生效要件。瑞士即采此例。《瑞士民法典》第 974 条第 2 款规定:"凡因无法律原因或依无约束力的法律行为而完成的登记,为不正当。"可见,原因行为无效将导致登记无效。折衷主义不承认仅根据当事人的意思就可使物权发生变动,而要求采取登记或交付的公示方式,这一点使其不同于债权意思主义;另一方面,折衷主义坚持原因行为的无效或者被撤销将导致登记或交付的效果无效或被撤销,这一点又使其不同于物权形式主义。

从我国目前的相关规定及司法实践的情况看,我国原则上采取的是债权形式主义。[①]

第四节　物权的民法保护

当物权受到非法侵害时,物权人可以寻求法律的保护。在实际生活中,针对侵犯物权行为的不同性质,适用不同的部门法,包括刑法、行政法、民法等。民法对物权的保护除了本章第一节中介绍的物上请求权以外,主要还有以下几种方法。

一、请求确认物权

在当事人就某项物权的有无或归属发生争议时,可以向有关权力机关提出申请,请求明确权利状态,确认物权的归属。如果此申请是向法院提起的,那就是确认之诉。确认物权是行使物上请求权或采取其他保护物权方法的前提条件。在财产归属问题未得到确定时,其他的保护方法也就无从适用。

二、请求恢复原状

请求恢复原状又称恢复原状请求权,指物权人的财产因受非法侵害遭到损坏时,如果有恢复的可能,物权人可以请求侵害人恢复财产的原来状态。恢复原状一般是通过修理或其他方法使财产在使用价值上恢复到财产受损害前的状态。请求恢复原状是物权请求权还是债权请求权,学界存有争议,但其为物权的保护手段之一则毫无疑问。

三、请求赔偿损失

请求赔偿损失又称损害赔偿请求权,指物权人的物或物权因他人的不法侵害而受有损害时,物权人有权请求侵害人赔偿损失。赔偿损失可以单独提出,也可以在行使其他物权保护方法仍不足以弥补损失时另行提出。

[①]　也有个别例外,例如《物权法》规定土地承包经营权、地役权等物权自合同生效时成立,这里采用的是债权意思主义。

损害赔偿请求权是债权请求权,其与物权请求权的主要区别在于:第一,目的不同。物权请求权的目的是保障物权人对物的充分支配,消除他人对该支配的妨碍,以恢复物权人对物的圆满支配状态;而债权请求权主要是补偿物权人受到的财产损失。第二,构成要件不同。物权请求权以物权的存在为前提,若侵权行为已致物权灭失的,则无法适用;债权请求权必须是侵害人的行为已经造成了实际的损害,即财产价值的灭失或减少。

在物权受到妨碍或侵害时,应当首先考虑运用物权请求权的保护方法;在其不能适用或适用后仍不足以弥补损失时,再考虑适用债权请求权的保护方法。在实践中,应根据物权受到侵害的具体情况,决定采取其中一种保护方法,或同时采用几种保护方法。上述物权的民法保护方法也可以与其他部门法的保护方法并用,使物权得到切实的保护。

第十二章 所有权

第一节 所有权概述

一、所有权的概念和特征

对所有权有两种定义方式,一种是具体列举方式,将所有权定义为权利人依法对自己的财产享有的占有、使用、收益和处分的权利;另一种是抽象概括方式,将所有权定义为"所有人在法律限制的范围内,对于所有物为全面支配的物权"[1]。多数学者倾向于抽象概括方式,认为具体列举方式混淆了所有权的权能和所有权本身。不过,我国现行的民法通则和物权法都采用具体列举方式定义所有权。

所有权在本质上反映的是社会财产的分配和归属,体现着社会资源在不同社会主体之间的分配。通过所有权制度确立财产的不同归属,也就确立了基本的财产支配秩序。

所有权的法律特征表现在:

(一)所有权是自物权和完全物权

所有权是权利主体对自己财产享有的权利,故又称为自物权。正因如此,所有权人对物的支配是最完整的,所有权齐备了物权的所有权能。与之相比,其他物权因系对他人之物的支配,所以只具有所有权的部分权能。另外,所有权人可以任意选择行使占有、使用、收益和处分中的一项或几项权能,也可以将这些权能中的一项或数项分离出去由他人享有并行使,从而更好地实现其意志和利益。

---

[1] 参见梁慧星、陈华彬:《物权法》,法律出版社 2010 年版,第 115 页。

（二）所有权是原始物权和基础物权

所有权不是由其他财产权利派生出来的,而是由法律直接确认财产归属关系的结果。因此,所有权是原始物权。而其他物权都是从所有权派生出来的,是所有权部分权能与所有人分离的结果。所以,所有权是其他物权的基础物权。

（三）所有权是恒久物权

所有权的存在无期限上的限制,除了所有人自主转让或抛弃其权利、所有物灭失或被国家征收、罚没外,所有权得永久存在。

（四）所有权具有弹性力和回复性

所有权的各项权能中的一项或数项可以根据所有人的意志分离出去而由他人享有并行使,但所有权人并不因此丧失其所有权,只是受到所有物上的他人权利的限制。当所有物上的他人权利消灭后,分离出去的权能重新回归所有权人,使所有权又恢复了原来的圆满状态。

二、所有权的内容

所有权的内容即所有权的各项权能,可以分为积极权能和消极权能。积极权能主要表现为所有权人对物的占有、使用、收益、处分四项基本权能。消极权能表现为所有权人排除他人对自己行使权利的不法干涉。消极权能的行使方式为主张物权请求权。此处主要探讨其积极权能。

（一）占有权能

占有权能是权利主体对物进行事实管领、控制的权能。占有权能是所有权的一项基本权能,所有权的全面支配以对物的占有为基础和前提。占有权能在一定条件下可以与所有权相分离,而由非所有人享有。

占有本身是一种事实状态。从主体角度可将占有分为所有人的占有和非所有人的占有。所有人的占有是指所有人实际控制自己的财产。非所有人的占有指所有人以外的其他人对物的实际控制。

非所有人的占有又可进一步划分为合法占有和非法占有。合法占有又称有权占有,指非所有人依法律规定或所有人的意志而占有。非法占有又称无权占有,指非所有人对物的占有既无法定根据,亦无约定根据。若无相反证据,推定占有人对物的占有是合法占有。非法占有又可进一步划分为善意占有和恶意占有。前者指占有人不知道也不应当知道其占有为非法的占有。后者指占有人知道或应当知道其占有为非法的占有。若无相反证据,推定非法占有人对物的占有是善意占有。善意占有为诚信占有,受占有制度的特别保护。

（二）使用权能

使用权能指依物的性能或用途，在不损毁物或变更其性质的情形下对物加以利用，以实现自己利益的权能。使用权能是所有权的一项重要权能，是所有权实现的主要方式。使用权能的行使，以占有物为前提，但只取得占有权能的人，不能行使使用权能。使用权能可以由所有权人行使，也可以由所有权人转让给他人行使。

作为事实状态的使用也可以分为所有人的使用和非所有人的使用。非所有人的使用又可进一步划分为合法使用和非法使用，前者受法律保护，后者一般得承担相应的法律责任。

（三）收益权能

收益权能是指收取物所生的经济利益的权能。收益是在不改变物的性质的前提下实现的物的增值，任何从物中衍生出来的经济利益都可以称为收益，其中最常见的是孳息和利润。

收益权能是实现所有权的重要方式，在现代市场经济社会，收益权能越来越成为所有权的中心。所有权人为了换取和扩大对物的收益，不惜让渡对物的占有、使用甚至处分权能。

（四）处分权能

处分权能是决定财产事实上和法律上命运的权能。处分权能向来被视为所有权之根本，是最能体现所有权的对物支配性的权能。处分可分为事实上的处分和法律上的处分。事实上的处分是实施某种事实行为，使物本身的形态发生变化或消灭，如将汽车拆分、将书籍烧毁等；法律上的处分是实施某种法律行为，使物上的权利状态发生变更，如转让所有权、设立他物权等。法律上的处分需要行为人有相应的行为能力。

三、所有权的种类

按不同的标准可以对所有权作多种分类。从客体角度，可将所有权分为不动产所有权和动产所有权；从权利主体的数量及内容构成角度，可将所有权分为单独所有权、共同所有权和区分所有权；从权利主体的性质角度，可将所有权分为自然人所有权、法人所有权和国家所有权。目前，我国物权法主要根据权利主体的性质将所有权分类为国家所有权、集体所有权和私人所有权。

（一）国家所有权

我国的国家所有权是中华人民共和国依法享有的对其财产进行占有、使用、收益、处分等全面性支配的权利，是全民所有制在法律上的表现。

1. 国家所有权的权利主体

我国物权法规定,国家所有即全民所有。国家所有权的主体是代表全体人民意志和利益的国家。可见,国家所有权在主体上具有抽象性、惟一性的特征,只有国家才享有国家所有权,其他任何主体都不能成为国家财产的所有人。

2. 国家所有权的客体

国家所有权的客体极其广泛,与其他主体的所有权相比,国家所有权的客体没有范围的限制,任何财产都可以成为国家所有权的客体。根据我国物权法的规定,属于国家专有的财产主要包括:(1)矿藏、水流、海域;(2)城市土地及依法属于国家所有的农村和城市郊区的土地;(3)森林、山岭、草原、荒地、滩涂等自然资源,但依法属于集体所有的除外;(4)依法属于国家所有的野生动植物资源;(5)无线电频谱资源;(6)依法属于国家所有的文物;(7)国防资产;(8)依法属于国家所有的铁路、公路、电力设施、电信设施和油气管道等基础设施。

除了国家专有财产外,根据物权法及其他民事法律的规定,国家所有权的客体还包括:(1)国家机关直接支配的不动产和动产;(2)国家举办的事业单位直接支配的不动产和动产;(3)逾期无人认领的遗失物、漂流物、埋藏物或者隐藏物;(4)无人继承的遗产,等等。

3. 国家所有权的行使

主体抽象性、惟一性和客体的广泛性决定了国家所有权行使方式的特殊性。具体而言,国家行使所有权的方式主要有以下几种:

(1) 国家直接行使其所有权。国家是一个抽象的实体,其民事权利的行使,必须通过国家机关来行使。我国宪法规定,全国人民代表大会是最高国家权力机关,国务院是最高权力机关的执行机关。因此,国家直接行使其所有权即表现为由国务院代表国家行使对国有财产的占有、使用、收益、处分的权利,如对国库财产的支配即属于此。

(2) 授权国家机关、国有事业单位行使其所有权。国家机关、国家举办的事业单位对其直接支配的国有财产,享有占有、使用以及依照法律和国务院的有关规定处分或收益的权利。

(3) 授权集体所有制组织或公民个人行使其所有权。如我国《民法通则》规定,国有的土地、森林、山岭、草原、荒地、滩涂、水面等自然资源,可以依法授权给集体所有制单位使用,国有的矿藏可以依法授权给集体所有制单位或公民采挖。

(4) 国家所有权转化为股权。我国《物权法》第 55 条规定:“国家出资的企业,由国务院、地方人民政府依照法律、行政法规规定分别代表国家履行出资人职责,享有出资人权益。”第 67 条规定:“国家、集体和私人依法可以出资设立有限责任公司、股份有限公司或者其他企业。国家、集体和私人所有的不动产或者动产，投到企业的，由出资人按照约定或者出资比例享有资产收益、重大决策以及选择经营管理者等权利并履行义务。"第 68 条第 1 款规定："企业法人对其不动产和动产依照法律、行政法规以及章程享有占有、使用、收益和处分的权利。"这些规定表明，国家出资的货币、实物等的所有权归企业，国家取得股权，这在某种意义也是国家行使所有权的一种方式。

（二）集体所有权

集体所有权是集体成员集体对所有的财产享有的占有、使用、收益、处分的权利。集体所有权是劳动群众集体所有制在法律上的表现。

1. 集体所有权的权利主体

集体所有权的主体是由集体成员组成的集体，主要是农村集体组织，也包括城镇集体企业和合作社集体组织。集体组织的成员个人不是集体组织财产的所有人，无权独自处分集体组织的财产。集体所有也并非集体成员的共同共有，它的主体是单一的集体。

2. 集体所有权的客体

在我国，集体组织可以合法拥有的财产范围相当广泛，除了法律规定属国家专有的财产不得为集体所有外，其他任何财产都可以为集体所有，具体包括：

(1) 法律规定属于集体所有的土地和森林、山岭、草原、荒地、滩涂；

(2) 集体所有的建筑物、生产设施、农田水利设施；

(3) 集体所有的教育、科学、文化、卫生、体育等设施；

(4) 集体所有的其他不动产和动产。

3. 集体所有权的行使

集体组织可以自己行使对集体所有的财产的占有、使用、收益和处分。《物权法》第 60 条明确了农村集体所有权的具体行使主体："属于村农民集体所有的，由村集体经济组织或村民委员会代表集体行使所有权；分别属于村内两个以上农民集体所有的，由村内各集体经济组织或者村民小组代表集体行使所有权；属于乡镇农民集体所有的，由乡镇集体经济组织代表集体行使所有权。"集体组织也可以依法将其中的一项或数项权能转让给集体组织的成员或非成员行使。在经济体制改革后，集体所有权亦发生了两权分离现象，集体在保留所有权的同时，将对集体财产的经营管理权授予其成员个人甚至他人行使。尤其在我国农村，普遍实行家庭承包制，集体所有的土地、森林、山岭、草原、荒地、滩涂、水面等可以承包给个人经营。

（三）私人所有权

就我国《物权法》的三分法而言，私人所有权是广义的，是国家所有权、集体所有权之外的民事主体享有的所有权的统称。其包括自然人个人所有权、法人所有权和不具有法人资格的社会团体所有权等。

1. 私人所有权的权利主体

权利主体是私人。这里的"私人"包括自然人、法人和不具有法人资格的社会团体,不仅包括具有中国国籍的公民、组织,也包括在我国合法取得财产的外国籍公民、组织以及无国籍人。

2. 私人所有权的客体

私人所有权的客体包括法律不禁止成为私有财产的各类不动产和动产,其范围也是相当广泛的。《物权法》第 64 条列举了如下几类主要的不动产和动产:(1)收入;(2)房屋;(3)生活用品;(4)生产工具和原材料;(5)其他合法财产。

第二节 所有权的取得和丧失

一、所有权的取得

所有权的取得,亦即所有权的发生,是指民事主体依据一定的法律事实而获得某物的所有权。所有权的取得有多种方式和途径,民法学通常依其是否以原所有人的所有权为根据,将所有权的取得分为原始取得和继受取得,两种取得又各有其不同的方法。

（一）原始取得

原始取得是指直接依据法律的规定,不以原所有人的权利为根据而取得所有权。所有权原始取得主要有如下几种方式:

1. 生产

生产者通过劳动生产出来的产品不仅包括了消耗掉的生产资料的价值,还凝聚了人类劳动的价值,所以是新物。因此,生产者取得其产品的所有权是一种原始取得。

2. 取得孳息

孳息是由原物滋生、繁衍出来的财产,是一种收益。按照孳息产生的途径不同,可将孳息分为天然孳息和法定孳息。天然孳息是指原物依自然规律而产生的收益,如母鸡生下的蛋、剪下的羊毛等。法定孳息是指通过对原物实施一定的法律行为而取得由原物派生的收益,如租金、利息等。孳息是新物,故对其所有权的取得是原始取得。

关于天然孳息的归属,立法上有两种模式:一种是生产主义,即由对孳息的产生有投入的人取得孳息所有权;另一种是原物主义,即由对原物有所有权或其他权利的人取得孳息所有权。我国物权法规定,天然孳息,由所有权人取得;既有所有权人又有用益物权人的,由用益物权人取得。当事人另有约定的,按照约定。法定孳息,当事人有约定的,按照约定取得;没有约定或者约定不明确的,按照交易习惯取得。

3. 先占取得

先占是指以所有的意思占有无主之动产并取得其所有权的法律事实。对于无主动产之先占取得,我国现行立法未作明确规定,但实务中并未一概否认。例如,公民通过合法渔猎、采集等获得物之所有权,法律予以保护;而先占他人抛弃之物也可取得所有权。依先占取得原则取得所有权,需要具备以下条件:其一,先占物须为无主物。所谓无主物,是指现在不属于任何人所有之物,至于是否曾经为人所有,则非所问。其二,先占物须非法律禁止占有之物。其三,先占物仅限于动产。不动产所有权不能依先占原则而取得,因其所有权的取得,须经登记。其四,先占人须以所有的意思。即先占人须有如所有人那样的支配先占物的意思。如先占人仅有为他人保管的意思,则不能取得所有权。

4. 添附物之取得

添附是指不同所有人的物因附合、混合或加工而形成不可分割或具有新质的物之事实状态。由于添附发生后,恢复各物之原状已不可能或在经济上不合理,需要重新确定添附物所有权之归属。

添附包括附合、混合和加工三种形式。

(1)附合。附合是指不同所有人之物相互结合在一起而形成新物之状态。在附合的情况下,仍可识别原各所有人之物。附合有动产与不动产的附合和动产与动产的附合两种,前者如用甲的涂料粉刷乙的墙壁,后者如用他人的钉子修理自己的椅子。动产与不动产附合后,由不动产所有人取得添附物的所有权,不动产所有人因此给予动产所有人相应的经济补偿。动产与动产附合后,一般情况下,由原物的各所有人按照添附前各自财产的价值比例按份共有添附物。如果能够区分原物之主从,或者原物价值大小悬殊的,也可以由主物所有人取得添附物的所有权,或由原物价值较大的一方取得添附物的所有权,取得的一方给予他方相应的经济补偿。

(2)混合。混合指不同所有人之动产掺和、融合在一起形成新物之状态。混合后难以识别之前的各动产,如将甲家的调味品放进了乙家的汤中。混合物归属的确定方法与上述的动产附合物相同,即一般情况下,由原物的各所有人按照添附前各自财产的价值按份共有。如果能够区分原物之主从,或者原物价值大小悬殊的,也可以由主物所有人取得添附物的所有权,或由原物价值较大的一方取得添附物的所有权,取得的一方给予他方相应的经济补偿。

(3) 加工。加工是将他人的动产制造成具有更高价值之新物的活动。关于加工物的归属问题,立法上有三种模式:一种是材料主义,即由原材料的所有人取得加工物的所有权;第二种是加工主义,即由加工人取得加工物的所有权;第三种是折衷主义,即认为,如果加工物能够还原为材料的,加工物所有权由材料的所有人取得,不能还原的,加工物所有权由加工人取得。我国司法实践的一般做法是,加工物原则上归材料的所有人,并由其就加工劳动给予加工人适当的经济补偿。但若因加工增加的价值远远大于材料的价值时,加工物可归加工人所有,但其应给予原物的所有人以相应的经济补偿。

关于添附物的归属,不排斥原物的各所有人以约定的方式确定。

值得注意的是,如果添附人是一方当事人的,那么在确定添附的法律效果的时候,应考虑添附人的主观状态。如果其在为添附行为时有过错,另一方可以请求其承担侵权损害赔偿责任。如果另一方取得添附物的所有权,添附人只能按不当得利的规定请求补偿。如果所添附的利益对于另一方是无益的,则属强迫得利,取得方无需作出补偿。

5. 善意取得

在传统民法理论上,善意取得又称即时取得,仅适用于动产,是指善意受让人从无权处分人处受让动产的所有权或其他物权的,从其取得对该动产的占有时起,即依法取得对该动产的所有权或其他物权。善意取得制度来源于日耳曼法的"以手护手"原则,其根据是动产占有的公示公信力,作用在于阻断原物权人的追及,目的是维护交易的安全,促进财产的流通。

传统的善意取得的构成要件有下列几个:(1)标的须为可转让的有主动产;(2)出让人须为无处分权的占有人,且出让人当初是从权利人处受让物的占有的;(3)受让人须因交易已取得占有;(4)受让人须善意,即受让人在取得受让物的占有时不知道也不应当知道出让人是无处分权人;(5)受让人与出让人之间的交易行为除了出让人无处分权这一瑕疵外,其他都符合法律行为的有效要件。

需要注意的是,我国物权法确立的善意取得制度与传统善意取得制度有所不同。较之传统善意取得的构成要件,我国物权法上的善意取得的构成要件还有如下特点:(1)不仅适用于动产,也适用于不动产;(2)善意受让人支付了合理的价格;(3)转让的不动产或者动产依照法律规定应当登记的已经登记,不需要登记的已经交付给受让人;(4)法律没有另外规定。

另外,我国《物权法》第 107 条对遗失物的善意取得问题作了特别规定。①

6. 时效取得

时效取得指占有人以所有的意思或者为自己的利益,和平、公然、持续地占有他人的财产或行使他人的权利,经过法定的期间,从而取得该财产的所有权或他人的权利的法律制度。时效取得不独适用于所有权的取得,也适用于其他财产权的取得。

时效取得可以分为普通时效取得和特殊时效取得,两者的构成要件不同。

普通时效取得对动产和不动产都适用,就所有权的普通时效取得而言,必须具备下列构成要件:

(1) 占有人的占有须为自主占有、和平占有、公然占有。自主占有是指以所有的意思对物进行占有;若是他主占有(如以承租人、保管人的身份占有),无论经过多长时间,都不生时效取得所有权的效力。和平占有是指非以暴力或胁迫的手段取得并维持对物的占有,反之则为强暴占有,当然,原来的强暴占有可因占有人的变更而转换为和平占有。公然占有是指以非隐蔽的、公开的方式占有标的物,占有人对占有的事实无意向社会(包括占有物的利害关系人)隐瞒。

(2) 需持续经过法定期间。时效取得制度旨在通过稳定既成的对物的占有事实,以维护在这一既成事实上所形成的经济秩序。如果非权利人对物的自主、和平、公然的占有没有持续达到一定期间,一般是难以形成这种经济秩序的,在这种情况下,法律并无牺牲原权利人利益的必要。所以,非权利人的占有还需持续经过法定期间。例如日本民法典将不动产和动产的普通时效取得期间均规定为 20 年,我国台湾地区的民法规定动产需经过 5 年,不动产需经过 20 年。

特殊时效取得仅适用于不动产,其对占有状态的要求除了自主占有、和平占有、公然占有外,还要求是善意占有,如果占有人明知或应知是无权占有而进行占有的,则非善意,不能构成特殊时效取得。由于占有条件比较严,因此特殊时效取得的占有经过期间比普通时效期间短。按照日本民法典和我国台湾地区民法的规定,不动产普通时效取得期间为 20 年,而特殊时效取得期间仅为 10 年。

7. 遗失物、埋藏物、隐藏物之取得

遗失物是指所有人或合法占有人不慎丢失之物。漂流物与失散的饲养动物,通常也被视为遗失物。埋藏物是指埋藏于土地之中的物,隐藏物则指隐藏于他物

---

① 传统善意取得制度将物区分为"占有委托物"与"占有脱离物"。前者指真权利人基于其本人意思而丧失占有的物,如托管之物、出租之物等;后者指真权利人非基于其本人意思而丧失占有的物,如赃物、遗失物、遗忘物等。占有委托物原则上适用善意取得,而占有脱离物在适用善意取得时有限制。

之中的物。遗失物、埋藏物、隐藏物的共同特征是均为动产,且都处于所有人一时不能判明的状态,但它们不属于无主动产,不能适用先占取得。

我国《物权法》规定,拾得遗失物、发现埋藏物、隐藏物的人应当将物返还给权利人。无法找到权利人的,应当将物送交公安等有关部门。有关部门应当及时通知权利人领取或发布招领公告。拾得人、发现人在将物送交有关部门之前应当妥善保管物。因故意或者重大过失致使物毁损、灭失的,应当承担民事责任。拾得人、发现人可以请求物主支付自己为保管、送还物所支出的必要费用,但不能要求支付报酬,除非物主在悬赏广告中有承诺。

对于无人认领的遗失物、埋藏物、隐藏物的归属,许多国家规定拾得人、发现人在一定条件下可以取得其所有权。但我国物权法规定,自发布招领公告之日起六个月内无人认领的遗失物、埋藏物、隐藏物,归国家所有。据此,在我国,任何单位和个人均不得将所有人不明的遗失物、埋藏物或隐藏物据为己有。否则,视为不法占有,要承担不法占有人的相应责任。

8. 国家财产所有权原始取得的特殊方式

(1)国家强制取得所有权。国家因政权建设的需要或社会公共利益的需要,通过征收、没收、国有化等强制手段取得财产所有权。

(2)国家收归无主动产。如上述的无人认领的遗失物、埋藏物、隐藏物归国家所有,无人继承的财产归国家所有。

(二)继受取得

继受取得是指以原所有人的权利为根据而取得所有权,又称传来取得。所有权继受取得主要有如下几种方式:

(1)通过买卖、互易、赠与等双方法律行为取得。

(2)基于继承、遗赠而取得。

(3)基于其他合法根据而取得。例如,取得法人终止后遗留的财产,通过完成一定工作、提供一定劳务、转让智力成果等方式取得财产所有权等等。

二、所有权的丧失

所有权的丧失即所有权的消灭,指所有人因一定法律事实而丧失其所有权。所有权的消灭分为绝对消灭和相对消灭。绝对消灭指所有权因标的物的灭失而永远丧失。因为所有物已经不存在了,因此不仅原所有人失去了所有权,其他任何人也都不可能取得该项所有权。所有权相对消灭指特定的所有权人丧失对某一尚存的标的物的所有权,但该物上可以再设立他人的所有权。例如,所有权之转让或抛弃,标的物被征收,等等。任何可以引起所有权主体变更的法律事实,都是所有权相对消灭的原因。

第三节　共　有

一、共有的概念与特征

共有是两个或两个以上民事主体共同享有同一项财产的所有权。共有的主体为共有人,共有的客体为共有物。

共有的法律特征主要有:

(1) 共有的权利主体是两个或两个以上的民事主体,而非单一的民事主体。这是共有与单一的个人所有及公有的区别,公有财产的权利主体无论是国家还是集体,都仍然是单一的。

(2) 共有人共有的财产是同一项财产。该项财产可以是特定的独立物,也可以是数个财产结合而成的集合物。共有关系存续期间,共有物不能分割。共有人对共有物的全部享有所有权,而非各个共有人对共有物的部分分别享有所有权。

(3) 共有既有共有人与非共有人之间外部的权利义务关系,又有共有人之间就共有物的支配形成的内部的权利义务关系。所以,共有关系的内容表现为两重性,比较复杂。

(4) 共有不是所有权的独立类型,而是相同性质或不同性质的所有权之间的联合。

二、共有的发生原因

共有关系的发生主要基于以下原因:

(1) 基于当事人的意志而发生,即两个以上的民事主体约定,共同享有一项财产的所有权。例如三人共同出资合买一辆汽车,协议约定汽车为三人所共有。

(2) 基于法律的规定而发生。在某些情况下,共有关系无需当事人的约定,而是直接根据法律的规定即可形成。如遗产分割前继承人对遗产的共有,因动产添附形成的按份共有,等等。

三、共有的种类

根据共有人对共有物的支配关系,可以将共有分为按份共有和共同共有两种基本类型。另外,在现实生活中,除了所有权的共有外,还存在两个或两个以上民事主体共同享有同一项他物权、知识产权或债权的情况,学理上称这种现象为准共有。对于准共有,除了法律有特别规定外,准用关于共有的规定。

（一）按份共有

1. 按份共有的概念及性质

按份共有是指共有人对同一项财产按照各自的份额享有所有权的共有。按份共有中的份额一般由共有人的共同意思决定；如果共有人没有对份额作出明确的约定，可按照共有人的出资比例确定；如果无法按上述方法确定份额，视为等额享有。份额仅是对所有权量上的分割，而不是质上的差别。不管份额大小，各共有人所享有的所有权的内容都是相同的，都包含占有、使用、收益、处分在内的全部权能。并且份额抽象地存在于共有物的任何部分，即各共有人的权利义务及于全部共有财产，可对共有物的任何部分行使权利。

2. 按份共有内部的效力

按份共有内部的效力指共有人之间的权利义务关系，主要包括：

(1) 对共有物的使用收益。除共有人另有约定外，每一个按份共有人按照确定的份额对共有物进行使用和收益。

(2) 对共有物的处分、改良等重大行为。处分共有的财产包括法律上的处分（如在共有物上设定他物权）和事实上的处分（如改变共有物的性能、用途等），改良共有物是指不变更共有物的性质而增加其效用或价值的行为，如装修旧房屋等。按照我国《物权法》第 97 条的规定，按份共有人处分共有的财产或者对共有的财产作重大修缮的，应当经占份额三分之二以上的按份共有人同意，但共有人之间另有约定的除外。

(3) 对份额的处分。按份共有人有权处分属于自己的份额，这种处分包括转让自己的份额、在自己的份额上设立负担、抛弃自己的份额等。按份共有人转让其享有的份额的，其他共有人在同等条件下享有优先购买的权利。

(4) 对共有物的分割。分割共有物是退出或结束共有关系的表现。共有人约定不得分割共有物的，应当按照约定，但共有人有重大理由需要分割的，可以请求分割；没有约定或者约定不明确的，按份共有人可以随时请求分割。因分割对其他共有人造成损害的，应当给予赔偿。

(5) 对共有物所生费用或义务的负担。对共有财产的管理费用和其他负担，除共有人另有约定外，每一个按份共有人按照确定的份额承担相应的义务。承担义务超过自己应当承担的份额的按份共有人，有权向其他共有人追偿。

3. 按份共有外部的效力

按份共有的外部效力，指按份共有人与第三人之间的权利义务关系。

首先，作为所有权人，各共有人有权排除第三人对共有物的非法支配与妨碍。其主要包括：(1)当共有物被他人非法侵夺时，共有人可以为了全体共有人的利益提起共有物返还请求权;(2)当共有物遭受他人非法妨害或有遭受非法妨害之虞时,可以提请他人除去妨害或预防妨害;(3)各共有权人可以提出旨在中断诉讼时效的请求。

其次,按份共有人对第三人的债权债务原则上是连带的,即共有人一方为债权人时,任一共有人都可以向债务人主张全部债权;共有人一方为债务人时,债权人可以向任一共有人主张全部债权。但法律另有规定或者第三人知道共有人不具有连带债权债务关系的除外。

(二)共同共有

1. 共同共有的概念及性质

共同共有是指共有人对同一项财产不分份额地享有一个所有权。与按份共有相比,共同共有有以下显著特征:

(1) 共同共有是不分份额的共有。共同共有人对共有物共同、平等地享有所有权,承担平等的义务,没有权利大小和义务多少之分。只有在共同共有关系终止、分割共有财产时,才确定共同共有人各自应得的份额。

(2) 共同共有只能基于某种共同关系而产生,必须以共同关系的存在为基础。这种共同关系或由法律规定,或由共有人在合同中约定。《物权法》第 103 条规定,在无法按照共有人的约定来确定是按份共有或共同共有的情况下,除共有人具有家庭关系等外,视为按份共有。

(3) 共同共有是一种团体性质的共有,各共有人不能确定自己的共有权,也无法处分自己的共有权。

2. 我国几种法定的共同共有关系

(1) 夫妻共同共有。我国婚姻法规定,如果夫妻双方未就婚姻关系存续期间所得的财产归属进行约定或者约定无效的,婚后所得的财产就归双方共同共有。

(2) 家庭共同共有。家庭成员在家庭共同生活期间共同创造、共同所得的财产,应归对家庭共有财产的形成做出过贡献的家庭成员共同共有。

(3) 继承人对未分割遗产的共同共有。继承开始后遗产分割前,继承人为数人的,则数个继承人之间对未分割的遗产形成共同共有的关系。

(4) 合伙人对合伙财产的共同共有。合伙财产由合伙人的出资以及以合伙企业名义取得的收益组成。合伙企业法明确规定,合伙企业的财产由全体合伙人依法共同管理和使用,合伙企业清算前,合伙人不得请求分割合伙企业的财产。由此可见,合伙企业财产应属于合伙人共同共有。

除上述几种法定的共同共有关系外,法律并不禁止当事人通过约定确立财产共同共有关系。

3. 共同共有内部的效力

共同共有人之间的权利义务关系主要包括以下内容：

（1）共同共有人对共有物享有平等的占有、使用权，对共有物的收益不是按比例分享，而是共同享用；对共有物的处分，原则上必须全体共有人协商一致。

（2）共同共有人对共有物共同承担义务，因对共有物进行维护、保管、改良等支出的费用由共有人共同承担。

（3）共有人约定不得分割共有物的，应当按照约定，但有重大理由需要分割或共有的基础丧失时，共有人可以请求分割共有物。

4. 共同共有外部的效力

共同共有人与第三人之间的权利义务关系主要涉及：

（1）当共有物被他人非法侵夺或遭受他人妨害或可能遭受妨害时，任何一个共有人均可行使相应的物权请求权，以维护共有财产所有权的圆满状态。

（2）共同共有人对第三人的债权债务原则上是连带的，除非法律另有规定或者第三人知道共有人不具有连带债权债务关系。

（3）部分共有人擅自处分共有财产的，一般认定无效。但第三人善意、有偿取得该项财产的，应当维护第三人的合法权益，由第三人取得共有物的所有权。其他共有人不能向第三人追及，只能向擅自处分共有财产的共有人请求赔偿。

四、共有关系消灭的原因

引起共有关系消灭的原因主要有以下几种：

第一，共有人协议终止共有关系。

第二，因共有物消灭，共有关系终止。

第三，共有物归一人所有。当共有物被共有人中的一人取得全部所有权，或者共有物被共有人转让给第三人时，共有就变成了一般的单独所有，共有关系消灭。

第四，共同共有的基础关系终止。共同共有是基于某种共同关系而产生的，必须以共同关系的存在为前提。一旦赖以存在的基础关系消灭，共同共有关系也随之终止。如婚姻关系因离婚或一方死亡而消灭时，夫妻共有财产关系也随之终止。

五、共有物的分割

（一）分割的方法

1. 实物分割

在不影响共有财产的使用价值时，共有人之间可按各自的份额进行实物分割,使各共有人取得其应得的部分。实物分割是分割共有财产的基本方法。

2. 作价分割

将共有物估价,由共有人中的一人或数人取得共有物,再由其按照份额对其他共有人进行价值补偿。

3. 变价分割

如果共有财产是不可分物,或者虽为可分物,但各共有人都不愿意取得共有物,此时可以将共有物变卖给第三人,就所得价金由各共有人按照各自的份额分别取得。

(二) 分割的效果

1. 共有变为单独所有

共有物分割后,共有关系归于消灭,各共有人各自取得其所分得部分的单独所有权。

2. 共有人之间的瑕疵担保责任

成为单独所有权人的原共有人,对于其他共有人因分割而得到的物,负有与出卖人相同的担保责任,包括权利瑕疵的担保责任和物的瑕疵的担保责任。前者指共有人分得的财产因为分割之前的权利负担而被第三人追及的,其他共有人应该按各自对原共有物的份额补偿该共有人所遭受的损失;后者指共有人分得的财产存在分割前就有的质量问题的,其他共有人应按各自份额补偿该共有人的损失。

第四节　建筑物区分所有权

一、建筑物区分所有权的概念及其特征

建筑物区分所有权是指同一建筑区划内的业主对其独自使用的专有部分所享有的所有权和对专有部分以外的共有部分所享有的共有权以及基于建筑物的维护等共同事务而产生的成员权的总称。简言之,它是指业主的专有权、共有权和成员权的结合。我国物权法将建筑物区分所有权人称为"业主"。

建筑物区分所有权主要有以下法律特征。

(一) 复合性

建筑物区分所有权是一种复合形态的权利,由专有权、共有权和成员权构成。作为所有权的一种特殊形式,它既不同于普通的所有权,也不同于普通的共有权。普通的所有权或共有权的权利主体都是单一的身份,而建筑物区分所有权的权利主体具有多重身份,同时是专有权人、共有权人和成员权人。

(二)一体性

构成建筑物区分所有权的专有权、共有权和成员权是不可分离的,在处分时,需将三者一体处分,不可分开。在同一建筑区划内,不能既设定区分所有权,又设定普通所有权或普通共有权。要设定区分所有权,必须将整个建筑区划都区分为专用部分和共用部分,并设定相应的专有权和共有权,否则在权利归属和利益分配上将会发生混乱。

(三)专有权主导性

在建筑物区分所有权的结构中,专有权具有主导性,是享有共有权和成员权的前提。专有权标的物的大小决定共有权和成员权的行使范围,处分专有权的法律效力当然及于共有权以及成员权。

二、专有所有权

(一)专有所有权的概念及其客体

专有所有权是指业主对其独自专用的建筑空间所拥有的所有权。

专有所有权的客体是独自专用的建筑空间。该建筑空间必须具有构造上、使用上、法律上的独立性,能自成单元。而且,该建筑空间成为业主的专有部分不会妨碍其他业主的利益。

关于专有部分的范围如何界定,理论上有多种学说,目前比较被认同的是"壁心和最后粉刷表层说",即认为,在区分所有人就建筑物管理的内部关系上,专有部分的范围仅达墙壁、地板、天花板等境界部位表层所粉刷的部分;在交易等外部关系上,专有部分的范围达到这些境界部位厚度的中心线。

(二)专有所有权的内容

对于专有所有权,可以适用法律对所有权的一般规定。业主对其专用部分可以依法占有、使用、收益和处分。但处分专有权时,必须连带处分共有权、成员权。在行使专有权时,有权排除他人(包括其他业主)的妨碍和干涉。但由于区分所有的相邻关系比一般的相邻关系更为密切,因此,业主在行使其专有权时,要受到比一般所有权更多的限制,以免妨碍其他业主的合法权益。

三、共有所有权

(一)共有所有权的概念及其客体

共有所有权是指区分所有权人对建筑物共用部分所享有的占有、使用、收益和处分的权利。共有权可以为全体业主拥有,也可以为部分业主拥有。共有所有权具有一定的从属性,其主体首先得取得专有所有权,才能成为共有所有权人;当专有所有权转移时,共有所有权必须随之转移。

共有权的客体即共有部分的范围很广,建筑区划内非特定业主所专有的部分均属共有部分,可分为法定共有部分、天然共有部分和约定共有部分。法定共有部分是法律、行政法规明确规定属于业主的共有部分,天然共有部分是指既非法律规定,也非合同约定,且一般也不具备登记条件,但从其属性上天然属于共有的部分。①包括建筑物的基本构造部分、公共设施设备部分等。约定共有部分是指法定共有部分、天然共有部分以外的通过业主合意而形成的共用部分。

(二)共有所有权的内容

业主对共用部分享有的共有权可以是按份共有,也可以是共同共有,这要根据具体的使用情况来确定。如果共用部分是供业主们共同使用,不能按照一定的份额确定使用范围的,则只能认定为共同共有。如果能够将某些共用部分按照一定的份额确定使用范围的,可认为是按份共有。对于份额的确定,可以由业主约定,也可以根据各业主拥有的专有权标的物的大小来决定。对此各国法律采取的标准不一,有的以专有权部分的价值大小来决定,有的以专有权部分的楼板面积的大小来决定等。我国《物权法》第80条规定:"建筑物及其附属设施的费用分摊、收益分配等事项,有约定的,按照约定;没有约定或者约定不明确的,按照业主专有部分占建筑物总面积的比例确定。"可见,我国目前是以专有权部分的楼板面积的大小来决定份额的。

业主有权按照共用部分的用途使用共用部分。对共同共有的部分,各业主应不分份额地共同合理地使用。对按份共有的财产,各业主应按照确定的份额使用、收益。业主们经共同协商,可以将某些共用部分许可给部分业主或业主以外的人使用。

业主不得随意改动共用部分,必要的改动须经全体共有权人的合意;不得侵占共用部分;不得请求实际分割共有部分;业主应按确定的应有份额的比例分担共用部分的使用、维修和管理的费用。任何业主超越权利范围而使用。侵害他方权益的,应停止侵害并赔偿损失。

四、成员权

(一)成员权的概念及其特征

成员权是业主基于共同关系而产生的作为建筑物管理团体的成员所享有的

---

① 参见最高人民法院《关于审理建筑物区分所有权纠纷案件具体应用法律若干问题的解释》。

权利。建筑物区分所有权人之间的关系较一般所有权人之间的关系更为密切,产生纠纷的可能性也更大。所以,各国有关建筑物区分所有权的立法一般都强制规定一栋建筑物中的全体区分所有权人必须组成一个团体,以管理共同设施及其他共同事务,解决纠纷。成员权就是区分所有权人作为该团体的一员所应拥有的权利及所应承担的义务。

成员权具有如下特征:

1. 就内容而言

成员权是业主享有的与专有所有权、共有所有权相并列的独立的权利。专有所有权、共有所有权的标的都是特定部分的财产,是单纯的财产关系;而成员权的标的是共同事务,不单纯是财产关系,更多的是管理关系。所以,成员权是一项复合性的独立的权利。

2. 就基础而言

成员权是基于业主之间的共同关系而产生的权利。业主们共同居住在一个既有专有部分又有共有部分的建筑物内,各业主为了行使其对专有部分的权利,必须使用共有部分。这种专有部分与共有部分、专有权与共有权不可分离的事实使得全体业主形成了非常密切的共同关系,该共同关系要求由全体业主组成一个团体来规范、协调相互之间的权利义务关系,各区分所有权人由此而成为团体成员,享有成员权。

3. 就存在而言

成员权与专有所有权密不可分。成员权与共有所有权一样,是伴随业主对专有部分的专有所有权的取得而产生的。成员权的获得,必须以享有专有所有权为前提;在专有所有权转移或消灭时,成员权自然也随之转移或消灭。

4. 就期限而言

成员权是一种永续性的权利。只要建筑物存在,业主之间的共同关系就不会消灭,基于此共同关系而形成的团体关系就一直存续,业主作为团体成员的成员权也就一直存续。

(二)成员权的内容

1. 业主所享有的成员权

(1)表决权,即就重要管理事项的投票表决的权利。一般来说,如果章程、协议无特别规定,那么每个成员所享有表决权利大小应与其专有部分在整个建筑物中占有的比例相当。某人拥有专有部分越多,其享有的表决权越大,反之亦然。

(2)订约权,即参与制定和修改业主大会议事规则、建筑物及其附属设施管理规则等规约的权利。

（3）选举权，即选举或者更换业主委员会成员、选聘和解聘物业服务企业或者其他管理人的权利。

（4）请求权，即请求就重要事项召开会议讨论、请求停止违反共同利益行为、请求返还共用部分的收益等的权利。

（5）监督权，即对业主委员会及其成员的工作、物业服务企业或者其他管理人的管理行为进行监督的权利。

2. 业主所承担的义务

（1）执行业主大会和业主委员会的决议。

（2）遵守共同规约。

（3）服从管理人的管理。

第五节　相邻关系

一、相邻关系和相邻权的概念和特征

相邻关系是指，两个以上相互毗邻的不动产的所有人或使用人，在行使不动产的所有权或使用权时，相互之间应当给予便利或者接受限制而发生的权利义务关系。

相邻关系中一方当事人对他方的权利称为相邻权。相邻权不是一项独立的物权，而是不动产的所有权或使用权在法律上的扩张。因此，相邻权不能脱离不动产的所有权或使用权而独立存在。

相邻关系的法律特征主要表现为以下特点。

（一）相邻关系的主体是两个特定的其不动产相互毗邻的所有人或使用人

在一般的物权关系中，义务主体是不特定的一般人。而相邻关系的义务主体是特定的毗邻不动产的所有人或使用人。相邻权的效力只能对抗毗邻不动产的所有人或使用人，不得及于不特定的一般人。

（二）相邻关系的发生是基于不动产的相互毗邻状态

因此，任何不动产的所有人或使用人均得享有相邻权，其取得无需登记，亦不受消灭时效的限制。

（三）相邻关系的内容由法律直接规定

相邻关系制度的目的就在协调相邻不动产的所有人或使用人之间在各自行使对物的排他支配时不可避免的冲突。为谋求社会共同生活和生产的和谐，有必要用法律的形式对相邻不动产物权人的权利行使给予必要的限制。

二、相邻关系的主要种类

（一）相邻土地通行关系

不动产权利人对相邻权利人因通行需要必须利用其土地的,应当提供必要的便利。利用他人土地通行的一方,应当尽量避免对相邻的不动产权利人造成损害;造成损害的,应当给予赔偿。

（二）相邻用水排水关系

不动产权利人应当为相邻权利人用水、排水提供必要的便利。对自然流水的利用,应当在不动产的相邻权利人之间合理分配。对自然流水的排放,应当尊重自然流向。利用他人土地用水排水的一方,应当尽量避免对相邻的不动产权利人造成损害;造成损害的,应当给予赔偿。

（三）相邻管线设置关系

不动产权利人因铺设电线、电缆、水管、暖气和燃气管线等需要必须利用相邻土地、建筑物的,该土地、建筑物的权利人应当提供必要的便利。利用他人土地铺设管线的一方,应当尽量避免对相邻的不动产权利人造成损害;造成损害的,应当给予赔偿。

（四）相邻防险关系

不动产权利人挖掘土地、建造建筑物、铺设管线以及安装设备等,不得危及相邻不动产的安全。对于可能发生的隐患,应予消除;对于已经发生的危险,应及时排除。给相邻的不动产权利人造成损害的,应当给予赔偿。

（五）相邻通风采光关系

权利人建造建筑物,不得违反国家有关工程建设标准,妨碍相邻建筑物的通风、采光和日照。

（六）相邻环境保护关系

不动产权利人不得违反国家规定弃置固体废物,排放大气污染物、水污染物、噪声、光、电磁波辐射等有害物质,危及相邻权利人人身及其财产的安全。给相邻的不动产权利人造成损害的,应当给予赔偿。

三、相邻关系的处理原则

不动产的相邻权利人应当按照有利生产、方便生活、团结互助、公平合理的原则,正确处理相邻关系。法律、法规对处理相邻关系有规定的,依照其规定;法律、法规没有规定的,可以按照当地习惯处理。

第十三章　用益物权

第一节　用益物权概述

一、用益物权的概念与特征

用益物权是指在他人所有的物上设定的、以对他人之物在一定范围内进行占有、使用、收益、处分为目的的他物权。用益物权制度的建立使得在不改变物的归属关系的前提下,实现对物的多极利用,充分发挥有限社会资源的效用,为社会创造财富。

用益物权除了具有物权的一般特征外,与所有权和担保物权相比,还具有其独自的特征。

（一）用益物权是一种派生物权、定限物权

用益物权是在他人所有之物上设定的物权,具有派生性。用益物权人对他人之物的支配通常要受到法律和所有权人意志的限制,其支配是不完整的,在范围和时间上一般都有一定的限制。

（二）用益物权是一种独立性的他物权

用益物权是根据当事人之间的约定或法律的规定而发生的,一般不需要以用益物权人享有的其他权利为前提,不像担保物权要依赖被担保的债权才能产生和存在。

（三）用益物权是以使用、收益为主要目的的他物权

之所以设立用益物权,目的是利用他人之物的使用价值以满足用益物权人的需要,这与看重物的交换价值的担保物权不同。

（四）用益物权的行使原则上以对标的物的直接占有为前提

要实现对物的使用、收益,往往要以对物的占有为前提。这一点也有别于担

保物权,担保物权中的抵押权是不移转占有的。

(五)用益物权的标的物主要是不动产

这主要是出于:第一,用益物权的法律关系比较复杂,用占有这种公示方式难以表现,必须借助于登记的方式。而登记仅是不动产物权的公示方式,动产物权的公示方式是占有。所以,用益物权法律关系的复杂性使它更多地选择了不动产为其标的物。第二,动产的种类繁多,数量也零碎,价值一般比不动产低,如有需要,尽可买为已有,即便偶然需要利用他人之动产,也以采取借贷或租赁的方式为已足,而不必依赖用益物权。[①]

二、用益物权的种类

传统民法上规定的用益物权主要有:地上权、地役权、永佃权、用益权。

我国现行法律和司法实践认可的用益物权主要有:建设用地使用权、土地承包经营权、宅基地使用权、地役权、典权、自然资源使用权。

第二节　土地承包经营权

一、土地承包经营权的概念和特征

土地承包经营权是指自然人、集体按照承包方式,对农民集体所有的土地和依法由农民集体使用的国有土地,所享有的使用和收益的权利。

土地承包经营权的法律特征主要有以下几点。

(一)权利主体的限定性

土地承包经营权的权利主体必须是具有从事种植业、林业、畜牧业等农业生产经营能力的个人或单位,而且一般是本集体经济组织的成员。本集体经济组织以外的单位或个人要承包的,必须符合特定的条件,经过特定的程序。

(二)权利客体的限定性

土地承包经营权的标的物是农民集体所有和国家所有依法由农民集体使用的耕地、林地、草地以及其他依法用于农业的土地。

(三)权利内容的特定性

土地承包经营权人必须按照承包合同中约定的方式,在承包的土地上进行耕作、养殖或者畜牧等农业活动,未经依法批准,不得将承包的土地用于非农建设。

---

① 郑玉波:《民法物权》,三民书局1986年版,第132页。

二、土地承包经营权的取得

根据我国现行法律的规定,土地承包经营权的取得主要有以下几种方式。

(一)通过土地承包合同设立

土地承包合同是由发包人与承包人合意订立的创设土地承包经营权的合同。其中发包人是对农村土地享有所有权或使用权的农村集体经济组织,承包人一般是该农村集体经济组织的农户;经特别程序,也可以发包给本集体经济组织以外的单位或者个人承包。承包人自土地承包合同生效时取得土地承包经营权。县级以上地方人民政府应当向土地承包经营权人发放土地承包经营权证、林权证、草原使用权证,并登记造册,确认土地承包经营权。

(二)通过土地承包经营权的流转合同取得

土地承包经营权人有权采取转包、互换、转让、出租等方式,将其享有的土地承包经营权进行流转,让他人取得土地承包经营权。土地承包经营权的流转应当由承包方与对方签订书面合同。采取转让方式流转的,应当经发包方同意;采取转包、出租、互换或者其他方式流转的,应当报发包方备案。土地承包经营权互换、转让后,当事人要求登记的,应当向县级以上地方人民政府申请土地承包经营权变更登记;未经登记,不得对抗善意第三人。

(三)通过其他方式取得

除了基于上述法律行为取得土地承包经营权外,我国现行法律也承认其他取得方式。例如,我国现在有限地承认土地承包经营权的继承,其中规定:以家庭承包方式取得的林地承包经营权,承包人死亡的,其继承人可以在承包期内继承承包;以招标、拍卖、公开协商等方式设定的承包经营权,承包经营人死亡的,其继承人可以在承包期内继续承包。①

三、土地承包经营权的效力

(一)土地承包经营权人的主要权利

1. 占有、使用、收益的权利

土地承包经营权人有权占有其承包的土地,有权在其承包的土地上自主组织农业生产经营,并对承包经营产生的收益,依法享有所有权。

2. 流转权

土地承包经营权人有权依法采取转包、互换、转让、出租等方式,将其享有的土地承包经营权流转给他人。在同等条件下,本集体经济组织成员享有优先权。

---

① 参见《中华人民共和国农村土地承包法》第31条和第50条。

流转的收益归承包方所有。

3. 获得补偿权

在承包期内,承包地被依法征收、征用的,承包经营权人有权依法获得相应的补偿。

(二) 土地承包经营权人的主要义务

1. 依约定的方法和用途使用土地

土地承包经营权人无论其是通过承包合同还是通过流转合同取得承包经营权,都必须按照土地承包合同中约定的方法和用途利用土地,要维持承包土地的农业用途,未经依法批准,不得将其用于非农建设。

2. 根据承包合同约定的方式和数额向发包人支付对价或交付承包的收益

土地承包经营权是土地有偿使用的一种方式,承包人须向发包方支付一定的对价。

3. 保持土地的生产力

土地承包经营权人应合理利用土地,根据土地的特质,保护土地的质量和生态环境,避免过度使用,给土地造成永久性损害;承包方给承包地造成永久性损害的,应赔偿由此造成的损失。

四、土地承包经营权的流转

作为一种用益物权,土地承包经营权可以依法流转。在不改变土地的农业用途的前提下,土地承包经营权人可以在承包期的剩余期限内,将其享有的土地承包经营权依法流转给有农业经营能力的受让人。在同等条件下,本集体经济组织成员享有优先受让权。

流转的方式主要有:

(一) 转让

指有稳定的非农职业或者有稳定的收入来源的承包人,经发包方同意,将其享有的全部或者部分土地承包经营权转让给其他从事农业生产经营的农户。转让之后,由受让的农户同发包方确立新的承包关系,原承包人与发包方在该土地上的承包关系即行终止。

(二) 转包

指承包方将承包的土地部分或者全部转给第三方耕种,由第三方向承包方履行义务,但承包人与发包方在该土地上的承包关系仍然存在,第三方与发包方之间不发生合同关系。

（三）出租

指承包方将土地承包经营权租赁给本村以外的单位或个人用于发展开发性农业,承租方一次性或分期付给承包方租金,原承包合同仍由承包方履行。

（四）互换

指承包方之间为了方便耕种或者各自需要,将各自享有的属于同一集体经济组织的土地的承包经营权进行互换。

（五）入股

指承包方将土地承包经营权量化为股份,以其出资,与其他承包方自愿联合,从事农业合作生产,从而实现利益。在这种流转方式下,原土地承包合同关系不变。

（六）继承

主要适用于通过招标、拍卖、公开协商等方式取得的土地承包经营权。这类承包权人在承包期内死亡的,其继承人可以继续承包。

五、土地承包经营权的期限

土地承包经营权是有期限的他物权,我国《物权法》规定,耕地的承包期为 30 年,草地的承包期为 30 年至 50 年,林地的承包期为 30 年至 70 年,特殊林木的林地承包期,经国务院林业行政主管部门批准可以延长。规定的承包期届满,土地承包经营权人可以按照国家有关规定继续承包。土地承包经营权依法流转的,流转的期限不得超过承包期的剩余期限。

第三节　建设用地使用权

一、建设用地使用权的概念和特征

建设用地使用权是指,民事主体依法享有的对国有土地进行占有、使用和收益并在其上建造建筑物、构筑物及其附属设施的权利。

建设用地使用权的法律特征主要有以下几点。

（一）它是在国有土地上成立的他物权

建设用地使用权仅存在于国有土地之上,不能以集体所有的土地为标的物,这是它与宅基地使用权的不同之处。"国有土地之上"的含义应包括国有土地的地表、地上或者地下,即建设用地使用权可以在国有土地的地表、地上或者地下分别设立。

（二）它是在国有土地上建造建筑物、构筑物为目的的用益物权

所谓建筑物，指土地上建造的房舍；所谓构筑物，指土地上建造的其他设施，如桥梁、堤坝、纪念碑、隧道等。建设用地使用权设立的目的是为了在国有土地上建造并保有建筑物、构筑物。

二、建设用地使用权的取得

建设用地使用权的取得主要可以通过以下途径。

（一）因出让而取得

出让是创设建设用地使用权的行为，指国家以土地所有者的身份与建设用地使用者订立合同，将建设用地使用权在一定年限内让与建设用地使用者，并由建设用地使用者向国家支付土地使用权出让金的行为。出让是有偿的，包括两种方式：一是买卖方式，又称债权方式；二是投资方式，又称股权方式。建设用地使用权出让合同可以采用招标、拍卖、协议等方式订立，该合同应当采取书面形式。

（二）因划拨而取得

划拨也是创设建设用地使用权的行为，指国家通过行政程序将国有土地使用权无偿授予建设用地使用者。国家严格限制以划拨方式设立建设用地使用权。根据有关规定，只有下列建设项目用地的使用权，才能由县级以上人民政府依法批准划拨：(1)国家机关用地和军事用地；(2)城市基础设施用地和公益事业用地；(3)国家重点扶持的能源、交通、水利等项目用地；(4)法律、行政法规规定的其他用地。[①]

上述的出让与划拨均是设立建设用地使用权的行为，应当向登记机构申请登记。建设用地使用权自登记时设立。登记机构应当向建设用地使用权人发放建设用地使用权证书。

（三）因转让而取得

转让是指建设用地使用权人与受让人订立合同，约定在建设用地使用权的剩余期限内，将其享有的建设用地使用权让与受让人的行为。转让包括出售、交换、出资、赠与等方式。当事人应当采取书面形式订立相应的合同，并应当向登记机构申请建设用地使用权变更登记。与出让、划拨不同的是，转让并不创设新的建设用地使用权，只是变更已有的建设用地使用权人。

---

① 参见《城市房地产管理法》第23条。

三、建设用地使用权的效力

（一）建设用地使用权人的主要权利

（1）对使用权的标的——四至明确的地块享有占有、使用和收益的权利。

（2）在使用权的标的上建造建筑物、构筑物及其附属设施的权利，以及依法取得该建筑物、构筑物及其附属设施的所有权或经营权。

（3）对建设用地使用权依法进行处分的权利，如转让、出资、出租、抵押建设用地使用权等。建设用地使用权依法转让时，建设用地使用权出让合同载明的权利、义务随之转移。附着于该土地上的建筑物、构筑物及其附属设施一并处分。另外，依照我国现行法律的规定，建设用地使用权也可以随着其上的建筑物、构筑物及其附属设施的转让而一并转让。

（二）建设用地使用权人的主要义务

（1）建设用地使用权人应当合理利用土地，不得改变原定的土地用途；确实需要改变土地用途的，应当依法经有关行政主管部门批准。

（2）建设用地使用权人应当按约定或规定的期限和条件开发、利用、经营土地，不得使土地闲置。

（3）建设用地使用权人应当依照法律规定以及合同约定支付出让金等费用。

四、建设用地使用权的期限

通过出让方式设立的建设用地使用权是有期限的用益物权。根据土地用途的不同，出让土地使用权的最高出让年限有所不同，分别为：居住用地70年；工业用地50年；教育、科学、文卫、生化、体育用地50年；商业、旅游、娱乐用地40年；综合或者其他用地50年。在出让合同约定的使用年限届满前，出让方一般不得收回建设用地。

以划拨方式取得的建设用地使用权，除法律、行政法规另有规定外，一般没有使用期限的限制。

五、建设用地使用权的消灭

建设用地使用权消灭的主要原因有以下几个方面。

（一）建设用地使用权出让年限届满

这是建设用地使用权消灭的一般原因。依照法律规定，住宅建设用地使用权期间届满的，自动续期。非住宅建设用地使用权期间届满的，使用权人可以依照法律规定申请续期。如建设用地使用权人未申请续期或其续期申请未获批准的，建设用地使用权即归于消灭。

（二）建设用地被收回或提前收回

建设用地使用权受法律保护。对于没有期限的划拨建设用地使用权,国家随时可以根据城市规划和发展的需要收回;也可以在划拨土地停止使用后收回。

对于有期限的出让建设用地使用权,国家只能根据法定事由才能提前收回。按照有关规定,国家可以基于以下原因提前收回出让的土地:(1)建设用地使用权人无正当理由未按出让合同约定的时间和条件开发利用土地,超过一定期限的。(2)未经批准擅自改变土地用途的;(3)因公共利益需要征收该幅土地,或因城市规划需要调整使用土地的。国家因公共利益、城市规划需要提前收回土地的,应当依法对该土地上的房屋及其他不动产给予补偿,并退还相应的出让金。

（三）土地灭失

土地自然灭失,标的不存在,建设用地使用权也自然消灭。

建设用地使用权消灭的,出让人应当及时办理注销登记。登记机构应当收回建设用地使用权证书。在建设用地使用权因年限届满或被收回而消灭的情况下,该土地上的房屋及其他不动产的归属问题,有约定的,应按照约定处理;没有约定或者约定不明确的,应依照法律、行政法规的规定办理。

第四节　宅基地使用权

一、宅基地使用权的概念及特征

宅基地使用权是指公民依法对集体所有的土地进行占有和使用,并利用该土地建造住宅及其附属设施的权利。依照所占用土地的类型,宅基地使用权可以分为农村宅基地使用权和城镇宅基地使用权。目前,在我国占主导地位的是农村宅基地使用权。

关于宅基地使用权的特征,可以从其与建设用地使用权的比较来看。宅基地使用权与建设用地使用权既相类似,又有区别。类似的地方在于两种使用权的权利主体都有占有和使用他人的土地、在他人的土地上建筑房屋及其他不动产并取得该不动产的权利,不同的地方主要有:

（一）目的不同

宅基地使用权的目的在于解决居民私有住房的用地问题。不能将宅基地作为生产资料,用于投资建厂等,也不能将宅基地作为农业目的的种植、养殖和畜牧之用,只能在其之上建筑居民自住用房。而建设用地使用权的目的在于满足工业、商业、旅游、娱乐和商品住宅等经营性用地的需要。

（二）主体不同

宅基地使用权的权利主体是自然人个人,农村宅基地使用权的权利主体限于本集体经济组织内部的成员。而建设用地使用权的权利主体比较广泛,除了法律另有规定外,可以是我国境内外的法人、非法人组织和个人。

（三）标的不同

宅基地使用权的标的一般限于集体所有的土地;而建设用地使用权的标的仅限于国家所有的土地。

（四）流转不同

宅基地是农村居民安身立命的场所,因此,我国目前的政策对宅基地使用权的自由流转持否定态度,禁止宅基地使用权的流转。而建设用地使用权,则允许依法转让、出资、出租、抵押。

（五）代价不同

宅基地使用权一般实行无偿使用制,按批准程序取得。农村宅基地使用权是农民基于集体成员的身份而享有的福利保障,农民一般是经批准无偿取得、无偿使用宅基地。而建设用地使用权多数是以出让或转让的方式有偿取得的。

二、宅基地使用权的取得

宅基地使用权通常经批准程序取得。根据《中华人民共和国土地管理法》及其《实施细则》的规定,农村村民住宅用地,经乡(镇)人民政府审核,由县级人民政府批准;其中,涉及占用农用地的,应依法办理审批手续。农村村民一户只能拥有一处宅基地,其宅基地的面积不得超过省、自治区、直辖市规定的标准。农村村民建住宅,应当符合乡(镇)土地利用总体规划,并尽量使用原有的宅基地和村内空闲地。农村村民出卖、出租住房后,再申请宅基地的,不予批准。

除了通过上述的批准获得宅基地的方式外,自然人还可通过继受的方式(如通过继承或其他方式受让其上的房屋等)获得宅基地使用权。

三、宅基地使用权的效力

（一）宅基地使用权人的主要权利

1. 利用宅基地建造房屋、添加附属设施的权利

宅基地使用权人有权在宅基地上建自住用房,并有权在宅基地空闲处修建其他附属建筑物或设施。

2. 有限制的处分权

宅基地使用权人虽不能出卖、出租或以其他形式单独转让宅基地使用权,但可以通过依法处分宅基地上的房屋,来间接实现对宅基地使用权的处分。如转让宅基地上的房屋,宅基地使用权也随之转移。另外,法律并不禁止权利人抛弃宅基地使用权,但抛弃不得侵害土地所有人的利益,且该意思应明确通知土地的所有人。已经登记的宅基地使用权转移或者消灭的,应当及时办理变更登记或者注销登记。

3. 相邻权

宅基地使用权人为了保障对宅基地及其上房屋、附属设施的基本使用,有权根据相邻关系制度,将其宅基地使用权有限地扩张到相邻的不动产上,要求相邻不动产的所有人或使用人接受必要的限制。

(二)宅基地使用权人的主要义务

1. 必须按照批准的用途使用宅基地

宅基地使用权人必须在规划的土地上建造房屋,不得擅自改变宅基地的用途,更不能买卖、出租或以其他形式非法转让宅基地。

2. 必须按照批准的面积建造房屋

宅基地使用权人不得非法多占土地作为建房用地。

3. 要服从国家、集体统一规划

宅基地使用权人建住宅,应当符合乡(镇)土地利用的总体规划。国家、集体出于公共利益的需要,有权变更宅基地,宅基地使用权人不得阻挠。但是,国家和集体要对因此受到财产损失的宅基地使用权人依法予以补偿。

四、宅基地使用权的消灭

宅基地使用权的消灭可以分为绝对消灭和相对消灭。

引起宅基地使用权绝对消灭的原因主要是:一是宅基地灭失。宅基地使用权是用益物权,要以对客体——宅基地的占有为享有的基础,而且不具有物上代位性。一旦宅基地本身因自然原因不存在了,宅基地使用权也就此消灭。此时,失去宅基地的村民,可以重新申请宅基地。二是国家和集体的征收。国家和集体为了公共利益的需要可以收回宅基地。此时,失去宅基地的村民,可以要求国家和集体对其受到的财产损失依法予以补偿。三是土地所有人收回长期闲置或违规使用的宅基地。

引起宅基地使用权相对消灭的原因主要是宅基地使用权的依法移转,原权利人失去了权利,新的权利人依法取得了宅基地使用权。

第五节　地役权

一、地役权的概念和特征

地役权是大陆法系物权法中一项重要的他物权。在传统大陆法上,地役权是指以他人土地供自己土地便利之用的物权。我国《物权法》也明确规定了这一用益物权。根据我国《物权法》的规定,地役权是指不动产所有权人或使用权人为便利自己不动产的使用或提高自己不动产的效益而使用他人不动产的权利。

在地役权关系中,提供便利的不动产称为供役地,因他人不动产的供用而得到方便或利益的不动产称为需役地。

地役权的主要法律特征有:

一是地役权不以占有他人不动产为内容或目的,而只是要求对方承担容忍或不作为的义务。供役地人并不丧失对供役地的占有和利用,只是承受了某种负担或不便利。

二是地役权具有从属性。地役权是以他人不动产供自己不动产便利的权利,其设立必然要以对需役地的所有权或使用权的享有为前提,丧失需役地的所有权或使用权,也就丧失了地役权。地役权不能与需役地的所有权或使用权分离而存在,不能保留地役权而转让需役地的所有权或使用权,也不能单独转让地役权。当需役地所有人或使用权人在需役地上为第三人设定其他物权(如建设用地使用权、土地承包经营权或抵押权等)时,该第三人的物权效力当然及于地役权,除非有特别的约定。

在物权法理论上,地役权是与相邻关系联系比较密切的一个概念。在采用两者合并的国家,相邻关系被称为法定地役权。在采用两者分立的国家,地役权与相邻关系的区别主要表现在以下几个方面:

（一）产生基础不同

相邻关系是直接依据法律规定而对他人不动产的使用权利,是出于协调相邻不动产的所有人或使用人在各自行使对物的排他支配时不可避免的冲突,而对不动产的所有权或使用权所作的最低限制。地役权是依据双方自愿达成的供役和需役的协议所产生的,对彼此不动产的所有权或使用权的扩张或限制具有较大的任意性。

（二）是否有偿不同

相邻关系作为法律规定的对不动产所有权或使用权的最低程度的扩张或限制,不存在补偿的问题。而地役权作为当事人意思自治的产物,可以是有偿的,也可以是无偿的。

（三）对抗效力不同

相邻关系的发生是基于不动产的相互毗邻状态,相邻权目的是为了满足己方行使权利的最低要求,是己方权利内容的有限扩张,并不是一项独立的权利。因此,相邻权的取得无需登记,相邻权的义务主体也是特定的。而地役权则超过了最低要求的限度,其并不附随于不动产物权而自然产生,需要当事人另行约定,是一项独立的用益物权,需经登记,才具有对抗善意第三人的效力。其义务主体是不特定的人。

二、地役权的取得

地役权的设立通常依需役地所有人或使用人与供役地所有人或使用人之间就设立地役权关系意思表示一致而产生。我国《物权法》规定,当事人应当采取书面形式订立地役权合同。地役权自地役权合同生效时设立。当事人要求登记的,可以向登记机构申请地役权登记;未经登记,不得对抗善意第三人。可见,我国地役权的设立采登记对抗主义。

地役权也可以因受让需役地的所有权或使用权而取得。我国《物权法》规定,除非合同另有约定,需役地以及需役地上的土地承包经营权、建设用地使用权等设立或转让的,地役权一并转让。另外,地役权也可以因继承而取得。

三、地役权的效力

（一）地役权人的权利和义务

地役权人的权利和义务主要有:

1. 利用供役地的权利

地役权人是为了使用自己不动产的方便和提高其使用效率而在他人不动产上设立地役权的,因此,地役权人可以按照地役权设定时约定的目的、范围和方法利用供役地。

2. 为必要的附属行为或附属设施的权利

地役权人为行使其地役权的需要,可以在供役地上为必要的行为,或修建必要的设施。如为引水的需要,可以在供役地上开挖沟渠,等等。当然,地役权人在实施必要的行为时,应尽量减少对供役地权利人物权的限制,选择对供役地权利人损害最小的处所与方法为之。

3. 请求除去妨碍的权利

地役权人在地役权设定的目的范围内,对供役地有直接的支配利用权利。所以,对来自供役地权利人或第三人的妨碍其行使地役权的行为,地役权人有权请求除去妨碍。

4. 按约支付使用费的义务

如果约定为有偿利用供役地的,地役权人应该按照约定的数额、期限和支付办法,向供役地权利人支付使用费。

(二)供役地权利人的权利和义务

供役地权利人的权利和义务主要有:

1. 收取使用费的权利

如果地役权的设定是有偿的,则供役地权利人有权向地役权人收取约定的使用费,以作为自己物权受到限制的补偿。

2. 容忍与不作为的义务

供役地是为地役权人的不动产提供方便和利益的不动产,因此,容忍地役权人在自己的不动产上为一定行为,或为了地役权人的便利而不在自己的不动产上为一定行为,就成了供役地权利人的一项重要义务。供役地权利人应当按照合同约定,允许地役权人利用其不动产,不得妨害地役权人行使权利。

四、地役权的消灭

地役权可因下列原因而消灭。

(一)因需役地或供役地的消灭而消灭

地役权是从属于、服务于需役地的所有权或使用权的,如果需役地灭失了,地役权因失去依附和作用也就跟着消灭。地役权又是存在于供役地上的权利,如果供役地灭失了,地役权因失去了支配的对象也就跟着消灭。

(二)因期限届满或预定事由的出现而消灭

如果当事人对地役权的存续约定了期限的,则期限届满,地役权消灭。如果享有地役权的人是土地承包经营权人或建设用地使用权人等用益物权人的,则无论有无约定,地役权的存续期限都不得超过其享有的土地承包经营权、建设用地使用权等用益物权剩余的期限。另外,当事人如果约定了特定的消灭事由的,当该事由出现时,地役权消灭。

(三)因抛弃而消灭

对无偿的地役权,地役权人可以随时抛弃;对有偿的地役权,在不损害供役地权利人利益的前提下,也允许抛弃。

(四)因其他原因而消灭

地役权还可以因其他原因而消灭,如在需役地因用途的改变等原因而无需再利用供役地时,地役权消灭;在供役地事实上不能再向需役地提供任何便利时,地役权也就此消灭。再如在供役地的所有人或使用人与需役地的所有人或使用人合二为一的情况下,地役权因混同而消灭,等等。

第六节 典 权

一、典权的概念和特征

典权是支付典价而对他人不动产进行占有、使用和收益的权利。典权是我国特有的不动产物权。在我国,典权最初以习惯法的方式存在,直至中华民国的民法首次对其予以确认。台湾地区民法现仍有关于典权的规定。目前,我国的《物权法》及《民法通则》等相关法律并没有规定典权,但司法实践认可典权,并对其加以调整。

在典权法律关系中,收取典价而将自己的不动产交与对方占有、使用、收益的一方称出典人;对他人不动产进行占有、使用、收益的一方称典权人;作为客体的不动产称典物。

典权具有如下主要特征:

（一）典权是不动产物权

典权的标的物限于不动产。在我国现阶段,由于土地实行公有制,因此,典权的标的物实际只能是房屋。

（二）典权是用益物权

关于典权的性质,学术界有担保物权、用益物权和特种物权三种学说,但以用益物权说为通说。不能否认,典权一直以来有融通资金的功能,但从典权人的角度看,他支付典价的直接目的,是为了取得对典物的使用收益,而不是为了支配典物的交换价值,所以典权不具有物上代位性,也不具有从属性。因此,通说认为典权属于用益物权。

（三）典权是有期物权

典权只能在一定期限内存在,典权的期限即典期。典期届满后,出典人可以支付典价,取回典物,消灭典权。

二、典权的取得

（一）基于法律行为而取得

典权基于法律行为而取得可以分为设立取得和让与取得两种方式。

典权的设立指出典人和典权人通过协议成立典权。双方的这一协议俗称"典契"。一般以书面形式制成。按照习惯,典权合同经双方当事人意思表示一致即可成立。但从不动产物权的对世性讲,典权须经登记等公示方式,才能具有对抗第三人的效力。

典权的让与是指以原典权人的典权为根据从原典权人处取得典权,主要包括转让和转典。

1. 转让是典权人将典权让与他人

转让人与出典人之间的典权关系消灭,受让人与出典人形成新的典权关系。转让典权须由转让人和受让人签订转让合同。

2. 转典是典权人将典物再出典于他人,由转典权人对典物享有典权

此时,原典权人与出典人之间的关系仍然存在。转典也需原典权人与转典权人之间签订转典合同。

(二)基于法律行为以外的原因取得

主要指通过继承取得典权。

三、典权的效力

(一)典权人的权利和义务

典权人主要享有以下权利:

1. 对典物的占有、使用、收益权利

典权人在典期内,除不得处分典物的所有权外,可依其需要对典物行使占有、使用、收益,并排除任何人的干涉。

2. 转典、出租典物的权利

为了收益,典权人可以在典期内将典物转典或出租于第三人,除非典权合同中有相反约定。转典须依原典条件进行,转典之典价不得高于原典价。转典后,典权人不得抛弃回赎权。原典权有约定典期的,转典期限或出租期限不得超过该期限。未定典期的,转典或出租也不得定有期限。典物因转典或出租受到损害的,出典人回赎时,典权人应负无过错责任。

3. 转让典权、将典权设定担保的权利

典权人可以处分典权,最典型的就是将典权转让或在典权上设定担保。典权人转让典权给第三人,从而使自己退出典权关系,俗称退典。转让一般无须征得出典人的同意,可以有偿,也可无偿。典权转让后,到期出典人应向受让人回赎典物。典权人也可以典权作为客体,设定担保物权,以担保债务的履行。

4. 留买权

在典期内,出典人出卖典物时,在同等条件下,典权人有优先购买权。

5. 重建修缮权

在典期内,典物因不可抗力发生毁损灭失的,在毁损灭失的价值范围内,典权人有权重建或修缮,以继续使用、收益。

6. 费用求偿权

典权人在典期内对典物所支出的有益费用以及重建修缮费用,有权要求出典人偿还。

典权人的义务主要有:

1. 支付典价

承典人欲取得他人不动产的典权,必须支付典价。典价一般应一次性支付,数额一般略低于卖价。典价可以用金钱计算,也可以用实物计算。

2. 保管典物

典权人既然占有典物,就应以善良管理人的注意保管典物。由于典权人的过错致典物毁损灭失的,承典人应负赔偿责任。

3. 返还典物

典期届满出典人回赎典物时,典权人应将占有的典物返还给出典人。若典权人放弃典权的,亦应返还典物于出典人。

(二)出典人的权利和义务

出典人的权利主要有:

1. 处分典物的权利

出典人在典期内仍享有典物的所有权,因此,有权转让典物,但其出卖典物应受到典权人留买权的限制。另外,出典人有权在典物上设立担保物权。

2. 回赎权

典期届满后,出典人于一定期限内有权回赎典物。回赎须向典权人返还原典价。如果超过回赎期没有回赎的,即为绝卖,由典权人取得典物的所有权。关于典期和回赎期问题,按照我国有关政策,当事人之间约定有典期的,典期届满,准许出典人回赎。如果当事人约定回赎期的,出典人逾期不赎,或虽未约定回赎期但典期届满逾期10年不赎的,原则应视为绝卖。当事人之间没有约定典期的,出典人要求回赎,一般应当准许,但从典权关系成立之日起30年内未回赎的,原则应视为绝卖。准许当事人在典期内或典期届满时,约定延长典期或增减典价。关于回赎时的典价纠纷,按照规定,若承典人要求出典人高于原典价回赎的,一般不予支持。以合法流通物作典价的,应当按回赎时市场零售价格折算。①

---

① 参见《最高人民法院〈关于贯彻执行民事政策法律若干问题的意见〉》第58条、《最高人民法院关于贯彻执行〈中华人民共和国民法通则〉若干问题的意见(试行)》第120条。

出典人的义务主要有：

1. 瑕疵担保义务

出典人对典物负有瑕疵担保责任，包括权利瑕疵担保责任和物的瑕疵担保责任。出典人既要保证典物不被第三人追索，又要保证典物在出典时无质量缺陷。

2. 费用偿还义务

出典人在回赎典物时，应对典权人所支出的重建修缮典物的费用以及为典物所支出的其他有益费用，于现存利益范围内予以返还。

四、典权的消灭

引起典权消灭的原因主要有以下几个方面。

（一）回赎

典期届满后，出典人返还原典价回赎典物的，典权消灭。

（二）找贴

找贴指在典期内，出典人表示出卖典物于典权人的，典权人可以按时价估定典物的价格，由典权人将原典价抵消房价的一部分，然后支付其差额，以取得典物的所有权。找贴后典权消灭。

（三）绝卖

出典人超过回赎期没有回赎典物的，回赎权消灭，由典权人取得典物的所有权。典权关系就此消灭。

另外，典权还可因典权人抛弃典权、典物灭失等原因而消灭。

第十四章　担保物权

第一节　担保物权概述

一、担保物权的概念

担保物权是指,为确保债权的实现而在债务人或第三人的特定财产上设定的、以支配该特定财产的交换价值为内容的他物权。

通常债务人对于自己负担的债务,应当以其全部财产负履行义务,在债务不履行时,债权人得请求依法定程序变卖债务人的财产,以其价金清偿债权。因此,债务人的全部财产是其债务的一般担保。但是,债权具有相容性和平等性,当同一债务人负担数宗债务,且其负债总额超过其财产总额时,各债权人只能按比例获得部分清偿,而不可能得到完全清偿。另外,当债务人让与财产于他人时,因债权不具有追及效力,该部分财产即失去了担保的性质,债权也就有了不能完全清偿之虞。债权人为了避免上述一般担保的风险,有必要在此之外谋求特别担保。这种特别担保方法有人的担保、特定财产的担保和金钱担保三种。其中的特定财产的担保即成立担保物权,在债务人到期不能清偿债务时,债权人就此担保财产的交换价值有优先受偿的权利。

二、担保物权的法律特征

(一)担保物权具有从属性

担保物权的设立是以保证债权受偿为目的,因此,必须以主债权的有效存在为前提,主债权债务合同无效,担保合同一般也无效。主债权发生转移或消灭的,担保物权随之转移或消灭。担保物权的这种从属性决定了它与被担保的债权不可分离,债权人不得单独出让担保物权,不得单独出让债权而保留担保物权,不得将担保物权与债权分离而另作其他债权的担保。

（二）担保物权具有不可分性

在债权未获全部清偿前，债权人得就担保物的全部继续保持担保的效力。其具体表现在以下几方面：其一，担保物部分灭失的，残存部分仍担保债权全部；担保物被分割的，分割后的各部分继续担保债权全部；担保物被部分转让的，转让部分与未转让部分继续担保债权全部。担保物的价格上涨，债务人无权要求减少担保物，担保物价格下跌，债务人也无提供或补充新的担保物的义务。其二，债权部分消灭的（如因清偿、抵消等），债权人仍就未消灭部分的债权对全部担保物保持担保的效力；债权部分让与的，让与的部分与未让与的部分，同样受到全部担保物的担保；债权被分割的，分割后的各债权继续受到全部担保物的担保。

（三）担保物权具有优先受偿性

当债务人有两个以上的债权人，且债务人的全部财产不足以清偿其全部债务时，享有担保物权的债权人，就担保物的交换价值享有优先于其他债权人受偿的权利。担保物的价值不足以清偿担保的债权的，剩余部分的债权与普通债权一样，不享有优先受偿权。

（四）担保物权具有物上代位性

担保物发生灭失、部分灭失或被征收等，担保人因此获得保险金、赔偿金或补偿金的，债权人可以就保险金、赔偿金或补偿金继续享有担保物权，因为赔偿金或补偿金也是担保物交换价值的体现。这就是担保物权的物上代位性。

三、担保物权的效力范围

担保物权的效力范围表现在担保物和被担保的债权两个方面：

（一）担保物权效力所及于的担保财产的范围

如无相反的约定或法律的特别规定，一般担保物权的效力不仅及于担保物本身，还及于担保物的从物、代位物，以及担保物被依法扣押期间或由担保物权人占有期间产生的孳息。

（二）被担保的债权的范围

除当事人另有约定外，担保物权所担保的债权范围包括：主债权、利息、违约金、损害赔偿金、保管担保财产和实现担保物权的费用。

四、担保物权的消灭

担保物权消灭的原因主要有：主债权消灭；担保物权实现；债权人放弃担保物

权;法律规定担保物权消灭的其他情形。

第二节 抵押权

一、抵押权的概念和特征

抵押权是指,债权人享有的在债务人不履行到期债务或发生当事人约定的实现抵押权的情形时,就债务人或者第三人提供的不移转占有的财产的卖得价款优先受偿的权利。

在抵押权关系中,提供抵押物的人为抵押人,抵押人可以是债务人本人,也可以是第三人。债权人为抵押权人。

抵押权除具有担保物权所共有的法律特征外,还有其自身的特征:

一是,抵押物可以是动产,也可以是不动产,还可以是法律允许抵押的某种财产权利。

二是,不移转抵押物的占有。抵押人对抵押物仍享有占有、使用、收益、处分的权利。但在处分抵押物时,要受到一定的限制。

二、抵押权的设立

抵押权可以根据法律的规定直接产生,这类抵押权叫法定抵押权。抵押权也可以依当事人间的协议而设立,这类抵押权叫约定抵押权。常见的是约定抵押权。

(一)抵押合同

约定抵押权是通过抵押人和抵押权人之间签订的抵押合同而设定的。抵押合同必须以书面的形式订立,可以单独订立,也可以在主合同中具明抵押担保条款。抵押合同一般应包括下列内容:(1)被担保债权的种类和数额;(2)债务人履行债务的期限;(3)抵押财产的名称、数量、质量、状况、所在地、所有权归属或者使用权归属;(4)担保的范围。

法律禁止当事人在抵押合同中作有关"流质"的约定,即约定债务人不履行到期债务或发生当事人约定的实现质权的情形时抵押财产归债权人所有,但流质条款的无效不影响抵押合同其他条款的效力。

根据法律的规定,有些财产上的抵押权仅凭抵押合同的生效尚不能产生,还须办理抵押登记方可产生。而有些财产上的抵押权随着抵押合同的生效即可产生,但该种抵押权若要取得对抗第三人的效力,仍需登记。在我国,以不动产或不动产用益物权作抵押的,应当办理抵押登记,抵押权自登记时设立。以动产作抵押的,抵押权自抵押合同生效时设立,但未经登记的,不得对抗善意第三人。

(二) 抵押权的客体

抵押权的客体应是抵押人有权处分的财产,包括动产、不动产和法律允许抵押的财产权。我国《物权法》规定,下列财产可以抵押:(1)建筑物和其他土地附着物;(2)建设用地使用权;(3)以招标、拍卖、公开协商等方式取得的荒地等土地承包经营权;(4)生产设备、原材料、半成品、产品;(5)正在建造的建筑物、船舶、航空器;(6)交通运输工具;(7)法律、行政法规未禁止抵押的其他财产。抵押人可以将上述财产一并抵押。

此外,根据"房地一体"的原则,以建筑物抵押的,该建筑物占用范围内的建设用地使用权一并抵押。以建设用地使用权抵押的,该土地上的建筑物一并抵押。建设用地使用权抵押后,该土地上新增的建筑物不属于抵押财产,以该建设用地使用权实现抵押权时,应当将该土地上新增的建筑物与建设用地使用权一并处分,但处分新增建筑物所得的价款,抵押权人无权优先受偿。

《物权法》同时禁止将下列财产抵押:(1)土地所有权;(2)耕地、宅基地、自留地、自留山等集体所有的土地使用权,但法律规定可以抵押的除外;(3)学校、幼儿园、医院等以公益为目的的事业单位、社会团体的教育设施、医疗卫生设施和其他社会公益设施;(4)所有权、使用权不明或者有争议的财产;(5)依法被查封、扣押、监管的财产;(6)法律、行政法规规定不得抵押的其他财产。

三、抵押权的效力

(一) 抵押人的主要权利和义务

(1) 占有、使用抵押物并获取抵押物孳息的权利。

(2) 在抵押物上再设定抵押权的权利。抵押人可在同一项财产上为多个债权人设定多个抵押权,在这种情况下,各抵押权人按照抵押权成立的先后时间或法律规定行使抵押权。

(3) 出租抵押物的权利。抵押人可以将已抵押的财产出租给第三人,该租赁关系不得对抗已登记的抵押权。

(4) 转让抵押物的权利。《物权法》规定,抵押期间抵押人经抵押权人同意可以转让抵押财产,但应当将转让所得的价款向抵押权人提前清偿债务或者提存。转让的价款超过债权数额的部分归抵押人所有,不足部分由债务人清偿。

抵押人的主要义务是妥善保管好抵押物,如果因自己的行为造成抵押物的价值减少的,抵押人有义务提供与减少价值相当的担保。

（二）抵押权人的主要权利和义务

1. 保全抵押物价值的权利

抵押权是以抵押物的交换价值来保障债权获得清偿的,抵押物价值的减少会危及抵押权人债权的充分实现。所以,抵押权的一个重要效力就是保全效力。在抵押期间,抵押人的行为可能使抵押物的价值减少的,抵押权人有权要求抵押人停止其行为。抵押财产价值减少的,抵押权人有权要求恢复抵押财产的价值,或者提供与减少的价值相当的担保。抵押人不恢复抵押财产的价值也不另行提供担保的,抵押权人有权要求债务人提前清偿债务。

2. 收取抵押物被扣押期间的孳息的权利

抵押权的效力原则上不及于抵押物的孳息,但履行期限届满,债务人不履行债务,致使抵押物被法院依法扣押的,自扣押之日起,抵押权人有权收取抵押物的孳息。

3. 就抵押物的价值优先受偿的权利

债务人不履行到期债务或者发生当事人约定的实现抵押权的情形,抵押权人可以与抵押人协议以抵押财产折价或者以拍卖、变卖该抵押财产所得的价款优先受偿。

抵押权人的义务主要是实现抵押权时,应严格依据法定或约定的方式及程序进行,不得损害抵押人的合法权益,也不得损害抵押人的其他债权人的利益。

四、抵押权的实现

抵押权的实现是指,抵押权所担保的债权已届清偿期而债务人未为清偿,或者发生当事人约定的实现抵押权的情形,抵押权人可以通过行使抵押权,以抵押物的价值优先受偿。

（一）抵押权的实现条件

通常情况下,抵押权的实现应具备以下条件:

(1) 债务履行期限届满。

(2) 债务人尚未履行债务。

(3) 须抵押权有效存在。

如果当事人就实现抵押权的条件有另外约定的,约定情形的发生亦即意味着抵押权实现条件的具备。

（二）抵押权的实现方式

抵押权的实现方式主要有:拍卖抵押物;变卖抵押物;以抵押物折抵债务。

抵押财产折价或者变卖的,应当参照市场价格。拍卖、变卖抵押物所得的价款或者折抵的抵押物价值超过债权数额的部分应归抵押人,不足的部分应由债务人负责继续清偿。

抵押权人可以与抵押人就抵押权实现方式达成协议,但该协议不得损害其他债权人的利益,否则其他债权人可以请求人民法院撤销该协议。抵押权人与抵押人未能达成协议的,抵押权人可以请求人民法院拍卖、变卖抵押物。

(三)抵押权的行使期间

抵押权人应当在主债权诉讼时效期间行使抵押权;在这一期间未行使的,人民法院不予保护。

五、最高额抵押

最高额抵押是指,抵押人与抵押权人达成协议,在最高债权额限度内,以抵押物的价值对一定期间内将要连续发生的债权作担保。当债务人不履行到期债务或者发生当事人约定的实现抵押权的情形时,抵押权人有权在最高债权额限度内就该担保财产的价值优先受偿。

最高额抵押的法律特征主要有:

(一)最高额抵押所担保的债权具有不确定性

最高额抵押所担保的对象通常是将来发生的债权,而不是已经发生的债权。在最高额抵押设定时,只有提供担保的最高债权限额是确定的,而实际担保的债权,只有当约定的或法定的债权确定期间届满时才能确定。

(二)最高额抵押具有担保的最高限额

最高额抵押权人实现其抵押权时,如果实际发生的债权高于最高限额的,以最高限额为限,超过部分不具有优先受偿权;实际发生的债权低于最高限额的,以实际发生的债权为限对抵押物享有优先受偿权。

(三)最高额抵押权不随主债权的转移而当然转移

最高额抵押所担保的债权依赖于特定的基础法律关系。因此,在实际担保的债权确定前,若基础法律关系未转移,而只是部分债权转让的,最高额抵押权不得转让,除非当事人另有约定。

六、财团抵押

财团抵押是指,以企业的财产集合体为标的成立的抵押。财团抵押的客体是由抵押人的不动产、动产以及其他财产权利集合而成的一个财团。我国《物权法》规定,抵押人可以将法律允许抵押的财产一并抵押。可见,我国也承认财团抵押。

财团抵押可以分为固定式财团抵押与浮动式财团抵押。固定式财团抵押是指,将企业的现有固定资产列入抵押财团范围。随企业经营而变化的流动财产不属于抵押范围。固定式财团抵押的标的物范围是特定的,一经设定,抵押人对抵押财团的处分即受到严格限制,构成集合财产的各具体财产,不得与集合财产任意分离。

浮动式财团抵押是指,将企业的全部财产,包括固定资产与流动资金,现有财产与将来可增财产,全部列入抵押财团范围。作为抵押人的企业仍得利用被抵押的全部财产进行生产经营。因此,于抵押权实现前,抵押的标的物范围是不确定的,抵押权人只能就抵押权实现当时的构成企业财产的财产,优先受清偿。

我国《物权法》规定,经当事人书面协议,企业、个体工商户、农业生产经营者可以将现有的以及将有的生产设备、原材料、半成品、产品抵押,债务人不履行到期债务或者发生当事人约定的实现抵押权的情形,债权人有权就实现抵押权时的动产优先受偿。

第三节 质 权

一、质权的概念和特征

质权是指,债权人享有的在债务人不履行到期债务或发生当事人约定的实现质权的情形时,就债务人或者第三人提供的移转占有的动产或财产权利的卖得价款优先受偿的权利。用于担保的财产称为质物;提供质物的人为出质人,出质人可以是债务人本人,也可以是第三人;享有质权的人称质权人,即主债的债权人。质权包括动产质权和权利质权。

质权除了具有担保物权的一般法律特征外,还具有自身的特征,主要有:一是质权的标的限于动产或财产权利,不包括不动产及不动产物权。二是通常质权以质权人对标的物的占有为前提。除了法律规定的某些权利必须以出质登记为公示外,以动产或其他有权利凭证的权利出质的,无需办理出质登记,而是以移转标的物或出质权利的凭证的占有来实现公示。质权的成立以标的物或出质权利的凭证的移转占有为要件,质权的享有以质权人对标的物或出质权利的凭证的持续占有为要件。质权人不占有质物的,不得以其质权对抗第三人。

二、质权的取得

质权可以通过设立、转让和其他途径取得。设立是出质人与主债权人订立质权合同并依法公示从而产生质权的行为,这是质权取得的通常途径。转让是指质权设定后,随主债权的转让而转让给新的债权人的质权取得方式。质权转让同样必须符合质权公示要求。其他取得质权的途径,如因继承主债权而继承质权,符合善意取得的条件而取得质权,等等。

三、动产质权

(一)动产质权的概念及客体

动产质权是指以动产为质物的质权。

质物必须是可以转让的特定物,法律禁止流通的物或种类物不能作为质权的标的。

(二)动产质权的设立

动产质权属约定担保物权,必须出质人与质权人就设立质权订立质权合同。质权合同必须采用书面的形式。以动产出质的,出质人必须移转对质物的占有,才能成立质权。质权自质物交付时起设立。质权合同中对出质的财产约定不明,或者约定的出质财产与实际交付的财产不一致的,以实际交付的财产为出质财产。出质人未依照质权合同的约定交付质物的,应承担违约责任。

质权合同一般应包括下列条款:(1)被担保债权的种类和数额;(2)债务人履行债务的期限;(3)出质财产的名称、数量、质量、状况;(4)担保的范围;(5)质押财产交付的时间。

质权合同禁止约定流质条款,即约定债务人不履行到期债务或发生当事人约定的实现质权的情形时质物归债权人所有。但是,流质条款的无效不影响质权合同其他条款的效力。

(三)动产质权的效力

1. 出质人的主要权利和义务

(1) 保全质物所有权的权利。出质期间,质物虽由质权人占有,但其所有权仍属于出质人。如果质权人的行为可能使质押财产毁损、灭失的,出质人可以要求质权人将质押财产提存,或者要求提前清偿债务并返还质押财产。

(2) 处分质物的权利。出质人仍然可以依法处分质物,如转让质物、抛弃质物所有权、在质物上再设定担保物权等。

(3) 取回质物的权利。在债务清偿、债权实现后,出质人有权请求返还质物。

出质人的主要义务是容忍义务,即容忍质权人对质物的占用、收取质物的孳息、实施质权保全行为和物上代位行为等。另外,出质人对其提供的质物有质量瑕疵担保义务,如质物有隐蔽瑕疵造成质权人其他财产损害的,应由出质人承担赔偿责任。

2. 质权人的主要权利和义务

(1)占有质物的权利。在债权未获全部清偿以前,质权人有权占有质物。出质人将质物让与第三人的,质权人可以对抗第三人的交付请求。如果在此期间质物被第三人非法占有的,质权人可以行使追及权,直接向不法占有人请求返还质物。

(2)收取质物孳息的权利。除非质权合同另有约定,质权人有权收取质押财产的孳息,包括天然孳息和法定孳息。收取的孳息首先充抵收取孳息的费用,剩余部分用于偿还债权和利息。

(3)保全质权的权利。因不能归责于质权人的事由可能使质押财产毁损或者价值明显减少,足以危害质权人权利的,质权人有权要求出质人提供相应的担保;出质人不提供的,质权人可以拍卖、变卖质押财产,并与出质人通过协议将拍卖、变卖所得的价款提前清偿债务或者提存。

(4)处分质权的权利。经出质人同意,质权人可以转质,即在自己所占有的质物上再为第三人设定质权。在不损害第三人利益的前提下,质权人可以放弃质权。

(5)优先受偿的权利。债务人不履行到期债务或者发生当事人约定的实现质权的情形,质权人可以与出质人协议以质押的财产折价,或者以拍卖、变卖该质押财产所得的价款优先受偿。

质权人的主要义务是妥善保管质物和返还质物。前者指质权人应尽善良管理人的注意,保管好其占有的质物,如其保管不善致使质押财产毁损、灭失的,或者其擅自使用、处分质押财产,给出质人造成损害的,质权人应承担损害赔偿责任。后者指当担保的债权获得清偿时,质权人应当返还质押财产。

(四)动产质权的实现

动产质权的实现条件与方式与抵押权的实现条件与方式相似,此处略,参见本章第二节第四部分的内容。

四、权利质权

(一)权利质权的概念及客体

权利质权是指以可以让与的财产权利作为标的的质权。其客体有以下三个基本特征:

(1)仅限于财产权利。人格权与身份权均不得作为质权客体。

(2)具有可转让性。不能转让的财产权利,如扶养费请求权等与特定人身紧密联系的财产权利,不得设立质权。

(3) 符合法律规定。并非所有可转让的财产权利都能成为质权客体,有些可转让的财产权利因法律不允许在其上设立质权(如所有权及不动产用益物权),就不得出质,这是物权法定原则的要求。

根据我国《物权法》的规定,允许设立质权的财产权利包括:

(1) 有价证券,包括汇票、支票、本票、债券、存款单等债权有价证券,仓单、提单等物权有价证券。

(2) 股东权利,包括可以转让的基金份额和股权。

(3) 知识产权中的财产权,包括可以转让的注册商标专用权、专利权、著作权等知识产权中的财产权。

(4) 依法可以出质的其他财产权利,如对应收账款的权利等等。

(二) 权利质权的设立

权利质权同样属于约定担保物权,必须出质人与质权人就设立质权订立书面形式的质权合同。但权利是所谓的"无体物",没有具体的物质形态,只有证明或记载权利事项的书面凭证。因此,权利质权的设立不能像动产质权那样以质物的移转占有为成立要件。我国《物权法》根据入质权利的不同性质,分别规定了不同权利质权的成立要件:

(1) 以汇票、支票、本票、债券、存款单、仓单、提单等有价证券设定质押的,必须交付权利凭证,质权自凭证交付之日起生效。没有权利凭证的,质权自有关部门办理出质登记时设立。

(2) 以基金份额、证券登记结算机构登记的股权出质的,质权自证券登记结算机构办理出质登记时设立;以其他股权出质的,质权自工商行政管理部门办理出质登记时设立。

(3) 以注册商标专用权、专利权、著作权等知识产权中的财产权出质的,质权自有关主管部门办理出质登记时设立。

(4) 以应收账款出质的,质权自信贷征信机构办理出质登记时设立。

(三) 权利质权的效力

质权人的主要权利和义务:

(1) 占有出质权利凭证的权利。以有价证券设定质押的,在债权未获全部清偿以前,质权人有权占有权利凭证。

(2) 收取出质权利孳息的权利。除非质权合同另有约定,质权人有权收取出质权利的孳息。收取的孳息首先充抵收取孳息的费用,剩余部分用于偿还债权和利息。

(3) 限制出质人处分出质权利的权利。权利出质后,未经与质权人协商一致,出质人不得转让出质权利或者许可他人行使已出质的知识产权中的财产权。出质人也不许抛弃出质的权利。

(4) 行使出质的有价证券的权利。出质的有价证券的兑现日期或者提货日期先于主债权到期的,质权人可以兑现或者提货,并与出质人协议将兑现的价款或者提取的货物提前清偿债务或者提存。

(5) 优先受偿的权利。债务人不履行到期债务或者发生当事人约定的实现质权的情形时,质权人可以与出质人协议以出质权利折抵债权,或者以转让或许可使用出质权利所得的价款优先受偿。

质权人的主要义务是妥善保管占有的出质权利的凭证和返还其占有的出质权利的凭证。前者指质权人应尽善良管理人的注意,保管好其占有的出质权利的凭证,如其保管不善致使权利凭证毁损、灭失的,质权人应承担损害赔偿责任。后者指当担保的债权获得清偿时,质权人应当将其占有的出质权利的凭证返还给出质人。

第四节　留置权

一、留置权的概念和特征

留置权是指,债权人在债务人不履行到期债务时,可以留置已经合法占有的债务人的动产,并就该动产的卖得价款优先受偿的权利。在留置权关系中,债权人为留置权人,由债权人留置的物为留置物。

留置权除了具有担保物权的一般法律特征外,还具有自身的特征。

(一) 留置权是法定担保物权

抵押权和质权通常是依当事人的协议而产生的,性质上属于约定担保物权,而留置权是在符合法定情形时当然产生的,因此,留置权属于法定担保物权。不过,当事人可以约定排除留置权的适用。

(二) 留置权的客体仅限于动产

不动产和权利不得作为留置权的客体。

(三) 留置权的客体通常与债权有直接的牵连关系

我国《担保法》将留置权的适用限制在保管、运输、加工承揽和行纪等有限的几种合同关系范围内。之所以规定这一适用范围,与将留置权定性为费用性担保物权有很大关系。一般认为,留置权是为了担保因保存或增加标的物的价值所发生的费用的清偿而设立的,所以只适用于为保存或增加标的物的价值所发生的特定的合同关系中。按照这一理念,留置权的客体与其担保的债权就具有直接的牵连关系。值得注意的是,我国《物权法》较之《担保法》,扩大了留置权的适用范围。

(四)留置权以对留置物的占有为成立和存续要件

债权人占有留置物既是留置权发生的前提,又是留置权存续的要件。事先不占有,不产生留置权;事后丧失占有,留置权消灭。但债权人取得对留置物的占有非因担保债权而起,这与动产质权有所不同。

(五)留置权的实现必须经催告程序

留置权发生后,债权人不得径直处分留置物,必须催告债务人在一定宽限期内清偿债务,宽限期届满仍未获清偿的,始可处分留置物。抵押权、质权则无此期限限制。

二、留置权的产生

留置权是法定的担保物权,无需当事人的约定,但必须符合法定的情形方可成立。根据我国有关法律的规定,留置权的成立通常应具备以下条件:

(一)债权已届清偿期而未获清偿

留置是债权人继续占有债务人的动产,不履行自己的返还义务,具有抗辩权的性质。这种抗辩权的行使,应以债权已届清偿期而债务人未为清偿为理由。因此,对留置权而言,债权已届清偿期而未获清偿不仅是它的实现要件,更是它的发生要件。

(二)债权人之前已合法占有债务人的动产

留置是继续占有、不予返还的意思,故债权人必须在债权清偿期届满之前,已经占有了债务人的动产,且其占有系合法占有。必须注意的是,因我国《物权法》对企业之间的留置并不要求"留置动产与债权属同一法律关系",故作为债权人的企业有权留置的动产并不限于其之前已占有的债务人的动产。

(三)留置的动产与债权属于同一法律关系

在我国,除了企业之间的留置外,其他当事人之间的留置都应符合"留置的动产与债权属同一法律关系"的条件,即债权人取得该动产的占有与其债权的发生是基于同一个法律关系,如保管人对保管物的占有与其保管费请求权均基于保管合同发生、承运人对承运物的占有与其运输费请求权均基于运输合同发生等。除合同之债外,在侵权之债、不当得利之债、无因管理之债等场合,只要符合上述条件,也能发生留置权。

三、留置权的效力

留置权人的权利和义务主要包括:

（一）占有留置财产的权利

在债权未获清偿前,对债务人提出的返还留置物的请求,留置权人可予拒绝,不发生迟延履行返还义务的问题。

（二）收取留置物孳息的权利

留置权人有权收取留置物的孳息,收取的孳息首先充抵收取孳息的费用,剩余部分用于偿还债权及其利息。

（三）妥善保管留置物的义务

留置权人应以善良管理人之注意保管留置物,非为管理上之必要,不得使用留置物。因保管不善致使留置物毁损、灭失的,留置权人应当承担赔偿责任。

（四）优先受偿的权利

债务人逾履行宽限期仍未履行债务的,留置权人可与债务人协议以留置物折价,或以拍卖、变卖该留置物所得的价款优先受偿。

四、留置权的实现

根据我国法律的规定,留置权的实现应依以下的程序进行:

一是债权人行使留置权以后,债务人应当在履行宽限期内履行债务。该宽限期可以由双方自行约定;没有约定或者约定不明确的,留置权人应当给债务人两个月以上履行债务的期间,但鲜活易腐等不易保管的动产除外。

二是履行宽限期届满,债务人仍不履行债务的,债权人可以与债务人协议以留置物折价,也可以依法拍卖或变卖留置物,以所得的价款优先受偿。

第十五章　占　有

一、占有的概念及其法律意义

通说认为,占有是主体对于物的事实上的控制和支配。占有是一种事实状态而非权利,但它受法律的保护,是一种能产生法律效力的法律事实。早在罗马法时期,就开始了对占有的保护。在现代物权法上,占有已经成为一项重要制度。

法律之所以保护占有,是与其在社会生活中的重要作用分不开的。首先,占有制度具有稳定现实经济秩序的功能。在对物的支配已基本确定的基础上,形成了一种社会秩序,即使这种支配与应有的秩序相矛盾,如果放任任何人不经正当程序以私力剥夺他人之占有,必然会损害社会既存秩序。而占有制度不问物的现实占有人是否合法占有,一概推定其占有为适法,赋予占有保护请求权,这就通过稳定物的既存占有状态,达到了维护现实经济秩序的目的。其次,占有制度具有维护交易安全的功能。占有被视为"权利的外衣",占有人在占有物上行使的权利,推定其合法有这样的权利,这样就使占有产生了公信力,善意信赖占有而为交易的人可以受到保护,有利于交易安全,凸显了民法的公平原则。最后,占有制度具有经济节约的功能。占有的权利推定,有助于保护本权,维护交易安全,避免纷争;占有的善意取得和时效取得效力还有促进物尽其用的功能,体现了从"所有"至上到"利用"为中心的物权法理念的转变。

二、占有的构成要件

民法上的占有应该具备以下构成要件。

（一）占有的客体须为有体物

对不需要物的占有即可成立的财产权,仅能成立准占有。有体物可以分为动产和不动产,虽然占有的某些规定只适用于动产(如善意取得),但从整个占有制度讲,动产和不动产均可成立占有。

（二）占有人对物的控制必须具有确定性、可识别性

对于占有这一事实状态的认定,需要依据社会一般观念,并结合时间、空间因素进行认定。从空间上看,人与物在场所上有所结合,足以使人相信某人于某物有支配关系。例如,置于某甲房屋内的家具,可使某甲与家具成立占有关系。从时间上看,人与物应有一定的持续性结合,若仅是短暂的结合,如去饭店用餐时对餐具的使用,则不能成立占有。然而,有时候很难依据人与物在时空上的结合来判别,此时,社会观念就是认定占有的更为重要的依据,如停靠在路边长期无人使用的小汽车,不能认为其主人已失占有。

（三）占有人须有占有意思

客观上某人与某物有时空上的结合,但某人在主观上并未意识到其与物的这种关系,则不能成立占有。如顾客将包遗忘在甲开的小店内,在甲不知情时,甲并不取得对该包的占有。占有意思不是法律行为上的意思,只是一种自然的意思,因此,无行为能力人、限制行为能力人也可以成为占有的主体。

三、占有的分类

（一）有权占有和无权占有

根据有无合法的权利基础可以将占有分为有权占有和无权占有,该权利基础称为权源或者本权。有权占有亦称为正权源占有,例如所有人、保管人的占有;无权占有亦称为无权源占有,例如小偷对赃物的占有。

区分有权占有和无权占有的意义主要在于:在有权占有,占有人可以拒绝他人为本权的行使,例如,承租人在租赁期间内可以拒绝所有人返还租赁物的请求;而在无权占有,占有人不能拒绝本权人的返还请求。

（二）善意占有和恶意占有

根据占有人是否误信其有占有的权源可以将无权占有进一步分类为善意占有和恶意占有。善意占有是指占有人不知也不应当知道其无权占有而进行的占有。恶意占有是指占有人知道或应当知道其无权占有而仍为占有。善意占有可以转化为恶意占有。

区别善意占有和恶意占有的意义主要在于:民法对善意占有予以各种特别保护,例如,在时效取得制度中,善意占有的时效取得期间比恶意占有的期间短;在善

意取得制度中,善意占有人有权取得占有物的所有权,而恶意占有人则不能;对于本权人的回复请求,比之恶意占有人,善意占有人拥有较多的权利,负担较轻的义务。

(三)自主占有和他主占有

根据占有人是否以所有的意思进行占有可以将占有分为自主占有和他主占有。自主占有是指占有人以自己所有的意思占有物,他主占有是指占有人以非自己所有的意思占有物。至于占有物是否真的为占有人所有则在所不问。自主占有和他主占有之间可以进行转化。

区别自主占有和他主占有的意义主要在于:时效取得和先占取得,都以自主占有为要件,他主占有不能产生时效取得和先占取得的效果。

(四)直接占有和间接占有

根据占有人是否对物进行直接的支配为标准,可以将占有分为直接占有和间接占有。直接占有是指不以他人的占有为媒介,而直接对物进行事实上的支配;间接占有是指以他人的占有为媒介,对于直接占有该物的人享有返还请求权,从而间接对物进行支配的占有。例如在租赁中,承租人对租赁物的占有即为直接占有,而出租人亦即所有人对租赁物的占有即为间接占有。

区分直接占有和间接占有的意义主要在于:第一,间接占有不能独立存在,而直接占有可以独立存在;第二,使得动产的交付可以以占有改定的方式进行,便于物的流转;第三,某些占有的效力仅发生在直接占有的场合。

(五)公然占有和隐秘占有

根据占有人是否对其占有进行掩蔽为标准可以将占有分为公然占有和隐秘占有。公然占有是指占有人无意向社会(包括占有物的利害关系人)隐瞒占有的事实,而以非隐蔽的、公开的方式进行的占有;反之,则为隐秘占有。

区分公然占有和隐秘占有的意义主要在于:时效取得的成立须以公然占有为条件,隐秘占有不发生时效取得的效力。

(六)和平占有和强暴占有

根据占有人取得并维持其占有的手段的不同,可以将占有分为和平占有和强暴占有。和平占有是指非以暴力或胁迫的手段取得并维持的占有,反之,则为强暴占有。和平占有和强暴占有两者在一定条件下可以相互转化

区分和平占有和强暴占有的意义主要在于:时效取得的成立须以和平占有标的物为条件,强暴占有不发生时效取得的效力。

四、占有状态之推定

上述不同种类的占有,其法律效力是有区别的。如果要求由占有人来证明自

己的占有属于哪一种类的占有,并以此判断是否要对其占有进行保护的话,往往较为困难,也不利于稳定既存的物的支配秩序。因此,许多国家的物权法都设立了占有状态的推定制度。当占有人对物的占有究竟是自主占有还是他主占有不易判定时,推定为自主占有;当占有人对物的占有究竟是善意占有还是恶意占有不易判定时,推定为善意占有;当占有人对物的占有究竟是公然占有还是隐秘占有难以证明时,推定为公然占有;当占有人对物的占有究竟是和平占有还是强暴占有难以证明时,推定为和平占有;等等。总而言之,对占有状态的推定一般都是朝着有利于占有人的方向进行的,以使占有人尽可能多地受到占有制度的保护,从而维护现实的经济秩序。

第二节　占有的效力

法律赋予占有各种法律上的效果,主要表现为权利推定、权利取得以及占有人的其他权利义务。

一、权利推定

占有的权利推定效力是指法律推定占有人在占有物上行使的权利是其合法拥有的权利。权利推定来源于日耳曼法。通常情况下,占有的背后有真实权利的存在,基于这种权利存在的盖然性,日耳曼法视占有为"权利的外衣",推定占有人拥有合法的权利。

（一）权利推定的适用范围

1. 适用的占有物范围

权利推定适用于动产是各国的通例,但对于不动产是否适用,各国规定不一。

2. 适用的占有人范围

权利推定适用于一切占有人,而不问其占有是善意还是恶意,也不问其占有是否有瑕疵。甚至过去之占有人,亦推定他于占有期间行使的权利合法有效。

3. 适用的权利范围

推定适用的权利包括可以占有表现的一切权利,可以是物权,也可以是债权。例如,占有人以所有的意思对占有物行使权利的,推定其有所有权,以租赁的意思对占有物行使权利的,推定其有租赁权。

（二）权利推定的效力

占有人于占有物上行使的权利推定其适法有此权利,占有人不负有权占有的举证责任,有异议者应该提出反证之证明。但是占有人对于使其占有之人,不能仅以此推定来抗辩。

权利推定不仅可以为占有人的利益而适用,也同样适用于对占有人不利益的场合,如推定占有人是所有人,从而要求其承担占有物上的负担。

权利推定不仅占有人可以援用,第三人也可以援用,例如对于债务人占有的财产,债权人可推定其为债务人所有的财产。

权利推定仅具有消极的效力,占有人不能利用这一推定作为行使权利的依据,例如占有人不得利用权利推定,申请权利登记。

二、权利取得

当占有符合法律规定的情形时,占有人可以依法获得占有物上的权利。因占有而取得物上权利,主要有善意取得和时效取得两种情形。①

(一)善意取得

在动产善意取得制度中,占有具有决定性的地位。动产以占有为表彰本权的公示方式,因信赖公示而与占有人为交易的第三人理应受到法律的保护,即使占有人对占有物无处分的权利,与之交易的善意第三人仍然可以基于动产占有的公示公信力取得受让动产的物权。因此可以说,占有是动产善意取得的基础要件,动产善意取得是占有效力的重要表现。

关于善意取得的其他要件,在所有权的原始取得一节中已有论述,在此不再赘述。

善意取得的法律效力主要表现为:第一,善意第三人依其受让占有时的目的,即时取得权利。受让时以所有权移转为目的的,取得所有权;受让时以设立质权为目的的,取得质权。并且,此物权的取得为原始取得。占有物上原来存在的一切负担对于取得所有权的善意第三人而言归于消灭。第二,物之原所有人不得请求善意第三人返还其占有的物,在善意第三人取得所有权时,原所有人即丧失所有权。原所有人只能请求无权处分人返还不当得利或赔偿其损失。

(二)时效取得

在时效取得制度中,占有也具有决定性的地位。对他人财产的自主占有、和平占有、公然占有、持续占有是引发财产权取得的法律事实,是时效取得的基本构成要件。而占有的丧失、占有性质的变更等事实是引起取得时效中断的法定原因。由此可见,占有之于时效取得的重要性。

时效取得的法律效力主要表现为:第一,占有人取得其在占有物上所行使的

---

① 先占取得也属因占有而取得物上权利的情形,这一问题在前面的"所有权原始取得中"已有阐述。

权利,并使与之相抵触的他人的权利归于消灭。例如,当物的占有人因取得时效的完成而取得占有物的所有权时,该财产的真所有人因此丧失所有权。当占有物为不动产时,于取得时效完成后,必须经过不动产的登记,方可取得其权利。

三、占有人的其他权利义务

(一)排除他人对占有的妨害的权利

占有人对侵夺或妨害其占有的行为,可以请求返还原物、排除妨害或者消除危险;因侵夺或者妨害造成损害的,占有人有权请求损害赔偿。

(二)费用求偿权

在真权利人请求返还占有物时,占有人可以要求其偿还对占有物所支出的有关费用。求偿范围因占有人的善意或恶意而有所区别。一些国家规定,善意占有人对于必要费用和有益费用都可以请求真权利人偿还,恶意占有人只能请求偿还必要费用。但我国《物权法》只规定:善意占有人因维护占有物支出的必要费用可以请求偿还。

(三)返还占有物及其孳息的义务

当真权利人请求返还占有物及其孳息时,占有人不得拒绝,应予返还。若善意占有拒不返还的,则会由善意占有转化为恶意占有。若孳息已经毁损灭失的,恶意占有人还需负赔偿责任。

(四)赔偿占有物毁损灭失的义务

当真权利人请求返还占有物时,若占有物因可归责于占有人的原因毁损灭失的,占有人应负赔偿义务。赔偿范围因占有人为善意或者恶意而有所不同。善意占有人仅需返还因占有物毁损灭失所受的利益,如取得的保险金、赔偿金或者补偿金等。恶意占有人的赔偿范围为占有物的全部损失。

第四编　债　权

第十六章 债的一般原理

第一节 债的概念和法律特征

一、债的概念

民法上的债,是指特定当事人之间得请求为特定行为的民事法律关系。

我国《民法通则》第84条规定:"债是按照合同的约定或者依照法律的规定,在当事人之间产生的特定的权利和义务关系。"

现代民法上债的概念源于罗马法的 obligatio,拉丁文的原意是"法律上之锁链"。

优帝法典对债的定义是:"债是依国法使他人负担给付义务之法锁。"

优帝法理汇编的解释是:"债的本质不是某物或者某劳务归属于我,而是使他人给我某物、做某事或给付某物。"

民法上债之含义,不同于我国民间对于"债"一词的认识。我国民间所称之"债",专指债务,并且是专指金钱债务,如借债、欠债、还债。"债"的含义及所适用的对象较窄。

古汉语中"债"与"责"通用。《汉书》师古注:"债,谓假贷人财物,未偿者也。"即债指尚未清偿的金钱债务或者其他有待清偿的财产债务。

民法中债的概念与汉语中"债"的含义相比,内涵要丰富得多。

首先,民法中的债,不单指债务,而是指债权债务关系,包含债权债务两个方面。其次,民法中的债,不仅指金钱之债,还包括劳务之债,转移所有权之债等。再次,现代民法中的债,不仅指合同之债,而且包括侵权之债、不当得利之债、无因管理之债等。

民法中的债,是一项民事法律关系,在债的法律关系中,享有债权的一方为债权人,负有义务的一方为债务人。债权的内容是请求债务人为特定行为,债务的内容是满足债权人的请求为一定行为或者不为一定的行为。凡是在特定当事人之间发生的权利义务关系皆为债的法律关系,由债法调整。

二、债的法律特征

债是一种民事法律关系,属财产性的法律关系,与同属于财产性法律关系的物权关系比较有其自身的特点,这些特点通过债的构成要素表现出来。债的法律关系有以下一些特征。

(一) 债的主体

债是特定当事人之间的法律关系。在债的法律关系中,债权人和债务人都是特定的。可以是特定的单数,也可以是特定的复数。债的主体的特定性,是债的法律关系区别于其他法律关系的最重要的特征之一。在同属于财产关系的物权关系中,权利人是特定的,而义务人则是不特定的一般人。

在债的法律关系中,债权人和债务人的身份根据债的性质不同可以有不同的表现。在大量的合同之债中,往往合同的双方互为债权和债务,如买卖合同中的出卖人与买受人各自对对方有其权利和义务;租赁合同中的出租人与承租人各对对方有其权利和义务;承揽合同中的定作人与承揽人各对对方有其权利和义务。而在合同之债以外的其他债的关系中,一方只能是债权人,另一方只能是债务人,如不当得利之债、无因管理之债等。而在物权关系中,权利人恒为权利人,义务人恒为义务人,不存在权利人和义务人的角色转换问题。

(二) 债的客体

物权关系的客体是物,并且是特定物。债的客体,指债权和债务所共同指向的对象。通说认为,债的客体是债务人的特定行为,也称给付行为。债的客体的种类可以包括物、行为、智力成果等,即债的客体可以是物的给付、特定行为的完成和智力成果的给付等。在合同之债尤其是双务合同中,由于双方当事人都有为特定给付的义务,债的客体根据双方债务内容的不同而有所不同。以买卖合同为例,出卖方的义务内容是给付标的物,卖受方的义务内容是给付价金。因此,标的物和价金就是买卖合同的客体。在单务合同或者其他合同以外的债的关系中,债务人的给付行为成为债的客体。在具体的债的关系中,给付的内容根据债的不同而各有所不同表现,大致可归纳为以下各种:

1. 金钱给付

所有买卖合同中买受人的义务内容都是为金钱给付。此外,除了互易合同外的其他有偿合同,其中总有一方的给付是以金钱为内容的。金钱给付是债的关系中最常见的一种,适用于各种债的关系,包括合同之债、不当得利之债、无因管理之债和侵权之债。

2. 财物给付

债务人将约定的财产交付债权人以转移所有权或者转移使用权。财物给付常见于合同之债,以买卖合同为最典型,租赁合同、借用合同亦属之。

3. 劳务给付

由债务人向债权人提供特定的劳务以满足债权人的需要。劳务给付常见于合同之债,如保管合同中的保管行为、运输合同中的运送行为等。

4. 工作成果的给付

常见于承揽合同,指债务人按照约定完成特定的工作,并将工作成果交付债权人以实现债的目的。

5. 其他内容的给付

如在知识产权贸易中,以智力成果的专有权、使用权为给付内容;在肖像权使用合同中,以特定人的肖像使用作为给付的内容。

(三) 债的内容

债的内容,就是债的当事人之间的权利和义务,即债权和债务。

所谓债权,就是债权人得为一定行为或者要求债务人为一定行为或者不为一定行为的权利。其具体表现为请求权和受领权。

1. 请求权

请求权,又称给付请求权,指债权人请求债务人为一定行为或者不为一定行为的权利。该一定行为的内容由债的性质决定。如在买卖合同中,请求权的内容在买受方为请求交付标的物,在出卖方为请求支付价金。

2. 受领权

受领权,又称给付受领权,指债权人接受债务人向其所为的特定给付的权利。例如,买卖合同中买受人对于出卖人交付的标的物有受领的权利,出卖人对于买受人给付的价金有受领的权利。受领权的行使意味着债务人债务的履行和债权的实现,因此,债权人一经受领,债的目的实现,债的关系随之消灭。受领权是债权人的权利,债权人以外的其他人除非受债权人的委托,受领他人给付,否则构成不当得利。

所谓债务,指债务人满足债权人的请求去为一定的行为或者不为一定的行为。债务人债务履行的目的是为了满足债权人的请求,也是为了实现债的目的。因此,债务一经履行,债权得到满足,债的目的实现,债的关系随之消灭。

第二节　债的发生

债是一种法律关系,依一定的法律事实而发生。能够产生债的法律关系的法律事实,称债的发生原因或者债的发生根据。债的发生原因主要有以下几种。

一、合同

合同指当事人之间关于设立、变更、终止民事权利和民事义务关系的协议。大量的债的关系的发生,是债的当事人主动追求的结果。当事人通过协商一致订立合同,确定各自的权利义务。通过订立合同和履行合同实现各自的利益追求。因此,合同是最主要、最常见的债的发生原因。在商品经济条件下,尤其如此。由于合同之债基于当事人的约定发生,因此,合同之债属约定之债。

二、不当得利

民法上的不当得利,指没有法律根据或者合同上的约定而获得利益,致使他人受到损失的事实。由于获得利益的一方,没有法律根据,并且由于他的获利致使他人蒙受损失,根据民法的规定,不当得利人应将其所获得的利益返还给利益受损方。利益受损方有权请求其返还,不当得利人有返还不当得利的义务。这种发生在特定当事人之间的权利义务关系,就是债的关系。由于这种债的发生基于法律的规定而不是当事人的约定,不当得利之债属法定之债。

三、无因管理

无因管理,指没有法定或者约定义务,为了避免他人的利益受到损失而主动管理他人事务的行为。无因管理一旦发生,管理人就负有适当管理的义务,本人负有偿付管理人为管理事务所支出的必要费用的义务,管理人有权请求本人偿付相关费用的权利。这种在管理人和本人之间发生的权利义务关系,就是债的关系。由于这种债的发生基于法律规定而非当事人的约定,无因管理之债属法定之债。

四、侵权行为

侵权行为,指不法侵害他人的财产权或者人身权,致使他人受到损害的行为。根据法律规定,每个人的人身和财产受到法律保护,任何人不得加以侵害。因侵害他人财产或者人身致使他人受到损失的,受害人有权请求加害人赔偿,加害人有义务赔偿。这种发生在加害人与受害人之间的权利义务关系,就是债的关系。这类债的发生同样基于法律规定,属法定之债。

五、缔约过失

缔约过失,指当事人在缔约之际因过错致使合同不成立、合同被撤销或者无效,因此,造成他方损失的行为。在这种情况下,有过错的一方,对于相对人的损失负有赔偿的义务,受害人有请求赔偿的权利。这种权利义务关系,也是债的关系。这类债的发生同样基于法律规定,属法定之债。

第三节　债的分类

根据不同的划分标准,可将债划分为不同的类型。常见的债的分类有以下几种。

一、法定之债和约定之债

这是根据债的发生根据是法律规定还是当事人约定所作的分类。

法定之债是根据法律规定,因某一事实的发生在特定当事人之间发生的债权债务关系。如因侵权所生的损害赔偿,是根据法律规定受害人有权请求加害人赔偿因其侵权所受损害。此外,如因不当得利所生的受害人的利益返还请求权等,都是基于法律规定而发生的债的关系。法定之债主要有不当得利、无因管理、侵权和缔约过失。

约定之债是根据当事人的约定而发生的债权债务关系。约定之债只有一种即合同,因此也称合同之债。

区分法定之债与约定之债的意义在于:法定之债根据法律规定在当事人之间产生权利义务,约定之债遵循意思自治,由当事人协商确定各自的权利义务;约定之债适用合同法的相关规定,法定之债中的侵权之债适用侵权行为法,不当得利、无因管理等适用其他相关的法律。

二、特定之债和种类之债

这是根据债的客体是给付种类物还是特定物所进行的划分。

特定之债,是以特定物为给付标的的债。由于特定物具有不可替代性,在债的关系发生时,标的物已经存在或者已被确定。

种类之债,是以种类物为给付标的的债。由于种类物具有可替代性,在债的关系发生时,标的物可以尚不确定,经履行或者交付才被特定。

区分特定之债与种类之债的意义在于:第一,特定之债在履行前标的物灭失的,因标的物具有不可替代性,发生履行不能;种类物之债则不存在此类问题。第二,在确定标的物所有权是否转移时,种类之债只能通过交付而发生所有权的转移,特定之债除交付转移所有权外,当事人可以通过约定的方式确定所有权转移的时间。

三、简单之债和选择之债

这是根据债的给付对象是否可以进行选择所作的划分。

简单之债,又称单纯之债、不可选择之债,指债的给付内容是唯一的,不可选择的。债权人只能请求债务人按确定的债的内容为给付,债务人也只能按确定的内容为给付。例如,买卖合同中出卖人对标的物的给付、买受人对价金的给付;租赁合同中出租人对租赁物的给付、承租人对租金的给付等都是确定的,生活中大量的债属于不可选择之债。

选择之债,指债的给付有多种可能,当事人可以选择其一为给付。例如商家搞商品促销,有奖销售,中大奖者可得奖金若干或者价值多少的商品或者赴某地旅游等。在数种给付中可由当事人选择其一为给付。在选择之债中,谁得行使选择权? 是债权人选择还是债务人选择? 除了法律有特别规定或者当事人有特别约定外,选择权原则上属债务人,即由债务人在数种给付中选择其一为给付。

四、单一之债和多数人之债

这是根据债的双方当事人是单一主体还是多数人主体所进行的划分。

单一之债,指债的双方当事人即债权人和债务人都是单一主体。

多数人之债,指债的当事人一方或者双方都是两个以上的主体。例如债权人是单一而债务人是多数,或者债务人是单一债权人是多数,或者债权人和债务人都是多数人。

区分单一之债和多数人之债的法律意义在于:单一之债,由于主体双方都是一人,当事人之间的权利义务关系简单明了;而在多数人之债中,当事人之间的关系比较复杂,不仅有债权人和债务人之间外部的权利义务关系,还有债权人内部对于债权的分享、债务人内部对于债务的分担等内部的权利义务关系。

五、按份之债和连带之债

这是对多数人之债的进一步分类。

在多数人之债中根据多数人之间对于债权的分享和债务的分担的情况不同，可将多数人之债划分为按份之债和连带之债。

（一）按份之债

所谓按份之债，指在多数人之债中，多数人之间按照各自确定的份额享受债权或者分摊债务。多数人之间按照各自的份额享受债权的，为按份债权；多数人之间按照各自的份额分摊债务的，为按份债务。

在按份之债中，按份债权的各个债权人只能就自己的债权份额主张债权，除获得其他债权人的委托外，无权就整个债要求债务人向其清偿。同样，按份债务的各个债务人只就自己的债务份额负清偿义务，没有义务就整个债为清偿。在按份之债中，对于各个债权人或者债务人所发生的具有法律意义的事项如债的清偿、债的抵消、债的免除，对于其他债权人或者债务人不发生效力。

（二）连带之债

所谓连带之债，指在多数人之债中，多数债权人或者多数债务人中任何一个人都有权利主张全部债权或者有义务履行全部债务。在多数人之债中任何一个债权人有权就整个债要求清偿时，成立连带债权；多数债务人中任何一个债务人有义务就整个债为清偿时，成立连带债务。在连带债权中，一债权人就整个债主张全部清偿时，债务人负有向其为全部清偿的义务；在连带债务中，任何一个债务人都有义务满足债权人的主张，就整个债为全部清偿。连带之债因一债权人的全部受偿或者一债务人的全部清偿而消灭。受领全部清偿的债权人，就超过其应得债权份额的部分，负有向其他债权人返还的义务；履行了全部清偿的债务人，就超过其应承担的债务份额的部分，有权向其他债务人追偿。

由于连带之债中，债权人之间或者债务人之间存在内部的牵连关系，任何一个债权人或者债务人所发生的具有法律意义的事项，对于其他债权人或者债务人都有影响。如因一债权人主张债权而引起的时效中断，对于其他债权人亦发生时效中断的效力。

由于连带债权中任何一个债权人都有权单独请求债务人对其为全部清偿，债务人亦得向其为全部清偿，其他债权人可能因该债权人的不守信用独吞债权而蒙受损失，因此，连带债权对债权人并不有利。而连带债务中，由于任何一个债务人都有义务全部清偿债务，债务人相互之间事实上形成了相互担保，客观上加重了各个债务人的债务负担，因此，连带债务对于债权人有利，对债务人不利。基于上述原因，各国民法中关于连带债务的规定比较具体全面，而关于连带债权的规定则比较少,因此,连带债权较少适用。又由于连带债务中,各个债务人都有义务就全部债为清偿,事实上加重了债务人的债务负担,因此,连带债务的适用必须基于法律的明文规定或者当事人的约定。根据我国民法规定适用连带债务的情况主要有:合伙所生债务、因夫妻或者家庭一成员对外所生债务、因共同侵权所生债务、保证关系中的连带保证、代理关系中《民法通则》第65条第3款、第66条第3款、第4款、第67条规定的四种情况等,都可以认为是适用连带关系的规定。除法律规定外,适用连带债务须依当事人的约定。在既没有法律规定又无当事人约定的情况下,法官不能以判决的形式确定债务人之间形成连带关系。

区分按份之债和连带之债的法律意义在于:按份之债的多数债权人或者多数债务人各自的债权债务独立,相互之间没有牵连关系。任何一个债权人或者债务人有法律意义的行为,对于其他债权人或者债务人没有影响。而连带之债中,各个债权人之间或者各个债务人之间存在着内部的牵连关系,一债权人或者债务人所发生的有法律意义的事项,将影响其他债权人或者债务人。连带债权中的任何一个债权人受领了全部债权的清偿或者连带债务中的任何一个债务人履行了全部债务,整个连带之债消灭。

六、主债和从债

这是根据两个同时存在的债相互之间的主从关系而对债进行的划分。

所谓主债,指不依赖于其他债的关系而能独立存在的债,如借贷关系中的本金之债。

所谓从债,指不能独立存在,必须以其他债的存在为其存在前提的债。从债通常对主债起担保作用,如借贷关系中的保证之债、利息之债等。

区分主债和从债的法律意义在于:主债是从债存在的依据和前提,没有主债就不可能存在从债;从债的效力决定于主债的效力,主债有效,从债有效;主债被撤销或被宣告无效,从债亦不复存在;主债消灭,从债随之消灭。

第四节　债的效力

一、债的效力的概念

何为债的效力,学者理解不一。史尚宽先生认为:债的效力广义的是指实现给付或填补给付利益之作用,包括债的履行以及债务违反的效果,狭义的债的效力仅指债务违反的效果。

我国《大百科全书　法学》将债的效力解释为:"债的关系从它发生的时候起,

就具有约束力,在法律上就具有强制力。债的约束力表现为债权已经发生,而债务人的义务尚未履行。债的强制效力是债本身所具有的性质,债务人不履行时可以用诉讼手段强制履行。"

债的效力是法律对于债的关系调整的结果。法律对债的关系的调整通过两种手段达到其目的:第一,赋予债以法律效力。依此效力债务人必须全面、正确的履行债务;依此效力债权人可以请求债务人为履行并接受债务人之履行。在债务人不履行债务或者第三人侵害债权时,债权人可以请求法律保护。第二,国家以强制力为债权的实现提供保障。当债务人不履行债务或者第三人侵害债权,致使债权不能实现时,债权人有权获得司法救济。

债的效力可以表现为三个方面:债对债权人的效力;债对债务人的效力以及债务人不履行债务的法律责任。

二、债的效力范围

债的效力的范围,是指债的效力所能及于的对象。

通说认为,债的效力所能及于的对象是:债权人、债务人以及特定场合下的第三人。

(一)债对于债权人的效力

债对于债权人的效力表现为:债权人得请求债务人或者债务履行人为一定行为或者不为一定行为。债权人是否为此请求,听其自便,法律不主动帮助其实现。但债权人一旦行使债权,法律便提供相应的保障。债对于债权人的效力具体表现为三个方面:请求力、保持力和执行力。

请求力是债权最主要的效力所在。基于该效力债权人得请求债务人或者债务履行人为一定行为或者不为一定行为。债权人因请求权的行使可以发生诉讼时效的中断。

保持力,又称债权的受领保持力,即债权人有权受领债务人的履行(给付),并得永久保持该给付。除受债权人委托外,债权人以外的第三人受领他人给付的,构成不当得利。

执行力是为债权实现的法律保障。当债务人不履行或者不完全履行债务或者有第三人侵害债权时,债权人得请求司法救济。法院对债务人或者第三人可以实施强制执行。

(二)债对于债务人的效力

债对于债务人的效力表现为:债务人受债务约束有义务满足债权人的请求,为一定行为或者不为一定行为。债务人不履行债务时,将受国家法律强制。债对于债务人的效力具体表现为：

（1）债务人必须按照法律规定或者当事人约定的要求履行债务。

（2）债的关系一经确立，债务人的全部财产成为其债务履行的一般担保，债务人以其全部财产承担债务清偿责任。

（3）债务人无故拒绝履行或者不完全履行的，除应承担履行迟延的责任外，还将接受强制履行。

（4）因债务人的原因而致履行不能时，债务人应赔偿债权人的损失。

（5）因债务人的履行有瑕疵、有缺陷而给债权人造成损害的，应承担损害赔偿责任。

（三）债对于第三人的效力

债是特定当事人之间的权利义务。早期债法，债的效力仅及于债的双方当事人，即债权人和债务人，不能及于任何第三人。由此产生债的相对性原理。并且，债的相对性原理被认为是不可动摇的根本性原理。随着经济发达及发展的需要，债的相对性理论受到了怀疑，并在现实生活中出现了债对第三人效力的诸种情况。

通说认为在以下所列的各类情形中，债的效力得及于第三人。

1. 涉他合同

涉他合同有两种情况：由第三人为给付的合同和向第三人为给付的合同。在向第三人为给付的合同中，又有两种情况，一是该第三人有请求权，二是该第三人没有请求权。第三人有请求权的合同有：运输合同、信托合同、保险合同。运输合同中的收货人，信托合同中的受益人，保险合同中的受益人，这些人本不是合同的当事人，属于合同外的第三人，但这类合同的效力及于该第三人。该第三人享有合同上的请求权。除此以外的向第三人为给付的合同，第三人没有请求权。

2. 债的保全

债的保全制度由两个内容组成，即债权人的代位权和撤销权。债权人的代位权是指，当债务人怠于行使其对于第三人的权利因而危及债权人债权实现时，债权人得以自己的名义代位行使债务人对第三人的权利。债权人的撤销权是指，债权人对于债务人不当处分其财产或者财产权利而危及债权人债权实现时，债权人可以请求法院撤销该债务人的处分行为。债权人的代位权和撤销权被认为债权人的债权效力及于债务人以外的第三人。

3. "买卖不破租赁"

所谓"买卖不破租赁"是指，在租赁合同有效期限内，出租人将租赁物所有权转让他人时,该租赁合同对租赁物之受让人继续有效。租赁物的受让人不得主张终止租赁合同,收回租赁物。买卖不破租赁是租赁合同上的一个原则。根据这个原则,承租人的租赁权不因租赁物的所有权让与第三人而受影响,承租人的租赁权被认为及于租赁物的受让人。

4. 不动产预告登记

不动产预告登记所预告登记的内容为何,存在两种不同的理解。一种认为预告的内容是该不动产的买卖合同,是为合同预告,一经预告登记该合同具有了对抗第三人的效力;另一种认为该预告登记的内容为未来的不动产物权,一经预告登记便具有对抗第三人的效力。不管不动产预告登记的内容为何,一经登记即具有了对抗第三人的效力。

5. 债对于保证人的效力

在第三人为债务人提供保证担保的情况下,当债务人不履行债务时,债权人有权请求保证人履行债务或者承担保证责任。在第三人提供保证担保的场合,债权的效力被认为及于债务人以外的第三人,即保证人。

6. 债权不可侵性理论的创立

所谓债权不可侵性理论,指任何第三人不得有以故意损害他人的债权实现为目的,妨碍债务人履行债务的行为。根据这一理论,当第三人故意以损害他人债权为目的,妨碍债务人履行债务时,债权人得以侵害债权为由向第三人提起损害赔偿的诉讼,追究第三人的责任。这一理论被认为债的效力及于债务人以外的一切侵害债权的第三人。

上述理论是否成立可以讨论,学界对此认识不一。

三、债的履行

债的履行,指债务人应按照法律规定或者合同的约定,全面、正确地履行义务,以实现债的目的。对此,《民法通则》第84条作了明确规定:"债权人有权要求债务人按照合同的约定或者依照法律的规定履行义务。"债的履行,又称债的给付、债的清偿,适用于不同场合,虽用词表达不同,含义是一致的,如合同之债多用履行一词。不同的债其履行的内容和表现形式不同。合同之债的履行内容由合同当事人在合同中约定,合同以外的债,如不当得利之债,履行的内容是不当得利人向利益受损人返还其不当利益;无因管理之债的履行内容,是管理人向本人移交管理的事务并主张给付因管理所支付的必要费用;侵权之债的履行内容,是受害人向加害人主张因侵权所致损害的赔偿。债的履行要求履行的主体、履行标的、履行期限、地点、方法等,都符合法律规定或者合同的约定。

（一）履行主体

债的履行主体,指履行债务的人和接受债务履行的人。债的履行主体与债的主体是两个不同的概念。债的主体指债权人和债务人,而债的履行主体是履行债务的人和接受债务履行的人。在多数情况下,债由债务人亲自履行,债权人亲自接受履行,债的主体与债的履行主体是同一的。但是,在不违背债的根本目的的情况下,在不影响债权人和债务人利益的场合,债务可以由债务人以外的第三人代为履行,或者债权人以外的第三人接受债的履行。前者我们称"由第三人为履行",后者我们称"向第三人为履行"。债是否可以由第三人履行或者向第三人履行,应按照法律规定或者当事人的约定,并非所有的债务都可以由第三人代为履行。在下列情况下,债不得由第三人代为履行:

(1) 法律规定或者当事人约定必须由债务人亲自履行的债务;

(2) 以债务人的特殊技能为必要的债务,如演出合同、承揽合同等;

(3) 以不作为为内容的债务;

(4) 内容尚未确定的债务。

根据我国《合同法》的规定,当事人约定由第三人履行债务的,第三人未为履行或者履行不符合约定的,由债务人向相对人承担违约责任。

债权人接受了第三人债务履行后,债务人对债权人的债务因此消灭。

（二）履行客体

债的履行客体,指债权债务所共同指向的对象。债的履行客体可以是物、行为、智力成果或者其他有经济价值的给付。即债的履行可以是债务人给付一定的财物、提供劳务或者完成一定的工作、智力成果的转让或者许可使用等。

债的履行客体为交付实物的,债务人应按照合同约定的数量和质量履行。对产品的质量没有约定或者约定不明确的,可以在履行时由双方协商确定。协商不成的,按国家标准履行;没有国家标准的,按照行业标准或者通常标准履行。

（三）履行的期限、地点和方式

债的履行期限,指债务人履行债务的时间。债的履行期限与债的存续期间不同。债的存续期间是指债的有效期。债的履行期限应由当事人约定或者按债的性质确定。不能按照上述办法确定履行期限的,债权人可以随时要求债务人履行,债务人也可以随时向债权人为履行,但都应该给对方以必要的准备时间。

债的履行地点,指债务人履行债务和债权人接受债务履行的地方。在合同之债中履行地点应在合同中约定或者根据合同的性质确定。不能按照上述办法确定履行地点的,根据我国《合同法》的规定,给付货币的,在接受货币一方的所在地履行;交付不动产的,在不动产所在地履行;其他标的,在履行义务一方的所在地履行。

债的履行方式,指债务人履行义务的具体方法。债可以通过不同的方式履行,如一次全部履行或者分批分期履行等。法律对债的履行方式有明确规定的,从规定;当事人另有约定的,从约定。

四、债的不履行及其法律后果

债的不履行,指债务人没有按照法律规定或者合同的约定或者债的性质全面、正确地履行债务的行为。债的不履行具体表现有:履行不能、履行拒绝、履行迟延以及履行不当四种情况。

(一)履行不能及其法律后果

履行不能,指债务人无力按债要求的内容履行债务,具体表现有:

1. 客观不能与主观不能

客观不能,指因事物的原因而不能,如买卖合同中标的物的意外灭失。主观不能,指因债务人的原因失去履行能力,如一物二卖中,出卖人必然对一买受人不能履行债务。

2. 自始不能与嗣后不能

自始不能,指在债的关系发生时债务人即没有履行的能力。嗣后不能,指在债的关系发生后,因某种原因使债务人丧失履行的能力。

3. 全部不能与部分不能

全部不能,指债务人对债不能为任何的履行。部分不能,指债务人只能履行部分债务。

4. 永久不能与一时不能

永久不能,指债务人永远没有履行债务的可能。一时不能,指在债务履行期限内债务人暂时无法履行债务。

5. 事实不能与法律不能

事实不能,指因自然界的原因而使债务履行发生困难无法履行的,如因洪水冲毁道路而无法运输。法律不能,指因法律上的原因使债务不能履行,如以禁止流通物作为买卖合同标的的,即发生法律上的履行不能。

履行不能的法律后果:

因可归责于债务人的原因致债务履行不能时,法律后果如下:(1)债务人承担违约责任或者损害赔偿责任;(2)在合同之债,债权人得行使合同解除权;(3)在双务合同,债权人可免除对待给付义务。

因不可归责于债务人的原因致履行不能时,法律后果如下:(1)债务人免除债务履行义务;(2)在双务合同中,债权人免除对待给付义务,并可依法解除合同;(3)履行不能系由第三人行为造成或灭失之标的加入保险时,债务人虽可免除履行义务,但债务人如对第三人有损害赔偿请求权或对保险人有保险金给付请求权时,债权人得请求债务人让与该请求权。第三人或保险人不得以债务人已免除债务履行为抗辩事由而主张免责。

(二)履行拒绝及其法律后果

履行拒绝,指债务人没有法律根据能够履行而不履行债务的行为。履行拒绝不以明示为限,单方毁约、无履行义务的行为、将应交付的标的作其他处分,都可推定为有不履行债务的表示。

履行拒绝应符合以下构成条件:(1)客观上有债务不履行的行为;(2)主观上有不履行债务的故意或过失;(3)债务人有履行能力;(4)拒绝履行没有法律上的根据。

履行拒绝的法律后果:(1)在未定有清偿期的债务中,债权人得不经催告直接行使解除权;(2)在有保证担保的债务中,债权人得请求保证人承担保证责任;(3)债务已届履行期而债务人提出拒绝履行的,债权人得请求法院强制执行或赔偿损失;(4)拒绝履行的意思表示,非经债权人同意,原则上不得撤回。

(三)履行迟延及其法律后果

履行迟延,指因可归责于债务人的原因,未于履行期内履行债务的行为。

履行迟延的构成条件是:(1)债务已届履行期而未为履行;(2)债务人有履行能力;(3)有可归责于债务人的原因;(4)履行迟延没有法律上的正当理由。

履行迟延的法律后果:(1)债务人赔偿因履行迟延而致债权人的损失,其中包括在履行迟延中发生的不可抗力致债权人的损害;(2)强制履行。除发生履行不能等情况,债务人迟延履行的,债权人可诉请法院强制债务人履行债务;(3)债权人得行使合同解除权。债务人迟延履行主要债务,经催告在合理期限内仍然没有履行的,债权人可以解除合同。债务人迟延履行使合同目的不能实现的,债权人可不经催告解除合同。

(四)履行不当

履行不当,又称瑕疵履行、不完全履行、不良给付等,指债务人没有按照法律规定或者合同约定以及债的性质要求履行债务。履行不当,虽有履行行为,但因履行不符合要求,仍然属于债的不履行。

履行不当有两种情况:一是履行有瑕疵,即债务人的履行存在缺陷,使债权人的履行利益不能得到满足,如交付的标的物短斤缺两等。二是加害履行,即债权人的履行不但存在瑕疵,而且该瑕疵造成债权人的损失,如因给付的电视机存在质量瑕疵而发生爆炸,使债权人在使用时受到伤害。对于债务人的加害履行,学理上称之为"积极侵害债权"。

履行不当的构成条件是:(1)需有债务人的履行行为,即债务人有基于债务履行的意思而为的履行行为;(2)需债务人的履行不符合要求或者存在缺陷;(3)需有可归责于债务人的事由,即债务人对于不当履行存在故意或者过失。对于债务人的故意或者过失,债权人不负举证责任。

履行不当产生的法律后果因瑕疵给付和加害给付而有所不同。

(1) 履行有瑕疵而能够补正的。第一,债权人有权拒绝受领,要求补正,并不承担迟延受领的责任。第二,因补正而构成债务人迟延的,债务人承担迟延履行责任;因迟延履行造成债权人损失的,债务人负损害赔偿责任。第三,虽然能够补正,但对于债权人已无利益的,债权人得解除合同。第四,经债权人催告而债务人不为补正的,债权人得请求法院强制执行。

(2) 履行有瑕疵而不能补正时,可成立履行不能,债权人得拒绝受领并解除合同,要求债务人承担因履行不能的损害赔偿责任。

(3) 因履行不当造成债权人其他利益受到损害的,包括既得利益的损失和可得利益的损失,债务人均承担损害赔偿责任。

(五) 受领迟延

受领迟延,又称债权人迟延,指债权人对于债务人已提出的履行应当受领而未为受领或者未为必要的协助的事实,包括拒绝受领和不能受领。拒绝受领,指债权人对于债务人的履行或者提出的履行不予协助或者拒绝接受;不能受领,指债权人由于某种原因,无法接受债务人的履行,如已经到履行期可债权人却在外旅游,因此无法受领。

债的关系的存在意味着债务没有履行、债权没有满足。债务人应当按照债的性质或者法律的规定或者当事人的约定履行债务,债权人及时受领债务人的履行,以实现债的目的。债权人一经受领,债权得到满足,债的关系消灭。因此。债权人的受领关系到债的目的能否及时实现。虽说债权人的受领性质上是一种权利而不是义务,债权人受领迟延的,债务人不能就此要求债权人承担债不履行的民事责任,也不能依诉讼程序强制债权人受领履行。但是如果根据债的性质必须由债权人受领方能实现债的履行的,此时债权人不为及时受领的,将承担因不及时受领可能产生的一切不利后果。

债权人的受领迟延应该符合以下条件:

(1) 债务的履行要求债权人为受领。如买卖合同中出卖人交付标的物时,要求买受人接受交付。

（2）债务的履行已届履行期。债务人提前履行除非经得债权人同意,债权人没有义务协助配合。

（3）债务人已经实际履行或者已经提出债的履行。

（4）债务的实际履行或者债务履行的提出符合债的要求。

（5）债权人未能接受债务人的履行,包括拒绝受领和不能受领。

债权人受领迟延的责任,主要表现在消极地减免债务人的责任,而不是积极地对债权人采取强制措施,具体表现在以下几个方面:

（1）债务人责任的减轻。债务人于实际履行或提出履行时,债权人不及时受领的,嗣后,债权人只能在债务人因故意或者重大过失而致履行不能时,要求债务人承担不履行责任或者解除合同。

（2）停止支付利息以及孳息返还责任的缩减。在金钱债务中,因受领迟延债务人自提出履行之日起停止支付利息。有关孳息的返还以实际收取的为限。对受领迟延后应该收取而没有收取的孳息损失,不负赔偿责任。

（3）标的物意外灭失风险责任的转移。根据风险承担的一般原理,标的物在交付前风险责任由出卖人承担,交付后由买受人承担。受领迟延虽不发生交付的问题,因此,标的物所有权并不转移。但标的物意外灭失的风险责任,转移于债权人。

（4）债务人得自行消灭债务。债务的内容如果是返还不动产的,债务人可基于债权人受领迟延而抛弃对于不动产的占有,如租赁期满出租人受领迟延的,承租人可直接搬出租用房屋,终止租赁合同。

（5）劳务提供的免除。在劳务之债中,债权人受领劳务迟延的,债务人没有补偿劳务的义务,并且,债务人的报酬请求权不因此而受影响。

（6）赔偿有关费用。因债权人受领迟延而增加债务人费用的,债权人对增加的费用应承担赔偿责任。

第五节　债的担保

债的担保,是指根据法律规定或者当事人的约定,对于已经发生或者将要发生的债提供确保其实现的各种具体措施或手段。

债的担保在债法中具有重要的地位,各国民法关于债的担保都有具体规定。我国《民法通则》第89条对债的担保作了一般的原则性的规定,规定债的担保手段:保证、定金、抵押、留置。我国《担保法》对于债的担保进行了专门的规定。《担保法》规定的担保手段有:保证、定金、抵押、质押和留置五种。其中保证担保是以保证人资信作担保,其余的是以一定的财产作担保。提供担保财产的人可以是债务人本人,也可以是第三人。根据传统民法的原理,财产担保的效力优于人的担保(保证)效力。但根据我国现行法的规定在同一债的关系中,既有保证担保,又有财产担保的,根据财产担保的提供者是债务人本人还是第三人而有所不同。财产担保是由债务人提供的,首先以该财产担保来满足债权的实现,不足部分再有保证人承担保证责任。债权人放弃财产担保的,就放弃部分,不能要求保证人承担保证责任。财产担保是由第三人提供时,财产担保与保证担保在法律上地位平等,由债权人选择是主张财产担保还是向保证人主张保证责任。

由于担保手段中的抵押、质押、留置是以特定物作担保,属于物权法中的担保物权的内容,前面已有交代,本章仅就保证和定金作具体介绍。

一、保证

(一)保证的概念

根据我国《担保法》的规定,保证指由保证人与债权人约定,当债务人不履行债务时,由保证人按照约定履行债务或者承担保证责任的行为。保证是一种合同关系,在保证合同中,以保证人为一方,债权人为另一方,债务人为被保证人。保证人是保证合同的债务人,债权人是保证合同的权利人。

(二)保证关系的设立

保证,由保证人与债权人通过订立保证合同而设立。

谁能作为保证人?我国《担保法》规定"具有代为清偿债务能力"的法人、其他组织或者公民,可以作为保证人。国家机关不能作为保证人(法律另有规定的除外);学校、幼儿园、医院等以公益为目的的事业单位、社会团体不得作为保证人;企业法人的分支机构未获得法人的书面授权的,不得作为保证人。同一债务的保证人为两个以上的,保证人之间按约定的份额承担保证责任,没有约定或者约定不明确的,保证人负连带责任。债权人可以要求任何一个保证人承担全部保证责任,保证人负有担保全部债权实现的义务。

保证合同应该采取书面形式。保证合同可以由保证人和债权人单独订立,也可以在主债合同中约定保证条款。

根据我国《担保法》的规定,保证合同应包括以下内容:(1)被保证的主债的种类、数额;(2)债务履行的期限;(3)保证的方式;(4)保证担保的范围;(5)保证责任的期限;(6)双方认为需要约定的其他事项。

(三)保证的方式

保证的方式,指保证人承担何种保证责任。我国《担保法》第16条规定的保证方式有两种：一般保证和连带保证。

一般保证，指在保证合同中约定，只有在债务人不能履行债务时，保证人才能就不能履行的债务部分，承担保证责任的保证方式。在一般保证中，保证人享有"先诉抗辩权"，即当债务到期未履行时，债权人应首先向债务人主张履行，而不能直接向保证人主张保证责任，保证人在主合同纠纷未经审判或者仲裁，并就债务人的财产依法强制执行前，有权拒绝承担保证责任。

连带保证，指当债务到期债务人未履行债务的，债权人既可以继续要求债务人履行债务，也可以直接要求保证人承担保证责任的保证方式。在连带保证中，保证人没有先诉抗辩权。比较而言，连带保证中保证人的责任比一般保证中保证人的责任来得重。

当事人在保证合同中应该约定保证的方式，当事人对保证方式没有约定或者约定不明的，按照连带保证方式承担保证责任。

（四）保证担保的范围

保证担保的范围，指保证人对被担保的主债的哪一部分承担保证责任。保证担保的范围可以是主债的全部，也可以是主债的部分。保证合同应对保证担保的范围是债的全部还是债的部分有明确的约定，当事人对保证担保的范围没有约定或者约定不明确的，保证人应对全部债务承担保证责任。

不论是对债的全部还是债的部分提供保证担保，保证担保的效力都及于被担保的主债及利息、违约金、损害赔偿金和实现债权的费用。保证合同另有约定的，从约定。

（五）保证期间

保证期间，是指保证人承担保证责任的起止时间。保证期间由当事人在保证合同中约定，保证合同没有约定或者约定不明确的，保证期间为主债务履行期满之日起 6 个月。其中，在一般保证中，债权人如未能在该期间内对债务人提起诉讼或者申请仲裁，保证人免除保证责任；债权人已经提起诉讼或者申请仲裁的，保证期间适用诉讼时效中断的规定。而在连带保证中，债权人没有在该期间内要求保证人承担保证责任的，保证人免除保证责任。

（六）在保证期间内主合同变更对保证合同的影响

在保证期间内，主债权转移的，保证人在原保证担保的范围内继续承担保证责任。在保证期间内，债权人许可债务人转让债务的，未经保证人书面同意，保证人不再承担保证责任。在保证期间，债权人与债务人协议变更主合同的，未经保证人的书面同意，保证人不再承担保证责任。保证合同另有约定的，从约定。

（七）保证的效力

保证的效力,是指保证合同对保证人、债权人以及债务人所具有的法律效力。

1. 保证对于保证人和债权人之间的效力

在一般保证中,当债务人不能履行债务的,就债务人不能履行的部分,债权人得请求保证人履行或者承担保证责任;在连带保证中,当债务人不履行义务时,债权人得请求保证人承担保证责任。

保证人在承担保证责任时,凡债务人得以对抗债权人请求的各种抗辩事由,保证人亦得以此为由向债权人主张抗辩。

2. 保证对于保证人和债务人之间的效力

保证人对债权人承担保证责任后,债权人与债务人之间的主债关系消灭。保证人因此而取得债权人的地位,就保证人所承担的保证责任部分,有权向债务人追偿。

（八）同一债中保证担保与物的担保之间的关系

在同一债的关系中,既有保证担保,又有物的担保,保证担保与物的担保之间关系如何,我国《担保法》以及《担保法的司法解释》对此作了专门的规定。根据《担保法》第 28 条的规定:同一债权既有保证,又有物的担保的,保证人对物的担保以外的债权承担保证责任。债权人放弃物的担保的,保证人在债权人放弃权利的范围内免除保证责任。据此规定,在同一债的关系中,既有物的担保又有保证担保的,物的担保效力优先。但根据《担保法司法解释》第 38 条的规定,当物的担保是由第三人提供时,债权人可以选择是请求保证人承担保证责任,还是请求物的担保人承担担保责任。当事人对保证担保的范围或者物的担保范围没有约定或者约定不明的,承担了担保责任的担保人,可以向债务人追偿,也可以要求其他担保人清偿其应当承担的份额。据此规定,在第三人提供物的担保时,物的担保效力并不一定优先,选择权在债权人。物的担保人与保证人在该债的担保关系上地位平等。

同一债权既有保证,又有物的担保的,物的担保合同被确认无效或者被撤销,或者担保物因不可抗力的原因灭失而没有代位物的,保证人仍应按照合同的约定或者法律规定承担保证责任。即当物的担保无效、被撤销或者失效,不影响保证担保的效力。

债权人在主合同履行期限届满后怠于行使担保物权,致使担保物的价值减少或者毁损、灭失的,视为债权人放弃部分或者全部物的担保,保证人在此范围内减轻或者免除保证责任。即因债权人的原因无法实现物的担保的,保证人在此范围内免除保证责任。

（九）保证担保的消灭

保证担保因下列原因而消灭：

1. 主债务消灭

当主债务因履行、抵消、提存或者债务免除等原因而消灭时，保证担保作为从债消灭。

2. 主债务变更或者转移

当主债务发生变更或者转移而未获得保证人的书面同意的，保证人不再承担保证责任，保证担保消灭。

3. 保证期满

在合同约定或者法律规定的保证期限内，债权人没有向保证人主张保证责任的，保证担保因期限届满而消灭。

4. 作为保证人的法人解散

5. 保证合同的解除

经债权人同意解除保证合同的，保证担保消灭。

二、定金

（一）定金的概念和特征

定金，指当事人为了担保合同之债的履行，在合同订立时或者履行前，由一方向对方预先支付的一定数额金钱的担保手段。

定金由当事人约定，当事人之间关于定金约定的协议为定金合同。定金合同具有以下特点：

1. 定金合同是实践合同

定金合同以定金交付为合同成立。仅有双方关于定金的约定，而没有实际交付定金的，不成立定金合同，也不成立定金担保。

2. 定金担保的主债务一般为金钱债务

定金担保并不是适用任何一种债的关系，主要适用于金钱债务。例如买卖合同的买受方向出卖人交付的定金，租赁合同的承租人向出租人交付的定金，承揽合同的定作人向承揽人交付定金。

3. 定金的数额不应超过法律规定的标准

定金数额虽由当事人约定，但不得超过法律规定的最高限额。根据我国《担保法》第 91 条的规定，定金的数额不得超过主合同标的的 20％，超过部分应认定为无效。

（二）定金的种类

根据定金的作用不同,定金可分为以下几种:

1. 成约定金

即以定金的交付作为合同成立的条件。定金交付前,合同不成立,定金交付,合同成立。

2. 证约定金

即以定金的交付作为合同成立的依据或证明。

3. 违约定金

即以定金的交付作为合同不履行的赔偿。交付定金一方违反约定的,无权要求返还定金;接受定金一方违反约定的,双倍返还定金。

4. 解约定金

即以定金的交付作为取得合同解除权的代价。交付定金的一方以丧失定金为代价而得解除合同;接受定金的一方,以双倍返还定金为代价而得解除合同。

5. 订约定金

即以定金的交付作为强制双方签订正式合同的手段。

我国《民法通则》、《合同法》、《担保法》都规定:当事人可以约定定金的给付。债务人履行债务后,定金应当抵作价款或者收回。给付定金的一方不履行债务的,无权要求返还定金;接受定金的一方不履行债务的,应当双倍返还定金。根据这些规定,我国的定金应属违约定金,同时兼有担保的作用。

（三）定金的效力与功能

在我国定金的效力主要表现在担保和违约救济方面:交付定金的一方不履行合同的,丧失定金返还请求权;接受定金的一方不履行合同的,得向对方双倍返还定金,此即为"定金罚则",既可以用作合同之债履行的担保手段,又同时兼有违反合同约定的救济功能。此外,定金还具有证明合同成立的效力。在合同订立过程中,只要发生一方接受他方定金的事实,即可认为合同已经成立,交付定金和接受定金的事实,是当事人之间存在合同关系的有力证据。

（四）定金与预付款、违约金的关系

定金除了有担保作用外还具有预付款的作用。定金在合同履行过程中可以抵作价款。但定金与预付款在法律上性质不同:其一,定金具有证明合同成立的功能;而预付款的支付不能用于证明合同的成立。其二,定金具有担保合同之债履行的功能,任何一方违约都可适用"定金罚则";而预付款没有担保功能,即使是交付预付款的一方违约,也只能适用双方约定的违约责任形式或者适用法定的违约责任形式,不能扣留预付款。其三,预付款所具有的先行履行合同的功能,这是定金所不具有的。

　　定金与违约金的区别主要表现在：定金是在合同成立时、履行前而由合同一方向他方交付，支付定金的一方当事人可以是合同的任何一方；而违约金的支付必须是在发生违约事实后，由违约方向守约方交付。

第六节　债的保全

　　债的关系一经确立，债务人的全部财产即作为其债务履行的一般担保。因此，债务人的财产状况如何，对债权人意义重大。法律为防止因债务人的行为使债务人的财产应当增加而没能增加或者不当减少而给债权人债权的实现带来危害，在债的担保制度外，特别设立债的保全制度，赋予债权人以代位权和撤销权。当债务人怠于行使其对于第三人的债权因而危害债权人的债权时，法律允许债权人以自己的名义代位行使债务人对于第三人的权利；当债务人的财产因债务人的不当处分而减少并因此危及债权人债权实现时，法律允许债权人请求人民法院撤销债务人不当的财产处分行为。前者称债权人的代位权，后者称债权人的撤销权。

一、债权人的代位权（简称代位权）

（一）代位权的概念和特征

　　代位权，是指当债务人怠于行使其对于第三人的权利因而危害债权人债权实现时，债权人得以自己的名义代位行使债务人对第三人的权利。例如债务人一方面没有财产履行其到期的债务，同时对于其对第三人的到期债权也不积极主张，使得债务人原本应该增加、能够增加的财产没能增加，因此没有能力履行其到期债务，在此情况下，债权人可以直接以自己的名义，行使债务人对第三人的债权。我国《合同法》第73条规定：因债务人怠于行使其到期债权，对债权人造成损害的，债权人可以请求人民法院以自己的名义代位行使债务人的债权，此即为法律对债权人代位权的立法规定。

　　债权人的代位权具有以下特征：

1. 代位权是债权人的法定权利

　　代位权不是债权本身的内容，也不是债权人与债务人约定的结果，而是基于法律的直接规定，是法律设计的债的保全手段。

2. 代位权不是债权人对于债务人的代理权

　　债权人行使代位权时是以自己的名义而不是以债务人的名义，债权人行使代位权也不是债务人授权的结果,因此,代位权不是代理权。

3. 代位权的行使应以诉讼的方式进行

债权人行使代位权不是直接以自己的名义向第三人提出,而是通过诉讼程序,向人民法院提出。

(二) 代位权行使的条件

由于代位权本身不是债权的内容,而是债权的保全手段。债权人代位权行使的是债务人的权利,因此,应符合相应的条件。

代位权的行使应满足下列条件:

1. 须债务人对第三人享有到期的债权

根据《合同法》第73条的规定,在我国代位权的客体仅限于债务人对第三人的到期债权,该债权以外的其他财产权是否适用代位权,我国法律没有规定。我们认为虽然作为债的保全手段的代位权的客体,主要是债务人到期的债权,实务上也多是如此,但法律上的规定不应只限于债权,债权以外的其他非专属的财产权也应该可以成为代位权的客体。如果债权人的代位权是债务人对于第三人的债权,这些债权必须是已经到期,可以行使的,未到期的债权不能代位。

2. 须债务人有怠于行使其到期权利的行为

所谓怠于行使,是指应该行使、能够行使而不行使。所谓应该行使,如债权已经到期,如不行使可能因时效届满而不受保护;所谓能够行使,指债务人行使权利并不存在不能行使的事实上或者法律上的障碍。

3. 须债务人履行迟延

即债务履行期届满而债务人未为履行。债务未届履行期,债权人的债权尚不能主张,能否实现也难以预料,此时,没有保全债权的必要。债权到期而未受清偿的,债权人债权的实现已经出现问题,此时才有债权保全的必要。

4. 须有保全债权之必要

所谓有债权保全之必要,指债权人存在债权不能实现的危险,如债务人的现有财产是无力清偿债务的。如果债务人有清偿能力,尽管债务人不行使其到期的对第三人的债权,但并不影响其债务的履行,债权人只需向人民法院请求强制执行债务人的财产即可,无需行使代位权。只有在债务人怠于行使其对第三人的债权,使其应该增加并且能够增加的财产而没有增加,致使债务人难以履行其到期的债务时,债权人行使代位权才有其必要。

5. 须非专属于债务人本人行使的权利

并非所有的债权都可以由他人代位行使。对于那些必须有本人行使的债权,不能代位。不能成为代位权客体的权利主要有以下:(1)具有人身性质的债权,如抚养费、赡养费请求权;(2)因人身受到伤害的损害赔偿请求权;(3)基于特定身份发生的权利,如监护权;(4)不能扣押的权利,如劳动报酬请求权;(5)以债务人的特殊技能为内容的债权等。

6. 须是以财产给付为内容的债权

以提供劳务或者不作为为内容的债,即使有债务人不行使其到期债权的行为,也不会影响对于该劳务之债的履行,因此,代位权的行使没有意义。

(三) 代位权的行使范围及效力

代位权的行使范围以保全债权为必要。当债权人代位行使的债务人的债权大于被保全的债权时,债权人不必行使债务人的全部债权,只要能够保全本债权即可。在行使代位权时,债权人不得处分债务人的权利,如关于债务的免除,债权的抛弃等有害于债务人利益的行为,不能进行。根据传统民法中债权人代位权的原理,债权人不能请求第三人直接向自己履行债务,而应将债务履行的结果归入债务人的一般财产,债权人的代位权没有优先受偿的效力。

债权人行使代位权后,发生以下效力:

1. 对债务人的效力

债权人所为之行为应视为是债务人的行为,因行使代位权所发生的法律后果归属于债务人。

2. 对第三人的效力

债权人行使代位权时,第三人基于对抗债务人的事由同样可以对抗行使代位权的债权人,如同时履行抗辩。但第三人对于债权人本人的抗辩,不得于债权人在行使代位权时对抗债权人。

3. 对债权人的效力

根据传统民法的规定,债务人因债权人行使代位权所获得的财产,应归入债务人的一般财产以作为全体债权人的共同担保,行使代位权的债权人没有优先受偿权,此即所谓的"入库原则"。但因代位权的行使所支出的费用,可请求债务人返还。现根据最高人民法院关于合同法的司法解释的规定,在代位权诉讼中,债权人向次债务人提起的代位权诉讼经人民法院审理后认定代位权成立的,由次债务人直接向债权人履行清偿义务,债权人与债务人、债务人与次债务人之间相应的债权债务关系即予消灭。依此规定,在我国债权人可以直接受领次债务人的清偿。这一规定是对传统民法"入库原则"的突破,对行使代位权的债权人有利,同时也能起到最大限度发挥代位权制度的意义。

二、债权人的撤销权

(一) 撤销权的概念

撤销权,指债权人对于债务人因实施处分其财产或者财产权利的行为而使其财产不当减少因而危害债权人债权实现时,得请求人民法院予以撤销的权利。

债权人的撤销权源于罗马法,罗马法上称保罗诉权或废罢诉权。

我国《合同法》第74条规定:因债务人放弃其到期债权或者无偿转让其财产,对债权人造成损害的;以及债务人以明显不合理的低价转让财产,对债权人造成损害,并且受让人知道该情形的,债权人可以请求人民法院撤销债务人的行为。

由于债务人的财产是其债务履行的一般担保,因此,债务人的财产状况如何,对于债权人意义重大。当债务人的行为将使其财产不当减少时,债权人有权为保全其债权的实现,请求人民法院撤销该行为。

(二) 撤销权行使的条件

由于撤销权的行使,使债权人干预了债务人的行为并影响了债务人行为的效力,因此,法律对债权人行使撤销权规定了具体的条件,这些条件包括主观和客观两个方面。

撤销权行使的客观条件:

1. 须有债务人不当减少其财产的行为

这些行为主要表现为以财产为内容的法律行为,具体表现有:(1)减少财产,如为捐赠或者其他的赠与行为等;(2)增加财产负担,如为他人的债务履行提供财产担保、对他人债务的承担;(3)财产的不当处分,如以明显的不合理的低价转让财产、放弃到期债权或者免除债务等。

2. 债务人的行为须危害债权

所谓危害债权,指债务人的上述行为造成其财产状况恶化,以致不能履行债务,影响债权人债权的实现。如果债务人处分其财产的行为虽使其财产减少,但并不影响对其债务的清偿,债权人无权干涉。

3. 债务人的行为须以财产为标的

债务人的身份行为也可能使其财产状况发生不利的改变,如收养未成年人、与没有收入来源的人结婚、继承的接受或者放弃等,基于债务人的身份行为而造成的财产状况的不良改变,债权人不得请求撤销。

4. 债务人的上述行为须于本债权债务关系有效成立后所为

如果债务人的上述财产处分行为在本债权债务关系建立前已经存在,债权人不得请求撤销。

撤销权行使的主观条件:

撤销权行使的主观条件指债务人与第三人为上述财产处分行为时,主观上必须存在使债权人债权不能实现的故意。是否存在故意无需债权人举证,只要债务人明知其行为有害于债权而依旧为之,即可认定为故意。

撤销权行使得的条件是否成立因债务人的行为是有偿还是无偿而有所不同。债务人的行为为无偿时,撤销权的成立仅限于客观条件。因为,撤销无偿的行为不会给善意的第三人造成损失,仅使受益人丧失无偿所得的利益。债务人的行为为有偿时,撤销权的成立须具备主客观条件。当债务人与第三人主观上都存在恶意的,债权人即可行使撤销权;仅有债务人的恶意而没有第三人的恶意,为保障交易安全,保护善意第三人利益,不得撤销二者之间已经建立的法律关系。

(三) 撤销权行使的方式及效力

在罗马法上撤销权就是一种以诉讼的方式主张的权利。债权人行使撤销权,应以诉讼的方式进行,而不是直接向债务人或者第三人提出撤销请求。

撤销权经人民法院认定成立的,撤销权的行使将在债权人、债务人和第三人之间产生相应的效力。

1. 撤销权的行使对于债务人与第三人的效力

债务人与第三人之间的法律行为一经撤销,自始无效。尚未给付的,无需给付;已经给付的,受领人负有恢复原状的义务。

2. 撤销权的行使对于债权人的效力

债权人有权请求受益人或者受让人向债务人或者自己返还所受利益,并有义务将所受利益加入债务人的一般财产,作为全体债权人的共同担保,行使撤销权的债权人没有优先受清偿的权利。

第七节　债的转移

一、债的转移的概念

债的转移,是指在不改变债的内容的前提下,由第三人受让债权或者债务。

债的转移属于债的变更范畴。广义的债的变更包括债的主体改变和债的内容改变;狭义的债的变更仅指债的内容的改变。现代民法将债的内容的改变称为债的变更,而将债的主体的改变,称债的转移,并对于债的转移特设专门的制度予以规范。

债的转移可因当事人的约定而发生,也可以因法律规定而发生,还可以是基于人民法院的判决发生。

债的转移包括:债权的让与、债务的承担和债权债务的概括转移三种情况。

二、债权让与

(一)债权让与的概念

债权让与,是指不改变债的内容,债权人将债权的一部分或者全部转让给第三人享有。当债权人将债权部分让与第三人时,第三人与债权人共享债权而成立多数人之债。第三人与债权人或按约定份额分享债权,或共享连带债权。如果没有约定或者约定不明的,推定第三人与债权人共享连带债权。当债权人将债权全部转让与第三人时,该第三人取代原债权人的地位,原债权人脱离债的关系。

由于债权让与并不改变债的内容,一般情况下于债务人并无不利,因此,债权让与并不需要征得债务人同意,只需通知债务人即可。当债的当事人约定债权不得转让的,从约定。

(二)债权让与的发生原因

债权让与的发生原因主要有两个:法律规定,当事人的法律行为。

1. 债权让与因法律规定而发生

根据我国现行的法律规定,可以引起债权让与的法定情形主要有:

(1)继承。债权可以作为遗产继承。当债权人死亡,债权作为遗产由继承人取得时,即发生债权转移的法律后果。

(2)合同上地位的概括承受。如在租赁合同有效期限内租赁物所有权发生转移的,租赁合同对新所有人继续有效,新所有人取代原所有人的地位享有租金债权即是。

(3)连带债务人之间的求偿权。连带债务人之一清偿全部债务的,连带之债消灭。该债务人取得债权人的地位,就超出自己应承担的债务清偿部分有权向其他债务人追偿。

(4)保证。在有保证担保的债中,当债务人不履行债务而由保证人承担保证责任后,保证人在承担保证担保的范围内取得债权人的地位,有权向债务人追偿。

(5)保险。当保险事故是由第三人造成时,保险人在向受害人承担保险赔付后,取代受害人的地位,有权向造成损害的第三人追偿。

2. 债权让与因当事人的法律行为而发生

债权可因债权人让与债权而转移。债权人让与债权的法律行为,可以是单方行为,如遗嘱、遗赠;也可以是双方行为,如债权让与合同。债权人以遗嘱、遗赠的形式让与债权的,适用继承法的相关规定;债权人与第三人约定转让债权的为债权让与合同,适用合同法的规定。

由于债权让与不改变债务人的债务履行,因此,债权让与合同无需征得债务人同意,但应通知债务人。因债权让与增加债务人债务履行负担的,除债务人同意外新增加的履行负担应由债权人承担。债权让与合同一经成立即发生债权转让的效力,但于通知债务人之前对债务人不生效。债务人在得到债权让与通知前,向债权人为履行的,该债务的履行仍然有效。

（三）债权让与的法律效力

债权一经让与,即发生对内、对外两方面的效力。债权让与的内部效力发生在债权让与人与受让人之间;债权让与的外部效力发生在让与人、受让人和债务人之间。

债权让与的内部效力:(1)债权全部让与的,原债权人脱离债的关系,受让人成为债权人,让与人应将有关债权的一切凭证交与受让人;(2)主债权让与时,从属债权,如担保物权、利息债权、违约金及损害赔偿请求权一并转移。但保证债权须经保证人书面同意才能转移;(3)让与人对所转让的债权负瑕疵担保责任。

债权让与的外部效力:(1)债权让与人或者受让人应将债权让与的情况通知债务人;(2)债权全部让与时原债权人因债权让与而脱离债的关系,不得再向债务人请求履行,亦不得接受债务人的履行,否则构成不当得利;债务人亦不得向让与人为履行,否则不构成债的履行;(3)受让人因受让债权而成为新的债权人,得向债务人主张履行,债务人亦得向其为履行;(4)除非债务人同意,因债权让与而增加债务人债务履行负担的,增加的履行负担由债权人承担;(5)凡债务人得以对抗原债权人的一切抗辩事由,亦得对抗新债权人。

债权让与并不适用任何债的关系,根据法律规定不得让与的债权有两类:一是根据债权的性质不得让与;二是当事人的约定不得让与。

根据债的性质不得让与的债权有:(1)基于个人的信任关系而发生的债权,如委托人对受托人的债权、雇主对受雇人的债权等;(2)因特定的身份关系或者人身属性发生的债权,如抚养费、赡养费请求权、人身伤害赔偿请求权;(3)从债权,因从债权随主债权的命运而定,其本身没有独立性,从债权不能单独转让。

三、债务承担

（一）债务承担的概念

债务承担即债务人的变更,由第三人承受全部或者部分债务。广义的债务承担包括第三人全部承受债务人的地位和第三人加入债的关系与原债务人共同承担债务两种情况,前者称免责的债务承担,后者称并存的债务承担。狭义的债务承担仅指免责的债务承担。

债务承担的发生原因主要有两类:一是根据法律规定,如因继承而承担被继承人生前的债务;二是根据当事人之间的约定。因当事人之间的约定而发生的债务承担有两种情况:一种是由第三人与债权人约定,承担或者部分承担债务人的债务;一种是由债务人与第三人约定,承担或者部分承担原来债务人的债务。

(二)免责的债务承担

1. 免责的债务承担的含义

免责的债务承担,是指第三人与债务人或者债权人约定,由第三人取代原债务人的地位而承担全部债务,原债务人脱离债的关系。第三人全部承受债务的,从属于原债务的一切从属债务,如利息之债等随主债务的转移而一并转移。对原债务人的判决,对新债务人亦发生效力。

2. 债务承担协议

免责的债务承担是一种双方的法律行为,是一种合同关系。该合同可以由债务人与第三人约定,也可以由债权人与第三人约定。当债务承担协议是由债务人与第三人约定时,该约定须经债权人同意方发生债务转移的效力。未经债权人同意的债务承担,不具有债务转移的效力。

免责的债务承担协议应具备以下条件:

(1)存在有效债务。不存在的债务或者因提存、抵消、清偿等原因已消灭的债务,不发生债务承担的问题。

(2)债务具有可转让性。与债权让与相同,性质上不能转移的债务、当事人约定不能转移的债务,不得转移。

(3)经债权人同意。当债务承担协议是在债务人与第三人之间订立时,该债务承担协议须经债权人同意,才能发生债务转让的效力。当债务承担的协议是由债权人与第三人约定时,是否需要征得债务人同意,存在两种不同的理论,一种认为无需征得债务人同意;另一种认为应征得债务人同意。我们持后一种观点。

3. 债务承担的法律后果

(1)原债务人脱离债务关系,承担人成为新债务人,向债权人为债务清偿。

(2)原债务人得对抗债权人的一切抗辩权,新债务人亦得行使该抗辩。但是,新债务人不得以其对原债务人的抗辩事由对抗债权人。

(3)从属于主债务的一切从债务,随主债务一并转移于受让人。但保证债务须经保证人书面同意,才与主债务一并转移。

(三)并存的债务承担

1. 并存的债务承担的含义

并存的债务承担,是指第三人与债务人或者债权人约定,由第三人加入债务关系,与原债务人共同承担债务,共同成为连带债务人。

并存的债务承担与保证债务不同。保证债务为从债务,只有在主债务人不履行债务时,债权人才能要求保证人代为履行或者承担保证责任。而在并存的债务承担,债权人可以请求债务人履行也可以直接请求第三人履行全部债务。

并存的债务承担协议可以是债务人与第三人约定,也可以是债权人与第三人约定。当并存的债务承担是由债务人与第三人约定时,由于原债务人的地位并不改变,因此,无需征得债权人同意,但应通知债权人。

2. 并存的债务承担的法律后果

(1) 第三人与债务人共同承担连带债务,包括主债务和从债务,债权人可以请求债务人履行,也可以请求第三人履行。

(2) 债务人得以对抗债权人的一切抗辩事由,第三人亦得向债权人主张。

(3) 并存的债务承担成立后,第三人因清偿或者其他方式如抵消、混同等原因消灭债的,债的消灭有效。

四、债的概括转移

(一) 债的概括转移的概念

债的概括转移,是指债权、债务同时转移于第三人的情况。

债的概括转移,可以是债的部分转移,也可以是债的全部转移。在部分转移的场合,应由受让人与出让人约定各自所享有的债权债务的性质和份额。当事人没有约定或者约定不明确的,在出让人与受让人之间产生连带关系。

债的概括转移通常在两种情况下发生:一是合同地位的承受;二是企业的合并。

(二) 合同地位的承受

合同地位的承受,是指在合同成立后,当事人一方与第三人约定,并经合同相对方同意,由第三人取代其在合同中的法律地位,承受合同中的权利和义务。

合同地位的承受应满足以下条件:

(1) 有合法有效的合同存在。在可撤销合同中,由于撤销权行使前合同为有效,可适用债的概括转移。但当事人不得于概括转移后,再行使撤销权。

(2) 适用概括转移的债应是合同之债中的双务合同。

(3) 一方当事人与第三人达成合同地位承受的协议。

(4) 需经合同相对方同意。

合同承受的法律后果如下:

(1) 出让人脱离合同关系,受让人取得出让人的法律地位,成为合同当事人。合同上的一切权利义务,包括附随义务、从属义务、从权利一并转移于受让人承担或享有。

（2）合同承受为无因行为。第三人（即合同的承受人）的对抗出让人的事由，不得用以对抗合同的相对方。

（三）企业的合并

企业的合并也能发生债的概括转移。

企业的合并有创设合并与吸收合并两种。在创设合并，原合并的各个企业的权利义务，一并由合并后的新设企业承担。在吸收合并，若为全部吸收，由合并后的企业承担被吸收企业的一切权利义务；若为部分的吸收合并，应由当事人协商确定各自应承担的权利义务份额。在合并后的一定期限内由合并后的企业与原企业承担连带责任。

第八节　债的消灭

债的消灭，是指债在客观上不复存在。

债是一种有存续期限的法律关系。与物权关系不同，物权客体为物，物在权利在。而债是当事人为达到某种利益或者目的的法律手段，一旦该利益或者目的实现，债的关系消灭。

债的消灭与债的变更不同，债的变更是债的部分要素的改变，而债的消灭是债的法律关系在客观上不复存在。

可以引起债消灭的原因主要有以下几种：

（1）债的目的消灭。债的目的消灭可分为目的实现的消灭和目的不能实现的消灭。目的实现的消灭，如买卖合同因双方的履行合同目的的实现，该买卖合同之债消灭；目的不能实现的消灭，如以特定物为买卖标的的合同，因不可抗力的原因致标的物灭失的，发生履行不能，该买卖合同之债因目的不能实现而消灭。

（2）基于当事人意思的消灭。例如债权人免除债务人的债务，或者合同的一方行使合同的解除权等。

（3）债无实现或者请求必要的消灭，如债的抵消、债的混同等。

各国民法对于债的消灭原因归结为五种：清偿、抵消、提存、免除和混同。

一、清偿

清偿，指满足债权需要，实现债的目的的行为，也有称债的给付、债的履行。在债法上清偿、履行、给付为同一含义，适用于不同的场合，如合同之债通常用履行一词。债的清偿是债消灭最常见、最理想的手段。

债的清偿主体有清偿人和清偿受领人。在一般情况下，由债务人为清偿，债权人受领清偿。债的清偿主体与债的主体同。但经当事人同意第三人也可以成为债的清偿主体。即由第三人向债权人为清偿或者由第三人受领债务人的清偿。

债的清偿客体应根据债的性质决定，原则上不得以其他标的替代。代物清偿须有债的双方就代物清偿意思合一。经双方合意的代物清偿具有债消灭的意义。

二、抵消

抵消，又称充抵，指当债的双方互负同一种类的给付时，在对等数额内使各自的债务相互消灭的行为。其中，抵消人的债权称主动债权；被抵消的债权称被动债权。

抵消可以分为法定抵消和约定抵消两种。

法定抵消，满足法律规定的构成条件，即可发生抵消的效力。该抵消权属形成权，一经权利人主张，即可发生抵消的效力，无需征得相对方的同意。抵消权从属于债权，不能与债权分离而单独转让。

约定抵消，又称合意抵消，必须双方存在抵消合意。约定抵消的适用条件和效力，由双方合意决定。

法定抵消的条件：

(1) 双方互负债权、债务；

(2) 双方的债已届清偿期，或者一方的债权虽未至清偿期，但对方愿意放弃期限上的利益，或者经双方协商扣除期限上的利益；

(3) 债的标的须为同一种类的给付，一般可以适用抵消的债均为金钱之债。

(4) 双方之给付性质上属能够抵消的债。双方的债权债务虽为同一种类的给付，但性质上不能抵消的债，仍不得抵消。不能抵消的债主要有以下几种情况：一是依债的性质不能抵消的，如不作为债务、以提供劳务或者智力成果为给付标的的债务等；二是根据法律规定不能抵消的债务，如法律禁止强制执行的债务、因侵害人身权而发生的损害赔偿之债务等不能适用抵消；三是当事人约定不能抵消的债务。

抵消是一种单方的法律行为。抵消权的行使只需抵消人将抵消的意思表示向相对人为通知即可。抵消的通知自到达相对人时生效。

抵消权行使的法律后果：

(1) 双方互负的债务在对等的数额内消灭。双方的债务存在数量上差异的，就未能抵消的部分，债务人继续负债务履行的义务。

(2) 因抵消而使双方债务消灭的，债务消灭的效力溯及至抵消之时。

三、提存

广义的提存,指将金钱等物寄托在提存处,他人通过提存受领其财产而实现一定目的的制度。其包括为给付清偿的提存,以保证为目的的提存,执行提存等。

狭义的提存,指因债权人的原因而无法交付债的标的时,债务人得将该标的提交一定机关保存以消灭债的关系的制度。

此处讨论的提存指狭义的提存。

债的关系一经发生,在债权人与债务人之间产生相应的权利义务关系。债务人通过履行义务,满足债权人的需要;债权人接受履行,实现债的目的,债的关系消灭。单有债务人的履行而没有债权人接受履行,债的目的不能实现,债的关系就不能消灭,债务人的义务就一直存在,这使债务人处在不利的地位。因此,在债的关系中,债权人接受履行对于债的目的的实现,关系重大。当因债权人的原因而使债务人无法履行义务时,法律特设提存制度以消灭债务,保护债务人的利益。

提存的发生原因主要有:(1)债权人没有正当理由拒绝接受债务人的履行;(2)债权人下落不明;(3)债权人丧失民事行为能力而又没有代理人;(4)债权人死亡,债权人的继承人尚不确定等。

债一经提存,在债务人、债权人与提存机关三者之间发生相应的法律效力。

(1) 债务人与债权人之间的效力。第一,双方债的关系因提存而消灭;第二,一经提存,提存物的所有权属于债权人,提存物的风险责任转由债权人承担;第三,因提存所需支付的必要费用,由债权人承担。

(2) 债务人与提存机关之间的效力。一经提存,债务人与提存机关之间准用寄存保管合同关系,但提存的费用由债权人承担。

(3) 债权人与提存机关之间的效力。第一,一经提存提存物的所有权属于债权人,债权人得随时提取提存物;第二,在提存期间,提存物所生孳息归债权人所有,提存物的风险由债权人承担;第三,提存费用由债权人承担。

四、免除

免除,指债权人以消灭债权为目的向债务人所作的抛弃债权或免除债务的意思表示。

免除是债权人处分债权的单方的法律行为。债权人必须有处分债权的权利能力和行为能力。当数人共享一个债权时,需经全体债权人同意方可为债权处分行为。

免除的发生必须满足两个条件:一是有可供免除的债务存在;二是有债权人向债务人为债务免除的意思表示。

债的免除具有以下法律特征：

（1）免除为单方法律行为。债的免除因债权人一方的意思表示发生效力，无需债务人为承诺。但是，债权人的免除行为不得有害于债务人和第三人。

（2）免除为无因行为。免除仅依债权人的意思表示而发生效力，而不问债权人为债务免除的原因如何，免除的原因无效或者不成立，不影响免除的效力。

（3）免除为无偿行为。债权人为债务免除的原因可能有偿也可能无偿，如为和解、赠与、对价给付等。由于免除行为本身是无因行为，因此免除行为为无偿。

（4）免除为非要式行为。免除的意思表示无须以特定的方式进行。

债的免除发生债消灭的法律后果。主债免除的，从债当然产生免除的后果；但从债免除的，并不引起主债消灭的后果。债为部分免除的，尚未免除的部分，债务人仍得负履行的义务。债权人向连带债务人之一个为债务免除，而无消灭全部债务之意思的，其他债务人的债务并不因此而消灭。

五、混同

混同，指债权债务同归属于一人而使债的关系消灭的法律事实。

民法上的混同有广义、狭义两种情况。狭义的混同，仅指债权与债务的混同。广义的混同，除权利和义务的混同外，还包括权利与权利的混同，如所有权与他物权的混同，他物权因混同而消灭；义务与义务的混同，如主债务与保证债务的混同，保证债务因混同而消灭。债的消灭所指的混同为狭义的混同，即债权与债务的混同。

混同为一种法律事实，但不是法律行为，因此，混同无需意思表示即可发生混同的后果。发生混同的原因主要有两类：一类是概括承受，如债权人概括继承债务人的遗产，债权人企业吸收合并债务人企业；另一类是特定承受，如债务人自债权人处受让债权或者债权人自债务人处承受债务，同样发生债的混同的法律后果。

第十七章　不当得利和无因管理

第一节　不当得利

一、不当得利的概念

不当得利,指没有法律上的根据而获得利益,使他人利益受到损害,或者虽然曾经有法律上的根据,以后该根据消失,使曾经获得的利益成为不当得利的事实。获得利益的人负有向利益受损人返还不当得利的义务,利益受损人有权向不当得利人请求返还不当得利,因不当得利使双方之间发生的债权债务关系称不当得利之债。

我国《民法通则》第92条规定:"没有合法根据,取得不当利益,造成他人损失的,应当将取得的不当利益返还受损失的人。"

在不当得利之债中,受益人或者不当得利人为债务人,利益受损失的人为债权人,受益人负有向利益受损失的人返还不当得利。

不当得利就其性质而言,属于法律事实中的事件,而不是行为,与当事人的意思表示无关。不当得利之债的发生,基于法律规定而不是当事人之间的约定,因此,不当得利属法定之债。

二、不当得利的成立条件

(一)须有一方获得财产上的利益

不当得利须有一方获得财产上的利益,非财产上获利不适用不当得利。财产上的获利可以表现为财产的积极增加,即不应增加而增加;也可以表现为消极增加,即应该减少的没有减少。财产的积极增加主要有:(1)权利取得,如财产所有权的取得,他物权、债权、知识产权的取得等;(2)占有他人的财产,如甲错将乙的货物发送给了丙,丙因此而占有该物;(3)权利的扩张,如财产所有权的范围因添附而扩张;(4)权利限制的消失,如财产上原来存在担保物权的,因不当得利事实的发生,使该担保物权消失。财产的消极增加主要有:(1)应该支出的费用没有支出或者少支出;(2)应该承担的债务没有承担或者少承担;(3)应该设定的权利限制而没有设定等。

(二)须他方利益受损

在不当得利中,一方获利是因他方利益受损造成的。仅有一方获得利益,而没有因此造成他方的损失,不适用不当得利。他方利益受损,是指他方财产的减少,包括应该增加的没有增加,或者不该减少的减少了。前者为积极损失,后者为消极损失。

(三)一方获利和他方利益受损之间须有因果关系

所谓受益和受损之间的因果关系,指一方的受益是因他方的损失造成的。没有他方的受益,就不会有这一方的损失;同样,没有这一方的损失,他方不可能获得利益。仅有一方的获利,一方利益受损,两者之间没有因果联系的,不适用不当得利。至于一方获得利益与他方受到的损失,是否在同一时间发生,是否是基于相同的范围和相同的形式,在所不问。

(四)须无法律上的根据

任何人获得一种财产上的利益,应该有法律上的根据,如基于买卖、赠与、继承而获得他人财产的所有权,基于对无主动产的先占而取得对该动产的所有权,基于添附原理而取得添附物的所有权等,这些都是有法律根据的取得,受法律保护。没有法律根据而取得利益,因缺乏合法性而成为不当得利。

没有法律上的根据,包括自始没有法律根据和嗣后丧失法律根据。例如,一个租期为一年的房屋租赁合同,合同生效后承租人便付清了一年的租金,但合同履行至第三个月,承租人买下了承租的房屋。如果出租人不将剩余期限的租金抵扣房屋价款的,就剩余9个月的租金,出租人构成不当得利。

三、不当得利的基本类型

根据不当得利的发生是否基于给付行为,可将不当得利分为两种情况:因给付行为而发生的不当得利;因给付行为以外的原因而发生的不当得利。

(一)因给付行为而发生的不当得利

给付行为,指一方将一定的财产或者财产权利交付给他方的行为,如因买卖发生的给付、因赠与发生的给付。一方的给付可以是基于法律行为,也可以是基于事实行为。但因为给付本身缺乏法律根据,因此,受领给付成为不当得利。因给付而发生的不当得利的表现形态主要有：

1. 给付原因不存在

如因买卖合同、赠与合同的不成立或者被撤销、被宣告无效等，使已经受领给付的一方构成不当得利。

2. 给付对象错误

如甲应向乙为给付，却误向丙为给付，丙的受领构成不当得利。

3. 不存在的债务

此为因误解而履行尚不存在的债务。

4. 多给付

给付的数量超出应当给付的数额时，如，钱多找。

（二）因给付行为以外的原因而发生的不当得利

1. 因自然事件发生

如因洪水的原因造成上游鱼塘的鱼，冲入下游鱼塘，下游鱼塘的所有人所得的冲下来的鱼构成不当得利。

2. 因第三人的行为

如第三人将甲的饲料饲养乙的牲口，乙因此而构成不当得利。

3. 因添附

根据添附原理，一方取得添附物的所有权，他方因丧失添附物而受到损失的，除非受益人补偿他方损失，否则构成不当得利。

4. 因受益人自身的行为

例如错拿别人的东西以为自己的东西。

5. 因利益受损人自身的行为

例如误将他人的事务作为自己的事务进行管理等。

四、不当得利的法律后果

不当得利一经发生，便在受益人与利益受损失人之间发生债权债务关系。受益人负有返还不当得利的义务，利益受损失的一方有权请求对方返还不当得利。该请求权的行使以获利人返还其所受利益为目的，而不是以利益受损人所受到损失的弥补为目的，具体表现为：

（一）利益受损人对于获利人的利益返还请求权

1. 获利人为善意时的利益返还

所谓善意，指获得利益的一方在获得利益时，并不知道其所得的利益没有法律上的根据。在此情况下，获利方返还利益的范围以尚存的利益为限，已经失去的利益,不再返还。所谓尚存利益,不以利益原形为必要。原来的利益已经转换成其他利益形态的,仍然属于尚存利益。例如将实物变卖后获得的价金,价金仍然为现存利益。

2. 获利人为恶意时的利益返还

所谓恶意,指获利人明知利益的获得没有法律根据,而照样取得利益。在此情况下,获利方的利益返还以其所获得的实际利益为准,并不问该利益现在是否存在,利益形态是否发生改变。

有时,获利人获得利益时为善意,嗣后为恶意的,其利益的返还以恶意开始时实际存在的为准。

(二)利益受损人对第三人的返还请求权

(1)获利人将所得利益有偿转让给第三人的,利益受损人无权直接向第三人请求返还利益,只能请求获利人赔偿损失。

(2)获利人将所得利益无偿转让第三人而没有恶意的,利益受损人得请求第三人在其所受让的利益范围内,负利益返还责任。

(3)获利人将其所得利益无偿转让第三人并且存在恶意的,利益受损人得请求不当得利人赔偿损失,而无权请求第三人返还所得利益。

第二节　无因管理

一、无因管理的概念

无因管理,指没有法定义务,也没有约定义务,为了避免他人利益的损失而主动管理他人事务的行为。在无因管理中,对于他人事务进行管理的一方称管理人,事务被他人管理的一方称本人,也称受益人。

无因管理性质上属于事实行为,而非法律行为,与当事人的意思表示无关,也与当事人的行为能力无关。因无因管理发生的债权债务关系,是基于法律的直接规定,因此,无因管理属法定之债。

二、无因管理的成立条件

1. 须有管理他人事务的行为

所谓对他人事务的管理,包括管理他人事务,如保存、管领他人财物;也包括为他人提供劳务,如送邻居的孩子上医院,代老人交付水电煤费,为他人修缮被大风刮倒的房屋等。作为事务本身应符合以下条件:(1)该事务能够成为债的标的。如为老人代交水电煤费,为他人修缮房屋。(2)该事务应为合法事务。无因管理制度设计的目的,是为了肯定、弘扬社会上互帮互助行为。因此,被管理的事务本身应该合法。例如窝藏罪犯、窝藏赃物,应其窝藏对象不法,不能适用无因管理。(3)该事务须能够由他人代为管理。必须由本人管理的事务,例如股票的买进卖出,未经本人的授权,他人不得代为管理,因此不能成为无因管理的对象。

2. 须有为他人利益而为管理的意思

管理人管理他人事务的目的在于为他人谋利益或者避免他人受到损失。为他人谋利益,是管理人的主观心理状态,而非效果意思,不以表示为限。管理人虽有为他人谋利益的意思,但同时自己也获益或者其他人也同时获得利益,不影响无因管理的成立。管理人误将张三的事务为李四的事务进行管理的,因张三李四均为他人,照样成立无因管理。

管理人误将他人的事务作为自己的事务进行管理的,虽客观上有管理他人的事务,但主观上是为了自己的利益而非他人的利益,因此,不成立无因管理。管理人误将自己的事务为他人的事务进行管理的,因管理的结果是使自己受益,而非他人受益,因此,也不成立无因管理。

3. 须无法定或者约定的义务

管理人管理他人事务,是基于法律规定或者是因合同约定的义务,如因委托合同而管理他人事务,因合伙合同管理合伙事务,是对自身义务的履行,不属于无因管理。管理人虽有法定或者约定义务,但在管理过程中,超出了义务范围的,就超出义务范围的部分,可以成立无因管理。

三、无因管理的法律后果

无因管理一经成立,便在管理人与本人之间发生相应的债权债务关系,具体表现在以下几方面。

(一) 管理人的义务

1. 管理人应妥善管理他人事务

所谓妥善管理,应理解为以本人曾明示或可推知的意思进行管理,或者以对本人有利的方式进行管理。违反本人意思的管理或者以对于本人不利的方式进行的管理,构成管理不当。因管理不当而给本人利益造成损失的,管理人应承担相应的民事责任。管理人能够证明自己没有过错的,即管理人能够证明自己已经尽到了妥善管理义务的,不承担民事责任。管理人一经管理,应善始善终,而不应中途停止管理。

2. 管理人应将管理的事实及时通知本人

管理人一旦管理,即应将管理的事实通知本人,管理人无法通知或者本人已经知道的除外。管理人将管理的事实通知本人后,应听取本人的意思或继续管理或停止管理。管理人根据本人的意思继续管理的,适用委托合同关系。

3. 管理人应向本人汇报管理情况,转移管理结果并计算有关费用

由于管理人所管理的是本人的事务,应将管理的结果转移于本人。在管理事务过程中发生的相关费用,应与本人结算。

（二）本人的义务

1. 本人应向管理人偿付管理人在管理中支付的相关费用

相关费用可以包括两个内容:一是管理人在管理事务过程中已支付的费用;二是管理人在管理事务中受到的损失。

2. 本人应接受管理人所为管理事务的结果

其中包括权利的发生、限制或转移,债务的发生或履行等。

第十八章 合同的一般原理

第一节 合同的概念、特征和分类

一、合同的概念和特征

根据我国《合同法》第 2 条规定："合同是平等主体的自然人、法人、其他组织之间设立、变更、终止民事权利义务关系的协议。"

关于合同的概念有广义和狭义之分。狭义的合同，仅指特定人之间以财产为内容的债权债务关系的协议；广义的合同包括一切在特定当事人之间的协议，不以财产内容为限，如以身份关系为内容的结婚协议、离婚协议、收养协议、解除收养协议等。一般在民法上所称的合同以及本章所称的合同指狭义的合同。

合同具有以下法律特征。

(一) 合同是双方或者多方当事人意思表示一致的法律行为

合同首先是一种民事法律行为，与同样能够产生权利义务关系的事实行为不同。合同以当事人意思表示为必要。由于合同是双方或者多方当事人之间的法律行为，事关当事人之间权利义务的发生、变更和终止，因此，必须当事人就合同的内容意思表示一致。此与单方法律行为如遗嘱、遗赠只要行为人一方的意思表示即可发生法律效力不同。

合同是当事人意思表示一致的法律行为。意思表示一致有两种表现：一种是意思表示平行的一致，即合同当事人追求的目标是共同的、同一的，这类合同的当事人往往是两个或者两个以上，这类合同的典型如合伙合同。另一种是意思表示交叉的一致，即一方所需要正是对方能够提供、愿意让渡的，双方在交叉点上意思一致，这类合同发生在双方当事人之间，如买卖、租赁、承揽等合同。除合伙合同可能发生在多方当事人之间以外，其他合同都发生在双方当事人之间。

（二）合同是当事人以设立、变更或终止民事权利和民事义务为内容的法律行为

合同是当事人意思表示一致的法律行为，但并非任何当事人协商一致的行为，都是合同行为。当事人之间意思表示一致必须以设立、变更或终止权利义务关系为内容的。仅有当事人意思表示一致，而无关民事上权利义务的不是合同。

（三）合同是当事人在地位平等的基础上所为的法律行为

合同是平等主体之间的法律行为，是当事人追求各自目的的法律手段。当事人在为合同行为时，应遵循平等、自愿原则，真实地表达自己的意思。任何一方不得以欺诈、胁迫的手段迫使对方与其签订合同。因欺诈、胁迫而订立的合同不具有法律效力。

（四）合同是具有法律约束力的协议

合同一经成立，在当事人之间即发生法律上的约束力。当事人受合同约定的内容约束，具体表现为：(1)合同一经成立，在当事人之间发生相应的权利义务关系。当事人应按合同的约定，履行各自义务，实现合同目的。任何一方不履行义务的，应承担违约责任。(2)合同一经成立，除非法律规定或者经对方当事人同意，任何一方不得擅自变更或解除合同，否则将承担法律责任。(3)合同在履行过程中发生纠纷的，合同条款是解决合同纠纷的依据。

二、合同的种类及类型

由于民事活动内容的多样性，决定了合同的种类及类型的多样性。我国《合同法》规定了 15 种不同类型的合同，但实务中合同的类型不止这 15 种。在学理上根据不同的划分标准，可以对合同进行不同的分类。

（一）单务合同和双务合同

根据合同双方的义务有无对价关系，可将合同分为单务合同和双务合同。

单务合同，指合同一方当事人只有义务而没有权利，或者双方虽均有各自的义务或责任，但双方的义务并不形成对价关系，如借用合同、赠与合同。在借用合同中，虽出借人负有对出借物瑕疵的告知义务，借用人负有到时返还原物的义务，但两者的义务并不形成对价关系，这类合同仍然属单务合同。

双务合同，指合同双方都有义务，并且双方的义务形成对价关系的合同，如买卖、租赁、承揽合同等。在买卖合同中出卖人标的物的交付义务与买受人价金的支付义务形成对价。在双务合同中，每一方当事人各有自己的权利义务，并且双方的权利义务互为对价，即一方的义务正是对方的权利，当事人通过履行自己的义务使对方实现权利。在民事合同中，双务合同是主要的合同类型。

区分双务合同与单务合同的法律意义在于:(1)双务合同在履行中可适用抗辩权规则,如同时履行抗辩、不安抗辩等,单务合同不存在履行抗辩问题。(2)在双务合同中,一方发生履行不能时,他方可解除合同,而单务合同不存在这类问题。(3)双务合同因不可归责于双方当事人的事由而不能履行时,发生风险分担的问题。而在单务合同中,因不可归责于当事人的事由而不能履行时,风险由债务人承担,不发生风险分担问题。

(二) 有偿合同与无偿合同

根据当事人之间有无对价给付关系为标准,可将合同分为有偿合同与无偿合同。

有偿合同,指当事人之间互为对价给付关系的合同。所谓对价,即一方获得对方利益需付出相应代价,是利益的交换,如买卖、租赁、承揽合同等。给付的内容,可以是金钱或者实物,也可以是劳务或者智力成果等。所谓对价,不以等价交换为限。不能确定的利益互换,同样成立对价给付,如购买彩票。

无偿合同,指当事人之间没有对价关系的合同。即一方获得他方的利益,无须为此付出相应的代价,如赠与合同、无偿借贷合同等。由于无偿合同中利益获得方无需为相应的给付,所以无偿合同一般为单务合同。

合同的有偿或者无偿取决于法律规定、合同性质的决定或者当事人的约定。合同性质决定应是有偿的,不能无偿,如买卖合同一定有偿;合同的性质决定一定是无偿的,不能有偿,如赠与合同一定为无偿。是否有偿可以由当事人约定的从约定,如保管合同、借贷合同、委托合同等可以有偿,也可以是无偿。

区分有偿合同与无偿合同的法律意义在于:(1)对于当事人民事行为能力的要求不同。有偿合同,因双方都负有给付义务,因此,要求合同双方都必须具有完全的行为能力;无偿合同,由于获得利益的一方无须作出相应的给付,因此,获得利益一方的当事人可以是无民事行为能力或者是限制行为能力人。(2)合同责任的轻重不同。有偿合同,合同责任重,当事人对因故意或者一切过失行为致合同不履行的,都要承担合同责任。无偿合同中给付利益的一方,只对因故意和重大过失致相对方损失的负损害赔偿责任。

(三) 诺成合同与实践合同

根据合同的成立是否以交付标的物为标准,可将合同分为诺成合同与实践合同。

诺成合同,指合同当事人意思表示一致合同即告成立的合同。在诺成合同中,交付标的物是对于合同的履行,而不是合同的成立条件。买卖合同、赠与合同、租赁合同等属诺成合同。

实践合同，又称要物合同，指合同的成立除当事人意思表示一致外，还必须交付标的物。仅有意思表示的一致，而没有交付标的物的，合同不成立。例如保管合同、自然人之间的借款合同，除当事人意思表示一致外，还必须交付标的物，合同在交付标的物后成立。

决定合同是诺成合同还是实践合同，根据合同的性质和法律的规定。根据我国《合同法》的规定，自然人之间的借款是实践合同；赠与、买卖、租赁、承揽等合同是诺成合同。

区分诺成合同与实践合同的意义在于：(1)两者成立的条件不同。诺成合同以当事人意思表示一致为合同成立的要件；实践合同以当事人交付标的物为合同成立的条件。(2)当事人义务的性质不同。在诺成合同中，当事人交付标的物是对合同义务的履行，违反该义务，产生违约责任；在实践合同中，当事人不交付标的物，违反先合同义务，产生缔约过失责任。

（四）要式合同与非要式合同

合同的形式是指合同当事人意思表示的方式。根据合同订立的形式是否必须按照法律规定的要求，可将合同分为要式合同和非要式合同。

要式合同，指必须以法律规定的方式订立的合同，如知识产权的转让与许可使用合同必须以书面方式订立。对于要式合同没有按照法律规定的方式订立的，合同无效。

非要式合同，指法律对于合同的形式没有强制性规定的合同，合同的形式可由当事人选择。

区分要式合同与非要式合同的法律意义在于：这两类合同成立或者生效的条件不同。在要式合同中，合同的形式不符合法律规定条件的，或者合同不成立，或者合同不生效。在非要式合同，由于法律对此没有形式要求，当事人无论采取何种形式订立合同，都不影响合同的成立或生效。

（五）主合同与从合同

根据两个同时存在的合同相互之间是否具有主从关系，可将合同划分为主合同与从合同。

主合同，指在同时存在的两个或者两个以上的合同中，可以独立存在，不依赖于另一个合同，并且对另一个合同具有影响力和约束力的合同。

从合同，指本身没有独立存在价值，受主合同影响、约束的合同。例如保证合同、抵押合同、质押合同即是典型的从合同。从合同可以单独订立，也可以在主合同中以附加担保或者保证条款的方式订立。

区分主合同与从合同的法律意义在于：确定两者之间的相互影响力。主合同可以影响从合同,主合同的命运决定从合同的命运。主合同因履行而消灭,从合同也消灭。主合同无效的,从合同也当然无效。法律另有规定或者当事人另有约定的除外。

（六）有名合同与无名合同

根据法律对某一类合同是否规定具体名称,可将合同划分为有名合同与无名合同。

有名合同,也称典型合同,指在法律上已经确定了一定名称的合同,如买卖合同、租赁合同、借贷合同等。我国《合同法》规定的15类合同,就是有名合同。

无名合同,也称非典型合同,指法律上尚未确定一定名称的合同。如旅游合同、婚庆合同等。由于无名合同没有法律规定的具体名称,我国《合同法》对这类合同尚无规定,因此存在对于这类合同规范的适用问题。

区分有名合同与无名合同的法律意义在于:两者适用的法律规则不同。有名合同直接适用《合同法》对于具体类型合同的规定;无名合同没有可以直接适用的法律,对于这类合同的规范,可以适用《合同法》的一般规定,或者类推适用与之相类似的有名合同的相关规定。

（七）标准合同与非标准合同

根据合同的内容是否有当事人事先拟订作为划分依据,可将合同划分为标准合同与非标准合同。

标准合同,又称附合合同、格式合同,指合同内容由一方当事人预先拟订,他方根据既定的合同内容决定是否签约的一类合同,典型的标准合同如保险合同、水电煤供应合同、电信服务合同等。标准合同大量适用于使用对象广泛,并且重复使用的公共事业领域的合同。

非标准合同,指合同内容有当事人在订立合同时协商拟订的一类合同。非标准合同是合同的常态。

区分标准合同与非标准合同的法律意义在于:对于合同条款的解释原则不同。由于标准合同的条款不是双方当事人协商的结果,而是由一方预先拟订,他方在合同内容上没有决定权和选择权。因此,当双方就合同条款的理解发生争议时,应作出对合同条款提供方不利的解释。在同一合同中既有标准条款又有非标准条款,两类条款内容不一致时,以非标准条款决定合同的内容。

（八）为本人利益订立的合同与为第三人利益订立的合同

根据合同订立的目的是为订约人本人还是为第三人,可将合同划分为为本人利益订立的合同与为第三人利益订立的合同。

为本人利益订立的合同,指合同的订立是为定约人本人设定权利义务的合同,一般的合同都是属于这一类。

为第三人利益订立的合同,也称涉他合同,指合同的订立是为第三人取得合同上的请求权的合同。例如保险合同中指定受益人的,是这类合同的典型。为第三人利益订立的合同其特点是:(1)第三人不是订约人,无需在合同上为意思表示,也无需在合同上签名或盖章;(2)合同只能为第三人设定权利,不能为其设定义务;(3)合同生效后,第三人是否接受合同上的利益,由第三人决定。第三人接受合同上利益的,可直接请求相对人为给付;第三人拒绝接受该利益的,该利益归订约人。第三人无义务接受合同上的利益。

区分为本人利益订立的合同与为第三人利益订立的合同的法律意义在于:合同的效力范围不同。为本人利益的合同效力及于本人,合同上的请求权只能由本人行使。本人既是合同的订约人,又是合同的当事人。为第三人利益订立的合同,第三人虽非合同订约人,但自第三人同意接受合同上利益时,成为合同当事人,合同的法律效力及于第三人。

第二节　合同的订立

合同是双方的法律行为,必须双方当事人意思表示一致才能成立。合同的订立就是缔约当事人就合同内容意思表示一致的过程。这一过程在法律上可以分为两个阶段:要约与承诺。

一、要约

(一)要约的概念与构成条件

要约,又称订约提议,是一方当事人向对方发出的希望与其订立合同的意思表示,商业上有称开盘、发盘、报盘。其中,发出要约的一方称要约人,接受要约的一方称受要约人。要约须经承诺才能成立合同,因此,就其性质而言,要约本身不是法律行为,而是意思表示。

并非任何意思表示都能成为要约,一份有效的要约必须具备以下条件:

1. 要约必须是特定人所为的意思表示

要约是一方向相对人发出的旨在订立合同的意思表示。要约人必须特定、具体,受要约人才能对之进行承诺。所谓特定人,是指在客观上可以确定的人即可,不问是一个人还是数个人。

2. 要约必须是向相对人发出

要约人发出要约,旨在获得相对人的承诺,因此,要约必须向相对人发出。相对人可以是特定的某一个、某几个人或者某一群人；也可以是不特定的一般人。在一些特殊的场合，要约是向不特定的一般人发出的，如悬赏广告、拍卖公告、车、船、机票的买卖等，都属于向不特定人进行的意思表示。

3. 要约必须具备合同成立的主要内容

要约一经相对人承诺即可成立合同，因此，要约的内容必须具体、明确，使相对人得以根据要约的内容考虑是否接受要约，作出承诺。但是，要约的内容并不要求具备合同成立全部条款，只须具备合同的主要内容、主要条款即可。

4. 要约必须表明要约人旨在订立合同的目的

要约作为要约人的订约提议，旨在与相对人缔结合同，一经相对人承诺即成立合同。因此，要约的内容必须显示其具有订立合同的愿望。

作为一份有效要约，必须同时具备上述四个条件，缺一不可。单有订立合同的愿望，而没有合同成立的主要内容；或者仅有合同成立的主要内容，而没有订立合同的明确愿望，不能成立要约，但可以作为要约邀请。所谓要约邀请，又称要约引诱，是指邀请对方或者引诱对方发要约的意思表示。要约邀请与要约的区别主要表现在：(1)要约是合同订立的过程之一，对当事人有约束力；要约邀请，不是合同订立的一个过程，可有可无，对于发出要约邀请的一方，没有法律上的约束力。(2)除特殊场合外，要约一般向特定人发出；而要约邀请是向不特定人发出的意思表示。根据我国《合同法》第 15 条的规定，寄送价目表、招标公告、拍卖公告、商业广告等，均为要约邀请。但如果商业广告的内容符合要约规定的，可视为要约。

（二）要约的效力

要约的效力，指约束力。要约自何时生效？要约对要约人、受要约人的约束力表现在哪些方面？

1. 要约生效的时间

有关要约生效的时间有"发信主义"、"到达主义"和"收信主义"几种说法。"发信主义"以要约发出，作为要约生效的时间；"到达主义"以要约到达相对方，作为要约生效的时间；"收信主义"以受要约人收到要约，作为要约生效的时间。我国合同法以要约到达受要约人作为要约生效的时间。所谓到达，指送到受要约人所能够控制的地方即可，而不问受要约人是否知悉要约的内容。

2. 要约对要约人的约束力

要约一经生效，对要约人即产生约束力。在要约有效期限内，要约人不得撤回要约或者变更要约的内容。要约人撤回要约或者变更要约内容的意思表示，必须先于要约到达或者与要约同时达到。要约的有效期限，也是要约的存续期间，是受要约人作出承诺需要的时间。要约的有效期限应在要约中明确,或根据交易习惯确定。

3. 要约对受要约人的约束力

要约对于受要约人的约束力,表现为受要约人取得承诺的权利。在要约的有效期间,受要约人作出承诺的,合同成立。在要约的有效期间,受要约人有权为承诺的意思表示,但没有义务为承诺,也没有义务对不为承诺的意思为通知。

（三）要约的撤回与撤销

1. 要约的撤回

要约的撤回,指在要约生效以前,要约人使要约不发生法律效力的意思表示。

我国《合同法》规定,要约可以撤回,但要约撤回的通知应该先于要约到达或者与要约同时到达,才能产生撤回的效力。要约一经撤回,即失去约束力。

2. 要约的撤销

要约的撤销,指要约人对于已经生效的要约消灭其法律效力的意思表示。

我国《合同法》规定,要约可以撤销。但撤销要约的通知应当于受要约人发出承诺前到达要约人。要约一经撤销,要约对于要约人不再具有约束力。但根据我国《合同法》第 19 条的规定,在两种情况下,要约不得撤销:(1)要约中规定了承诺的期限或者以其他形式表明要约不可撤销;(2)受要约人有理由相信该要约是不可撤销的,而且受要约人已经为履行合同作了准备工作。

（四）要约的失效

要约失效,是指要约不再具有法律约束力。

要约失效的原因主要有:承诺期限届满,受要约人未作出承诺的;要约被拒绝;要约被撤销;受要约人对于要约内容作出实质性改变后的承诺。

二、承诺

（一）承诺的概念及构成条件

承诺,指受要约人同意要约内容的意思表示。承诺以与要约的结合而使合同成立为目的,其本身与要约的性质一样,为意思表示,而非法律行为。一项有效的承诺应该具备以下条件:

1. 承诺必须由受要约人作出

由于要约是向相对人发出的,旨在获得相对人的承诺。因此,只有受要约人才有资格为承诺。代理人以受要约人的名义作出的承诺,具有承诺的效力,对受要约人有约束力。受要约人以外的第三人接受要约内容所作出的意思表示,不发生承诺的效力,不成立合同,但可以作为一项要约对待。

2．承诺必须向要约人作出

由于承诺是受要约人对于要约内容的接受，因此，必须向要约人为接受的意思表示，才能成立承诺。向要约人以外的其他人所作出的"承诺"，不具有承诺的意义，不能成立合同。

3．承诺的内容应当与要约内容一致

由于一旦作出承诺，便具有合同成立的效力，因此，承诺的内容应与要约的内容一致，方符合合同须双方意思表示一致的本质性要求。变更要约内容的承诺，不具有承诺的效力。如何理解对要约内容的变更？我国《合同法》第30条对此作了专门的规定，受要约人对于要约的内容作出实质性变更的，如对于合同标的、数量、质量、价款或者酬金、履行地点和方式、履行期限、违约责任和争议解决的方法等，不构成承诺，但可视为一项新要约或反要约。受要约人对于要约内容作出非实质性变更的，除要约人及时作出反对或者要约明确表示为承诺时不得对要约内容作任何改变以外的，该承诺有效，合同内容以承诺的内容为准。

4．承诺应在要约的有效期限内作出

要约的有效期限，即为承诺的期间。承诺应当在要约的有效期限内作出并到达要约人。逾期的承诺，不具有承诺的效力，但可视为新要约。如何理解要约的有效期限？要约中明确承诺时间的，以要约为准；要约中没有承诺时间规定的，在以对话方式发出的要约，承诺应当即作出；以非对话方式发出的要约，承诺应当在一个合理的期限内作出。我国《合同法》第28条、第29条规定，受要约人超过承诺期限作出的承诺，要约人及时通知受要约人确认该承诺有效的，该承诺有效。受要约人在承诺期限内作出的承诺，在正常情况下能够及时到达要约人，由于其他方面的原因（如邮局错发地点）没有及时到达的，除非要约人及时通知受要约人不予接受外，该承诺有效。

（二）承诺生效的时间

承诺的生效通常意味着合同的成立，因此，承诺生效的时间对于合同的成立意义重大。承诺的生效时间根据承诺作出的方式不同而有所不同。

一是承诺以通知的方式作出的（通知可以是书面，也可以是口头），承诺自到达要约人时生效；

二是根据交易习惯或者要约的要求，承诺不需要通知，而是以行为的发生作出的，自该行为作出时起，承诺生效。

（三）承诺的撤回

承诺的撤回，指承诺人在承诺生效前，为阻止承诺发生效力的意思表示。承诺可以撤回，但撤回承诺的通知必须在承诺到达要约人之前或者与承诺的通知同

时到达要约人,才能发生撤回的效力。承诺已经到达要约人的,承诺人再为撤回通知的,不能阻止承诺的效力,应按照合同的解除进行。

三、合同成立的时间、地点

承诺生效时合同成立。因此,原则上承诺生效的时间、地点就是合同成立的时间、地点。但在确定合同成立的时间、地点的问题上,《合同法》有下列具体规定:

(1) 以合同书形式订立合同的,合同自双方当事人签字或盖章时起成立。当事人签字或盖章的时间和地点,就是合同成立的时间和地点。双方签字或盖章的时间不一致的,以最后签字或盖章的时间和地点为合同成立的时间和地点。

(2) 法律规定或者当事人约定应以书面方式订立合同,而当事人没有以书面方式订立,但当事人一方已经履行了合同,对方接受合同履行的,认定合同成立。接受履行的时间和地点为合同成立的时间和地点。

(3) 以信件、数据电文形式订立合同的,当事人可以要求签订确认书,确定确认书时合同成立。以数据电文形式订立合同的,收件人的主营业地为合同成立的地点;没有主营业地的,以其经常居住地为合同成立的地点,当事人另有约定的,从约定。

四、几种特殊的订约方式

(一)交叉要约

所谓交叉要约,指双方当事人就同一内容各自向对方发出要约的情形。由于要约是旨在订立合同的意思表示,并且,要约具备了成立合同的主要内容。两个分别向对方发出的相同内容的要约,符合订约当事人的意思表示一致。两个要约的结合与要约和承诺的结合,性质上并无不同,因此,同样可以成立合同。该合同的成立,以后一个要约到达相对人时为准。

(二)同时表示

所谓同时表示,指双方当事人同时向对方发出的以成立合同为目的的内容相同的意思表示。与要约交叉一样,要约交叉常发生在以书面方式订立的合同,而同时表示多发生在以口头方式订立的合同。同时表示同样符合双方当事人意思表示一致的合同成立要素。同时表示无须相对人作出答复便可成立合同。

(三)招投标

合同可以以招投标的方式订立。以招投标方式订立的合同,一般需经过三个阶段:招标、投标和定标。

招标,指招标方以订立合同为目的,以一定的方式公开邀请各方向自己投标的意思表示。招标可以向特定的数个相对人发出,也可以向不特定的公众发出。招标内容中应有订立合同的条件和标准,但无需具备合同的主要内容。若招标书中表明必以所报条件最优者订约的,招标人有义务与投标条件最优者订约。为了保障公平竞争,法律一般不允许招标人揭露标底。招标性质上属表意行为,而非意思表示,属要约邀请。

投标,指投标方根据招标书的要求在规定的期限内向招标人发出的订约提议。由于投标的目的旨在取得与招标人订立合同的机会,投标书的内容必须完整、充分,具备合同成立的主要内容。投标在性质上是订立合同的意思表示,性质上属要约。

定标,又称决标,指招标人同意接受投标人所提出的订约提议的答复。由于定标是招标人同意投标人所提出的合同条件,定标具有承诺的性质。招标人定标应该公正,开标应当公开。

以招投标方式订立合同的,常见于建设工程的承包合同。

第三节　合同的效力

合同的效力,指合同成立后的法律后果。并非任何合同一经成立即可生效。在合同的效力上存在多种可能:合同生效、合同不生效、合同效力待定、合同可变更或者可撤销等。

一、合同生效的条件

合同成立是否意味着合同生效? 首先,合同的成立与合同的生效不是同一个概念。合同的成立应理解为合同当事人就合同内容的意思表示一致。合同的生效应理解为合同中所确定的权利义务,对合同当事人发生约束力。合同的生效以合同的成立为前提条件。我国《合同法》第44条规定:"依法成立的合同,自成立时生效。"因此,在一般情况下,合同的成立与合同的生效同时发生。但在特殊情况下,合同成立与合同生效可能不一致。我国《合同法》第45条规定:"当事人对合同的效力可以约定附条件。附生效条件的合同,自条件成就时生效。附解除条件的合同自条件成就时失效。"对于附生效条件的合同,在条件成就时生效;所附条件未成就的,虽成立合同,但合同所约定的权利义务并不发生。

合同成立与合同生效作为两个不同的概念,其区别主要表现在:(1)两者的作用不同。合同的成立解决合同是否存在的问题,是一个事实判断;合同生效解决合同是否具有约束力的问题,是一个法律判断。(2)两者的构成条件不同。合同成立只要合同当事人就合同内容意思表示一致即可,而合同的生效应按照法律行为的有效条件来考查。例如当事人是否具有完全的民事行为能力,意思表示是否真实,合同的内容与形式是否合法等。

合同是双方的法律行为,根据法律行为的有效条件,合同的生效应具备以下条件:

(一)行为人具有相应的民事行为能力

合同行为是法律行为,应以法律行为的有效条件来要求。因此,行为人应具有相应的民事行为能力。相应的行为能力以合同的性质作为判断依据。例如,无行为能力人所订立的双务合同无效;限制行为能力人不能独立订立的合同,不能取得代理人、监护人事后同意的无效。

(二)意思表示真实

由于合同具有法律约束力,合同所发生的法律后果应是当事人追求的结果。所谓意思表示真实,要求行为人所作出的意思表示与其内心的真实意思是一致的。如果意思与表示一致,合同成立并有效。如果意思与表示不一致,根据造成不一致的原因,合同或者无效;或者可变更、可撤销。

(三)合同形式和内容合法

合同形式合法,指合同形式没有违反法律的禁止性规定。在要式合同,符合法律规定的形式。合同内容合法,是指合同内容不违反法律和社会的公共利益。

(四)合同标的须确定和可能

合同的标的,是合同上权利义务所指向的具体对象,事关合同的履行,因此,合同的标的必须确定和可能。所谓合同标的的确定,是指合同标的在合同订立时已经确定或者可以被确定;所谓标的的可能,指合同的履行或者给付可以实现或者可能实现。不能实现的给付,不能成为合同标的。以不能实现的给付为合同标的的,合同不生效,如以星球为标的的买卖合同。

二、无效合同

无效合同,指欠缺生效条件,不能产生当事人追求的法律后果的合同。

无效合同具有法律干预性。当事人可以主张合同无效,人民法院和仲裁机关也可以主动审查合同的效力,当存在无效的原因时,可主动确认合同无效。合同无效是当然无效、绝对无效,自始无效,不发生履行的效力。

合同无效可以是全部无效,也可以是部分无效。合同部分无效的,有效部分继续保持合同的法律约束力,当事人根据合同的有效部分为履行。

根据《合同法》第 52 条的规定,无效合同主要有以下几种。

(一)一方以欺诈、胁迫手段订立的损害国家利益的合同

所谓欺诈,指一方当事人故意告知对方虚假情况或者故意隐瞒真实情况,诱惑对方作出错误的意思表示。所谓胁迫,指一方当事人以威胁、逼迫、恐吓等方式,使相对人产生恐惧不得已而作出的违背真实意志的意思表示。需要说明的是,一方以欺诈、胁迫的手段与之订立合同的相对方是自然人、法人或者其他组织的,属于可撤销的合同,只有损害国家利益时,才属于无效合同。

(二)恶意串通,损害国家、集体或者第三人利益的合同

恶意串通,指订立合同的双方恶意通谋,使自己非法获利,而损害国家、集体或者第三人利益的行为。

(三)以合法的形式掩盖非法目的的合同

所谓以合法形式掩盖非法目的,指合同从形式上看是合法的,但合同要达到的目的是非法的。例如以订立财产赠与合同的方式逃避法院的强制执行,法人之间以订立联营合同的方式,非法拆借资金等。

(四)损害社会公共利益的合同

例如,以从事犯罪或者帮助犯罪为内容的合同,规避课税的合同,危害社会秩序的合同,对婚外同居人所作出的赠与和遗赠等违反性道德的合同,违反人格或尊严的合同,危害家庭关系的合同,限制公平竞争的合同,违反劳动者保护的合同等①

(五)违反法律、行政法规的强制性规定的合同

法律规范有任意性规范与强制性规范之分。任意性规范所规定的内容,不具有强制性,是否适用可由当事人自己决定;强制性规范,是必须执行的规范,不能由当事人协商改变。

三、可撤销或者可变更合同

(一)可撤销或者可变更合同的概念和特征

可撤销或可变更合同,指在合同缔结时一方当事人由于欠缺真实的意思表示,可以请求人民法院或者仲裁机关对于已经成立的合同予以撤销或者变更。一方当事人提出撤销或者变更的权利称撤销权。

可撤销或可变更的合同,属于相对无效的合同。当事人在提出变更或者撤销前,合同有效;当事人提出撤销请求,人民法院或者仲裁机关认定撤销理由成立

---

① 参见梁慧星:《市场经济与公序良俗》,载《民商法论丛》第 1 卷,法律出版社 1994 年版。

的,予以撤销。合同一经撤销,自始无效。当事人也可以保持合同的有效而仅仅提出对合同内容的变更,变更后的合同继续有效。

可撤销或可变更的合同具有以下特征:

(1) 可撤销或可变更的合同,撤销或者变更的法定理由是当事人意思表示不真实,如因重大误解而订立的合同。

(2) 被撤销的合同,一经撤销,自始无效,因此,合同被撤销具有溯及力。

(3) 可撤销的合同在被撤销以前有效。

(4) 当事人是否提出撤销,取决于当事人的意思。即使合同存在可撤销的理由,当事人不主张撤销的,人民法院或者仲裁机关不能主动予以撤销。

(二) 可撤销或可变更合同的情形

1. 因重大误解而订立的合同

所谓重大误解,指当事人在缔约时因自己的原因对合同的性质、标的、数量、质量、对方当事人等重要内容的误解,如错将借用当赠与、错将白金戒指当银戒指赠与。

2. 显失公平的合同

显失公平的合同,指在有偿合同中,一方当事人利用自己的优势或者对方的无经验,致使双方在这一有偿合同中,各自的权利义务明显的不对称、不合理。并且,这种不合理已经超出了法律能容忍的范围,也违背不利一方当事人的真实意思,明显得利的一方有利用自己的优势或者对方没有经验的主观故意。

3. 一方以欺诈、胁迫手段而订立的合同

一方以欺诈、胁迫手段订立的合同,直接损害国家利益的属无效合同。无关国家利益时,根据意思自治原则,可由受害当事人选择合同的效力,既可以接受合同的内容使之有效,也可以请求撤销该合同。

4. 乘人之危的合同

所谓乘人之危,指一方当事人利用对方的不幸或者危难的处境,迫使对方在违背真实意思的情况下接受对其不利的合同内容,并且这种明显的不利已经超出了法律能够容忍的限度。

(三) 撤销权及其行使

1. 撤销权及享有撤销权的当事人

撤销权是以权利人单方的意思表示消灭法律行为效力的民事权利。享有撤销权的当事人,一般为因意思表示不真实而受到损失的一方。

2. 撤销权的行使方式及行使期限

撤销权的行使应依诉讼或者仲裁程序,向人民法院或者仲裁机关提出。人民法院或者仲裁机关应根据事实认定撤销理由是否成立并作出裁决。我国《合同法》第55条规定,具有撤销权的当事人应自知道或者应该知道撤销事由之日起1年内行使。在此期限内当事人不行使撤销权的,撤销权消灭。因此,关于撤销权行使期限的规定,属于除斥期间,是不变期间。

四、效力待定合同

(一) 效力待定合同的概念和特征

效力待定合同,指已经成立的合同其效力是否发生尚未确定,有待于第三人实施一定的行为使之确定的合同。

效力待定合同的特征:

(1) 该合同属效力不确定。既非无效也非有效,不能当有效合同对待,也不能当无效合同对待。

(2) 该合同效力的确定有待于第三人的辅助行为。该第三人必须是与合同当事人存在一定法律关系的人,如合同当事人的法定代理人、被代理人、财产所有人等。

(3) 第三人的行为决定合同的效力。第三人追认合同有效的,该合同自始有效;第三人拒绝追认的,该合同自始无效。

(二) 效力待定合同的情形

效力待定合同主要有三种情况:限制行为能力人所订立的合同,狭义无权代理人所订立的合同,无权处分人所订立的合同。

1. 限制行为能力人所订立的合同

由于限制行为能力人能够进行与之年龄和智力状况相适应的民事行为,限制行为能力人所为的该类行为有效,属有效合同。当限制行为能力人所订立的合同,已经超出其能力范围时,该合同的效力取决于法定代理人是否作出追认。法定代理人追认的,该合同自始有效;拒绝追认的,该合同自始无效。同时,合同相对人也可以行使催告权或撤销权。即相对人可以催告法定代理人在一个月内予以追认。法定代理人未作表示的,视为拒绝追认。相对人也可以直接撤销与限制行为能力人在订立合同所作出的意思表示。相对人撤销其意思表示的,合同自始不成立。

2. 狭义的无权代理人订立的合同

狭义的无权代理,指没有代理权、超越代理权或者代理权终止以后的代理行为。这类合同的效力取决于本人的追认或者合同相对人催告和撤销。本人对于他人以自己的名义订立的合同,予以追认的,该合同自始有效;本人拒绝追认的,该合同自始无效。同样,合同相对人可以催告本人在一个月内作出追认的意思表示。本人未作表示的,视为拒绝追认。合同在被追认前,相对人可以撤销与无权代理人所为的意思表示。相对人一经撤销,视合同自始不存在。

3. 无权处分人订立的合同

无权处分人以自己的名义为处分行为,而非以本人的名义为处分行为,此与无权代理相区别。对此,《合同法》第51条规定:"无处分权的人处分他人财产的,经权利人追认或者无处分权的人订立合同后取得处分权的,该合同有效。"因此,无处分权人订立的合同,效力不确定。当权利人追认或者拒绝追认,合同自始有效或者自始无效;当处分人事后取得处分权,该处分合同自始有效;当处分人没有取得处分权,该处分合同自始无效。

五、合同被确认无效和被撤销的法律后果

合同被确认无效或者被撤销后,尚未履行的,不得履行;正在履行的,停止履行;已经履行的,按下列方法处理:

(一)返还财产

合同被确认无效或者撤销后,当事人根据合同取得对方财产的,应返还给对方;双方各自取得对方财产的,各自返还,将财产恢复到合同订立前的状况。

(二)作价补偿

合同被确认无效或者撤销后,当事人根据合同取得的财产不能返还或者没有必要返还的,应作价补偿对方。

(三)赔偿损失

合同被确认无效或者被撤销因此而受到的损失,有过错的一方应当赔偿他方的损失;双方都有过错的,各自承担相应的赔偿责任。

(四)收归国家、返还集体或者第三人

合同被确认无效或者被撤销后,损害国家、集体,或者第三人利益的,应将一方或者双方获得的财产收归国家、集体或者第三人。

第四节　合同的解除

一、合同解除的概念与特征

合同解除,指合同成立后,当事人一方因法定解除权或者约定解除权的行使,而使合同效力溯及的消灭的意思表示。

合同解除的法律特征如下:

（一）合同解除以合同成立为前提

合同解除是对有效成立的合同,在尚未履行或者尚未全部履行前,终止其效力。

（二）合同解除应符合法定或者约定的解除理由

合同一经成立对双方当事人都有约束力,任何一方不得擅自解除合同。解除合同应有解除的理由。解除合同的理由由法律规定或由当事人在合同中约定或经当事人协商一致决定。

（三）合同解除是合同当事人行使解除权或当事人就解除合同意思表示一致的结果

虽然存在合同解除的理由,当事人不提出解除的,或者不能就解除意思表示一致的,合同继续有效。

（四）合同的解除使合同的效力消灭

合同的解除使合同所约定的权利义务归于消灭。但该消灭是否具有溯及力,各国立法规定不一。我国《合同法》第 97 条规定:"合同解除后,尚未履行的,终止履行;已经履行的,根据履行情况和合同性质,当事人可以要求恢复原状,采取其他补救措施,并有权要求赔偿。"根据上述规定,在我国合同解除的效力,不仅及于未来;根据合同的履行情况和合同的性质,可以溯及既往。

二、合同解除的种类

根据合同解除的理由是法律规定还是当事人在合同中约定或者当事人协商一致,可将合同的解除分为法定解除、约定解除和协议解除。

（一）法定解除

法定解除,指合同成立后,因发生法律规定的解除理由而由当事人一方提出的解除合同。法定解除属单方解除。法定解除理由,在我国由《合同法》规定。《合同法》第 94 条规定了合同的一般解除条件,即因不可抗力致使合同目的不能实现和违约行为。

1. 因不可抗力致使合同目的不能实现

2. 一方的违约行为

具体包括:(1)预期违约,包括明示毁约和默示毁约。明示毁约,指在合同履行期届满前当事人无正当理由明确表示将不履行合同中约定的义务;默示毁约,指合同履行期届满前当事人以自己的行为表示将不再履行其合同义务。(2)迟延履行,根据合同性质和当事人的约定,必须在约定期限内履行合同义务,而一方没有履行,迟延履行已经没有意义了。对此,合同相对人可以提出解除合同。(3)履行不能,因可归责于当事人的原因而使该当事人丧失合同履行能力时,合同相对人可提出解除合同。

(二)约定解除

约定解除,指当事人在订立合同时,约定一方或者双方解除合同的条件。一旦该条件成就任何一方均得提出解除合同。约定解除亦属单方解除。约定解除的条件,由双方在合同中确定。

(三)协议解除

协议解除,指在合同成立后完成履行前,合同当事人协商一致使合同效力归于消灭的双方法律行为。协议解除属双方解除,应由双方就合同的解除意思表示一致。我国《合同法》第93条规定:“当事人协商一致,可以解除合同。”

协议解除应以合同的方式进行,并应以合同的成立条件判断协议解除是否成立。例如当事人是否具有行为能力,就解除合同的意思表示是否真实、一致等。双方就合同解除意思表示一致时,即为合同解除的生效之时,双方也可以商定合同解除的具体生效时间。

三、解除权的行使

合同的解除并不因存在合同解除的事由而当然地发生解除的效力,而是发生解除权。合同因当事人行使解除权而发生解除的效力。是否行使解除权,由合同当事人自主决定。

当事人行使解除权的,可以直接向合同相对人提出解除的意思表示;也可以通过诉讼程序,由法院作出裁判。在单方解除,当事人向相对人提出解除合同的,合同自解除的意思表示到达对方时发生解除的效力。当事人对于合同的解除有异议的,可以请求人民法院或者仲裁机关确认解除合同的效力。

当事人行使解除权,应在法律规定或者双方约定的期限内作出。在此期限内当事人不提出解除的,解除权消灭。法律没有规定或者当事人没有约定解除权行使期限的,经对方催告后,解除权人在合理的期限内不行使解除权的,解除权消灭。

四、合同解除的法律后果

合同一经解除,合同效力消灭。是否为溯及的消灭,应视合同的性质以及合同履行的具体情况区别对待。合同一经解除产生以下后果:

(一)恢复原状

所谓恢复原状,指合同解除后,双方当事人应该恢复到合同订立前的状态。

对于合同尚未履行的,不存在履行也不存在恢复原状问题;合同已经履行或者部分履行的,得恢复到合同履行前的状态。接受履行的一方有义务返还所受领的履行。履行为交付财物的,原物存在的,应返还原物;原物不存在的,作价补偿。以提供劳务或者物的使用为标的的合同,如保管合同、租赁合同等,因不可能恢复原状,应返还相应的价款或者酬金。

(二)赔偿损失

因合同的解除使一方当事人遭受损失的,对合同的解除有过错的一方,对相对人的损失负赔偿责任。赔偿的范围包括直接损失、间接损失。

第五节　双务合同履行中的抗辩权

在双务合同中双方当事人互负债权债务,并且双方的债务互为对价。一方债务的不履行,他方的权利便不能实现。当事人作为自我保护、自我救济的手段,在他方当事人该履行而没有履行,或者虽有履行但履行不符合合同的约定,或者可能已经丧失履行能力的前提下,这方当事人也可以拒绝相应的履行其义务。由此产生了双务合同履行中的抗辩权问题。双务合同中的履行抗辩主要有:同时履行抗辩权、不安抗辩权和后履行抗辩权三种。

一、同时履行抗辩权

(一)同时履行抗辩权的概念

同时履行抗辩权,指在双务合同中,当事人没有约定履行义务的先后顺序,也没有形成类似的交易习惯,一方当事人在没有履行义务前,不得要求对方先行履行;一方当事人在没有履行义务前要求对方先行履行合同义务的,对方可以主张同时履行抗辩。

我国《合同法》第66条规定:"当事人互负债务,没有先后履行顺序的,应当同时履行。一方在对方履行之前有权拒绝其履行请求。一方在对方履行债务不符合约定时,有权拒绝其相应的履行要求。"由于双务合同双方互负债权债务,并且双方的债权债务形成对价。除非法律有规定或者这类的交易习惯已经形成了义务履行先后的惯例,或者合同约定了履行义务的先后顺序,一方在未为履行前不得请求对方先履行,否则对方可以主张同时履行抗辩。

(二)同时履行抗辩权的成立条件

1. 双方因同一合同而互负对价给付义务

即双方所负的对价给付义务,是基于同一合同关系。在这一合同关系中,双方的权利义务互为对价,即一方义务的履行,才能使他方权利实现。例如买卖合同中,出卖人的义务是交付标的物,权利是价金请求权;买受人的义务是交付价金,权利是请求对方交付标的物。只有出卖人交付标的物,买受人才能取得标的物的所有权;只有买受人交付价金,出卖人才能受领价金。

2. 合同中没有约定履行义务的时间和先后顺序,也没有可适用的交易习惯

合同对履行义务的时间和顺序有约定的,从约定,一方在约定的时间内不履行,构成违约。类似的交易已经形成义务履行先后习惯的,从习惯。合同中既没有约定履行义务的先后顺序,又没有可适用的交易习惯,任何一方在自己未先履行义务前,请求对方先为履行缺乏依据。

3. 一方当事人向对方提出先行履行义务的请求

在双务合同中当事人虽自己没有履行合同义务,但也没有请求对方先履行,对方无需主张同时履行抗辩,可以等待对方先履行,也可以自己先履行。只有在对方不履行而要求自己先履行时,才有同时履行抗辩的必要。

4. 合同相对人有履行能力

同时履行抗辩属延期抗辩,以相对人有履行能力为前提。相对人丧失履行能力的,不论是否存在可归责的事由,都不适用同时履行抗辩权。

（三）同时履行抗辩权的行使及效力

同时履行抗辩权,是双务合同中双方当事人都享有的权利,符合行使条件时任何一方都可以行使。同时履行抗辩权性质上属于延期抗辩,抗辩权的行使并不能消灭合同债务,只发生债务延期履行的后果。

二、不安抗辩权

（一）不安抗辩权的概念

不安抗辩权,又称先履行抗辩,指在双务合同中本应先履行义务的一方在对方难为对待履行时,于对方作出担保前有权拒绝对方履行义务请求的权利。

在双务合同中当事人约定履行先后顺序的,双方应按合同的约定履行。但是当先履行一方有充分证据表明,后履行方财产状况恶化已难以对待履行,其先履行存在风险时,为了避免可能发生的风险和不利,法律赋予先履行方得行使不安抗辩以中止履行。

（二）不安抗辩权的成立条件

（1）双方因同一合同而互负对价给付义务。

（2）不安抗辩权人应该先履行合同义务。不安抗辩权是先履行义务方的抗辩权。该履行先后顺序的确定,可以是基于法律规定或者是当事人合同约定,还可以是源于交易习惯。

（3）相对人（即后履行方）因财产状况恶化而存在难为对待履行的可能。这种难为对待履行的可能，是客观存在的，而不是先履行方的想象。根据法律规定难为对待履行的情况主要有：第一，经营状况严重恶化的；第二，转移财产，抽逃资金，以逃避债务的；第三，严重丧失商业信誉的；第四，有其他丧失或者可能丧失履行债务能力的情形，如濒临破产。

（三）不安抗辩权的行使及效力

不安抗辩权，性质上属延期履行抗辩。抗辩权的行使不消灭合同债务，只发生债务的延期履行。先履行方行使抗辩权的，应及时通知后履行方。通知的内容应包括中止履行的意思表示和要求后履行方在一个合理的期限内提供适当的担保。后履行方若恢复了履行能力或者提供适当的担保的，先履行方应恢复履行；后履行方不能在合理的期限内提供担保的，先履行方有权解除合同。

三、后履行抗辩权

（一）后履行抗辩权的概念

后履行抗辩权，指在双务合同中由于先履行方没有履行义务或者履行义务不符合合同约定的，后履行方有权拒绝为相应的履行。

我国《合同法》第67条规定："当事人互负债务，有先后履行顺序，先履行一方未履行的，后履行方有权拒绝其履行要求。先履行一方履行债务不符合约定的后履行一方有权拒绝其相应的履行要求。"在双务合同中，双方都应该按照合同约定的内容为履行。当合同的履行约定了先后顺序的，先履行方不为履行或者履行不符合合同约定时，后履行方作为自我保护，可以拒绝为相应的履行。例如一份关于钢铁的买卖合同，根据合同约定，标的为40吨，每吨1万元，共40万元，货到后付款。现出卖人只交付36吨的货，买受人可以要求出卖人补足4吨货。如果出卖人不能及时补足4吨的，买受人叫相应的只付36吨的款，即36万元，而不是原先合同约定的40万元的钱款。

（二）后履行抗辩权的成立条件

（1）双方因同一合同而互负对价给付义务。

（2）双方的债务有履行的先后顺序。

（3）先履行方没有履行义务或者履行义务不符合合同约定。

（三）后履行抗辩权的行使及效力

后履行抗辩权，是合同后履行一方的抗辩权。后履行方在先履行方不履行合同义务或者履行义务不符合合同约定时，可以拒绝履行或者拒绝为相应的履行。

后履行抗辩性质上亦属延期抗辩。后履行方抗辩权的行使,不消灭合同债务,只能发生债务延期履行或者作相应履行的后果。

第六节　违约责任

一、违约责任的概念和特征

(一)违约责任的概念

违约责任,也称违反合同的民事责任,指合同当事人违反合同约定的义务应承担的法律后果。违约责任是合同效力的表现,也是民事责任之一种。

合同是当事人之间旨在设定、变更、终止民事权利和民事义务的协议,是当事人为实现各自的目的而协商一致的法律手段,依法成立的合同在当事人之间具有法律上的拘束力。合同当事人应按照合同的约定履行各自的义务,实现合同的目的。任何一方违反合同约定,使合同目的不能实现的,应当承担法律后果。

合同当事人违反合同约定的行为,称违约行为。违约行为的表现形式有两种:一是不履行合同,即当事人在合同约定的期限内不履行合同义务或者履行期限届满经当事人催告仍然不履行合同义务;二是履行不当,当事人虽有履行合同义务的行为,但对合同的履行不符合合同约定的要求,在法律上同样构成合同的不履行。既然依法成立的合同具有法律上的拘束力,任何违反合同约定行为,就应当承担相应的法律后果。

(二)违约责任的特征

违约责任作为民事责任之一种,除具有民事责任所共同具有的特征如责任的财产性和补偿性外,还有其自身的特点。违约责任的特征表现在以下几个方面:

1. 违约责任是违反合同义务的民事责任

与侵权责任不同,侵权责任违反的是法律规定的义务,违约责任违反的是当事人约定的义务。因此,违约责任的构成应满足两个条件:首先,应当存在有效的合同。当事人之间的合同是否有效存在,是确定是否成立违约责任的前提条件。合同的不成立、合同无效、合同被撤销,虽然可能成立其他形式的民事责任,如缔约过失责任,但不能成立违约责任。其次,合同当事人存在违反合同约定的行为,不履行合同或者履行合同不符合约定要求。

2. 违约责任具有相对性,是对合同相对人的责任

违约责任只能发生在合同当事人之间,不应该涉及合同以外的第三人。由于合同是特定当事人之间的协议,合同只能约束缔约的当事人不能约束其他人。即使合同约定由合同以外的第三人履行合同义务或者由第三人接受合同义务的履

行,但因第三人不履行合同义务或者第三人不接受合同义务的履行而发生的违约责任,仍然应当由合同当事人承担而不能由第三人承担。

违约责任的相对性是由合同的相对性、债的相对性决定的。

3. 违约责任可以由当事人在不违法的情况下协商确定

民事责任作为一种法律责任当然具有强制性,但责任的类型不同,其强制性的程度亦有所不同。侵权责任的强制性表现在侵权责任的形式由法律规定,根据侵权所造成的后果不同,适用不同形式的责任形式。而违约责任除法律规定的责任形式外,法律允许当事人就违约责任的形式进行约定。我国《合同法》第114条规定:"当事人可以约定一方违约时应当根据违约情况向对方支付一定数额的违约金,也可以约定因违约产生的损害赔偿的计算方法。"当事人对于违约责任的内容及其承担方式的约定,只要不违反法律的强制性规定,该约定有效。

违约责任所表现出的一定程度的任意性,是由合同的任意性、契约自由、当事人意思自治决定的。

二、违约责任的构成条件

违约责任的构成条件,指合同当事人承担违约责任应当具备的各种条件。只要具备了违约责任的构成条件,当事人才承担违约责任。

对于违约责任的构成条件有哪些,有单一要件和二要件之不同学说。单一要件说认为,构成违约责任的要件只有一个,即违约行为,只要当事人的行为违反了合同的约定,不问其是否存在主观上的过错,除非存在法定的免责事由,否则就应当承担违约责任。二要件说认为,违约责任的构成应满足两个条件:违约行为和主观过错。根据对我国《民法通则》和《合同法》相关规定的理解,在我国违约责任的构成条件只有一个,即违约行为。我国《民法通则》第111条规定:"当事人一方不履行合同义务或者履行合同义务不符合合同约定条件的,另一方有权要求履行或者采取补救措施,并有权要求赔偿损失。"《合同法》第107条规定:"当事人一方不履行合同义务或者履行合同义务不符合约定的,应当承担继续履行、采取补救措施或者赔偿损失等违约责任。"《合同法》第117条规定,除法律另有规定外,因不可抗力不能履行合同的,根据不可抗力的影响,部分或者全部免除责任。可见,除非适用因不可抗力而发生的免责条款,违约责任的构成条件只有一个,即违约行为。因此,违约行为是违约责任的一般构成条件,适用于任何一种违约责任。对于各种具体的违约责任应当考察各种具体的违约后果,如违约责任中的损害赔偿责任的适用,不仅要求有违约行为,而且要求因违约给一方造成经济损失这一后果,单有违约的事实,没有给对方造成损失的,就不能适用损害赔偿。

三、违约行为的种类

合同当事人违反合同的行为可以有:不履行、履行迟延、履行不当、债权人受领迟延。

(一)不履行

不履行合同义务包括履行不能和拒绝履行。履行不能是指当事人在客观上不能履行合同义务,如以特定物为给付标的的,该特定物灭失。拒绝履行是指当事人有履行能力而拒不履行,并且不履行合同义务没有合法的事由。

(二)履行迟延

履行迟延,也称逾期履行,指合同当事人虽有合同履行的行为,但履行合同没有在合同约定的期限内完成。对于有履行期限的合同,当事人没有在合同约定的期限内履行的,即构成履行迟延。

(三)履行不当

履行不当,也称不适当履行,指合同当事人虽有履行合同的行为,但该履行不符合合同约定的要求。履行不当又可以分为瑕疵履行和加害履行两种情况。瑕疵履行是指合同的履行存在缺陷,如数量上的短缺、质量上的不符合要求等。加害履行是指当事人的履行给对方造成了损害或者其他伤害,如因交付的商品存在缺陷致买受人人身或者财产受到损害。

(四)债权人受领迟延

债权人受领迟延,是指债权人对于债务人的履行应当受领并且能够受领而不为受领的行为。由于受领履行是债权人的权利而非义务,法律上不能强制债权人受领,但债权人应承担因受领迟延造成的一切不利的后果。

四、违约责任的形式

违约责任的形式是指当事人承担违约责任的方式。根据我国《合同法》的相关规定,在我国违约责任的形式主要有:继续履行、支付违约金、适用定金罚则和赔偿损失等。

(一)继续履行

继续履行,也称强制履行,指因合同一方不履行合同,他方可以请求人民法院强制违约方履行合同义务,以实现合同目的的责任方式。继续履行的目的旨在实现合同目的,而不是赔偿对方的损失。因此,继续履行应以违约方有履行能力,而守约方有履行要求为必要。虽违约方有履行能力,但守约方已无履行必要的;或者虽守约方有继续履行的要求,而违约方已无履行能力的,不应适用继续履行的责任形式。

我国《合同法》对继续履行的适用作了一定的限制。根据《合同法》的规定,由下列情形的,不考虑适用继续履行:(1)法律上或者事实上不能履行;(2)债务的标的不适于继续履行或者履行的费用过高,超出了履行方实际履行合同所能够获得的利益;(3)债权人没有在合理的期限内提出履行的要求。

(二)支付违约金

违约金是一方违约时,根据法律规定或者合同约定应向对方支付的一定数额的金钱的责任方式。违约金的适用只能针对合同有约定或者法律有规定的场合。合同没有约定违约金,法律上也没有关于违约金适用规定的,不能适用违约金,可以考虑其他形式的违约责任。

违约金可以在合同中约定,也可以根据法律规定。前者称约定违约金,后者称法定违约金。根据《合同法》第114条的规定,约定的违约金低于实际造成的损失的,当事人可以请求人民法院或者仲裁机构予以增加;约定的违约金过分高于实际损失的,当事人可以请求人民法院或者仲裁机构予以适当减少。

违约金的支付以存在违约的事实为必要,不问是否存在损失。因此,在我国违约金既具有惩罚性,因为具有补偿性。当违约所造成的损失,违约金能够弥补时,以违约金的支付承担违约责任,不另行计算损害赔偿;当违约没有给对方造成损害的,支付违约金就具有了惩罚违约行为的属性。

(三)定金法则

根据我国法律的规定,定金既是一种债的担保手段,也可以作为违约的民事责任的一种方式。《合同法》第115条规定,当事人可以依法约定一方向对方给付定金作为债权的担保。当事人履行债务后,定金应当低作价款或者收回。支付定金的一方不履行约定义务的,无权要求返还定金;收受定金的一方不履行约定义务的,应当双倍返还定金。

当事人在同一合同中,既有违约金约定又有定金约定的,根据《合同法》第116条的规定,非违约方可以选择适用违约金条款或者定金条款,但不能同时适用两者,只能择其一而适用。

(四)赔偿损失

赔偿损失,指合同一方因违反合同义务而给对方造成损失时,应当承担损害赔偿的民事责任。赔偿损失是合同责任中的一项重要的责任方式,也是常用的责任方式之一种。适用损害赔偿以存在违约事实和因违约给对方造成损害为必要。

违约方赔偿对方的损失以充分赔偿和完全赔偿为原则。《民法通则》第 112 条规定，当事人一方违反合同的民事责任，应当赔偿相当于另一方因此所受到的损失，还应当赔偿对方可得利益的损失。根据对《合同法》第 113 条的理解，违约方的赔偿损失额应相当于违约所造成的损失，包括合同履行后的可得利益的损失。

赔偿损失额的计算有约定赔偿额和法定赔偿额之分。约定赔偿额是当事人在合同中预先约定一个损害赔偿的数额或者约定一个损害赔偿数额的计算方法。法定赔偿是法律之间规定损失赔偿的数额或者损失赔偿额的计算方法。当合同约定的赔偿数额明显高于或者低于实际的违约损失的，当事人可以请求人民法院或者仲裁机构适当增加或者减少。

第十九章　转移财产所有权合同

第一节　买卖合同

一、买卖合同的概念与特征

买卖合同,是指当事人约定一方交付标的物并转移标的物所有权于他方,他方给付约定价款的协议。在买卖合同中,交付标物并转移标的物所有权的一方为出卖人,受领标的物并给付价款的一方为买受人。买卖合同是最常见、最普遍的一种合同。

买卖合同具有以下特征:

(一)买卖合同是转移标的物所有权的合同

买卖合同以转移标的物所有权为目的。买受人交付价金的目的,在于取得出卖人标的物所有权。出卖人所以能够受领标的物的价款,是以交付标的物并转移所有权为对价。

(二)买卖合同是双务、有偿合同

买卖合同双方互为对价给付义务。出卖人以交付标的物为对价取得受领价款的权利;买受人以交付价款为对价取得标的物的所有权,双方都为各自的利益付出了代价。

(三)买卖合同是诺成合同

买卖合同以双方意思表示一致为合同成立,一方交付标的物,一方交付价款是合同当事人对合同义务的履行,而不是合同成立的条件。

(四)买卖合同是不要式合同

除法律另有规定外,买卖合同为不要式合同,法律对于买卖合同的形式没有特别的规定。

（五）买卖合同的标的必须是可流通物

法律禁止流通物,不能成为买卖合同的标的;法律限制流通物,如金银、外汇等只能作为特殊主体之间买卖合同的标的。

根据我国《合同法》第132条的规定,买卖合同中的出卖人必须是标的物的所有权人或者对标的物有处分权的人。《合同法》第51条规定,无处分权人出卖他人的财产,经所有权人追认或者无处分权人后来取得处分权的,该买卖合同有效。

二、买卖合同中当事人的权利义务

（一）出卖人的主要义务

买卖合同中出卖人的义务主要表现在以下方面。

1. 交付标的物并转移标的物的所有权

由于买卖合同是转移所有权的合同,根据我国现行法律规定,交付直接关系着所有权的转移,因此,交付标的物成为出卖人的主要义务。除法律另有规定或当事人另有约定外,买卖合同的标的物所有权自交付时起转移;标的物为不动产的,自办理不动产产权变更登记,为完成所有权转移。《合同法》第134条规定:"当事人可以在买卖合同中约定买受人未履行支付价款或者其他义务的,标的物所有权属于出卖人。"此规定是法律允许当事人约定在买受人没有完全履行价款的交付义务前,标的物所有权不转移。

出卖人应该按照合同约定的要求,在合同约定的期限内交付符合合同约定品质的标的物,否则构成合同的不履行或者履行有瑕疵。

出卖人应当按照合同约定的数量交付标的物。出卖人多交标的物的,买受人可以拒绝接受多交部分,但应当及时通知出卖人;也可以接受多交部分,但应按照原合同的价格支付价款。出卖人少交标的物的,买受人可以要求出卖人补足,在可能损害买受人利益的情况下,买受人也可以拒绝接受。

2. 出卖人对标的物的瑕疵担保义务

出卖人对所交付的标的物应担保不存在未告知的瑕疵。出卖人的瑕疵担保义务有两个方面:对标的物权利瑕疵的担保和对标的物品质瑕疵的担保。

（1）出卖人对标的物权利瑕疵的担保义务。所谓标的物权利瑕疵,指标的物为第三人所有或者第三人对于标的物享有合法的权利,主要表现为:第一,出卖人所交付的标的物为第三人所有,或者出卖人与第三人对标的物共享所有权;第二,第三人对出卖人所交付的标的物享有抵押权、质押权或留置权等担保物权;第三,出卖人所交付的标的物侵犯了第三人的知识产权,如交付的标的物侵犯了他人的商标权、专利权等;第四,第三人对标的物享有使用权等情况。我国《合同法》第

150 条规定,除法律另有规定外,出卖人就所交付的标的物负有保证不被第三人追索的义务;第 151 条规定,买受人在订立合同时知道或者应该知道第三人对于买卖标的享有权利的,出卖人对于标的物上的权利瑕疵不再承担责任,合同另有约定的除外。

(2) 出卖人对标的物品质的瑕疵担保义务。所谓标的物品质的瑕疵担保,指出卖人应担保所交付的标的物符合合同约定的品质或者符合其所保证的品质,不存在使标的物的价值灭失、降低或者效用降低的可能。我国《合同法》第 153 条规定,出卖人应当按照约定的质量交付标的物。出卖人提供有关标的物质量说明的,交付的标的物应当符合说明的质量。《合同法》第 154 条规定,当事人对标的物的质量没有约定或者约定不明确的,当事人可以协商补充;不能达成补充协议的,按照合同有关条款或者交易习惯确定;仍不能确定时,按照国家标准、行业标准履行;没有国家标准、行业标准的,按照通常标准或者符合合同目的的标准履行。

标的物出现品质瑕疵的,买受人可以向出卖人提出以下的救济方法:一是减少价款或者要求出卖人进行修理,或者买受人自行修理,费用由出卖人承担;二是标的物为种类物时,买受人可以要求出卖人另行交付没有瑕疵的替代物;三是因标的物存在的品质瑕疵或者缺乏品质保证,而使买受人遭受损失的,买受人有权要求出卖人赔偿。

标的物的品质瑕疵在合同订立时已经存在,并为买受人所知道的,出卖人不负瑕疵担保责任。买受人因重大过失不知道标的物有瑕疵,并且出卖人并未保证标的物无瑕疵的,出卖人不负瑕疵担保责任,但出卖人故意不告知存在的瑕疵,仍应承担瑕疵担保责任。

买卖合同特别约定免除或者限制出卖人瑕疵担保义务,而出卖人故意不告知存在瑕疵的,该特别约定无效。

(二) 买受人的主要义务

1. 买受人应按照合同约定的数量和时间支付价款

由于买卖合同是双务有偿合同,买受人取得标的物所有权以支付价款为对价,因此,支付价款是买受人的主要义务。买受人应按合同约定的数额支付价款。当事人对价款没有约定或者约定不明确的,可以补充约定;不能达成补充协议的,按照合同有关条款或者交易习惯确定;仍不能确定的,按照订立合同时履行地的市场价格履行;依法应当执行政府定价或者政府指导价的,按照规定履行。

根据我国《合同法》的相关规定,如果有确切证据证明第三人可能就标的物主张权利的,买受人有权拒绝支付相应的价款,但出卖人提供相应担保的,买受人不能拒绝支付。买受人拒绝支付价金时,出卖人有权请求买受人将所拒绝支付的价金提存。

买受人逾期交付价款的,应当负迟延履行的责任,除继续交付价款外,还应赔偿因迟延履行给对方造成的损失,支付标的物价款的利息。

2. 买受人应及时受领标的物

在买卖合同中,出卖人交付标的物是对合同义务的履行,买受人受领标的物是接受义务人的履行,只有这样才能实现合同的目的。因此,当出卖人按约定交付标的物时,买受人的及时受领成为买受人的主要义务。买受人应按约定的要求接受标的物。标的物应由买受人自提的,应在出卖人通知的期限内到指定的地点提取;由出卖人代办托运的,应按承运人的通知及时提取;出卖人送货上门的,买受人应及时接受。因不及时接受标的物造成出卖人损失的,买受人负赔偿责任。

3. 买受人拒绝接受标的物时的保管义务

出卖人所交付的标的物存在品质上瑕疵的,买受人有权拒绝受领,因此,买受人在接受标的物时应对标的物进行及时的检查。当标的物存在应由出卖人承担责任的瑕疵时,买受人应在法定或者约定的期限内,将标的物存在的瑕疵及时通知出卖人,并妥善保管或者处理标的物。

出卖人所交付的标的物超出合同约定数量的,买受人就超出约定的部分,有权拒绝受领。

三、买卖合同中标的物所有权转移的规则

根据我国《民法通则》第 72 条和《合同法》第 133 条的规定,标的物所有权自标的物交付时起转移,法律另有规定或者当事人另有约定的除外。

(一)法律对标的物所有权转移另有规定的

如不动产买卖合同,根据《城市房地产管理法》第 35 条的规定,房地产转让时,当事人应当办理不动产权属变动登记。只有在房地产管理部门办理权属登记手续后,房屋所有权才能转移。

(二)当事人对标的物所有权转移另有约定的

当事人对标的物所有权转移另有约定的,从约定。当事人可以约定买卖合同自成立起,即使出卖人尚未交付标的物的,标的物所有权即转移于买受人;也可以约定在出卖人交付标的物以后买受人付清价款前,标的物所有权不转移,直至付清全部价款,所有权转移。当事人对标的物所有权转移另行规定时间的,只适用于动产交易。

四、买卖合同中标的物意外灭失风险责任的承担

标的物意外灭失的风险责任,指在买卖合同成立后,因发生不可归责于双方当事人的事由,致使标的物灭失或者毁损时,该损失应由谁承担。买卖合同中风险责任的承担是买卖合同中的一个重要的法律问题,事关当事人的权利义务。如果标的物灭失的风险由买受人承担,则即使买受人没有实际受领标的物,买受人仍然应按照合同约定支付价款;如果风险责任由出卖人承担,一旦发生标的物灭失或者毁损时,买受人则免除按合同支付价款的义务。

关于如何确定标的物意外灭失风险责任的承担,在民法理论上存在两种不同的主张:一种认为,按标的物所有权的归属确定风险责任的承担,即风险由所有权人承担。另一种认为,应根据标的物是否实际交付确定风险责任的承担,即标的物在交付前灭失的,风险责任由出卖人承担;标的物在交付后灭失的,风险责任由买受人承担。

根据我国《合同法》的相关规定,对买卖合同中风险责任的承担做法如下:

(1) 除法律另有规定或者当事人另有约定外,标的物风险责任的承担与所有权转移同步。标的物毁损、灭失的风险,在标的物交付前由出卖人承担,交付之后由买受人承担。

(2) 因买受人的原因致使标的物不能按照约定期限交付的,虽标的物所有权不转移,风险责任转移,买受人应当自违反约定之日起承担标的物毁损、灭失的风险。

(3) 出卖人出卖交由承运人运输的在途标的物,除当事人另有约定外,标的物毁损、灭失的风险自合同成立时起由买受人承担。

(4) 当事人没有约定交付标的物的地点或者约定不明的,标的物需要运输的,出卖人将标的物交付第一承运人以后,标的物毁损、灭失的风险由买受人承担。标的物不需要运输的,出卖人将标的物置于当事人约定的交付地点,买受人违反约定没有及时收取的,标的物毁损灭失的风险自违反约定之日起由买受人承担。

(5) 因出卖人交付的标的物不符合质量要求,致使合同目的不能实现的,买受人有权拒绝接受标的物或者解除合同。买受人拒绝接受标的物或者解除合同的,标的物毁损、灭失的风险由出卖人承担。

第二节　赠与合同

一、赠与合同的概念与特征

赠与合同,指当事人一方将自己的财产无偿转移于对方,对方表示接受的合同。将自己的财产赠与他方的称赠与人,接受他方财产赠与的称受赠人。

赠与合同的法律特征如下。

（一）赠与合同是转移标的物所有权的合同

赠与合同以赠与人将赠与财产转移于对方为目的。赠与人的赠与行为发生赠与物所有权转移的法律后果。

（二）赠与合同是无偿合同、单务合同

赠与合同的当事人之间没有对价给付关系。受赠人取得赠与财产无需付出相应代价。受赠人只有请求取得赠与物的权利，没有支付赠与物的价金的义务；赠与人承担交付赠与物的义务。

（三）赠与合同是诺成合同

赠与合同以双方当事人就赠与事项意思表示一致为合同成立，不以实际交付标的物为合同成立的要件。

二、赠与人的主要义务

（一）交付赠与物并转移财产所有权

由于赠与合同是单务合同、诺成合同，赠与人负有交付赠与物并转移标的物所有权的义务。

（二）对赠与标的的瑕疵担保义务

赠与合同中的瑕疵担保同样包括标的物的权利瑕疵担保和标的物品质的瑕疵担保。但由于赠与合同是无偿合同，根据法律行为的有偿与无偿行为人的责任承担不同的原理，有偿行为责任重无偿行为责任轻。除非赠与人有故意或者重大过失，赠与人对于赠与的财产有品质上瑕疵的，一般不承担责任。以下三种情况除外：

（1）附义务的赠与。赠与的财产有瑕疵的，赠与人在所附义务的范围内承担与出卖人相同的责任。

（2）赠与人故意不告知瑕疵或者保证无瑕疵的，因赠与物的瑕疵造成受赠人损失的，赠与人负损害赔偿责任。

（3）因赠与人故意或者重大过失致使赠与的财产毁损、灭失的，赠与人应当承担损害赔偿责任。

三、赠与合同的撤销

赠与合同的撤销，指在赠与合同成立后赠与人或者其他依法享有撤销权的人，撤销赠与的意思表示。赠与合同一经撤销，赠与关系自始消灭。尚未交付赠与物的,无需交付;已经交付的,赠与人可以请求受赠人返还赠与物。

赠与合同的撤销有两类:任意撤销和法定撤销。

(一)赠与合同的任意撤销

任意撤销,指赠与人在赠与财产交付前,根据自己的意志而撤销赠与。

赠与合同的任意撤销应具备以下条件:(1)赠与人在赠与合同成立后,赠与财产实际交付前,作出撤销赠与的意思表示;(2)撤销赠与的意思表示不违反法律的禁止性规定。根据《合同法》第186条的规定,具有救灾、扶贫等社会公益、道德义务性质的赠与合同或者经过公证的赠与合同不能任意撤销。

(二)赠与合同的法定撤销

法定撤销,指赠与财产交付后,基于法定事由的发生,享有撤销权的人因行使撤销权而撤销赠与合同。法定撤销权的行使原则上为赠与人,但如果受赠人的行为严重违法,致使赠与人死亡或者丧失民事行为能力时,赠与人的继承人或者法定代理人,可以撤销赠与合同。

赠与合同法定撤销的事由有:(1)受赠人严重侵害赠与人或者赠与人的近亲属;(2)受赠人对于赠与人有抚养义务而不履行;(3)受赠人不履行赠与合同约定的义务。

赠与人的撤销权,自知道或者应当知道撤销原因之日起一年内行使。

四、赠与合同的拒绝履行

由于赠与合同是无偿合同,赠与人履行赠与义务应以其能够履行为前提。赠与合同的拒绝履行,指赠与合同成立后,由于赠与人经济状况严重恶化,已影响其生产和生活,赠与人可以拒绝履行或者不再履行其赠与义务。

第三节 互易合同

一、互易合同的概念和特征

互易合同,又称易货合同,指当事人双方相互交换金钱以外的财物的合同,俗称以物换物。

我国法律承认互易合同的合法地位,但并不对互易合同单独规定,当事人约定易货交易转移标的物所有权的,参照买卖合同的有关规定。

互易合同具有以下法律特征:

(1) 互易合同的标的物是金钱以外的财物。与买卖合同不同,买卖合同是一方交付财物,他方给付金钱。而互易合同,是双方都向对方给付财物。

(2) 互易合同是双务合同、有偿合同。互易合同的双方都有义务向对方给付约定的财物,双方的义务互为对价。任何一方给付对方财产是以对方相应给付为代价的。

(3) 互易合同是转移财产所有权的合同。互易合同的履行通过双方交付标的物并转移标的物所有权。

(4) 除不动产互易应以书面形式订立合同并办理登记手续外,其他标的互易为不要式合同。

二、互易合同的法律效力

在我国互易合同准用买卖合同的有关规定。由于以物易物,双方均为出卖人和买受人。双方各自的权利义务如下:

(1) 双方都有义务按照合同的约定向对方交付标的物。在履行合同的过程中双方都可以向对方行使同时履行抗辩。

(2) 双方对于各自交付的标的物均承担瑕疵担保责任,包括标的物上的权利瑕疵担保和标的物上品质的瑕疵担保。

(3) 双方向对方交付的标的物可以等价也可以是不等价,对于不等价的交换,除当事人另有约定外,多得利益的一方有义务向对方补足差价。

第四节 供用电、水、气、热力合同

一、供用电、水、气、热力合同的概念和特征

(一)供用电、水、气、热力合同的概念

供用电、水、气、热力合同,指当事人一方向他方提供电、水、气、热力,他方使用这些能源并支付相应费用的合同。

(二)供用电、水、气、热力合同的法律特征

电、水、气、热力属于特殊的商品,因此,与一般的买卖合同不同,除具有买卖合同的对价有偿外,供用电、水、气、热力合同还具有其自身的特征。其具体表现在以下几个方面:

1. 合同的社会性和计划性

由于电、水、气、热力是全社会的消费品,是全社会生产、生活不可或缺的特殊商品,与一般商品满足部分消费者不同,提供电、水、气、热力的一方应该满足全社会对该类商品的生产、生活需要,因此,该类合同具有社会性。又由于电、水、气、热力属于国民经济发展和全社会生产、生活需要的基础性能源,供给与需求之间

可能存在不平衡,计划供应成为必然,因此,这类合同又具有很强的计划性。

2. 合同的长期性和持续性

电、水、气、热力是需要持续消费和长期消费的特殊商品,与一般商品的一次性履行不同,提供电、水、气、热力的单位必须长期、持续地向用户提供这类商品,即使用户没能及时支付相关费用,提供的单位也不能立即停止供应。

3. 合同具有附和性

供用电、水、气、热力合同一般采取标准合同的形式,合同条款由供应单位事先拟定,用户一般只能决定是否签约,而不能协商合同条款。因此,这类合同属于典型的标准合同、附和合同、格式合同。

二、供用电、水、气、热力合同当事人的权利义务

我国《合同法》仅对用电合同作了规定,并且在《合同法》第184条规定,供用水、气、热力合同,参照供电合同的有关规定。在此,我们仅对供电合同当事人的权利义务进行介绍。

(一) 供电人的主要义务

1. 安全供电义务

供电单位应按照国家规定的标准和合同约定的内容向用户安全提供用电。《合同法》第178条规定,供电合同的履行地点,按照当事人的约定;当事人没有约定或者约定不明确的,供电设备的产权分界处为履行地点。电力供应单位应当按照规程安全提供用电,维护电力供应设备,保障电力供应的安全和通畅。《合同法》第179条规定,供电人没有按照国家规定的供电质量标准和约定安全供电,造成用电人损失的,应当承担损害赔偿责任。

2. 供电中断的及时通知义务

《合同法》第180条规定,供电人因供电设施计划检修、临时检修、依法限电或者用电人违法用电等原因,需要中断供电时,应当按照国家规定事先通知用电人。未事先通知用电人中断供电,造成用电人损失的,应当承担损害赔偿责任。

3. 及时抢修义务

《合同法》第181条规定,因自然灾害等原因断电,供电人应当按照国家规定及时抢修。未及时抢修,造成用电人损失的,应当承担损害赔偿责任。

(二) 用电人的主要义务

1. 及时交付电费义务

供用电合同是双务有偿合同,用户应当按照规定及时支付电费。《合同法》第182条规定,用电人应当按照国家规定和当事人的约定及时交付电费。用电人逾

期不交付电费的,应当按照约定支付违约金。经催告用电人在合理的期间内仍然不交付电费和违约金的,供电人可以按照国家规定的程序中止供电。

2. 安全用电义务

由于电力系统具有网络性,用户能否安全用电事关整个电力系统的用电安全。因此,《合同法》第183条规定,用电人没有按照国家有关规定和当事人的约定安全用电,造成供电人损失的,应当承担损害赔偿责任。

第二十章　租赁合同

第一节　租赁合同(一般租赁合同)

一、租赁合同的概念和特征

租赁合同,指双方当事人约定,一方将特定物交付对方使用、收益,他方支付租金并于租赁关系终止时返还租赁物的合同。在租赁合同中,提供租赁物的一方为出租人,使用收益租赁物的一方为承租人,出租人交付使用的特定物称租赁物。

租赁合同具有以下法律特征。

(一)租赁合同是转移财产使用权的合同

根据租赁合同出租人交付使用的租赁物,只发生使用权的转移,不发生所有权的转移。租赁物的所有权仍然归出租人。这是租赁合同与买卖合同、赠与合同、互易合同的区别所在。

(二)租赁合同的客体必须是特定物,并且是不可消耗物

由于租赁合同不转移标的物所有权,租赁关系终止时,承租人必须返还原物。因此,租赁物必须是特定物,不可消耗物。

(三)租赁合同是双务合同、有偿合同、诺成合同

在租赁合同中双方当事人各负对价给付义务。出租人交付租赁物给对方使用收益是以获取对方的租金为代价;同样,承租人交付租金,以获得对租赁物的使用收益为代价,双方权利义务对等。租赁合同以双方意思表示一致为合同成立,出租人交付租赁物是对于合同的履行而不是合同成立条件。

(四)租赁合同虽为债的法律关系,但同时具有物权属性

租赁合同的物权属性是指,在租赁合同存续期间承租人的租赁权得对抗任何第三人,具体表现在:(1)在租赁合同有效期间,承租人有权排除任何第三人包括出租人在内的不当干涉;(2)在租赁合同有效期间,出租人将租赁物出卖的,承租人在同等条件下有优先受让权;(3)在租赁合同有效期间,租赁物所有权发生转移时,租赁合同对新所有权人继续有效。

二、租赁合同当事人的权利义务

(一)出租人的主要义务

1. 出租人应按照合同约定将租赁物交付承租人使用

租赁以使用收益为目的,因此,租赁合同成立后出租人应按照合同约定的时间将租赁物交付承租人,并在租赁期间保持租赁物符合合同约定的品质和用途。

2. 出租人对租赁物负瑕疵担保责任

出租人的瑕疵担保包括租赁物品质的瑕疵担保和租赁物权利的瑕疵担保。租赁物的瑕疵担保义务,要求出租人所交付承租人使用的租赁物应符合合同约定的品质、用途。因租赁物存在品质上的瑕疵不能按约定使用收益的,出租人应更换租赁物或进行修缮。因此而给承租人造成损害的,出租人负赔偿责任。租赁物存在危及承租人的安全或健康隐患的,即使该品质瑕疵在合同订立时已经存在,承租人仍有权随时终止合同。

出租人对租赁物的权利担保义务,要求出租人就所交付承租人使用的租赁物,负有保证不因第三人向承租人主张权利而使承租人不能为使用收益的义务。因租赁物存在权利瑕疵而使承租人不能按约定使用收益的,承租人有权终止租赁合同。因此而给承租人造成损失的,出租人负赔偿责任。

3. 出租人负有及时修缮租赁物的义务

在租赁合同存续期间出租人应保证租赁物的良好使用状态。因租赁物出现缺陷而影响使用收益的,出租人应及时修缮。出租人不能及时修缮的,承租人可以自行修缮,费用由出租人承担。因修缮租赁物而影响承租人使用收益的,应相应地减少租金或者适当延长租期,但按约定或者习惯应由承租人修缮的除外。

4. 租赁合同终止时

出租人在租赁合同终止时,应及时接受承租人返还的租赁物,订约时有押金或者其他担保的,退还押金或者解除其他担保。因出租人的原因不能及时返还租赁物的,承租人不承担责任。

(二)承租人的主要义务

1. 交付租金的义务

租赁合同是有偿合同,承租人以交付租金为代价取得对租赁物的使用收益权利,因此,交付租金成为承租人的主要义务。承租人应按合同约定的方式交付租金,对交付租金的方式没有约定或者约定不明确的,当事人可以协商确定;不能达成协议的,按照合同有关条款或者交易习惯确定。承租人没有正当理由不交付租金或者延迟交付租金的,出租人可以要求承租人在合理期限内支付。承租人逾期不支付的,出租人有权终止合同。

2. 按照合同约定的方式使用租赁物

承租人应该按照合同约定的方式和用途使用租赁物。对租赁物的使用方式没有约定或者约定不明确的,当事人可以协商补充;不能达成协议的,按合同有关的条款或者交易习惯确定,仍不能确定时,按照租赁物的性能合理使用。承租人未能按照约定的方式或者租赁物的性能使用租赁物,致使租赁物受到损害的,出租人有权终止合同并请求赔偿。

3. 妥善保管租赁物维持租赁物原状的义务

在租赁合同期间,承租人应妥善保管租赁物,并维持租赁物的原始状态。承租人对租赁物进行改善,应事先征得出租人同意。未经得同意而擅自改善的,出租人有权要求承租人恢复原状或者赔偿损失。承租人未尽妥善保管义务而致租赁物毁损灭失的,应对出租人承担损害赔偿责任。

4. 危险通知义务

当租赁物出现危险而有必要进行修缮时承租人应停止使用并及时通知出租人进行修缮。当有第三人侵害租赁物或者对租赁物主张权利时,承租人应及时通知出租人。承租人未尽上述通知义务而致租赁物毁损、灭失,或使出租人不能救济其权利而受到损害的,承租人应承担损害赔偿责任。

5. 不擅自转租义务

未经出租人同意,承租人不得将租赁物转租第三人,承租人擅自转租的,出租人有权终止合同。经出租人同意而转租的,原租赁合同继续有效,但第三人对租赁物造成损失的,承租人对出租人负赔偿责任。

6. 返还租赁物义务

租赁合同终止时,承租人应及时返还租赁物。租赁物返还时应符合原状。由于租赁物的自然属性引起的变更或者损耗,承租人不承担赔偿责任。

三、租赁合同的期限

我国《合同法》关于租赁合同的期限规定如下。

(一)最长期限

租赁合同的期限由当事人约定,但最长不得超过 20 年。当事人的约定超过20 年的,以 20 年期限计算。

（二）期限更新

租赁合同的期限可以更新。更新的方式可以明示或者默示,但最长不能超过20年。所谓以默示方式更新期限,是指租赁合同期满后,承租人继续使用租赁物并继续支付租金,出租人继续收取租金的,可推定双方对租赁合同的期限延长达成一致。

（三）期限不定的租赁

当事人对于租赁合同的期限没有约定或者约定不明确的,可以协商补充;不能达成协议的,按照合同有关条款或者交易习惯确定;仍然不能确定的,视为不定期限的租赁。

根据《合同法》第215条规定:"租赁期限6个月以上的,应当采取书面形式。当事人未采用书面形式的,视为不定期租赁。"不定期租赁,当事人可随时提出终止合同,但应该给对方合理的准备时间。

四、租赁合同的终止

租赁合同因下列原因而终止:

（一）租赁期限届满

租赁合同有期限的期限届满合同终止。

（二）通知终止

对于不定期租赁,一方当事人提出终止合同应提前通知对方,经过合理的期限,租赁关系终止。

（三）因一方行使终止权而终止

租赁合同的终止权可因一方当事人不履行义务而发生,亦可因其他事由而发生,如因不可归责于承租人的事由,致标的物部分或者全部毁损、灭失,造成合同目的不能实现的,承租人有权终止合同。享有终止权的当事人因行使终止权合同终止。

（四）承租人死亡

无论租赁合同是否约定期限,承租人死亡合同终止。

第二节　融资租赁合同

一、融资租赁合同的概念和特征

融资租赁合同,指当事人双方约定出租人按照承租人的要求出资向第三人购买租赁物,交付承租人使用收益,承租人支付租金,并于合同期满后返还租赁物或者留买租赁物的合同。

融资租赁合同与传统的租赁合同不同。传统的租赁合同是一个合同关系,合同的当事人是出租人和承租人,不涉及第三人。融资租赁合同是一种新型租赁合同,集融资与融物为一体。合同不仅仅是出租人与承租人之间的租赁关系,还涉及租赁物的供应商和出租人之间的租赁物的买卖关系,是两个合同关系,三方当事人。国内有学者认为融资租赁合同的特征是:租赁合同与买卖合同相联系;租赁物所有权与使用权分离;融资与融物相结合。[①]也有学者认为融资租赁合同的特点是:两个合同三方当事人;以融资为目的,融物为手段;出租人为可经营融资租赁业务的租赁公司;是诺成、要式、有偿、多务合同。[②]融资租赁合同的与一般的租赁合同不同,融资租赁合同的特征表现如下:

(一)融资租赁合同涉及两个合同和三方面当事人的关系

两个合同是指出租人(租赁公司)与承租人之间的租赁合同,以及出租人与租赁物供应商之间的买卖合同。三方面的当事人是指出租人、承租人和供应商。融资租赁合同的履行过程也反映了出租人、承租人、供应商相互之间的权利义务关系。

(二)融资租赁合同中出租人资格的特殊性

与一般的租赁合同对于出租人没有特殊的主体资格要求不同,从事融资租赁业务的出租人只能是获得从业资格的租赁公司,而不能是一般的公民和法人。融资租赁业务涉及融资活动,须经金融主管部门的批准才能从事相关业务的经营。

(三)租赁物根据承租人的要求指定由出租人出资购买

融资租赁合同的标的物在合同订立时并不存在。出租人根据承租人的要求和指定的供应商购买租赁物。承租人在租赁物的买卖关系中地位举足轻重,出租人只承担支付租赁物价金的义务,而由承租人具体选择租赁物和供应商。租赁物的买卖合同的履行直接由供应商向承租人交付租赁物。未经承租人确认,买卖合同不成立;已经成立的买卖合同,未经承租人同意不得变更和撤销。

(四)租赁合同期满后承租人对租赁物不负返还义务

由于融资租赁合同中,租赁物是出租人根据承租人的要求和指定购买的,租赁物只对承租人有意义,对出租人并没有意义。因此,在融资租赁合同中往往有"租赁期满后,由承租人购买或取得租赁物所有权"的条款。合同期满后,租赁物

[①] 郭毅:《试述融资租赁合同的法律特征和融资租赁合同诉讼中的若干问题》,《中外法学》1994年第3期。

[②] 王利明主编:《全国律师资格考试指定用书·民法学》,法律出版社2000年版,第117页。

或者按照合同约定直接归属于承租人所有或者由承租人以低价留买。此与一般租赁合同终止承租人返还租赁物不同。

（五）融资租赁合同的租金高于一般租赁合同的租金

由于融资租赁合同中，出租人往往要通过融资购买租赁物，因此存在一个资金的使用成本问题；又由于融资租赁业务中，出租人一次付清租赁物的全部价款，而通过逐步收取租金收回成本并赢利，因此融资租赁合同具有较高的商业风险。有鉴于此，融资租赁合同的租金要比一般的租赁合同来得高。

融资租赁合同的订立过程一般如下：(1)承租人先在供应商处选定所需租赁物；(2)承租人向租赁公司提出租赁申请，并与租赁公司签订租赁合同；(3)租赁公司根据承租人所指定供应商及租赁物与供应商签订租赁物的买卖合同；(4)租赁物的供应商向承租人交付租赁物；(5)承租人验收租赁物后，向租赁公司交付受领证书；(6)租赁公司向供应商支付租赁物的货款。

二、融资租赁合同各方当事人的权利义务

（一）出租人的权利义务

1. 出租人的主要权利

(1)根据买卖合同取得租赁物的所有权；(2)根据租赁合同按时收取租金，当事人另有约定的除外；(3)承租人不支付租金，经催告，在合理期限内仍不支付租金的，出租人有权要求承租人支付全部租金，或者终止合同，收回租赁物；(4)租赁期限内，出租人可以转让、抵押租赁物。租赁物所有权发生转移后，原租赁合同对租赁物新所有人继续有效。

2. 出租人的主要义务

(1)按承租人的指定和要求及时购买租赁物；(2)出租人在收到承租人交付的租赁物受领证书后，及时向租赁物供应商支付价款；(3)出租人应当保证承租人对租赁物的占有和使用，租赁物如果不符合约定的要求或者使用目的的，出租人不承担责任，但承租人依赖出租人的技能确定租赁物或者出租人干预选择租赁物的除外；(4)租赁期满时，按约定及时处理租赁物。对租赁物的归属没有约定或者约定不明的，经协商仍然不能达成协议的，租赁物的所有权归出租人享有。

（二）承租人的权利义务

1. 承租人的主要权利

(1)自行选择租赁物及供应商；(2)受领出卖人(租赁物的供应商)交付的租赁物，并享有与受领标的物有关的买受人的权利；(3)在租赁期限内，对租赁物享有使用收益权并得排除任何人的不当干涉和妨害；(4)根据约定，于出卖人不履行买

卖合同的义务时向出卖人行使索赔权,并有权要求出租人给予协助;(5)合同约定租赁期满租赁物归承租人所有时,于合同期满时取得租赁物的所有权;承租人虽已支付大部分租金,但无力支付剩余租金,致使出租人终止合同收回租赁物的,租赁物的残值超过所欠租金时,承租人有权要求返还部分租金。

2. 承租人的主要义务

(1)按照合同的约定支付租金;(2)对出卖人交付的租赁物及时受领并验收,发现租赁物存在不符合合同约定品质时,及时向出卖人提出异议;(3)按照合同约定对租赁物为使用收益,并承担对租赁物的保养和维修;(4)在占有使用租赁物期间,因租赁物致人损害的,承担赔偿责任;(5)未经出租人同意不得擅自转租;(6)根据合同约定于租赁期满时及时返还租赁物或者留买租赁物。

(三) 租赁物出卖人的主要权利和义务

租赁物出卖人的主要权利是:向出租人收取租赁物的价款;主要义务是:按照约定向承租人交付租赁物,并对租赁物承担瑕疵担保责任。

第二十一章　借贷合同

第一节　使用借贷合同

一、使用借贷合同的概念和特征

使用借贷合同,又称借用合同,指当事人双方约定一方将标的物无偿出借给他方使用,他方于使用后返还原物的合同。交付标的物的一方为出借人,使用他人出借物的一方为借用人。

使用借贷合同具有如下特征:

(1) 使用借贷合同是转移标的物使用权的合同,借用人使用后须返还原物。

(2) 使用借贷合同是无偿合同、实践合同、单务合同。与租赁合同是有偿使用他人之物不同,使用借贷是无偿使用他人之物,因此合同不以双方当事人意思表示一致为成立,而以交付标的物为合同成立。已经成立的使用借贷合同,只借用人负返还原物的义务。

(3) 使用借贷合同的标的物只能是特定物、非消耗物。由于使用借贷合同期满后,借用人必须返还原物,因此,借用物应是特定物、不可消耗物。

二、使用借贷合同当事人的权利义务

(一) 出借人的权利义务

(1) 出借人对借用物的品质负瑕疵担保责任。因出借人故意隐瞒借用物的品质瑕疵或因重大过失不告知瑕疵致使借用人遭受损害的,出借人负赔偿责任。

(2) 出借人于合同期满时享有请求返还原物的权利,在出借人自己需要使用出借物或者借用人违背借用物的性质而为使用时,或者借用人未经出借人同意而转借他人使用时有权终止合同,收回借用物。

(二) 借用人的主要义务

(1) 按照合同约定或者标的物的性质使用借用物。借用人因使用不当致使标的物毁损灭失的,负赔偿责任。

(2) 以善良管理人的注意妥善保管借用物。因保管不善致借用物毁损灭失的,借用人负赔偿责任。

(3) 未经出借人同意不得将借用物转借他人使用。

(4) 于合同期满返还原物。合同没有约定使用期限的,借用人应于使用完毕后及时返还出借人。出借人有权随时请求返还,但应当给对方合理期限的准备。

第二节　消费借贷合同

一、消费借贷合同的概念和特征

消费借贷合同,指双方当事人约定,一方将一定数量的货币或者其他种类物交付他方使用,他方于约定期满返还同等数量的货币或种类物的合同。

消费借贷合同的法律特征如下:

(1) 消费借贷合同是转移标的物所有权的合同。借用人取得标的物的目的在于消费,消费是对物的处分行为,因此,借用人应取得标的物的所有权。此与使用借贷合同转移标的物的使用权不同。

(2) 消费借贷合同的标的物是种类物,可消耗物。与使用借贷合同是对于特定物的利用,用后返还原物不同;消费借贷是对于种类物的消费,一经消费标的物不复存在。

(3) 消费借贷合同是实践合同、单务合同。消费借贷合同除当事人意思表示一致外,还必须交付标的物合同才能成立。合同成立后,借用人负返还义务。出借人虽有对于标的物的瑕疵担保义务,但该义务不具有对价性,因此属单务合同。

(4) 消费借贷合同可以有偿,也可以无偿。消费借贷合同是否有偿,应有合同约定,合同没有约定或者约定不明的,推定为无偿。

二、消费借贷合同当事人的权利义务

(一) 出借人的主要义务

出借人对借贷物负瑕疵担保责任。在有偿借贷,出借人无论是否存在过失,均应对因其出借物的瑕疵致借用人损害的,负损害赔偿责任;在无偿借贷,出借人仅于自己故意不告知瑕疵或因重大过失未告知瑕疵而致借用人损害的,向借用人

负损害赔偿责任。

（二）借用人的义务

借用人应于约定期限到来时，向出借人返还同等数量和质量的种类物；借用人不能以种类物返还的，经出借人同意，可按借贷物的实际价值返还货币。出借物为货币时，借用人应按期返还同等数量的货币；不能返还货币的，经出借人同意，可用流通物经合理折算抵偿。当合同为有偿借贷时，借用人应按约定向出借人支付利息。

第三节　借款合同

一、借款合同的概念和特征

借款合同，又称贷款合同、信贷合同，指贷款人（银行或其他金融机构）将一定数量的货币交付借用人使用，借用人按期返还同等数量的货币并支付利息的合同。我国《合同法》规定的借款合同同时适用于自然人之间的借款。

借款合同具有如下法律特征：

（一）借款合同以货币为标的

借款合同本属于消费借贷合同之一种，但由于出借人多为银行或者其他金融机构，与自然人之间的借款相比较有其特殊性，因此成为相对独立的一种合同。

（二）借款合同是诺成合同

借款合同的成立以双方当事人就借款事宜意思表示一致为合同成立，不以货币的实际交付为要件。借款合同成立后，出借人在约定的时间向借用人放款是其对合同义务的履行，而不是合同成立的条件。但是，自然人之间的借款合同自贷款人提供借款时生效。

（三）借款合同是双务、有偿合同

借款合同以当事人意思表示一致为合同成立。合同成立后出借人有到期放款义务，借用人有到期还本付息义务。除个别特殊的无息贷款外，借用人使用银行或者其他金融机构的货币资本，是以支付一定数量的利息为代价的，因此是有偿使用。但是，对于自然人之间的借款合同，如双方在合同中没有约定利息或者约定不明确的，视为无偿借款。

（四）借款合同是要式合同

根据我国法律的规定，信贷合同应采取书面方式订立。

二、借款合同当事人的权利义务

（一）贷款人的主要义务

（1）按照合同约定及时提供贷款。因贷款人的原因未能及时提供贷款而致借款人损失的，负赔偿责任。

（2）不得预先在本金中扣除借款利息。利息预先在本金中扣除的，按照实际发生的借款数额，计算本金和利息。

（3）在借款期限到来时及时通知借款人还本付息。

（二）借款人的主要义务

（1）及时受领贷款。

（2）按照合同约定的用途使用贷款。

（3）按照合同约定的期限和方法还本付息。

第二十二章　承揽合同

一、承揽合同的概念和特征

承揽合同是承揽人按照定作人的要求完成工作,交付工作成果,定作人接受工作成果并给付约定报酬的合同。在承揽合同中,按照约定完成工作的一方为承揽人,接受工作成果并给付约定报酬的一方为定作人。

承揽合同具有如下法律特征。

（一）承揽合同的客体是特定的劳动成果

承揽合同的客体既非一般意义上的提供劳务,也不是一般意义上的给付特定物或种类物,而是承揽人的特定的劳动成果。虽有承揽人的劳动而没有完成工作,不能提供工作成果的,不能请求定作人给付报酬。

（二）承揽人完成的工作成果具有特定性

承揽人的承揽活动是按照定作人的特定要求完成的,不同于一般的工作成果,承揽合同所要求的工作成果具有特定性。定作人就是基于承揽人的特殊工作能力满足其特殊的需要。

（三）承揽人完成工作具有独立性

与雇佣合同不同,雇佣合同中受雇人根据雇主的要求进行工作,在完成工作过程中发生的意外风险由雇主承担;而承揽合同是承揽人以自己的设备、技术和能力独立地进行工作,并承担工作中的风险责任。

（四）承揽人对在承揽中发生的意外承担风险责任

在完成工作的过程中,因不可抗力等不可归责于双方当事人的事由而致工作物不能完成或者遭受意外毁损灭失的,由承揽人承担风险责任。承揽人不能要求定作人给付报酬或者赔偿损失。材料由定作人提供的,定作人承担材料的损失。

（五）承揽合同是诺成合同、双务合同、有偿合同

承揽合同以当事人双方意思表示一致为合同成立。合同成立后承揽人有按照定作人的要求完成工作成果的义务,定作人有按照约定接受成果并给付约定报酬的义务。承揽人完成工作并交付工作成果以获得报酬为代价。

二、承揽合同当事人的主要权利义务

（一）承揽人的主要权利义务

1. 按照约定的要求完成特定的工作

承揽人应严格按照合同约定的要求完成工作成果,以满足定作人的特殊需要。未经定作人同意,不得擅自改变承揽内容。

2. 承揽人应亲自完成承揽工作

承揽人应以自己的设备和技术亲自完成承揽工作。未经定作人同意,不得将承揽工作的主要内容交由第三人完成,否则定作人有权解除合同;经定作人同意承揽人将工作交由第三人完成的,承揽人应对第三人完成的工作向定作人负责。对于承揽中的辅助工作,可交由第三人完成,但承揽人对第三人的工作负责。

3. 检验和保管原材料

根据合同约定应由定作人提供原料的,承揽人应对原料进行验收,发现原材料有短缺或者质量不合格的,应通知定作人更换、补充或者采取其他补救措施,否则承揽人不得以定作人提供的原材料存在质量或者数量上的缺陷为由,要求定作人负责。

4. 接受检查、监督

根据合同约定,由承揽人提供原料的,承揽人应按照约定选用材料,并接受定作人的检查。由定作人提供原料的,承揽人不得擅自更换定作人提供的原料。承揽人在完成工作期间应该接受定作人的监督检查。

5. 按期完成工作并交付工作成果

承揽人应按照合同约定的期限完成工作并交付工作成果。因承揽人的原因不能按时交付工作成果的,承揽人应向定作人承担迟延履行的责任或者部分不履行责任。承揽人交付的工作成果不符合质量标准的,应当向定作人负修理、重做、减少报酬、赔偿损失等责任。

6. 承揽人对承揽工作的内容负保密义务

承揽人应按照定作人的要求对承揽工作的内容保守秘密。未经定作人许可,不得保留复制品和技术资料。

7. 承揽人对工作成果的瑕疵负担保责任

承揽人应保证自己所交付的定作物在品质、用途等方面符合约定的要求。定作人有权在接受定作物时,对定作物进行验收。不符合约定要求可请求承揽人进行修补。承揽人拒绝修补的,定作人可解除合同。

8. 承揽人对在承揽中发生的意外承担风险责任

在完成工作的过程中,因不可抗力等不可归责于双方当事人的事由而致工作物不能完成或者遭受意外毁损灭失的,由承揽人承担风险责任。承揽人不能要求定作人给付报酬或者赔偿损失。材料由定作人提供的,由定作人承担材料的损失。

(二)定作人的主要义务

1. 及时接受工作成果

定作人应根据合同的约定及时验收工作成果。定作人迟延接受或无故拒绝因此造成工作成果有缺陷的,定作人承担不利后果。

2. 按照约定支付报酬

定作人应当按照约定的期限和方式支付报酬。对报酬的支付期限没有约定或者约定不明确的,可以协商补充;不能达成补充协议的,按照合同的有关条款或者交易的习惯确定。定作人未向承揽人支付报酬和材料价款的,承揽人对完成的工作成果有留置权。

3. 按照约定提供原材料

合同约定由定作人提供原材料的,定作人应按合同约定的具体要求提供原材料。定作人未能按照合同要求及时提供原材料的,承揽人有权迟延交付工作物,并有权要求定作人承担因停工待料所造成的损失。

4. 协助义务

承揽过程中需要定作人协助的,定作人负有协助义务。因定作人的不协助致使承揽工作不能及时完成的,承揽人不承担责任,并可解除合同。

5. 解除合同的赔偿责任

定作人可随时解除承揽合同,因定作人解除合同给承揽人造成损失的,定作人负赔偿责任。

第二节　建设工程合同

一、建设工程合同的概念和特征

建设工程合同,指承包人进行工程建设,发包人支付价款的合同。由建设单位为合同一方(称发包方),勘察、设计、建筑单位为合同的另一方(称承包方)。建设工程合同包括:工程勘探合同、工程设计合同、工程施工合同,又称基本建设承包合同。

建设工程合同性质上属于承揽合同,具有承揽合同的共同特征。同时,该合同又具有其自身特殊性,具体表现以下几方面。

(一)建设工程合同的标的一般为大型基本建设项目

这类工程是一般承揽合同的标的所不能比拟的。由于工程项目庞大复杂,要求投资大、建设周期长,对于工程的质量要求也高。

(二)合同的主体一般为法人

一般的承揽合同对于主体没有特别的要求。由于建设工程合同的标的是大型基本建设项目,对合同主体有特别要求。发包人应该是获得批准建设工程的法人,承包人只能是具有从事勘察、设计、施工、安装资格的法人。在一般情况下,自然人不能成为建设工程合同的发包人或者承包人。

(三)严格的国家管理

由于建设工程合同属于基本建设项目,是大型的不动产,工程往往会涉及国家的基本建设规划,并与国计民生有关。因此,对于这类合同,从合同的签订到合同的履行,从资金的投放到项目的验收,都受到国家的严格管理和监督。

(四)计划性和程序性

由于建设工程合同属于基本建设项目的合同,对于国民经济影响重大。因此,工程具有严格的计划性,合同的订立和履行也有着严格的程序性。我国《合同法》第 273 条规定:"国家重大建设工程合同,应当按照国家规定的程序和国家批准的投资计划、可行性研究报告等文件订立。"

一项完整的工程项目往往涉及工程的勘察、设计、施工、安装等各个方面,因此,建设工程合同可以分为勘察合同、设计合同、施工合同(包含建筑合同和安装合同)等。

第二十三章　保管合同　仓储合同

第一节　保管合同

一、保管合同的概念和特征

保管合同,又称寄存合同,指当事人双方约定,一方有偿或者无偿地为他方保管财物,并于合同期满或应他方的请求返还原物的合同。为他方保管财物的一方为保管人,将财物交付他人保管的一方为寄存人。

保管合同具有以下法律特征。

(一)保管合同是实践合同

保管合同的成立,除当事人意思表示一致外,还必须交付保管物并经保管人验收,保管合同自保管物交付时起成立,当事人另有约定的除外。

(二)保管合同可以有偿,也可以无偿

保管合同是否有偿应由合同当事人约定。当事人对保管是否有偿没有约定或者约定不明的,经协商也不能达成协议的,按有关条款或者交易习惯确定,仍不能确定的,推定为无偿保管。

(三)保管物为特定物或经特定化的种类物

由于保管合同终止后保管人有义务交还原物,因此,保管物必须是特定物或者经特定化的种类物。

(四)保管合同转移的是对保管物的占有,不转移所有权

保管合同仅转移对保管物的占有,合同终止后,保管人有义务交还保管物。未经寄存人同意,保管人不得使用或者处分保管物。

(五)保管合同的客体是保管行为,而不是保管物

保管合同以提供保管服务为合同客体,保管物本身不是合同的客体,而是提供保管服务的对象。

二、保管合同当事人的主要权利义务

(一)保管人的主要义务

1. 对保管物验收并妥善保管义务

保管人接受保管物时应对保管物进行验收。除另有交易习惯外,保管人在接受保管物时应向寄存人给付保管凭证。对于无偿保管,保管人应当对保管物尽与保管自己物同样的注意义务;对于有偿保管,保管人应对保管物尽善良保管人的注意义务。因未尽相关注意义务而致保管物毁损、灭失的,保管人负赔偿责任。

当事人对保管场所和保管方式有特别约定的,从约定;没有特别约定的,保管人应根据保管物的性质、保管目的以及诚实信用原则确定保管方式和保管场所。

2. 不使用保管物的义务

除经保管人同意或者基于保管的性质必须使用外,保管人不得使用或者使第三人使用保管物。

3. 亲自保管义务

除经寄存人同意、或另有习惯、或有不得已的事由外,保管人不得使第三人代为保管。因寄存人同意、或另有习惯、或有不得已的事由而使第三人代为保管的,保管人对第三人的行为负责。保管人违反约定或者未经寄存人同意,将保管物转交第三人保管,对保管物造成损害的,负赔偿责任。

4. 危险通知义务

当有第三人对保管物主张权利、提起诉讼、进行扣押或保管物有遭遇意外灭失、毁损危险时,保管人应将有关情况及时通知寄存人。

5. 返还保管物义务

合同有约定期限的,保管人除非有特别事由,不得提前返还保管物。但寄存人得随时请求保管人返还保管物,保管物于保管期间所产生孳息一并返还。

6. 保管人对保管物的赔偿责任

因保管人的过错致保管物在保管期间毁损或者灭失时,保管人负赔偿责任。保管人的赔偿责任因保管合同有偿无偿而有所不同。对于有偿保管,保管人对其一切过错行为致保管物毁损、灭失负赔偿责任;对于无偿保管,保管人仅因其故意或者重大过失致保管物毁损、灭失承担赔偿责任。

(二)寄存人的主要义务

1. 偿付必要费用义务

保管人因保管物而支出的必要费用,寄托人应负责偿付。

2. 给付报酬义务

对于有偿保管,寄存人应按约定向保管人支付保管费。对于保管费的支付方式和数额,有约定的按约定;没有约定或者约定不明的,可以补充约定;不能达成补充协议的,按照有关条款或者交易习惯确定。寄存人不履行此义务的,保管人有权留置保管物,当事人另有约定的除外。

3. 因保管物的瑕疵致人损害的赔偿责任

保管人因保管物的瑕疵而受到损害时,保管人能证明对此损失没有过错的,寄存人应负赔偿责任。

4. 对保管物意外灭失的风险承担责任

保管物因不可抗力及其他不可归责于保管人的原因而毁损、灭失的,寄存人对此损失承担风险责任。

第二节　仓储合同

一、仓储合同的概念和特征

仓储合同,指当事人双方约定,一方为他方提供仓储保管服务,他方为此支付约定报酬的合同。为他方提供仓储保管服务的一方为仓库营业人(即保管人),将财物交付他人保管的一方为存货人。

仓储保管合同就其性质而言属于保管合同,但由于仓储保管的营业属性,与一般的保管合同不同,仓储保管合同的特征如下。

(一)合同主体的特殊性

一般保管合同可适用于任何主体,而仓储保管合同的保管人必须是经工商行政机关核准,依法从事仓储业务的法人;存货人一般为从事生产经营的法人、自然人或者合伙。

(二)仓储合同是诺成合同、有偿合同

仓储合同以合同双方意思表示一致为合同成立;标的物的交付与否不影响合同的成立。仓储保管人的保管行为是一种经营行为,以赢利为目的,因此,仓储保管合同一定是有偿合同。

(三)仓储合同的客体是保管行为,而不是保管物本身

仓储合同属于提供仓储场地和保管服务的合同,保管物多为大宗的生产资料,如原料、成品、半成品等财产。

二、仓储保管合同当事人的主要权利义务

（一）保管人的主要义务

1. 保管人对仓储物的验收义务

《合同法》第 384 条规定,保管人应当按照约定对入库仓储物进行验收。保管人验收时发现入库仓储物与约定不符的,应当及时通知存货人。保管人验收后,发生仓储物的品种、数量、质量不符合约定的,保管人应当承担损害赔偿责任。第 385 条规定保管人验收后应当向存货人签发仓单。

2. 保管人对仓储物的妥善保管义务

《合同法》第 394 条规定,保管人应当按照合同约定的仓储条件和保管要求妥善保管仓储物。储存期间,因保管人保管不当造成仓储物毁损、灭失的,保管人应当承担损害赔偿责任。因仓储物的性质、包装不符合约定或者超过有效储存期造成仓储物变质、损坏的,保管人不承担损害赔偿责任。

3. 保管人的协助与通知义务

根据合同法的相关规定,保管人根据存货人或者仓单持有人的要求,应当同意其检查仓储物或者提取样品。保管人对入库仓储物发现有变质或者其他损坏的,应当及时通知存货人或者仓单持有人。保管人对入库仓储物发现有变质或者其他损坏,危及其他仓储物的安全和正常保管的,应当催告存货人或者仓单持有人作出必要的处置。因情况紧急,保管人可以作出必要的处置,但事后应当将该情况及时通知存货人或者仓单持有人。

（二）存货人的主要义务

1. 存货人对仓储物有提供验收资料的义务

《合同法》第 383 条规定,储存易燃、易爆、有毒、有腐蚀性、有放射性等危险物品或者易变质物品,存货人应当说明该物品的性质,提供有关资料。存货人拒绝提供有关资料的,保管人可以拒收仓储物,也可以采取相应措施以避免损失的发生,因此产生的费用由存货人承担。

2. 存货人及时提取仓储物的义务

根据合同法的相关规定,储存期间届满,存货人或者仓单持有人应当提取仓储物。逾期提取的,应当加收仓储费;提前提取的,不减收仓储费。储存期间届满,存货人或者仓单持有人不提取仓储物的,保管人可以催告其在合理期限内提取,逾期不提取的,保管人可以提存仓储物。当事人对储存期间没有约定或者约定不明确的,存货人或者仓单持有人可以随时提取仓储物,保管人也可以随时要求存货人或者仓单持有人提取仓储物,但应给予必要的准备时间。

第二十四章　运输合同

第一节　运输合同概述

一、运输合同的概念

运输合同是承运人将旅客或者货物从起运点运输到约定地点,旅客、托运人或者收货人支付票款或者运输费用的合同,也称运送合同。

运输合同属于提供劳务的合同。

根据运输对象运输合同可以分为旅客运输合同和货物运输合同。其中,货物运输合同还可以分为普通货物运输合同、特殊运输合同(如鲜活货物、易腐、易变质货物等)和危险货物运输合同(如易燃、易爆货物等)。根据运输方式,运输合同可以分为铁路运输合同、水上运输合同、公路运输合同、航空运输合同等。根据运输方法是单一运输工具还是多种运输工具,运输合同还可以分为单一运输工具的运输合同和多种运输工具的运输合同,即联运合同。

二、运输合同的基本特征

(一)运输合同的客体是承运人的运送行为

运输合同属于提供劳务的合同,运输合同的客体是承运人的运送行为,而不是所承运的货物或者旅客。

(二)运输合同是双务有偿合同

运输合同成立后,承运人有提供运输服务完成运送行为的义务;旅客或托运人或收货人负有向承运人支付票款或者运输费用的义务,双方的义务互为对价。

(三)运输合同一般为标准合同

运输合同根据承运人的属性可以分为普通合同和标准合同。除少数运输专业户和集体运输企业所从事的运输业务外,以国营运输企业为承运人的运输合同一般为标准合同。这类合同的标准性表现在:合同的主要内容由交通运输管理部门统一规定;合同的格式、提单、客票统一印制;运费由交通运输管理部门会同物价管理部门统一规定。

第二节　旅客运输合同

一、旅客运输合同的概念

旅客运输合同是指由承运人与旅客约定,承运人按照约定将旅客及其行李在约定的时间内运送至目的地,旅客给付规定运费的协议。根据承运人提供的运输工具不同,旅客运输合同可以分为:铁路运输合同、公路运输合同、水路运输合同和航空运输合同。

二、旅客运输合同的成立

在一般情况下,旅客运输合同自承运人向旅客交付客票时起成立,如铁路运输、水路运输、航空运输等。但在一些特殊场合,则是根据当事人的约定或者交易习惯确定合同的成立,如出租车,公交车,往往是旅客先上车,再买票或者补票或者到目的地后确定票价。在此情况下,旅客欲登运输工具的行为可以认为是要约,承运人准于其登上运输工具应认为是承诺,自旅客登上运输工具后合同成立。

三、旅客运输合同的效力

(一)旅客的主要权利和义务

1. 旅客应持有有效客票乘运

在一般情况下,客票是表明旅客已经交付运输费用,享有乘运权利的唯一凭证。旅客登上任何一种交通工具,应持有有效的客票。在无票也允许登上运输工具的情况下,乘客应及时补票。旅客拒绝交付票款的,承运人可以拒绝运输。

2. 旅客不得携带或者在行李中夹带违禁物品

《合同法》第297条规定:"旅客不得随身携带或者在行李中夹带易燃、易爆、有毒、有腐蚀性、有放射性以及有可能危及运输工具上人身和财产安全的危险物品或者其他违禁物品。"旅客违反规定的,承运人可以拒载,或者将违禁物品卸下、销毁或者送交有关部门。

（二）承运人的主要义务

1. 承运人的告知义务

承运人应当向旅客及时告知有关不能正常运输的重要事由以及安全运输应当注意的事项。

2. 承运人按照客票载明的时间和班次运送旅客的义务

承运人应当按照客票载明的时间、班次运送旅客。承运人不能按照客票载明的时间、班次运送旅客的，旅客有权要求改乘其他班次、变更运输路线以到达目的地或者退票。

3. 承运人在运输过程中的救助义务

《合同法》第301条规定："承运人在运输过程中，应当尽力救助患有急病、分娩、遇险的旅客。"这一义务并非运输合同本身的主要义务，而是作为运输合同的附随义务，并由合同法明确规定。

（三）承运人的赔偿责任

1. 承运人对运输过程中旅客伤亡的赔偿责任

《合同法》第302条规定："承运人应当对运输过程中旅客的伤亡承担损害赔偿责任，但伤亡是旅客自身健康原因造成的或者承运人证明伤亡是旅客故意、重大过失造成的除外。"承运人对于旅客伤亡的赔偿责任及免责事由的适用，不仅对于正常购票乘车的旅客，而且适用于按照规定免票、持优待票或者经承运人同意搭乘的无票旅客。

根据惯例，承运人对于旅客伤亡的赔偿责任一般为限额赔偿。

2. 承运人对运输过程中旅客行李毁损、灭失的赔偿责任

承运人因过错致旅客携带的行李毁损、灭失的，应当承担损害赔偿责任；承运人对旅客托运的行李发生毁损、灭失的，适用货物运输的有关规定。

第三节　货物运输合同

一、货物运输合同的订立

货物运输合同的订立包含托运和承运两个阶段。托运是托运人向承运人提出货物托运的意思表示。托运人办理托运时，填写货物托运单提交承运人，承运人根据托运单核实验货，符合承运要求的核收运杂费，签发承运凭证，货物运输合同成立。

托运人在办理托运手续时，应按规定向承运人提交有关货物运输的证明文件。根据《合同法》第307条规定："托运人运输易燃、易爆、有毒、有腐蚀性、有放射性等危险物品的,应当按照国家有关危险物品运输的规定对危险物品妥善包装,作出危险物标志和标签,并将有关危险物品的名称、性质和防范措施的书面材料提交承运人。"托运人违反该规定的,承运人可以拒绝承运,也可以采取相应措施避免损失的发生,因此产生的费用由托运人承担。

二、货物运输合同当事人的主要权利义务

(一)托运人的主要权利义务

托运人有权要求承运人按照合同的约定,将货物准时运达目的地。在承运人投运前,托运人可以取消托运,领回货物;在货物发运后到达目的地前,可以要求变更目的地或者变更收货人,但应当提出变更申请并办理变更手续。

托运人的主要义务是按照约定交付运杂费和其他费用。托运人应当按照约定的时间交付需要运输的货物,对所需运输的货物应按照国家规定的标准进行包装,所运输的货物属于国家规定的危险货物的,应当按照规定办理。

(二)承运人的主要权利义务

承运人有权向托运人或者收货人收取运杂费以及其他相关费用。托运人未交付的,承运人有权拒绝运输;收货人拒绝交付相关费用的,承运人有权按照法律规定留置承运的货物。

承运人应按照约定将承运的货物准时、安全运达指定地点,并通知收货人在规定的时间内领取货物。承运人对所承运的货物发生毁损、灭失、短少、变质的,按照法律规定承担赔偿责任。

(三)收货人的主要权利义务

收货人有权根据凭证收取货物。收货人在接收货物时应当会同承运人或者保管人交接验收。发现收取的货物有毁损、短少或者与货运单不符的,有权向承运人提出损害赔偿请求。

收货人在接到提货通知后,应及时提取货物并交付应当交纳的一切相关费用。收货人拒绝交纳相关费用的,承运人或者保管人可以留置承运的货物。

第四节　联合运输合同(联运合同)

联合运输合同,也称多式联运合同,指承运人利用两种以上相连接的运输工具或者两个以上的运输企业相衔接共同完成将旅客或货物安全运送至目的地,托运人按约定支付全程运费的合同。

联运合同的订立与一般单一运输合同不同,托运人为两个或者两个以上,多

存在计划性。一般根据国家交通运输部门的运输计划订立。各个承运企业在安排运输计划时,应当保证对联运货物的优先承运。联运合同虽有数个承运人,但合同的订立只在第一承运人与托运人或者旅客之间。第一承运人以外的其他承运人不参与合同的订立,但必须履行合同中约定的承运义务。托运人或者旅客一次性交付运费。

在联合承运的过程中,承运的货物因承运人的过错发生毁损、灭失、短少、变质的,原则上由各个承运人承担连带责任,但首先由终点地承运人向托运人或者收货人负赔偿责任,然后向其他负连带责任的承运人追偿。如果各个承运人之间责任不能划分的,按各自所得运费比例分摊。

第二十五章　技术合同

第一节　技术合同概述

一、技术合同的概念和法律特征

技术合同是当事人就技术开发、技术转让、技术咨询以及技术服务订立的确定相互之间权利义务关系的合同。

技术合同具有如下法律特征：

（一）技术合同的客体具有特殊性

技术合同的客体不是一般意义上的商品或者服务，而是具有智力成果属性的可以具体实施的技术成果以及由专业技术人员提供的技术咨询或者技术服务。根据技术合同的内容不同，技术开发、技术转让合同的客体是特定的技术成果，技术咨询、技术服务合同的客体是由专业技术人员提供的特定的技术服务。

（二）技术合同是双务合同有偿合同

在技术合同中，双方当事人各有其权利义务，并且双方的权利义务互为对价。技术成果的提供方以获得对方转让费为对价向对方提供技术成果或者完成技术开发；技术咨询、技术服务的提供方以获得对方的咨询费、服务费为对价向相对方提供技术咨询或技术服务。

（三）调整技术合同的法律具有多样性

技术合同作为合同之一种除受合同法调整外，因合同的内容可能涉及技术成果的归属，还受知识产权法调整。

二、技术合同的主要内容

技术合同含技术开发、技术转让、技术咨询和技术服务四种类型。不同类型的技术合同在内容上有其自身的特殊性。具体的技术合同的内容或者条款应由合同当事人自主拟定。为了规范技术合同的条款,避免发生不必要的纠纷,我国《合同法》第324条规定了技术合同一般应包括的条款:(1)项目的名称;(2)合同标的的内容、范围和要求;(3)履行的计划、进度、期限、地点、地域和方式;(4)技术情报和资料的保密;(5)风险责任的承担;(6)技术成果的归属和收益的分成方法;(7)验收标准和方法;(8)价款、报酬或者使用费及其支付方法;(9)违约金或者损失赔偿的计算方法;(10)解决争议的方法;(11)名词和术语的解释。

三、技术合同中价格、报酬的确定及支付方式

技术成果非一般商品,技术咨询和技术服务非一般劳务。因此,对技术成果的定价,技术咨询和技术服务报酬的确定,以及相关费用的确定及支付方式有其特殊性和复杂性。为了规范技术市场、规范对技术成果、技术咨询、技术服务的定价,我国《合同法》第325条给出了一般规定:"技术合同的价款、报酬或者使用费的支付方式由当事人约定,可以采取一次总算、一次总付或者一次总算、分期支付,也可以采取提成支付或者提成支付附加入门费的方式。约定提成支付的,可以按照产品价格、实施专利和使用技术秘密后新增的产值、利润或者产品销售额的一定比例提成,也可以按照约定的其他方式计算。提成支付的比例可以采取固定比例、逐年递增比例或者逐年递减比例。"

第二节　技术开发合同

一、技术开发合同的概念和特征

技术开发合同是当事人之间就新技术、新产品、新工艺或者新材料及其系统的研究开发所订立的合同,包括委托开发合同和合作开发合同两种。

技术开发合同具有以下特征。

(一) 技术开发合同的客体是新技术成果

技术开发合同的客体是具有创造性的新技术成果。这些成果在合同订立时尚不存在,是有待开发研究的技术项目,包括新技术、新产品、新工艺或者新材料。合同要达到的目的,是完成对约定的技术内容的开发。

(二) 技术开发合同是双务有偿合同

在委托开发合同中,受托人有义务完成合同约定的开发任务,委托人有义务按合同约定支付报酬,双方的义务互为对价。在合作开发合同中,双方有按照约

定相互协作共同完成开发项目的义务。

（三）技术开发合同是要式合同

由于技术开发合同涉及对相关技术的理解和解释、涉及对开发技术的理解和解释、涉及对所完成的技术成果的归属的确定以及不能完成开发项目的风险承担，我国合同法明确要求技术开发合同应当采取书面方式订立。

（四）技术开发合同涉及新技术成果的产权归属以及不能完成开发的风险的承担

由于技术开发合同的客体是尚不存在、有待开发的技术，对开发成果的归属如何确定在合同中应有明确的约定；对由于现有技术本身存在的不可克服的局限性而不能完成开发任务的风险如何承担，应有明确约定。委托方不能追究受托方因无法克服的原因不能完成开发任务的违约责任。

二、技术开发合同中当事人的主要权利义务

（一）委托开发合同中当事人的主要权利义务

受托人的主要义务：

(1) 按照合同约定的时间完成开发任务并交付开发成果；

(2) 亲自完成开发任务，未经委托人同意不应将委托开发任务的主要部分交由第三人完成；

(3) 合理使用研究开发经费；

(4) 在交付新技术成果时，提供相关的技术资料和必要的技术指导，帮助委托人掌握研发成果；

(5) 除法律另有规定或者当事人另有约定外，不得向第三人泄露新技术成果的秘密，不得向第三人提供该技术成果。

委托人的主要义务：

(1) 按照合同约定向受托人提供研究开发经费或者支付约定的报酬；

(2) 按照合同约定及时向受托人提供技术开发所需要的技术资料，原始数据以及完成其他需要协作的事项。

（二）合作开发合同中当事人的主要权利义务

根据《合同法》的相关规定，合作开发合同当事人的权利义务主要有：

(1) 按照合同约定的内容和数目进行项目投资，出资形式包括现金和技术；

(2) 按照合同约定的具体分工进行研究和开发工作，在工作中协作配合；

(3) 按照合同约定严格保守技术情报和技术资料的秘密。

三、技术开发合同中新技术成果的产权归属

对于技术开发所产生的新技术成果如何确定它的归属？当事人有约定的,从约定;没有约定或者约定不明的,依据下列规则确定技术成果的归属。

(1) 委托开发完成的新技术成果属于发明创造的,专利申请权属于完成研究开发的受托人。

(2) 合作开发完成的发明创造,专利申请权属于完成开发的各方共有。一方当事人转让其共有的专利申请权的,在同等条件下,其他共有人有优先受让权。一方声明放弃专利申请权的,可以由另一方单独申请或者其他各方共同申请。申请人取得专利权的,放弃专利申请权的一方可以免费实施该专利。当事人一方不同意申请专利的,另一方或者其他各方不得申请专利。

(3) 委托开发所完成的非专利技术成果归属于受托人,合作开发所完成的非专利技术成果归合作各方共有。各方对该技术成果都享有使用权。未经其他各方同意,任何一方均不得将该技术成果转让给第三人或者将该技术成果的技术秘密或者技术资料泄露给第三人。

四、技术开发合同中风险的承担

《合同法》第338条规定,在技术开发合同的履行过程中,因出现无法克服的技术困难,致使研究开发失败或者部分失败的风险责任的承担,当事人有约定的,从约定;当事人没有约定或者约定不明经补充约定仍然不能达成协议的,在委托开发合同中,除可归责于受托人的事由外,应由委托人承担;在合作开发合同中,应由合作的各方合理分摊。

第三节　技术转让合同

一、技术转让合同的概念和特征

技术转让合同是指,当事人一方将专利权、专利申请权、技术秘密转让他方所有或者许可他方实施,受让方或者被许可实施方支付约定转让金或者许可使用费的合同。根据合同内容的不同,技术转让合同有四种:专利权转让合同、专利申请权转让合同、技术秘密转让合同和专利实施许可合同。

技术转让合同的特征如下:

(1) 技术转让合同的客体是专利权、专利申请权、技术秘密以及专利实施许可。在订立合同时,这些技术都是已经存在的技术,这点与技术开发合同不同。

(2) 技术转让合同是双务合同、有偿合同、要式合同。在技术转让合同中,出

让人转让其技术所有权是以取得对方转让费为对价,出让人与受让人的义务互为对价。由于合同涉及对相关技术的理解与解释,合同法要求技术转让合同应当以书面形式订立。

二、技术转让合同的效力

(一)技术转让合同的效力

1. 让与人对所让与技术的产权和技术品质负保证义务

《合同法》第349条规定,技术转让合同的让与人应当保证自己是所提供的技术的合法拥有者,并保证所提供的技术完整、无误、有效,能够达到预期的技术效果和技术目标。

2. 受让人的保密义务

《合同法》第350条规定,技术合同的受让人应当按照约定的要求,对让与人所提供的技术中尚未公开的技术秘密部分,承担保密义务。

3. 当事人违反合同义务时的违约责任

《合同法》第351条规定,让与人未按约定转让技术的,应当返还部分或者全部使用费,并应当承担违约责任;受让人实施专利或者使用技术秘密超越约定范围的,违反约定擅自许可第三人实施该项专利或者使用该项技术秘密的,应当停止违约行为,承担违约责任;任何一方违反保密义务的,应当承担违约责任。

(二)专利权转让合同的效力

(1)转让人应将其所有或者持有的专利转让给对方所有或者持有,并按照相关规定办理转让手续;应交付和转让与专利有关的技术资料和技术情报,并提供必要的技术指导。除合同另有约定外,专利权转让后,出让人不得继续实施该专利。出让人违反约定的,应当支付违约金或者赔偿损失。

(2)受让人按约定支付转让金。受让人不履行合同约定义务的,应当支付违约金或者赔偿损失。

(3)专利权转让合同订立以前已经成立并履行的专利许可使用合同,继续有效。除专利权转让合同另有约定外,原专利许可使用合同中许可方的权利义务由受让人承受。

(4)转让的专利被撤销或者被宣告无效时,受让人不得请求返还转让金。如果不返还明显违反公平原则时,转让人应当返还或者部分返还转让金。

(三)专利申请权转让合同的效力

(1)转让人应将所完成的发明创造的专利申请权转移给受让人,并提供申请专利和实施专利所需要的相关技术资料和技术情报。除合同另有约定外,转让合同生效后,转让人不得继续实施该发明创造。转让人违反约定的,应当支付违约金或者赔偿损失。

(2) 受让人应按约定支付转让金。受让人违反约定的,应支付违约金或赔偿损失。

(3) 在专利申请权转让合同订立前已经成立并履行的许可使用合同,继续有效。除合同另有约定外,原许可方的权利义务由受让人承受。

(4) 受让人就受让的发明创造申请专利被驳回的,不得请求转让人返还转让金。

(四)技术秘密转让合同的效力

(1) 转让人应将约定的技术秘密转移给受让人,并提供相关的技术资料和必要的技术指导;除合同另有约定外,技术秘密转让合同成立后,转让人不得继续实施该技术,转让人违反该约定的应当支付违约金或赔偿损失。

(2) 受让人应按约定支付转让金。受让人违反该约定的,应当支付违约金或赔偿损失。

(3) 技术秘密转让合同订立以前已经成立并履行的许可使用合同继续有效。除合同另有约定外,原许可方的权利义务由受让人承受。

(五)专利实施许可合同的效力

(1) 许可方应按合同约定的期限、方法和使用范围许可被许可方使用该专利技术,并提供必要的技术指导。许可方违反约定的,应当支付违约金或赔偿损失。

(2) 被许可方应按约定支付许可使用费;按照合同约定的方法、期限和范围使用专利技术;未经专利权人同意,不得擅自将专利技术许可第三人使用。被许可方违反约定的,应当支付违约金并赔偿损失。

(3) 许可方丧失专利权或者许可他人使用的,被许可方不得请求返还许可使用费。但是,如果不返还明显违反公平原则的,许可方应当返还部分或者全部许可使用费。

第四节　技术咨询合同

一、技术咨询合同的概念

技术咨询合同指当事人约定,一方为他方就特定技术项目提供可行性论证、技术预测、专题调查、分析评价报告等,他方支付约定报酬的合同。

在技术咨询合同中,就特定的技术项目提出咨询要求的一方为委托人,就特定技术项目提供可行性论证、技术预测、专题调查、分析评价报告的一方为受托人。

二、技术咨询合同当事人的主要权利义务

（一）委托人的主要义务

委托人应当按照约定阐明所有咨询的问题，提供相关的技术背景材料和技术资料、数据；接受受托人的工作成果，支付约定的报酬。委托人未按照约定提供必要的技术资料和数据，影响工作进度和质量，不接受或者逾期接受工作成果的，已经支付的报酬，不得请求追回，未支付的报酬应当支付。

（二）受托人的主要义务

受托人应当按照约定的期限完成咨询报告或解答问题；受托人所提供的咨询报告应当达到约定的要求。受托人没有在约定的期限内提出咨询报告或者提出的咨询报告不符合约定要求的，应当承担减收或者免除报酬的违约责任。

（三）新技术成果的归属以及风险责任的承担

在技术咨询合同的履行过程中，受托人利用委托人提供的技术资料和工作条件完成的新技术成果，属于受托人。委托人利用受托人的工作成果完成的新技术成果，属于委托人。当事人对新技术成果的归属另有约定的，从约定。

委托人按照受托人符合要求的咨询报告和意见作出的决策所造成的损失，由委托人自己承担，当事人另有约定的除外。

（四）违反合同约定保密义务的后果

当事人应当遵守合同中约定的保密事项。任何一方违反保密义务给他方造成损失的，负损害赔偿责任。

第五节　技术服务合同

一、技术服务合同的概念

技术服务合同，指当事人约定由一方通过所提供的技术服务为他方解决特定的技术问题，接受技术服务的一方支付一定报酬的合同。

在技术服务合同中，需要提供技术服务的一方为委托方，接受他方委托，提供技术服务的一方为受托方。技术服务合同的客体不是特定的技术成果，而是受托方所提供的特定内容的技术服务。技术服务合同不包括建设工程合同和承揽合同。

二、技术服务合同当事人的主要权利义务

（一）委托人的主要权利义务

委托人应当按照合同的约定提供工作条件,完成受托方所需要的配合事项;接受受托方的技术服务及相关的工作成果并给付约定的报酬。委托人不履行合同义务或者履行合同义务不符合约定要求,影响工作进度和质量,不接受或者逾期接受工作成果的,已经支付的报酬不得追回,未支付的报酬应当支付。

（二）受托方的主要义务

受托人应当按照合同约定完成服务项目,解决技术问题,保证工作的质量,并传授解决技术问题的相关知识。受托人未按约定完成服务工作的,应当承担免收报酬等违约责任。

（三）新技术成果的归属

受托人利用委托人提供的技术资料和工作条件完成的新技术成果,属于受托人。委托人利用受托人的工作成果完成的新技术成果,属于委托人。当事人另有约定的,从约定。

（四）违反保密义务的后果

当事人应当遵守合同约定的保密事项。任何一方违反保密义务给他方造成损害的,负损害赔偿责任。

第二十六章　委托合同　行纪合同
居间合同

第一节　委托合同

一、委托合同的概念和法律特征

委托合同是委托人和受托人约定,由受托人接受委托处理委托事务的合同。委托合同的法律特征有以下几个方面。

(一)委托合同是以处理他人事务为标的的合同

委托合同属于以提供劳务或者完成一定工作为内容的合同。委托人所委托的事项可以是法律行为,也可以是法律行为以外的其他事务。委托人所托事项是法律行为的,受托人必须具有完全的行为能力,但根据法律规定不能由其他人代为进行的行为,如婚姻登记、收养、订立遗嘱等不能委托,必须由当事人亲自办理。委托人委托受托人处理的事项可以是具体的一项或数项,也可以概括委托人处理一切事务。

(二)委托合同以委托人和受托人的相互信赖为基础

委托人所以选择受托人是基于对受托人的信赖和了解,受托人所以接受委托,同样是基于对委托人的信赖和了解,愿意为委托人处理事务。基于这种相互信赖,受托人应该亲自处理受托事务,未经委托人同意不应将受托事项转托他人办理。基于这种相互信赖,任何一方对对方产生不信赖的,可以随时解除合同。但因解除合同给对方造成损失的,应承担赔偿责任,不可归责于该当事人的事由除外。

(三)委托合同可以有偿可以无偿

委托合同是否有偿由当事人约定。一般在自然人之间订立的以处理日常生活事务为内容的委托合同多为无偿,而在法人与法人之间或者自然人与法人之间订立的以法律行为或者其他行政行为为主要内容的委托合同,多为有偿合同。有偿的委托合同,因受托人的过错给委托人造成损失的,委托人可以要求赔偿损失。无偿的委托合同,只有当受托人因故意或者重大过失给委托人造成损失的,委托人才可以要求赔偿损失。

(四)受托人以委托人的名义和费用处理委托事务

当委托的事项是法律行为或者其他行政行为时,受托人应以委托人的名义和费用处理委托事务,受托人在授权范围内处理受托事务所产生的法律后果,直接归属于委托人。

二、委托合同中当事人的主要义务

(一)受托人的主要义务

1. 按照委托人的要求亲自完成委托事务

受托人应该在委托人的授权范围内,最大限度地为委托人的利益亲自完成委托事务。未经委托人同意不应将受托事务转托他人完成,如果转托第三人的,受托人应对该第三人的行为向委托人承担责任。

2. 及时报告委托事务的处理情况

受托人在处理受托事务中,应及时报告事务处理的进展情况,在完成委托事务后应及时将事务处理的过程和结果报告委托人,并向委托人提交相关的证明文件。

3. 及时转交因处理委托事务所得的一切财产和其他利益

受托人因处理受托事务所得一切财产、孳息或者其他利益,除去必要的费用外,属于委托人所有,受托人应及时全部地交还委托人。

4. 受托人对因其过失致委托人损害的负赔偿责任

委托合同为有偿时,受托人因过错给委托人造成损失的,委托人可以请求赔偿;委托合同为无偿时,受托人只因故意或者重大过失致委托人损失的,委托人可以请求赔偿。

(二)委托人的主要义务

1. 对受托人在授权范围内所处理的事务产生的法律后果承担责任

2. 向受托人支付必要的费用和约定的酬金

受托人在完成受托事务时所产生的一切必要费用由委托人承担。当委托合同约定为有偿时,对于完成委托事务的受托人,委托人应支付约定的酬金。

3. 赔偿受托人在执行受托事务中非因其过错所造成的损失

受托人处理委托事务时,因不可归责于自己的事由受到损失的,可以向委托人要求赔偿损失。

第二节　行纪合同

一、行纪合同的概念和特征

行纪合同是行纪人以自己的名义为委托人从事贸易活动,委托人支付约定报酬的合同。在行纪合同中,受他人之托从事贸易活动的一方为行纪人,相对方为委托人。

行纪合同的法律特征如下。

(一)行纪人以自己的名义为委托人从事贸易活动

同样是受人之托替人办事,与委托合同不同,委托合同中受托人是以委托人的名义处理委托事务,而行纪合同中受托人是以自己的名义处理受托事务。此外,行纪合同中行纪人所受托的事项是贸易活动,而委托合同中受托人所受托的事项可以是法律行为(包括贸易活动)、也可以是行政行为或者其他事务。

(二)行纪合同为双务合同、有偿合同、诺成合同

行纪业务以赢利为目的,是一种营业性的商业行为。行纪人为委托人办理行纪业务,以收取一定的报酬(佣金)为代价,因此,行纪合同一定有偿。此与委托合同不同,委托合同可以有偿,也可以无偿。行纪合同当事人就受托事项意思表示一致,合同即告成立。

(三)行纪合同的主体为从事行纪业务的法人

在我国,从事行纪业务的行纪人,只能是经批准从事经营行纪业务的法人,其他民事主体不能从事该项业务。而委托合同中的受托人可以是自然人,也可以是法人,法律对委托合同的受托人没有主体资格上的限制。

二、行纪合同当事人的主要义务

(一)行纪人的主要义务

1. 按照委托人的要求完成委托事项

行纪人在执行行纪事务中,应按照委托人的要求并以委托人的最大利益出发,选择对委托人最有利的条件完成受托任务。行纪人低于委托人指定的价格卖出或者高于委托人指定的价格买入的,应当经得委托人的同意。未经委托人同意的,由行纪人补偿其差价。

2. 对占有物的保管和处分义务

行纪人占有委托物的,应当妥善保管委托物。委托物有瑕疵或者容易腐烂、变质的,经委托人同意,行纪人可以处分该物;与委托人不能及时取得联系的,行纪人可以合理处分。

3. 负担行纪活动中所需费用的义务

行纪人处理委托事务所支出的费用属于行纪业务所需的经营成本,由行纪人负担,当事人另有约定的从约定。

(二)委托人的主要义务

1. 报酬支付义务

行纪人完成或者部分完成委托事务的,委托人应当向其支付相应的费用或者报酬。委托人逾期不支付报酬的,行纪人有权留置委托物,但当事人另有约定的除外。

2. 及时受领和取回委托物

行纪人按照约定买入委托物的,委托人应当及时受领。经行纪人催告,委托人无正当理由拒绝受领的,行纪人依法可以提存委托物。委托物不能卖出或者委托人撤回出卖的,委托人应及时取回委托物,经行纪人催告,委托人不取回委托物的,行纪人依法可以提存委托物。

第三节　居间合同

一、居间合同的概念和法律特征

居间合同是一方向他方报告订立合同的机会或者提供订立合同的媒介服务,他方支付约定报酬的合同。在居间合同中,提供居间服务的一方为居间人,民间称中间人、中介人,相对方为委托人。

居间合同的法律特征如下。

(一)居间合同以提供居间服务为客体

居间人的联系、介绍活动是为委托人提供订约机会或者为委托人订立合同创造条件。居间人可以参与合同的订立也可以不参与合同的订立。

(二)居间合同是双务有偿合同

居间人提供居间服务以赢利为目的,委托人对居间人提供的居间服务应给付报酬。居间人不能促成合同成立的,不能向委托人主张报酬,但可以要求委托人支付从事居间活动所支出的必要费用(《合同法》第427条)。

二、居间合同当事人的主要义务

(一)委托人的主要义务

对居间人完成居间任务给付约定的报酬。当居间人完成了委托任务,使委托人与第三人的合同得以成立,委托人应向居间人支付约定报酬。居间人主张居间报酬的,也必须以委托人与第三人成立合同为前提,并且该合同的订立与居间人的居间活动有关。除支付报酬外,委托人还需偿付居间人在进行居间活动时所支出的必要费用。

(二) 居间人的主要义务

为委托人的利益执行委托事项。居间人在进行居间活动时应本着诚实信用原则,不得与第三人恶意串通损害委托人的利益,不得恶意促成委托人与第三人之间的合同。对委托人要求保密的委托事项,负有保密义务。

第五编　继承权

第二十七章　继承制度概述

第一节　继承的概念

一、"继承"一词的来源及含义

民法中的"继承(succession)"一词,源于拉丁文(successio),原文的意思指生者在法律上取得死者的地位,罗马法上称的人格继承,继承死者的人格,使之得以延续。古代罗马和中国一样都是以家长制为基础的宗法社会,最早继承主要表现为身份继承,即祭祀资格的继承,家产只是祭祀资格的附属物。这种继承是对死者身份、财产及其他权利义务的概括继承。

使自己拥有的身份、财产,在自己死后,归属于与自己具有一定亲属关系(主要为血缘关系)的人,这是私有制产生后人们的普遍愿望,也是人类社会所共有的现象,古代中国和古代罗马概莫能外。在古代中国,这种归属主要表现为由上而下的男系纵向传递,是后辈对前辈的身份、财产的承受。汉语中"自下受上称'承'","承"者,"下载上也"。这种社会现象称为"承"、"承继"、"继承"。凡非由上而下的承受,不能称"承"、"承继"、"继承"。

近代民法中的继承,仅指财产继承,不包括身份继承。而且财产继承既包括自下而上,又包括自上而下以及同辈之间的相互继承。例如父母对子女财产的继承,祖父母、外祖父母对孙子女、外孙子女财产的继承,即属于自上而下的继承;兄弟姐妹之间的继承,即属于同辈之间的相互继承。这与古代中国的"承"、"承继"、"继承",以及拉丁文的"successio",已非同一内涵。

二、继承制度的概念和特征

最古老的继承制度是规定生者对死者身份及财产的继承的法律制度。当身份继承被废除后,现代民法的继承制度是指将死者生前所有的、个人的、合法财产及其他财产权益转归有权取得该项财产和权益的人所有。

继承是一项法律制度,也是一种法律关系。在具体的继承关系中,死者称被继承人,死者所遗留的财产称遗产(在大陆法系遗产是个综合概念,含积极财产、消极财产和财产负担),有权取得死者遗产的人称继承人,继承人取得遗产的行为资格称继承权。继承的法律后果是被继承人生前的财产(遗产)转归继承人所有。作为一项法律制度的继承制度,就是对上述继承人的确定、遗产内容及范围的确定、遗产的分割等具体继承事项的法律规定。

继承关系是一种法律关系,继承法律关系的特征如下。

(一)继承法律关系的主体

通说认为:继承关系的主体是继承人。继承人是与被继承人生前存在特定身份关系(如婚姻关系、血缘关系)的自然人。与被继承人是否存在合法有效的身份关系,是确定继承法律关系主体身份和资格的唯一依据。继承人是继承法律关系中的权利主体,民法学界对此并无疑义。但义务主体是谁? 有学者认为:继承法律关系是因遗产的归属而发生的物权关系,其主体是遗产归属人与除遗产归属人以外的不特定人。奥地利民法就将继承权定性为物权。[1]这个问题可以讨论。根据自然人民事权利能力始于出生、终于死亡的原理,被继承人不是继承法律关系的主体。继承关系的主体是否仅限于与死者有亲属关系的自然人? 作为非自然人主体的国家在无人继承遗产时取得遗产的权利,在法律上应如何定性? 各国对此规定有所不同。在大陆法系国家的继承法中有将国家直接规定为最后顺序的法定继承人,如德国;[2]有将国家在继承上的权利单列,如法国。[3]在我国,继承人不论是法定继承人还是遗嘱继承人,只能是与死者有亲属关系的自然人。自然人以外的其他主体尤其是国家,只能成为遗赠受领人而不能成为继承人。

(二)继承法律关系的客体

根据对罗马法"继承"一词的理解:继承是生者在法律上取得死者的地位,承受死者的法律人格。继承的客体应是死者的法律地位(专属于死者的除外)或者法律人格。由于主体的法律地位含财产和人身两个方面,而人身关系(或人身权)因其具有强烈的专属性,随主体的死亡而消灭,只有财产关系(或财产权)不因主体的死亡而当然消灭,其存在的表现形式就是遗产。通说认为继承法律关系的客

---

① 参见《奥地利民法典》第 532 条。

② 陈卫佐译注:《德国民法典》第 1936 条"国库的法定继承权"。法律出版社 2006 年版,第 582 页 。

③ 罗结珍译:《法国民法典》第四章:国家的权利。中国法律出版社 1999 年版,第 212 页。

体是遗产。遗产是指被继承人生前拥有的个人合法财产,包括死者生前的财产、尚未了结的债权债务、财产上的负担以及法律规定可以继承的其他财产权利,如知识产权中的财产权等。死者生前与他人共有的财产中属于他人应有的部分;死者生前占有但并不享有所有权的财产;以及其他具有特定人身属性、在法律上不能转让的权利,均不能作为继承的客体。

(三)继承法律关系的内容

继承法律关系的内容是指继承人、遗赠受领人在继承关系中的权利义务。具体表现为继承人、遗赠受领人享有取得被继承人遗产的权利,承担被继承人生前债务以及完成被继承人要求继承人、受遗赠人完成的特定工作。根据我国《民法通则》第9条的规定,自然人权利能力始于出生、终于死亡。我国《继承法》第2条规定:"继承从被继承人死亡开始。"因此,自被继承人死亡时起,权利能力终止。死者生前的(非专属的)一切权利义务及负担通过继承关系由继承人承受。其所遗留的财产及其他的财产权利通过继承转归继承人或者遗赠受领人所有,死者生前尚未清偿的各种债务或财产上的负担转归继承人承担。

(四)继承法律关系的发生原因

继承法律关系的发生原因在现代各国都是被继承人的死亡。在罗马法上人格的减等,如自权人被收养也可以发生继承,个别国家出家为僧也可以发生继承。继承关系是一种法律关系,因一定的法律事实而发生。引起继承关系发生的法律事实是被继承人的死亡,包括自然死亡和宣告死亡。此外,在适用遗嘱继承时,除被继承人死亡外还须有被继承人生前立有有效遗嘱的法律事实。在被继承人生前,与被继承人存在婚姻关系、血缘关系以及因共同生活而形成扶养关系的亲属,虽在法律上享有继承资格,但并不发生实际的继承关系。

三、继承的种类

继承从不同的角度可划分为不同的种类。

(一)财产继承和身份继承

这是根据继承的内容是财产还是身份对继承进行的划分。

身份继承是指,以死者生前的特定身份为继承客体的继承。继承的对象是死者生前的身份,如家长身份、户主身份、世袭爵位的身份。身份继承是最古老的继承。不论是古代中国还是古代罗马,最早的继承都表现为对死者身份的继承,继承的结果不是为了取得死者的财产,而是为了取得死者的特殊身份,如家长身份。伴随着家长身份的取得,对家庭财产或者家族财产的支配和控制成为必然。在当今,除个别国家外(如韩国的户主继承仍有着身份继承的色彩),身份继承已被废除,现代法律上的继承仅指财产继承。

财产继承是指,以被继承人生前的财产为继承客体的继承。继承的对象是死者生前的财产及其他财产性质的权利义务及负担。当今世界绝大多数国家民法上的继承都仅指财产继承。

(二)法定继承和遗嘱继承

这是根据继承的方式对继承进行的划分,也是各国继承法上对继承的划分。

法定继承,指在不能适用遗嘱继承的情况下,按照法律规定的继承人范围、继承顺序、遗产的分割方法进行的继承,也称无遗嘱继承。

遗嘱继承,指死者生前立有遗嘱,如果遗嘱合法有效的话,按照死者生前所立遗嘱的内容对其遗产进行继承。

在具体的继承关系中,有遗嘱首先适用遗嘱,只有在没有遗嘱或者遗嘱人只处分了部分的遗产;或者遗嘱所指定的继承人、受遗赠人先于遗嘱人死亡;或者遗嘱所指定的继承人、受遗赠人放弃遗嘱继承或者遗赠等情形时才适用法定继承。遗嘱继承其效力优先于法定继承,法定继承是对无遗嘱继承的法律补充。

(三)有限责任继承和无限责任继承

根据继承原理,继承是对被继承人生前一切权利义务及负担的承受,专属于被继承人的除外,因此继承所适用的都是概括继承。但根据继承人对被继承人生前债务所承担的清偿责任的不同,可以将继承划分为无限责任继承和有限责任继承。

无限责任继承,指继承人完整的、总括的继承被继承人生前的一切,包括生前的全部财产和全部债务,而不问所继承的遗产价值是否足以清偿全部债务。当遗产的价值不足以清偿全部债务时,继承人对遗产不足清偿的债务部分,仍然负有清偿义务。

有限责任继承,指继承人对被继承人生前债务,以其所继承遗产的实际价值为限承担清偿责任,遗产债务超过其所继承的遗产价值的,就超出部分继承人并不负有清偿义务,继承人自愿清偿的除外。

(四)本位继承、代位继承、转继承

这是根据继承人在继承关系中的角色不同对继承进行的分类。

本位继承,指继承人基于其自身具有的继承资格、继承顺序和应得的遗产份额所进行的继承。例如子女对父母遗产的继承,生存配偶对死亡配偶遗产的继承,都是基于他们自身的身份享有的继承权。本位继承是一种直接继承。

代位继承,指在被继承人的子女先于被继承人死亡或者宣告死亡时,该子女的直系晚辈血亲可以代替其已故的父亲或者母亲继承其祖父母或者外祖父母的

遗产。代位继承人的继承地位和继承份额基于其被代位人的继承地位和继承份额。例如，几个孙子女代位其已故的父亲继承他们的祖父母的遗产。

转继承，指继承人在被继承人死亡后遗产分割前死亡的，本该由该继承人继承的遗产，转由该继承人的继承人取得。例如，张某的父亲去世，张某作为第一顺序的法定继承人，可以继承父亲的遗产，但在遗产分割前张某去世。张某有妻子儿女，张某去世后，本该由张某继承的遗产，转由张某的继承人(妻子、儿女)继承。转继承实质上是第二次继承。

（五）有限继承和无限继承

这是根据法律对法定继承人的范围大小是否应有所限制而对继承进行的划分。

有限继承，指将法定继承人限制在一定的亲属范围内，在此范围内的亲属是法定继承人，该范围以外的亲属不属法定继承人，没有法定继承权。当今大多数国家的继承法都将法定继承人的范围限定在一定的亲属之间，各国立法上的差异只是亲属范围的或大或小。

无限继承，指在法定继承人的范围上法律不作限制性规定，按照亲属关系的亲疏远近，确定继承人的继承顺序，直至一切可能穷尽的亲属。德国是这一立法模式的代表。根据德国民法典的规定，法定继承人的范围是：配偶、被继承人的直系血亲卑亲属、父母及其直系血亲卑亲属、祖父母外祖父母及其直系血亲卑亲属、曾祖父母及其血亲卑亲属、高祖父母及其直系血亲卑亲属，如此规定几乎穷尽了所有的亲属关系。美国统一继承法对法定继承人范围的规定，也是宽泛得近乎穷尽所有的亲属关系。

第二节　继承权

一、继承权的概念、性质和法律特征

继承权指自然人根据法律规定或者被继承人生前有效遗嘱的指定，取得被继承人遗产的权利。

民法理论将继承权分为客观意义上的继承权和主观意义上的继承权。前者是指法律规定自然人依法可以享有的继承权，属权利能力范畴，是对自然人继承资格的规定，又称期待的继承权。后者是指在出现继承的法律事实后(即被继承人死亡或者宣告死亡)，继承人所实际享有的继承遗产的权利，也称既得的继承权。由于客观意义上的继承权，属权利能力范畴，由法律直接赋予，不存在接受和放弃的问题。而主观意义上的继承权，是一项具体的民事权利，当事人可以根据

自己的意愿,表示接受或者放弃。

继承权作为一项重要的民事权利,其性质究竟是财产权还是人身权? 法学界有不同的认识,有学者认为是人身权,属身份权,其理由是继承权的发生依据是继承人与被继承人之间存在着的特定身份。通说认为,继承权属财产权,理由是继承制度要解决的是死者生前财产的归属问题,继承的法律后果是死者所遗留财产的转移。我们认为,虽然继承权的发生依据,是继承人与被继承人之间的身份关系,但就其权利性质而言是财产权,属具有人身属性的财产权。权利的发生依据与权利的性质是两个问题。在财产权中不乏有人身属性的财产权,如亲属之间的抚养费请求权,虽权利的发生依据为亲属身份,但权利之性质仍得为财产权。认为继承权属财产权其理由是:人身权不能转让、不能放弃、不能剥夺,而继承权虽然不能转让但可以放弃也可以被剥夺。至于继承权属财产权的哪一类,有明确将继承权定性为物权的,如《奥地利民法》第532条:"称继承权者,谓取得全部或其一定比率的一部之排他的权利,其权利为一种物权,有对抗效力。"大多数国家的立法不规定继承权的性质。

继承权具有以下法律特征:

(一)继承权是一项财产权

当今世界绝大多数国家都已经废除了身份继承的内容,因此,现代民法所称的继承仅指财产继承。继承权为财产权之一种。现代继承制度要解决的是死者遗产的归属以及死者生前债务谁为清偿的问题。因此,继承权与财产所有权、债权债务关系密切。被继承人的遗产是其生前依法享有所有权的财产、债权债务或者其他财产负担,继承的法律后果是这些遗产转归继承人承受。

(二)继承权因特定身份而发生

继承权的发生以与被继承人生前存在特定身份关系为前提。继承权虽为财产权,却因一定的身份关系而发生。继承人与被继承人之间是否存在特定的身份关系(如婚姻关系、血缘关系),是认定继承权是否存在的主要依据,甚至是唯一的依据。

(三)继承权具有专属性

由于继承权因一定的身份关系而发生,因此具有专属性,继承权不能转让。但因继承权是财产权,继承权可以因继承人的原因而被剥夺,继承人也可以依其意愿放弃继承,但不能将继承权转让他人。

二、继承权的发生根据

继承权的发生根据,指生者对死者遗产继承权的存在理由。古今中外的继承制度,都将与被继承人之间存在一定范围的亲属关系,作为认定继承权发生及存在的理由。我国《婚姻法》、《继承法》将与死者生前存在婚姻关系、一定范围的血缘关系以及因共同生活而形成的扶养关系作为继承权的发生依据。

婚姻关系是确定配偶之间继承权的法律依据。我国《婚姻法》第 24 条规定:"夫妻有相互继承遗产的权利。"我国《继承法》第 10 条将配偶规定为第一顺序的法定继承人。各国继承法几乎都将配偶列为最重要的法定继承人之一。配偶身份对当事人意义重大。配偶与被继承人之间有着最密切的共同生活关系和相互扶养关系。

父母子女之间,兄弟姐妹之间,祖父母、外祖父母与孙子女、外孙子女之间存在血缘关系,在法律上属于有利害关系的近亲属,相互之间存在抚养(扶养)关系或者赡养关系,因此,相互之间存在继承关系。他们之间往往因血缘上的联系而共同生活在一起,关系密切。继承法所称的血缘关系,含自然血亲和拟制血亲。

继子女与继父母之间,继兄弟姐妹之间,儿媳与公婆、女婿与岳父母之间属姻亲关系,姻亲之间本没有法律上的扶养、赡养义务,相互之间也没有继承权。但是,在我国考虑到传统习惯以及贯彻继承法养老育幼的原则精神,我国《继承法》第 10 条规定:有扶养关系的继父母与继子女之间,视为父母子女关系,可作为第一顺序的法定继承人。《继承法》第 12 条规定:丧偶的儿媳或女婿对公婆或岳父母尽了主要赡养义务的,作为第一顺序的法定继承人。因此,在我国符合法律规定条件的姻亲也可以享有法定继承权。

三、继承权的丧失

继承权的丧失又称继承权的剥夺,指继承人对被继承人或者其他继承人犯有某种罪行或者其他的违法行为,被依法剥夺继承资格取消原有的继承权。继承人放弃继承,是对继承权的抛弃,属权利的处分行为,根据本人的意愿做出,因此,不属于继承权丧失的原因。

根据我国《继承法》第 7 条的规定:继承人有下列行为之一的,丧失继承权。

(一) 故意杀害被继承人

故意杀害他人是一种严重的犯罪行为,应受到刑法的严厉制裁。故意杀害被继承人的,不仅应受到刑法的制裁,还将被剥夺继承权。故意杀害被继承人,不管是出于什么动机,也不问是既遂还是未遂,是亲手杀害还是唆使他人杀害,是直接杀害还是间接杀害,都构成故意杀害被继承人的行为,将丧失继承权。

(二) 为争夺遗产而杀害其他继承人

为争夺遗产而杀害其他继承人的,不管是既遂还是未遂,也不问是直接故意还是间接故意,除受刑法处罚外,还将丧失继承权。但是,如果因其他原因杀害其他继承人或者致其他继承人死亡的,虽为严重的犯罪行为,但并不当然丧失继承权。为争夺遗产而杀害其他继承人的,即使被继承人遗嘱中指定其为继承人的,同样丧失遗嘱继承权。

(三)遗弃被继承人或者虐待被继承人,情节严重的

遗弃被继承人,指有扶养、赡养能力的继承人,对丧失劳动能力或没有独立生活能力的被继承人(尤指老、弱、病、残、幼)拒绝承担抚养或赡养义务的行为。继承人有遗弃被继承人行为,情节严重的,丧失继承权。

虐待被继承人,指在被继承人生前经常对其进行精神或肉体上的折磨。例如,经常以打骂、冻饿、强迫从事过度劳动、有病不给治疗等手段,折磨、摧残被继承人。虐待被继承人必须是情节严重的才丧失继承权。情节是否严重,可以从实施虐待行为的持续时间、手段、后果及社会影响等诸多方面综合考虑,并不以是否构成刑事犯罪,是否应承担刑事责任为依据。

此外需要说明的是,继承人遗弃被继承人或者虐待被继承人情节严重的,如果以后有悔改表现并得到被继承人生前宽恕的,可不剥夺其继承权。

(四)伪造、篡改或者销毁遗嘱,情节严重的

伪造遗嘱,指继承人为了争夺遗产,假冒被继承人的名义制造假遗嘱的行为。篡改遗嘱,指被继承人生前立有遗嘱,继承人为了争夺遗产而将遗嘱的内容作有利于自己的篡改行为。销毁遗嘱,指被继承人生前立有遗嘱,继承人因担心遗嘱的内容对其不利,为争夺遗产而销毁该遗嘱的行为。

伪造、篡改或者销毁遗嘱必须是情节严重的,才剥夺继承权。如何认定情节严重,应视行为后果而定。如因伪造、篡改或者销毁遗嘱致使无劳动能力又缺乏生活来源的继承人的继承权受到侵害,并使其生活陷入困难的,可认定为情节严重,应剥夺其继承权。

四、继承权的放弃

(一)继承权放弃的概念

继承权的放弃,指继承人在继承开始后遗产分割前,以明示的方式作出的不接受被继承人遗产的意思表示。继承权是一项民事权利,权利人有权根据自己的意愿作出接受或者放弃的表示。放弃继承属单方的法律行为,只要有弃权人一方的意思表示即可。但是,放弃继承的意思表示要产生法律上的效力,必须符合下列条件:

1. 放弃继承的意思表示必须由本人作出

继承权是一项基于身份关系而发生的财产权利,具有严格的人身属性,应由

本人亲自作出放弃的意思表示。当继承人为无行为能力人或者限制行为能力人时,他们的法定监护人(或法定代理人)不能代替他们作放弃继承的意思表示。

2. 放弃继承的意思表示必须是真实的

放弃继承的意思表示首先应由本人作出;其次,本人作出放弃的意思表示必须是其真实的意愿。因受欺诈、胁迫等原因致使继承人被迫作出放弃继承的意思表示的,该意思表示因其不真实而无效。

3. 放弃继承必须是无条件的

继承人不得以放弃继承权而不履行其法定义务,如对被继承人的赡养义务。继承人放弃继承权的,其对被继承人的法定义务(如生养死葬)不受影响。放弃继承仅不承担对死者生前债务的清偿义务,这是继承法上继承人的义务。

放弃继承权和丧失继承权虽都导致继承权的消灭,但却是两种完全不同的法律事实。放弃继承权是继承人处分其权利的行为,体现的是其个人的意志;继承权的剥夺或丧失是对继承人违法、犯罪行为的法律上的处罚,体现的是国家意志。

(二)放弃继承的意思表示作出的时间及意思表示的方式

大陆法系许多国家都有继承权承认与放弃意思表示的时间与方式的法律规定。例如《日本民法典》第 915 条、第 938 条,《德国民法典》第 1944 条、第 1945 条的规定。①在我国继承人放弃继承的意思表示,应该在继承开始后遗产分割前以明示的方式作出。继承开始前,自然人的继承权仅仅是一种继承资格,属权利能力范畴,不存在接受和放弃的问题。遗产分割后,继承人取得遗产的所有权,再表示放弃继承,已不能产生放弃继承的效力。因此,继承人于遗产分割后表示放弃继承的,只能认为是对其所继承遗产的所有权的放弃,而不是继承权的放弃。我国《继承法》第 25 条规定:"继承开始后,继承人放弃继承的,应当在遗产处理前,作出放弃继承的表示。没有表示的视为接受继承。"

(三)继承权放弃的法律后果

放弃继承权的意思表示,产生以下的法律后果:

1. 表意人对该被继承人的继承权消灭

放弃继承的意思表示一旦作出,表意人不再享有继承被继承人遗产的权利,也无需承担被继承人生前所欠税款和其他债务的清偿义务。

---

① 王书江译:《日本民法典》第 915 条规定:继承人承认或者放弃继承的意思表示自知道自己有继承之事开始时 3 个月内作出;第 938 条规定:放弃继承须向家庭法院提出。陈卫佐译注:《德国民法典》第 1944 条:遗产拒绝自继承开始六周内为之;第 1945 条:遗产拒绝向遗产法院提出,并须记录或公证。

2．法定继承人之一放弃继承的，同一顺序的其他法定继承人分割弃权人应得继承的遗产份额

同一顺序的法定继承人全部放弃继承的，遗产由顺序在后的法定继承人继承。全体法定继承人都放弃继承的，遗产归国家所有或者被继承人所在的集体组织所有。

3．遗嘱继承人放弃遗嘱继承的，放弃继承的意思表示的效力不及于法定继承

遗嘱继承人放弃遗嘱继承的，遗嘱所指定的该继承人可得的遗产份额，由法定继承人继承。但是，放弃遗嘱继承的继承人仍可依其法定继承人的身份，参与法定继承。

继承人放弃继承的意思表示具有溯及力，其效力溯及至继承开始。在遗产分割前或诉讼进行中，继承人对放弃继承反悔的，由人民法院根据其提出的具体理由，决定是否认可。遗产处理后，继承人对放弃继承反悔的，不予承认。

五、继承权的恢复

（一）继承权恢复的概念

继承权恢复，指当继承人的继承权受到不法侵害时，有权请求恢复其继承权，又称继承权恢复请求权。

继承权恢复请求权包括对人的请求权和对继承标的的请求权。对人的请求权，是指继承人对侵权人所提出的确认其继承人资格和地位的主张；对继承标的的请求权，是指继承人有权请求侵权人恢复继承标的的原状。

（二）继承权遭遇侵害的主要情形

（1）非继承人在没有任何法律根据的情况下，侵占被继承人的遗产而拒不返还；

（2）同一顺序的数个法定继承人，在无人丧失继承权又无人放弃继承时，部分继承人取得了全部的遗产而排除另一部分继承人应得的遗产份额；

（3）在法定继承中，在没有法定情节的情况下，第二顺序的法定继承人先于第一顺序的法定继承人取得遗产；

（4）已经取得遗产的继承人，后被确认丧失继承权但拒绝返还遗产的；

（5）继承开始后，在依法需要对某项遗产进行新的产权登记时，遗漏或者排斥应予登记的继承人的。

继承人有遭遇上述情形之一的，得提出继承权恢复请求权。

（三）继承权恢复请求权的行使方法及行使期限

提出继承权恢复请求权的人，只能是继承权受到侵害的继承人本人，他人不能代位行使。当继承权受到侵害的当事人是无行为能力人或者限制行为能力人时，其继承权恢复请求权应由其法定代理人提出。

继承人行使继承权恢复请求权的，可以直接向侵权人提出，要求承认其合法继承人的地位，并返还其应得的遗产份额；也可以直接向被继承人生前的户籍所在地人民法院或者主要遗产所在地人民法院提出，由人民法院依诉讼程序解决。

继承权受到侵害后，继承人应在法定期限内及时提出保护请求。我国《继承法》第 8 条规定："继承权纠纷提起诉讼的期限为 2 年，自继承人知道或者应该知道其继承权被侵犯之日起计算。但是，自继承开始之日起超过 20 年的，不得再提起诉讼。"

第三节 我国继承制度的基本原则

我国继承制度的基本原则，是制定、解释、执行和研究我国继承法的出发点和依据，是我国继承制度特点的集中表现，它们被贯彻在继承法立法和司法的各个方面。

一、保护自然人私有财产所有权原则

我国《继承法》第 1 条开宗明义地阐明："根据《中华人民共和国宪法》的规定，为保护公民私有财产的继承权，制定本法。"《宪法》第 13 条规定："国家保护公民的合法收入、储蓄、房屋和其他合法财产的所有权。""国家依照法律规定保护公民的私有财产的继承权。"保护公民私有财产继承权是保护公民合法财产所有权的具体表现，它是我国继承法的立法依据，也是我国继承法的宗旨和首要任务。这一原则在继承法上主要表现在以下几个方面：

（1）我国《继承法》明确规定，公民生前拥有的个人合法财产，包括生产资料、生活资料、知识产权中可以继承的财产权利以及其他合法的财产权，在其死后可以作为遗产由其继承人继承。

（2）我国《继承法》确认遗嘱继承，并且承认遗嘱继承具有优先于法定继承的效力。这是法律赋予公民以遗嘱的方式自由处分其身后财产及其他事务的权利。在没有遗嘱的情况下，法律推定死者希望将其财产遗留给与其关系最密切的亲属所有。根据这一推定，确定法定继承人的范围和继承顺序。

（3）我国《继承法》还设计了继承权受到侵害时的各种司法救济手段。

二、继承权男女平等原则

男女平等原则不仅是我国《宪法》和《婚姻法》规定的一项基本原则，也是我国

《继承法》的一项基本原则。我国《婚姻法》第 13 条规定:"夫妻在家庭中地位平等"。《婚姻法》第 17 条规定:夫妻对共同所有的财产,有平等的处分权。《继承法》第 9 条规定:"继承权男女平等。"

有关继承权男女平等原则的具体表现反映在以下几个方面:

(1) 继承权的取得与性别无关。女子无论是已婚、未婚,与男子享有同样的继承权。夫妻相互之间对对方的遗产享有法定继承权;子女对父母遗产的继承权平等。

(2) 同一顺序的法定继承人,不论男女,继承地位平等。在遗产的分配上,不因男女性别上的差异而影响各自应继承的遗产份额。

(3) 在代位继承上男女平等。被代位人不论是男是女,代位继承人也不论是男是女,只要符合代位继承的条件,都可适用代位继承。

(4) 在确定遗产范围时,必须将生存配偶(尤其是妻子)在夫妻共同财产中的共有份额,排除在死者遗产范围之外,不得作为遗产继承。

(5) 在遗嘱继承上,男女(尤其是妻子)享有平等的以订立遗嘱的形式处分自己财产的权利。

三、养老育幼

养老育幼是我国家庭的一项重要职能,也是我们中华民族的传统美德,在今天已成为我们建设社会主义精神文明的一项重要内容,并成为我国婚姻家庭立法的共同任务。我国《继承法》对这一原则的贯彻表现在下列方面:

(1)《继承法》在充分肯定遗嘱继承具有优于法定继承的效力的同时,规定遗嘱人必须为缺乏劳动能力又没有生活来源的法定继承人保留必要的继承份额。

(2)《继承法》在规定同一顺序的继承人继承地位平等的同时,另外规定在遗产分割时,对生活有特殊困难以及缺乏劳动能力又没有生活来源的继承人予以适当的照顾。遗产分割时应考虑保留胎儿的应继份。

(3)《继承法》肯定了遗赠扶养协议的法律效力,并赋予遗赠扶养协议具有优先于遗嘱和遗赠的执行效力。

四、权利义务一致

权利义务一致原则是民法的一项基本原则,《继承法》的许多规定也体现了这一原则。继承中的权利义务一致,是指继承人资格的是否享有,除考虑继承人与被继承人之间是否存在一定范围的亲属关系外,在特殊情况下,对被继承人生前是否承担了较多的扶养也会成为是否享有继承权的依据。此外,继承人对被继承人生前债务的清偿,也是其继承内容的一部分。

《继承法》有关权利义务一致原则的具体表现如下:

(1) 我国《继承法》第12条规定:丧偶的儿媳或女婿对公婆或岳父母尽了主要赡养义务的,可以作为第一顺序的法定继承人。儿媳与公婆之间、女婿与岳父母之间属姻亲关系,相互之间本没有扶养关系,亦没有继承权。但如果儿媳或女婿在丧偶后仍能继续对公婆或者岳父母尽关心、帮助、照顾或者在经济上持续提供帮助的,根据权利义务一致原则,继承法赋予丧偶的儿媳或女婿以第一顺序的法定继承人资格,使其能以独立的身份取得对公婆或岳父母遗产的继承权。

(2) 我国继承法除以婚姻关系、血缘关系为依据确定法定继承人的范围外,对继父母与继子女之间、继兄弟姐妹之间原属姻亲关系的当事人,根据他们之间是否有共同生活、相互之间是否存在扶养关系来确定彼此之间是否有继承权。

(3) 在遗产分配时,对于有扶养能力和扶养条件的继承人,不尽扶养义务的,可不分或少分遗产;与被继承人共同生活并尽义务较多的,可多分遗产;法定继承人以外的其他人,对死者生前扶养较多的,可以适当分得遗产。

(4) 我国继承法适用概括继承的原则,接受遗产的继承人负有清偿被继承人生前所欠税款和其他债务的义务;放弃继承的,可以不负清偿义务。

第二十八章　法定继承

法定继承一词,源于罗马市民法的"succesio ab intestato",原意为无遗嘱继承。罗马人有以遗嘱确定其死后继承人的习惯,并且以生前未立遗嘱为极大的遗憾。罗马的立法者和法学家们由此认为,既然习俗以不能用遗嘱选立自己认为合适的继承人继承家祀为不幸,遗嘱继承是继承的常态,所以,无遗嘱时的法定继承,只是对无遗嘱继承情况下的补救,是立法者推测的死者的意愿。如此,使法定继承制度能够与死者的意愿不谋而合。罗马法中的法定继承制度就是按照这种指导思想建立起来的。因此,法定继承是与遗嘱继承相对应的另一继承制度。在罗马法时期,已经形成了一系列重要的法定继承原则,如在《查士丁尼法典》中,对法定继承人的范围、法定继承的顺序、应继份以及代位继承等一系列重要问题,已有了较为详细的规定。这些规定对于后世各国,尤其是大陆法系国家的法定继承制度,具有直接的、深远的影响。

我国古代没有成文的民法典,也无法定继承一词。存在于旧中国数千年的继承制度,是以身份继承(家长权继承、祭祀祖先资格继承)和财产继承为一体的宗祧继承,奉行的是"嫡长继承,诸子均分"的继承原则。嫡长继承嫡长子继承的是可以世袭的爵位,诸子均分是各子女(主要指儿子)均分家的财产,其中出嫁的女儿因其出嫁而脱离本宗,成为夫家的家庭成员,对于娘家的财产没有继承权。只有在娘家成为"绝户"时,才能继承父母的遗产。这些传统规矩多由"礼"来规定(古代中国"法""礼"不分,有关家族成员之间的亲属关系、相互之间的权利义务多由"礼"来规范),本质上属法定继承,并且这种法定继承成为中国历史上最主要、最常见的继承方式。

第一节　法定继承概述

一、法定继承的概念

法定继承,指在被继承人生前没有遗嘱和遗赠扶养协议的情况下,直接根据法律规定的继承人范围、继承顺序以及遗产的分配原则,继承被继承人遗产的法律制度。

法定继承的主要内容是由法律规定哪些人可以成为法定继承人,各法定继承人处于哪一继承顺序,同一顺序的法定继承人如何分割被继承人的遗产等。法定继承有两个特点:第一,法定继承人以与被继承人之间存在特定的身份关系为前提;第二,法定继承中继承人的继承顺序及遗产的分配由继承法直接规定。我国《继承法》第10条规定的法定继承人的范围和继承顺序是:配偶、父母、子女、兄弟姐妹、祖父母、外祖父母。其中,配偶、父母、子女属第一顺序的法定继承人,兄弟姐妹、祖父母、外祖父母属第二顺序的法定继承人。

二、在我国法定继承的适用情形

法定继承为无遗嘱继承,适用于被继承人生前未立遗嘱或者遗嘱无效或部分无效、或者遗属指定的继承人放弃遗属继承等各种情况,具体包括下列各种:

(1)被继承人生前未订立遗嘱,或者虽然立有遗嘱,但遗嘱只处分了部分遗产,被继承人尚未处分的遗产,适用法定继承;

(2)被继承人生前虽同他人订有遗赠扶养协议,但协议已失去法律效力,协议中所处分的遗产,适用法定继承;

(3)被继承人生前所立遗嘱无效或者部分无效的,遗嘱无效部分所处分的遗产,适用法定继承;

(4)被继承人在遗嘱中指定遗嘱继承人或者受遗赠人的,遗嘱继承人或者遗赠受领人放弃遗嘱继承或者受领遗赠的,放弃的遗产部分,适用法定继承;

(5)被继承人在遗嘱中指定的继承人或者遗赠受领人先于被继承人死亡或者宣告死亡的,遗嘱中指定给予他们的遗产,适用法定继承;

(6)遗嘱继承人或者遗赠受领人依法丧失继承权或者遗赠受领权的,遗嘱中指定给予他们的遗产,适用法定继承。

第二节　法定继承人的范围和继承顺序

一、法定继承人范围的确定

法定继承人的范围,指法律规定哪些人可以成为法定继承人的界限。从各国的继承立法看,法定继承人的范围以与被继承人之间的婚姻关系以及血缘关系的亲疏远近作为确定的依据。

由于各国历史传统和社会制度的不同,以及民族和生活习惯上的各自特点,导致人们对婚姻、家庭、亲属及财产观念上的差异,各国立法在确定继承人范围和继承顺序时的规定各不相同。比较而言,以私有制为基础的资本主义国家,从维护私有财产神圣不可侵犯的原则出发,法律为确保私有财产的存活和延续,对继承人的范围规定较宽。例如《德国民法典》所规定的法定继承人的范围是:配偶、被继承人的直系血亲卑亲属、父母及其直系血亲卑亲属、祖父母、外祖父母及其直系血亲卑亲属、曾祖父母及其直系血亲卑亲属、被继承人的远亲等亲属及其直系血亲卑亲属。[①]如此规定,几乎一切与被继承人有血缘联系的亲属都被列入了法定继承人的范围。继承法理论将此称为"无限继承"。《法国民法典》规定的法定继承人的范围是:被继承人的子女及其直系血亲卑亲属、直系血亲尊亲属、兄弟姐妹或者兄弟姐妹的直系血亲卑亲属、六亲等以内的旁系血亲。[②]《瑞士民法典》规定直系尊血亲的继承权至祖父母止。[③]《美国统一继承法》规定的法定继承人的范围是:配偶、直系血亲卑亲属、父母、兄弟姐妹及其直系血亲卑亲属、祖父母(外祖父母)及其直系血亲卑亲属。公有制国家对法定继承人范围的规定相对较窄。例如,1964年的《苏俄民法典》规定的法定继承人的范围是:子女、配偶、父母、兄弟姐妹、祖父母和外祖父母等。在改革开放以前的一个相当长的历史时期内,我国的各项法律制度受前苏联影响颇大。

二、我国继承法规定的法定继承人范围

我国《继承法》第10条规定的法定继承人的范围是:配偶、父母、子女、兄弟姐妹、祖父母和外祖父母。《继承法》第12条规定:丧偶的儿媳或者女婿对公婆或者岳父母尽了主要赡养义务的,可以作为第一顺序的法定继承人。

---

① 陈卫佐译注:《德国民法典》第1924—1929条。法律出版社2006年版,第579—581页。
② 罗结珍译:《法国民法典》第731、755条。中国法制出版社1999年版。
③ 殷生根、王燕译:《瑞士民法典》第460条。中国政法大学出版社1999年版。

(一) 配偶

配偶是指婚姻关系存续期间的夫妻双方。男女双方因婚姻而结为夫妻,夫妻双方互为配偶。夫妻是组成家庭的最基本的成员,相互之间有着密切的人身关系和财产关系。我国《婚姻法》第 20 条、第 24 条分别规定:"夫妻有相互扶养的义务","夫妻有相互继承遗产的权利"。

配偶作为法定继承人,以其与被继承人之间的婚姻关系的合法有效为前提,在被继承人死亡前这种婚姻关系始终存在着,如此才能以配偶的身份继承被继承人的遗产。

在确定配偶身份时,应注意下列各种特殊情况:

(1) 男女双方长期同居、姘居的,不论是否生儿育女,一方死亡,他方不得以配偶身份主张继承死者的遗产。同居期间的财产,可按共有财产对待,生存方可以要求分割共有财产中属于自己的部分;同居期间生儿育女的,其子女基于血亲关系,可以继承死者的遗产。

(2) 在 1994 年 2 月 1 日民政部颁布的《婚姻登记管理条例》前,男女双方符合结婚的实质要件,但是没有办理婚姻登记而以夫妻名义共同生活,周围群众也认为双方是夫妻的,可以认定事实婚。其中一方死亡的,另一方可以以配偶身份要求继承死者的遗产。

(3) 已经办理婚姻登记的男女双方,尚未共同生活或者共同生活时间很短的,其中一方死亡,另一方可以以配偶身份要求继承死者的遗产,死者的其他法定继承人不得无理阻拦,但在具体分配遗产时,应与有着长期共同生活的夫妻关系有所区别。

(4) 在 1950 年《婚姻法》实施以前已经形成的纳妾、一夫多妻属历史遗留问题,本人如不提出解除这一关系,应认定各自的配偶身份有效,妻、妾之间对其丈夫具有同等的配偶身份,对丈夫的遗产享有同等的继承权。

(5) 在离婚诉讼进行中一方死亡,或者法院判决离婚,在离婚判决生效前一方死亡的,因婚姻关系尚未终止,对方仍得以配偶身份主张继承死者的遗产。

(二) 子女

我国《继承法》第 10 条规定:"本法所说的子女,包括婚生子女、非婚生子女、养子女和有扶养关系的继子女。"

子女是被继承人最亲近的直系血亲卑亲属,父母子女之间有着最为密切的血缘联系和共同生活关系。因此,各国立法都将子女列入顺序最近的法定继承人范围。但对非婚生子女、养子女和继子女的继承权,各国规定有所不同。有的国家虽承认非婚生子女的继承权,但在继承的份额上受到不同程度的限制

(如日本);①有的国家规定非婚生子女继承父亲的遗产必须经过认领和准正的程序(如美国)。在养子女的继承权问题上,一般国家都规定养子女与养父母之间为拟制血亲关系,收养关系一旦成立,养子女即取得养父母的婚生子女的地位,相互之间有继承权(如日本、瑞士)。②关于继子女,因其性质上属姻亲关系,各国立法一般都不承认继子女对继父母遗产的继承权。

根据我国继承法的规定,我国继承法上所称子女包括婚生子女、非婚生子女、养子女和有扶养关系的继子女。

1. 婚生子女

婚生子女指有着合法婚姻关系的男女双方所生育的子女。婚生子女作为法定继承人,不因其性别、年龄以及婚姻状况而受影响,对父母的遗产享有平等的继承权。因父母离异而由一方抚养的子女,对没有抚养他的父亲或者母亲的遗产仍享有继承权。子女对父母遗产的继承权,不因父母之间婚姻关系的变化而受影响。

关于胎儿,因其不具有主体资格,因而不能享有继承权。但是根据罗马法的"关于胎儿的利益视为已经出生"的原则,各国立法普遍的规定应保留胎儿的"应继份"。我国《继承法》第28条规定:"遗产分割时,应当保留胎儿的继承份额。胎儿出生时是死体的,保留的份额按法定继承处理。"

2. 非婚生子女

非婚生子女指没有婚姻关系的男女所生育的子女。子女对父母的继承权,基于与父母之间的血缘关系,而不问父母相互之间是否有婚姻关系。因此,非婚生子女对父母遗产的继承权应与婚生子女一样。我国《婚姻法》第25条规定:"非婚生子女享有与婚生子女同等的权利,任何人不得加以危害和歧视。"

3. 养子女

养子女指与被继承人生前根据收养法规定的条件和程序确定收养关系的人。养父母与养子女之间为拟制血亲关系。我国《婚姻法》第26条规定:"国家保护合法的收养关系。养父母和养子女之间的权利义务,适用本法对父母子女关系的有关规定。"因此,养子女与亲生子女一样,对养父母的遗产享有同样的继承权。我

---

① 王书江译:《日本民法典》第900条:"……非婚生子女的应继份为婚生子女的应继份的二分之一;同父异母或者同母异父的兄弟姐妹的应继份为同父同母的兄弟姐妹的应继份的二分之一。"中国人民公安大学出版社1999年版。

② 王书江译:《日本民法典》第809条:"养子女自收养之日起取得养父母的婚生子女身份。"中国人民公安大学出版社1999年版。殷根生、王燕译:《瑞士民法典》第267条:"养子女取得养父母婚生子女的法律地位"。中国政法大学出版社1999年版。

国《婚姻法》第26条第2款规定:"养子女与生父母之间的权利义务关系,因收养关系的成立而消除。"因此,在收养关系存续期间,养子女只能继承养父母的遗产,不能继承生父母的遗产。如果养子女对生父母生前扶养较多的,根据权利义务一致原则,可以请求适当分得一定的遗产。

当收养人与被收养人因年龄相差悬殊而相互之间以祖孙相称时,养祖父母与养孙子女的关系,视为养父母与养子女关系,彼此互为法定继承人。

因寄养他人之家而与他人共同生活,受他人照顾的寄养当事人彼此之间不发生亲属关系,相互之间无法律上的权利义务,因此相互之间没有继承权。

我国民间有"过继子(女)"现象,是宗法观念下宗祧继承的产物,多为没有后代(主要是没有男性后代)的人,将同宗同族的男性后代过继为子,以续"香火"。"过继"现象比较特殊,也比较复杂,因视具体情况分别对待:一种是生前"过继",过继父母与过继子女共同生活,同属一个家庭成员,实际上是亲属间的收养,虽没有办理收养手续,但具有事实上的收养关系。此类的"过继子女"具有养子女的地位,对被继承人(继父母)的遗产有继承权。第二类虽然也是生前"过继",但仅有"过继"的名分,而无共同生活的事实,"过继子女"仍与自己的亲生父母共同生活,并未成为继父母的家庭成员,相互之间可能存在生活上的相互往来和照顾,但尚未形成事实上的扶养关系。这类"过继子女"对被继承人的遗产不享有继承权,如果平时对被继承人照顾较多的,可按权利义务一致原则,适当分得遗产。第三类是死后"立嗣","嗣子"与被继承人生前既没有共同生活,也不曾有相互的照顾,只是在被继承人的葬礼上披麻戴孝,充当"孝子"而已。这种"嗣子"没有继承权,也不能请求分得部分遗产。

4. 继子女

继子女指配偶的前妻或者前夫所生育的子女。子女与生父或者生母的配偶所形成的继子女与继父母的关系属姻亲关系,姻亲关系的当事人,相互之间没有法律上的权利义务关系,因此相互之间没有继承权。但是,当继子女和继父母共同生活,根据我国《婚姻法》第27条的规定:"继父或继母和受其抚养教育的继子女间的权利义务,适用本法对父母子女关系的有关规定。"因此,在我国如果继子女与继父母共同生活形成法律上所规定的"抚养关系"时,继子女对继父母的遗产享有继承权。同时,继子女与其生父或者生母之间的血缘关系,并不因父母的离异而受影响,对其生父或者生母的遗产仍享有法定继承权。因此,当继子女受继父或者继母抚养时,不仅可以成为继父或者继母遗产的继承人,对其生父母的遗产依然享有法定继承权,在此情况下,继子女可能享有对生父(母)或者继父(母)双重的继承权,这一点继子女与养子女不同。

在因历史原因而形成的一夫多妻的家庭中,子女与生母以外的父亲的其他配偶之间的关系,适用继子女与继母之间的关系,当相互之间共同生活符合法定条件时,可以认定有扶养关系,互有继承权。

（三）父母

父母是与子女血缘关系最近的直系尊血亲。父母子女之间有着最直接的血缘联系和法律上的权利义务关系。根据我国《继承法》第10条的规定:在我国法律上所称的父母,包括生父母、养父母和有扶养关系的继父母。

亲生父母子女之间的关系,基于血缘上的联系,与父母之间的婚姻关系无关。因此,离异的父母各自仍然享有对子女遗产的继承权。父母将子女送养他人的,因收养关系的建立而终止与亲生子女之间的权利义务关系。生父母对送养的子女的遗产,没有继承权。

养父母与养子女因收养关系的成立而发生拟制血亲关系,在收养关系存续期间,对养子女的遗产享有继承权。收养关系一旦解除,相互之间的权利义务关系终止,彼此对对方的遗产没有继承权。

继父母与继子女因共同生活,尽抚养教育义务的,对继子女的遗产享有继承权。因此,继父母与继子女之间是在符合法定条件的情况下是互有继承权。

父母对子女遗产的继承权不因子女的婚姻而受影响。

（四）兄弟姐妹

兄弟姐妹是血缘关系最近的旁系血亲。我国《婚姻法》第29条规定:"有负担能力的兄、姐,对于父母已经死亡或父母无力抚养的未成年的弟、妹,有扶养的义务。由兄、姐扶养长大的弟、妹,对于缺乏劳动能力又缺乏生活来源的兄、姐,有扶养的义务。"我国《继承法》所说的兄弟姐妹,包括同父同母的兄弟姐妹,同父异母、异父同母的兄弟姐妹,养兄弟姐妹,有扶养关系的继兄弟姐妹。养兄弟姐妹包括养子女与生子女、养子女与养子女的兄弟姐妹关系。继兄弟姐妹多为异父异母的兄弟姐妹,属姻亲关系。当继兄弟姐妹共同生活,相互之间有扶养照顾符合法定条件的,相互之间有继承权。继兄弟姐妹相互继承遗产的,不影响其继承亲兄弟姐妹遗产的权利。

（五）祖父母、外祖父母

祖父母、外祖父母与孙子女、外孙子女是三代以内的直系血亲,是除父母以外的最近的直系血亲。尤其在中国三代同堂、四代同堂的传统家庭中,祖父母、外祖父母与孙子女、外孙子女往往共同生活或者相互之间经常生活在一起。在父母去世的情况下,往往由祖父母或者外祖父母承担起对未成年孙子女或者外孙子女的抚养。我国《婚姻法》第28条规定:"有负担能力的祖父母、外祖父母,对于父母已经死亡或者父母无力抚养的未成年的孙子女、外孙子女,有抚养的义务。有负担能力的孙子女、外孙子女,对于子女已经死亡或子女无力赡养的祖父母、外祖父母,有赡养的义务。"祖父母、外祖父母为孙子女、外孙子女遗产的法定继承人。

（六）丧偶的儿媳和女婿

儿媳与公婆、女婿与岳父母之间属姻亲关系,相互间本没有法律上的权利义务关系,彼此亦没有继承权。但是,在我国儿媳或女婿在丧偶的情况下,尤其是儿媳在丧偶后往往继续与公婆共同生活,对公婆一如既往地承担主要赡养、照顾的,我国继承法为弘扬和提倡这种尊老敬老的善良风尚,赋予他们有第一顺序的法定继承人的地位,对公婆和岳父母的遗产享有相当于子女对父母遗产的继承权。

丧偶的儿媳或者女婿对公婆、岳父母遗产的继承权是有法定条件的,即对公婆或者岳父母尽了主要的赡养义务。如何认定丧偶的儿媳或女婿对公婆或岳父母是否承担了主要的赡养和照顾,可以从两个方面考虑:第一,是否在经济上对公婆或岳父母有持续的供养;第二,是否对公婆或岳父母有持续的关心、照顾。丧偶的儿媳或女婿对公婆或岳父母遗产的继承权,不因其是否再婚再嫁而受影响,其子女的代位继承也不因此而受影响。

此外,世界上几乎所有的国家都将孙子女、外孙子女纳入法定继承人的范围,在我国由于孙子女和外孙子女在大多情况下是以代位继承人的身份,继承其祖父母、外祖父母的遗产,故我国继承立法未将孙子女和外孙子女纳入法定继承人范围。

三、法定继承人的继承顺序

法定继承人的继承顺序是指法律规定法定继承人对被继承人遗产继承的先后顺序。各国继承立法都有法定继承人范围和继承顺序的规定。被继承人死亡后并不是所有的法定继承人都同时参加遗产的继承。根据继承人与被继承人之间亲属关系的亲疏远近,各国继承法将继承人划分成若干顺序,首先由顺序在先的法定继承人继承。当没有在先顺序的继承人或者在先顺序的法定继承人全部放弃继承或全部丧失继承权时,才由顺序在后的继承人继承。法定继承人的继承顺序具有排他性。

各国立法对法定继承人继承顺序的划分有所不同,但所依据的原理基本相同,即以婚姻关系和血缘关系的亲疏远近为依据。我国《继承法》第10条规定:"遗产按照下列顺序继承:第一顺序:配偶、子女、父母。第二顺序:兄弟姐妹、祖父母、外祖父母。继承开始后,由第一顺序继承人继承。没有第一顺序继承人或者第一顺序的继承人都放弃继承或者都被剥夺继承权的,由第二顺序继承人继承。"我国《继承法》第12条规定:"丧偶儿媳对公、婆,丧偶女婿对岳父、岳母,尽了主要赡养义务的,作为第一顺序的继承人。"

由于法定继承人的继承顺序具有排他性,有在先顺序的法定继承人,顺序在后的法定继承人不得参加继承,法律另有规定的除外。

第三节　代位继承与转继承

一、代位继承的概念

代位继承,又称间接继承,指被继承人的子女先于被继承人死亡或者宣告死亡的,应由被继承人子女继承的遗产份额,由该子女的直系卑血亲代位继承的法律制度。在代位继承中,先于被继承人死亡的子女称被代位人,代替被代位人继承被继承人遗产的直系卑血亲称代位继承人,代位继承人所行使的继承权称代位继承权。

代位继承由罗马法所创,并且在罗马法时已经是一项非常古老的继承制度。在罗马早期,由于生产力低下的原因,家庭成员往往共同劳动,共同生活。有限的财产在家庭内部世代留传。在血亲继承占主要地位时,被继承人遗留的财产即按亲等远近而定其继承的顺序,由第一亲等的亲属首先继承。如果第一亲等的亲属中有先于被继承人死亡或丧失继承权的,第二亲等的亲属代位他们继承。理由是根据人们通常的感情,罗马人认为应推定被继承人对其直系卑亲属有着同等的感情,特别是在子女中有先死亡,而该子女又留有未成年的孩子,这些孩子尤其需要照顾,把本该由被继承人第一亲等的继承人继承的财产,留给他们的孩子继承成为天经地义的道理。[①]

有关代位继承的法理依据有两种学说:"代位说"和"固有说"。根据"代位说"的观点,代位继承人继承被继承人遗产的权利基于其死亡在先的父母(即被继承人的子女)所得享有的权利,当其父母(即被代位人)丧失继承权或者放弃继承权时,因被代位人没有继承权,其直系卑血亲无继承权可代,故不得代位。我国《继承法》持"代位说",因此,在我国被继承人的子女丧失继承权的,其直系卑血亲(孙子女或外孙子女)不得代位,法律另有规定时除外。根据"固有说"的观点,代位继承人继承被继承人遗产的权利,基于其自身固有的权利,因此,在被代位人丧失继承权或放弃继承权时,其直系卑血亲的代位继承权依然存在。《德国民法典》持"固有说"。按照现代民法学的原理,"固有说"和"代位说"都不足以说明代位继承的法理依据。根据民事权利能力始于出生、终于死亡的基本原理,因人之死亡而其权利能力消灭,死者不应

---

① 参见周枏:《罗马法原论》下册,商务印书馆 1994 年版,第 439 页。

享有任何民事权利,包括继承权。既然死者(被代位人)本身不享有继承权,其直系卑血亲如何得以"代位"行使其继承权?"固有说"在文义上同样也存在着无法解释的障碍。既然"固有"为何称为"代位继承",这是其一;而事实上不管代位继承人有多少个,代位继承人所得继承的遗产只能是其死亡在先的父(母)所应得的遗产分额,这是无法回避其所具有的"代位"的属性的,这是其二。

代位继承是一项非常古老的制度,属法定继承中的一种特殊现象,虽由罗马法最早记载,但在世界各国都普遍存在。代位继承现象在古代中国和其他国家的继承制度历史上,都曾出现过,在古代社会具有相当的普遍性。这种普遍存在的现象,源于人类社会早期的氏族原始公有和宗法社会的家产共有。家长死亡,家产在家族内(家长的子孙)继续保留下去。家长死亡有儿子的,儿子继承;没有儿子(儿子先于父母死亡)有孙子的,儿子应得的一份由孙子继承;儿子死亡有孙子而孙子也死亡的,如有重孙则重孙仍然得代位其祖父继承其曾祖父的遗产,其所得继承的份额仍然是其祖父应得之份。如此世代代位,家产得以在家族内世世代代延续下去。代位继承作为法定继承中的一种特殊现象成为必然。

二、我国代位继承制度的法律特征

(一)代位继承必须是被继承人的子女先于被继承人死亡或者宣告死亡

在我国代位继承只适用于直系卑血亲,即被继承人子女先于被继承人死亡的情形。该子女包括被继承人的婚生子女、非婚生子女、养子女和有扶养关系的继子女。被继承人的配偶、父母、兄弟姐妹都不能成为被代位人。即使上述这些人先于被继承人死亡的,也不适用代位继承。有的国家规定代位继承可以适用于一切法定继承人,包括直系血亲、旁系血亲、尊血亲、卑血亲。

(二)代位继承人必须是被继承人子女的直系晚辈血亲,并且其辈数不受限制

即可以是被继承人的孙子女代位其父亲继承其祖父母的遗产,还可以是曾孙子女代位其祖父母继承其曾祖父母的遗产。被代位人的直系尊血亲、配偶、旁系血亲都不能成为代位继承人。

(三)代位继承人只能继承被代位人应得的遗产份额

由于代位继承是代位已经死去的父亲或母亲继承祖父母或外祖父母的遗产,因此,代位继承人无论是一人还是数人,都只能继承他们的父亲或者母亲应得的遗产份额。

(四)被代位人必须享有继承权

在我国,代位继承权取"代位说",即以被代位人享有继承权为前提,被代位人

丧失继承权的,其直系晚辈血亲因没有可替代行使的继承权,不享有代位继承权。法律另有规定的除外。

（五）代位继承是法定继承的特殊情况

代位继承只适用于法定继承,是法定继承的一种特殊情况。在遗嘱继承中遗嘱所指定的继承人先于立遗嘱人死亡的,遗嘱指定由该继承人继承的遗产,按法定继承办理。在适用法定继承时,有被继承人子女先于被继承人死亡的,其直系晚辈血亲可以代位继承。

三、转继承的概念和适用条件

转继承,也称第二次继承,指继承人在被继承人死亡后遗产分割前死亡的,本该由该继承人继承的遗产份额,转由他的法定继承人继承的法律制度。

转继承的适用应符合下列条件:

(1) 继承人后于被继承人死亡或者宣告死亡。继承人的死亡在被继承人死亡以后,遗产分割以前。被继承人的子女先于被继承人死亡的,则适用代位继承。

(2) 继承人对被继承人的遗产必须享有继承权。继承人放弃继承或者被剥夺继承权的,因没有其可继承的遗产,不发生转继承问题。

(3) 转继承人可以是继承人的一切法定继承人,而不限于直系卑血亲。

(4) 转继承人所能继承的只能是继承人应得的遗产份额。

四、代位继承与转继承的区别

（一）继承人死亡的时间不同

代位继承中的被继承人子女(即被代位人)先于被继承人死亡,而转继承中的继承人后于被继承人死亡。

（二）继承的主体不同

在我国代位继承中的继承人只能是被继承人的直系晚辈血亲(即子女),代为继承人也只能是继承人的直系卑血亲。转继承中的继承人可以是被继承人的所有的法定继承人,包括配偶、父母、兄弟姐妹等,转继承中的转继承人也可以是继承人的所有法定继承人或者遗嘱继承人。

（三）适用的继承类型不同

代位继承只适用于法定继承,不适用遗嘱继承;而转继承即适用于法定继承,也适用于遗嘱继承。

第二十九章　遗嘱继承与遗赠

第一节　遗嘱继承的历史发展

作为法律制度的遗嘱继承起源于罗马法。公元前 5 世纪的《十二表法》已有关于遗嘱的规定:"凡以遗嘱处分自己的财产,或对其家属指定监护人的,具有法律上的效力。"经过十个多世纪的发展,到公元 6 世纪,罗马法关于遗嘱继承制度已相当完备,其特点是注重形式,只有经过一整套严格的程序和形式,所立的遗嘱才具有法律的效力。由于古代罗马法继承首先是人格的延续,是家长身份的继承。古代罗马人非常关心自己死后谁将是其人格的延续者,因此,古代罗马人有生前立遗嘱以确定其死后继承人的习惯,并配以一套严格的程序以确保遗嘱内容的公正准确。罗马法时代已经确立了以遗嘱继承为主,遗嘱继承优先,法定继承是作为无遗嘱继承的补充的一整套继承制度。罗马法关于遗嘱、遗嘱继承的原理,一直被沿用至今,为后世各国继承法律制度所接受。

我国古代虽然亦有遗嘱,但遗嘱的含义较现代民法上的遗嘱,其意义要宽泛得多。凡对身后事务处理的意思表示,包括对财产处分以外的其他事务的安排,均为遗嘱。例如国王有"遗诏",大臣有"遗表",一般百姓有"临终遗言"等。但由于中国历史上宗祧继承始终占统治地位,个人意志过多地受到宗法思想的制约,个人的身后事务,尤其作为封建制下的家长的身后事务,按祖宗的规矩办。因此,长期以来法定继承一直是我国继承的主要形式,在农村尤其如此。在一个很长的历史时期,遗嘱继承在我国相当的不发达。

遗嘱继承制度盛行于资本主义社会,尤为欧美国家所普遍适用。除历史的、文化的传统因素外,遗嘱继承制度,因其在一定程度上可以不受血缘婚姻等亲属关系因素的影响,因而更能体现财产所有人对其身后财产及其他事务的安排的真实意思,更符合资本主义社会对私有财产的充分保护和对个人意思自由的充分肯定,因此,也更能适合资本主义社会生产方式的需要。遗嘱自由的理念在此基础上产生。

第二节　遗　嘱

一、遗嘱的概念和特征

遗嘱是立遗嘱人生前按照法律规定的方式处分自己的财产及其他事务,于死后发生法律效力的表意行为。遗嘱行为是民事法律行为具有其法律特征。

(一)遗嘱是单方的法律行为

遗嘱只需遗嘱人一方的意思表示,就能产生相应的法律后果。遗嘱人通过遗嘱处分自己的财产及其他事务,无需征得他人的同意,包括无需征得遗嘱继承人、遗赠受领人的同意。遗嘱所指定的继承人放弃遗嘱继承、遗赠受领人放弃受领遗赠的,所放弃的部分适用法定继承,但不影响遗嘱本身的效力。

(二)遗嘱是死后生效的法律行为

遗嘱人订立遗嘱的目的,在于对自己身后的财产及有关事务作事先安排,这种安排在遗嘱人生前对遗嘱人不具有拘束力。遗嘱人可以在其生前的任何时候订立遗嘱、变更遗嘱或者撤销(撤回)遗嘱。

(三)遗嘱是要式法律行为

由于遗嘱是遗嘱人处分自己身后财产及其他事务的重大的法律行为,遗嘱从订立到执行又往往会有一段时间。遗嘱执行时,遗嘱人已不在人世。为避免遗嘱在执行时发生问题,引发纠纷,各国继承法都要求遗嘱人必须依照法律规定的方式订立遗嘱。我国《继承法》规定遗嘱必须符合法律规定的形式要件才能发生执行的效力。

(四)遗嘱人立遗嘱时必须具有遗嘱能力

关于遗嘱能力的认定标准有两种立法例:一种是遗嘱能力与行为能力一致,无行为能力人或者限制行为能力人所立遗嘱无效。在我国遗嘱能力适用行为能力的标准。另一种是遗嘱能力与行为能力可以不一致,符合法律规定条件的限制行为能力人所立遗嘱有效,德国、法国、瑞士等大陆法系国家采该立法例。[1]

---

① 陈卫佐译注:《德国民法典》第 2229 条:"年满 16 岁的未成年人无须经法定代理人同意,得立遗嘱。"罗结珍译:《法国民法典》第 904 条:"满 16 岁而未解除亲权的未成年人,可以立遗嘱。"

二、遗嘱的形式

遗嘱的形式指遗嘱人处分自己身后财产及其他事务的意思表示的方式。遗嘱是要式法律行为,须符合法律规定的形式。我国《继承法》第17条规定了遗嘱订立的五种形式及生效的条件。

(一)自书遗嘱

自书遗嘱是遗嘱人亲笔书写的遗嘱。根据继承法的规定,自书遗嘱必须由遗嘱人亲笔书写,签名并注明年、月、日。如对先前所立遗嘱作修改的,应由遗嘱人加以说明并签名,注明年、月、日。

公民在遗书中涉及对其个人财产处分的内容,确为死者真实意思的表示,有本人签名并注明了年、月、日的,在无相反证据的情况下,可按自书遗嘱对待。①

(二)代书遗嘱

代书遗嘱是由遗嘱人口述,由别人代为书写、记录的遗嘱。为保证代书人所书写的内容与遗嘱人的真实意思一致,代书遗嘱必须有两个以上的见证人在场见证,由其中一人代书,注明年、月、日,并有代书人、其他见证人和遗嘱人在遗嘱上分别签名盖章。

(三)录音遗嘱

录音遗嘱是由遗嘱人口述、经录音设备录制下来的遗嘱。录音遗嘱比口头遗嘱可靠,但因录音磁带容易被人剪辑、修改、伪造,因此,我国继承法规定,以录音形式订立的遗嘱,应有两个以上的见证人在场见证。

(四)口头遗嘱

口头遗嘱是遗嘱人以口头表述的方式订立的遗嘱。口头遗嘱因其缺乏有效的实物证据,容易引起纠纷,因此,法律对口头遗嘱的适用有着严格的限制。我国《继承法》第17条规定:"遗嘱人在危急情况下,可以立口头遗嘱。口头遗嘱应当有两个以上的见证人在场见证。危急情况解除后,遗嘱人能够用书面或者录音形式立遗嘱的,所立的口头遗嘱无效。"此处"危急情况"可理解为病危、突遇自然灾害、意外事故、战争等。

(五)公证遗嘱

公证遗嘱是遗嘱人将其所立的自书遗嘱、代书遗嘱送国家公证机关办理遗嘱公证。公证是由国家的公证机关对法律行为的真实性、合法性予以认可。因此,公证遗嘱具有更可靠的证据效力。其他遗嘱都不能变更或者撤销公证遗嘱,变更或者撤销公证遗嘱的,必须重新办理遗嘱公证。

---

① 参见最高人民法院:《关于贯彻〈中华人民共和国继承法〉若干问题的意见》,第40条。

为保证代书遗嘱、录音遗嘱、口头遗嘱的真实性,我国继承法规定,此三种遗嘱必须有两个以上的见证人在场见证,并对见证人的资格作了限制性的规定:

有下列情况之一的,不能作为遗嘱见证人:

(1) 无行为能力人、限制行为能力人;

(2) 继承人、遗赠受领人;

(3) 与继承人、遗赠受领人有财产上利害关系的其他人,如继承人、遗赠受领人的近亲属,债权人、债务人、合伙人、保险合同的受益人等。

三、遗嘱的内容

遗嘱一般应包括以下内容:

(1) 指定遗嘱继承人或者遗赠受领人;

(2) 确定遗嘱继承人或者遗赠受领人所得遗产的内容或数额;

(3) 指明某项遗产的用途;

(4) 规定遗嘱继承人或者遗赠受领人接受遗产时应承担或完成的特定工作;

(5) 指定遗嘱执行人;

(6) 注明订立遗嘱的时间、地点。

四、遗嘱有效的条件

遗嘱是遗嘱人生前订立并于死后生效的法律行为。一份遗嘱能否在遗嘱人死后有效的执行,取决于遗嘱是否符合法律规定的形式要件和实质要件。

在我国一份有效的遗嘱应符合以下条件:

(一) 遗嘱人在立遗嘱时必须具有完全的行为能力

完全的行为能力,继承法称之为遗嘱能力。只有完全行为能力人才能准确表达自己的真实意志,并清楚自己行为可能产生的后果。我国《继承法》第 22 条规定:"无行为能力人或者限制行为能力人所立的遗嘱无效。"遗嘱人是否具有行为能力,以订立遗嘱时为准。立遗嘱时无行为能力,以后恢复行为能力的,所立遗嘱仍然无效;立遗嘱时有行为能力,以后丧失行为能力的,不影响遗嘱的效力。

由于各国继承法对遗嘱能力的认定标准有所不同,有坚持遗嘱能力须与完全行为能力一致的,如我国;也有的国家规定,符合条件的限制行为能力人亦得订立遗嘱,如大陆法系的德国、法国等。判断一份遗嘱是否能够执行应依本国继承法的规定。

(二) 遗嘱人在订立遗嘱时意思表示真实

我国《继承法》第 22 条规定:"遗嘱必须表示遗嘱人的真实意思,受胁迫、欺诈所立的遗嘱无效。""伪造的遗嘱无效。""遗嘱被篡改的,篡改的内容无效。"

(三)遗嘱的内容必须合法

遗嘱的内容不得违反法律和社会公德。在我国遗嘱不得取消缺乏劳动能力又没有生活来源的法定继承人的继承权,必须考虑为他们保留必要的遗产份额。继承人是否属于缺乏劳动能力又没有生活来源,以遗嘱生效时为准。

大陆法系国家的继承法都有"特留份"的规定,遗嘱人应该在保证"特留份"权利人其"特留份"不受影响的前提下,对其余财产用遗嘱进行安排。

(四)遗嘱的形式必须符合法律的规定

遗嘱为要式法律行为,必须符合法律所要求的形式。我国继承法规定了遗嘱的五种形式,并规定了各种形式的遗嘱所必须具备的有效条件。例如,所有形式的遗嘱都必须注明年、月、日;代书遗嘱、录音遗嘱、口头遗嘱必须有两个以上的见证人在场见证等。

五、遗嘱的变更、撤销和执行

(一)遗嘱的变更和撤销

遗嘱的变更指遗嘱人在生前对所立遗嘱内容的部分改变或修正。遗嘱的撤销指遗嘱人废除或者撤销所立的遗嘱,或者对遗嘱的内容作全部改变或全面修正。遗嘱被视为是遗嘱人对自己身后事务的最终安排,并于死后发生效力。遗嘱人在其生前得自由变更、修改、甚至撤销遗嘱。遗嘱的变更或者撤销与遗嘱的订立一样,得由遗嘱人亲自为之,不能由他人代理,更不能委托他人在其死后代为变更或者撤销。

变更或者撤销遗嘱的方式一般有两种:

(1) 遗嘱人另立新遗嘱,并在新遗嘱中明确声明变更或者撤销原来所立的遗嘱。需要注意的是,被变更或者被撤销的遗嘱是公证遗嘱的,新遗嘱必须重新公证,否则不能发生变更或者撤销公证遗嘱的效力,原公证遗嘱仍然有效。

(2) 遗嘱人先后订立数份遗嘱,并且数份遗嘱在内容上相互冲突,依法推定订立在后的遗嘱是对订立在先遗嘱的变更或者撤销,以最后所立遗嘱为准。在后遗嘱是对在先遗嘱内容作部分改变的,可以认定为是对在先遗嘱的变更;在后遗嘱是对在先遗嘱的内容全面改变的,可以认定为是对在先遗嘱的撤销。需要注意的是:如果遗嘱人先后订立的数份遗嘱,内容互不冲突,则每份遗嘱都有效。

此外,遗嘱人生前的行为与遗嘱的意思相反,而使遗嘱所指定的财产在遗嘱人生前已经被处分或者部分处分,遗嘱视为被撤销或者部分撤销。

（二）遗嘱的执行

遗嘱的执行,指为实现遗嘱的内容所进行的一系列的行为,是遗嘱继承的具体步骤。遗嘱的执行不仅对实现遗嘱人的意志有着决定性的意义,而且对于遗嘱继承人和其他利害关系人的利益关系极大。

谁得为遗嘱执行人? 在罗马法曾以遗嘱继承人为当然的遗嘱执行人,只有在特殊的情况下才委托继承人以外的其他人为遗嘱执行人。但罗马法时代并无现代法上的遗嘱执行人制度。遗嘱执行人制度源于日耳曼的"中介受托人",即财产所有人指定中介受托人以自己的名义为遗产的管理和处分,后发展为德国、法国、瑞士、日本等国家的遗嘱执行人制度。在英美法有遗产管理机构,可作为遗嘱的执行人。

我国继承法规定:遗嘱人可在遗嘱中指定遗嘱执行人。遗嘱人可以指定继承人中的一人或者数人为遗嘱执行人,或者指定继承人以外的其他人为遗嘱执行人。在我国如果遗嘱中没有指定遗嘱执行人的,一般以法定继承人为遗嘱的执行人。遗嘱执行人必须具有完全的行为能力。

遗嘱执行人在遗嘱继承中其法律地位应如何认定? 众说纷纭,多数观点认为遗嘱执行人具有相当于代理人的地位。问题是该代理人究竟是遗嘱人的代理人还是遗嘱继承人的代理人? 一般应理解为是遗嘱人的代理人。其理由是:遗嘱执行人的行为受遗嘱内容的约束,即受遗嘱人意思表示内容的约束,应以实现遗嘱的内容为目的,遗嘱执行人无须考虑继承人的意思而独立地执行遗嘱。

第三节　遗嘱继承

一、遗嘱继承的概念

遗嘱继承,指按照遗嘱人生前所立遗嘱的内容来确定继承人的范围,以及各继承人可得遗产份额的继承方法。由于遗嘱继承中,继承人的范围以及各继承人所能继承的遗产份额,都是由遗嘱人在遗嘱中指定,因此,也有称遗嘱继承为"指定继承"。

遗嘱继承与法定继承相对应,是两种不同的继承方式。但两者要实现的目的应该说是相同的,即将死者的遗产按死者的意思转归他人所有。要准确地实现这一目的,首先就应该尊重死者本人的真实意思。而一份真实有效的遗嘱,应该最能反映遗嘱人对自己身后事务如何安排的真实愿望。因此,当被继承人死亡后,如果其生前立有遗嘱,只要遗嘱是真实合法的,首先按照遗嘱的内容进行继承。只有当被继承人生前未立遗嘱或者所立遗嘱无效,或者遗嘱指定的继承人全部放弃继承或者全部丧失继承权时,才适用法定继承。因此,与法定继承相比,遗嘱继承具有优先适用的效力。

二、遗嘱继承的特点

与法定继承相比较,遗嘱继承具有以下特点:

(1) 遗嘱继承不受法定继承人的范围和继承顺序的约束。遗嘱人在立遗嘱时,可以不受继承法有关法定继承人的范围和继承顺序规定的限制,依自己的意愿决定遗产由法定继承人中的哪些人继承,各继承人所得遗产多少。遗嘱指定的继承人在继承遗产时,不受其在法定继承人中继承顺序的影响。

(2) 适用遗嘱继承时必须查明被继承人生前所立遗嘱是否为被继承人真实的意思表示,遗嘱的内容与形式是否合法,否则不能适用遗嘱继承,遗产只能按法定继承处理。

(3) 适用遗嘱继承时,遗嘱所指定的继承人必须享有继承权。遗嘱指定的继承人放弃遗嘱继承或者被剥夺继承权的,遗嘱所处分的这部分遗产按法定继承处理。但是,遗嘱指定的继承人放弃遗嘱继承,并不改变其法定继承人的地位,该继承人仍得以法定继承人的身份参与法定继承。

第四节　有关遗嘱继承的若干问题

一、遗嘱继承人的范围

哪些人可以成为遗嘱继承人? 有两种立法主张:一种认为,遗嘱继承人必须是法定继承人中的一个或者几个,法定继承人以外的其他人只能作为遗赠受领人,不能作为遗嘱继承人。我国继承法持该立法主张。这一立法主张的合理性在于,以受遗产人的身份区别其究为继承人还是受遗赠人,使遗嘱继承人与遗赠受领人的区别有个明确的标准。另一种认为,遗嘱继承人不仅可以是法定继承人中的一个或者几个,还可以是法定继承人以外的任何人。英国是该立法的典型代表。根据英国法律,遗嘱人可以指定任何人作为自己遗产的继承人。这一立法主张的令人困惑之处是无从区分遗嘱继承人和遗赠受领人。大陆法系有的国家规定,指定具体遗产归属的为遗赠,笼统规定取得一定比例的遗产为遗嘱继承。如此强调区分遗嘱继承人和遗赠受领人,是因为继承人和遗赠受领人在继承关系上各自的法律地位不同。

二、遗嘱自由原则以及对遗嘱自由的限制

在罗马法上,古代正式遗嘱须经贵族大会通过,受大祭司和大会成员的审查

监督。自《十二表法》确立遗嘱自由的原则以后,到会的人已仅处于类似见证人的地位。但在当时只要是遗嘱,都要公开进行。在公开的情形下,如果遗嘱人滥用遗嘱自由的权利,会受到非议及舆论和宗教教规的制裁。所以那时虽实行遗嘱自由原则,但遗嘱人对这种"自由"的掌握是有分寸的。共和末年,文字形式的遗嘱出现后,遗嘱由公开转向秘密,遗嘱人立遗嘱之"自由"才成为可能。遗嘱人遗嘱自由之滥用才真正出现。因此,在罗马法上出现了对遗嘱自由的限制,这种限制通过"废除继承人的限制"、"遗嘱逆伦诉"、"特留分追补诉"等措施表现出来。[①]因此,在古代罗马一套严格的立遗嘱的形式要求,保障了遗嘱内容的公正和合理,事实上限制了遗嘱的自由。共和末年以后,虽遗嘱由公开转入秘密,遗嘱之"自由"成为可能,但随之而来的各项措施客观上限制了遗嘱人的遗嘱自由。由此,在罗马法上是限制罗马人立遗嘱的任意性的。真正的遗嘱自由是进入资本主义社会以后产生的。

所谓遗嘱自由,指遗嘱人享有依其意愿订立遗嘱处分自己的财产和其他事物的充分的任意性。遗嘱自由符合资本主义社会生产关系的要求。实行遗嘱自由是对个人财产所有权的充分保护。由于遗产是死者生前的个人财产,因此,人们应该有权就个人财产的身后处置有一个事先安排,即由财产所有人自己决定由谁继承、继承多少。遗嘱继承之所以优先于法定继承,就是因为遗嘱更能体现遗嘱人的真实意愿。法律首先应该尊重遗嘱人的意志,赋予遗嘱人自由处分其财产的权利。

当今各国继承法普遍规定遗嘱继承优先,普遍承认遗嘱自由,但对遗嘱自由的理解,有着两种不同的主张。

一种主张遗嘱相对自由或者称有限制的遗嘱自由。这一主张认为:遗嘱人以遗嘱的方式处分遗产时,应符合继承法的基本原则,不得违反继承法关于法定继承人"应继份额"或者"特留份额"的规定,遗嘱人只有在确保法定继承人的"应继份"和"特留份额"的前提下,才能自由处分其余财产。持这一主张的多为大陆法系国家,如德国、法国、日本等。德国民法规定,遗嘱人必须将其遗产的一半保留给其配偶、父母、子女。法国民法规定,遗嘱不能剥夺法定继承人的继承权。遗产中的一半必须保留给法定继承人,这部分的遗产继承法上称"特留份额",另一半得以遗嘱自由处分。大陆法上的"特留份制度"是对遗嘱自由限制的最好解释和制度保障。

一种主张遗嘱绝对自由。这一主张强调保护遗嘱人的自由意志,给予遗嘱人

---

① 周枏:《罗马法原论》下册,商务印书馆 1994 年版,第 477 页。

处分自己财产的充分自由。英国是持这一立法主张最典型的国家。在英国的继承法律中,没有关于"特留份额"、"保留份额"和"应继份额"的限制性规定。根据英国的法律,遗嘱人可以剥夺任何一个法定继承人的继承权,可以指定任何人作为自己财产的继承人。比较而言,美国对遗嘱自由多少有所限制。根据美国法律的规定,生存配偶的继承权不能剥夺,遗嘱必须保留一定的遗产份额给配偶。配偶有权选择是按遗嘱继承丈夫指定的遗产份额,还是按照法定继承获得法定应继份额。

由于遗嘱自由的任意性太大,极易造成亲属间遗产分配上的不公平,也极容易出现遗嘱人以遗嘱的方式逃避本该由其财产承担的对未成年子女或者配偶的扶养义务,增加社会负担的不负责任的行为。因此,从世界范围的继承立法总趋势看,遗嘱自由在任何国家都或多或少受到一定的限制。即使以主张"遗嘱绝对自由"著称的英国,也逐渐趋向于以立法的手段作出某些限制性的规定,或授予法官以更大的权力酌情变更遗嘱,以保障死者的配偶、未成年子女的生活抚养费不被遗嘱剥夺。

我国继承法承认遗嘱自由,但以不违反法律和社会公德为前提,限制遗嘱人以遗嘱剥夺法定继承人中缺乏劳动能力又没有生活来源的继承人的继承份额。

三、共同遗嘱

共同遗嘱,又称合立遗嘱,是由两个或者两个以上的遗嘱人共同订立的一份遗嘱。通常是夫妻双方在生前将其共同财产以遗嘱的方式做出安排。

共同遗嘱一般有三种情况。

(1) 相互指定对方作为自己遗产的继承人。如果丈夫先于妻子死亡,则丈夫的全部遗产由妻子继承;同样,如果妻子先于丈夫死亡,则妻子的全部遗产由丈夫继承。

(2) 共同指定第三人为遗产继承人或受遗赠人。例如夫妻立共同遗嘱,指定子女为遗产继承人。如果丈夫先于妻子死亡,丈夫的遗产由子女继承,生存的妻子并不继承丈夫的遗产;妻子先于丈夫死亡亦同。

(3) 相互指定对方为自己遗产的继承人,并且规定在双方死后遗产由指定的第三人继承。例如夫妻立共同遗嘱,相互指定对方为其遗产的继承人,并于双方死后全部遗产由子女继承。妻子先于丈夫死亡的,妻子的遗产由丈夫继承,待丈夫死亡后,全部遗产由其子女继承。

共同遗嘱的形式主要有两种:一种是相互遗嘱,即两个遗嘱人在同一分遗嘱上相互写明对方是自己遗产的继承人或者受遗赠人;另一种是相关遗嘱,两份遗嘱形式上各自独立,但两份遗嘱都相互以对方的遗嘱内容为条件的遗嘱。

共同遗嘱与一般遗嘱相比较有以下特点:

(1) 共同遗嘱是两个以上的遗嘱人的共同行为,需要有行为人共同的意思表示,并且全体遗嘱人必须都具有遗嘱能力,遗嘱人的意思表示必须都是真实的。

(2) 共同遗嘱生效的时间和一般遗嘱生效的时间不同。一般遗嘱,遗嘱人一方死亡,遗嘱即可发生执行的效力。而共同遗嘱须全体遗嘱人都死亡后,才能全部执行,部分遗嘱人死亡只发生部分遗嘱的执行效力。

(3) 在相互关联的共同遗嘱中,由于遗嘱内容的相互制约,任何一方变更或者撤销遗嘱将导致另一方遗嘱的失效;当一方的遗嘱已经执行时,另一方不得变更或者撤销遗嘱。因此,共同遗嘱限制了遗嘱人在其生前对遗嘱的变更和撤销的自由。

由于共同遗嘱所具有的上述特点,使共同遗嘱效力的确定性不如一般遗嘱,给遗嘱的执行带来麻烦,也使共同遗嘱中遗嘱人变更或者撤销遗嘱的自由受到了限制。由于共同遗嘱的上述缺陷,各国立法对之态度各异,有明确否定共同遗嘱效力的,如日本、法国、瑞士等。《日本民法典》第 975 条规定:"两人以上者,不得以同一证书立遗嘱。"《法国民法典》第 968 条规定:"遗嘱,不得由两人或数人以同一文书,为第三人的利益或者相互处分遗产而订立。"亦有承认共同遗嘱效力的,如德国、奥地利等。《德国民法典》第 2265 条至第 2273 条就是有关共同遗嘱的具体规定;也有在法律上对共同遗嘱的效力不作明文规定的,如我国的继承法。在我国的司法实务上并不一般的承认或者否认共同遗嘱的效力,对于执行上没有障碍的共同遗嘱,认可其效力,但并不主张、鼓励采用共同遗嘱。

四、附负担的遗嘱

附负担的遗嘱,指遗嘱人在遗嘱中规定,遗嘱继承人或者遗赠受领人在接受指定的遗产时,得完成遗嘱指定的特定工作。例如,遗嘱人在遗嘱中指定其妻子为其全部遗产的继承人,但她必须抚养他和他的前妻所生育的未成年子女或者为他老迈的父母养老送终。又比如,遗嘱人指定其朋友作为其收藏的字画、书籍的受遗赠人,但该朋友必须将其未成年子女抚养成人。这就是附负担的遗赠。

附负担的遗嘱中所规定的义务或要求遗嘱继承人或者遗赠受领人完成的工作,并不是遗嘱继承人或者遗赠受领人的法定义务,但却是继承人或者受遗赠人取得遗产的前提条件。遗嘱继承人或者受遗赠人表示接受遗产的,应该履行遗嘱中规定的义务或完成特定的工作。但遗嘱人所提出的条件或负担,不得有违法律和社会公德。

执行附负担的遗嘱应注意的问题。

（一）遗嘱所设定的义务违反法律或社会公德的

例如遗嘱人在遗嘱中指定其妻为其遗产的唯一继承人,但同时规定其妻在取得遗产后不得改嫁他人。又如,遗嘱人在遗嘱中指定其学生或者助手取得其收藏的全部书籍和文物,但规定受遗赠人得娶其女儿为妻。遗嘱中所规定的义务违法或者违反社会公德,遗嘱无效或视所附负担不成立。

（二）遗嘱中所设定的义务必须是可以实现的

例如遗嘱人可以指定接受遗产的人得承担对其未成年子女的抚养义务,但如果规定接受遗产的人必须将其子女培育成优秀的艺术家、科学家,该义务的规定就属于缺乏可实现性。

（三）遗嘱中规定的义务应具有实际意义

例如遗嘱人指定其妻为其遗产的唯一继承人,但要求妻子终身供奉其牌位,对其遗像每日磕头作揖。对此,《瑞士民法典》明文规定:遗嘱中所规定的条件或者尤其令人讨厌或者无任何意义的,得视其为不存在。[1]

（四）遗嘱人为遗嘱继承人或者受遗赠人所设立的负担不得超过他们可得的遗产价值

日本民法规定受附负担遗赠者,只于不超过遗赠标的价额的限度内,负履行义务的责任。[2]我国台湾地区民法规定:"遗赠附有义务者,受遗赠人以其所受利益为限,负履行之责。"[3]

第五节 遗 赠

一、遗赠的概念和特征

在我国遗赠指自然人以遗嘱的方式将其遗产的一部分或者全部在其死后赠送给法定继承人以外的其他人,并于死后发生效力的法律行为。在遗赠中,立遗嘱人为遗赠人,遗嘱指定接受遗赠财产的人为遗赠受领人。

遗赠就其性质和形式是一份遗嘱,因此,具备遗嘱所具有的法律特征,是单方的、要式的法律行为,是生前订立死后生效的法律行为。

---

① 殷根生、王燕译:《瑞士民法典》第 482 条第 3 款,中国政法大学出版社 1999 年版。
② 王书江译:《日本民法典》第 1002 条,中国人民公安大学出版社 1999 年版。
③ 参见台湾民法典第 1205 条。

二、遗赠与遗嘱继承的区别

遗赠与遗嘱继承都是以遗嘱的方式处分身后财产,从性质和形式看两者是一致的,它们的区别在于:

(一)遗赠受领人与遗嘱继承人在继承关系上的法律地位不同

遗赠受领人不具有继承人的身份,也无须承担继承人应承担的遗产债务的清偿;遗嘱继承人因其继承人的身份,在继承死者遗产外,对死者生前尚未缴纳的税款和其他债务,负有清偿责任。但遗赠的执行应在被继承人债务清偿以后,就剩余财产执行遗赠。

(二)遗赠受领人与遗嘱继承人的范围不同

在我国遗嘱继承人必须是法定继承人中的一人或数人,法定继承人以外的其他人不得为遗嘱继承人;而遗赠受领人必须是法定继承人以外的其他人,可以是自然人,亦可以是法人或者非法人组织,还可以是国家。因此,在我国区别遗嘱继承人和遗赠受领人的标志是明确的,即受遗产人是否为法定继承人。

(三)遗赠受领权和遗嘱继承权的标的不同

受遗赠人原则上只享有受领遗产的权利,并不承担清偿遗赠人生前债务的义务,但遗赠可以附负担;遗嘱继承人所继承的遗产是个含财产上权利、义务和负担的综合概念,在享有接受遗产的权利时,还负有清偿被继承人生前债务的义务。遗赠虽可以附负担,但该负担不是被继承人生前应承担的义务,而是被继承人附加给遗赠受领人的义务。由于遗赠是无偿取得遗赠财产,在执行遗赠时,被继承人尚有未清偿的债务时,应首先以遗产清偿,剩余部分再执行遗赠。

(四)法律对遗赠受领的接受和放弃与遗嘱继承的接受和放弃的规定不同

根据我国继承法的规定,遗赠受领人应当在知道遗赠内容后两个月内,作出接受或者放弃遗赠受领的意思表示,到期没有表示的,视为放弃;遗嘱继承人在继承开始后遗产处理前,没有明确表示放弃遗嘱继承的,视为接受继承。

(五)遗赠受领人与遗嘱继承人参与遗产分配的手段不同

遗赠受领人不直接参与遗产的分割,只能向遗嘱执行人或者法定继承人请求给付遗嘱指定的遗赠财产;而遗嘱继承人,则直接参与遗产的分配。

三、遗赠与死因赠与的区别

死因赠与是赠与人在其生前与他人订立的赠与合同,根据合同规定受赠人只能在赠与人死亡后,才能得到合同所约定的赠与财产。死因赠与是一种负特殊履行期限的赠与合同。遗赠与死因赠与的区别如下：

（1）遗赠性质上是一种遗嘱，属单方的法律行为，其成立条件适用继承法关于遗嘱的一般规定；死因赠与是合同关系，属双方的法律行为，其成立条件适用合同法的一般规定。

（2）遗赠是死后生效的法律行为，遗赠人在其生前得自由的变更遗嘱或者撤销遗嘱；而死因赠与是一种合同关系，合同一旦成立即对双方有约束力，只是于赠与人死后，发生赠与财产的所有权转移。赠与人在其生前不得变更或者撤销赠与。

第六节   遗赠扶养协议

一、遗赠扶养协议的概念和特征

遗赠扶养协议，指由遗赠人和扶养人签订的，由扶养人对遗赠人负生养死葬的义务，遗赠人将其财产按约定在其死亡后转移给扶养人所有的协议。我国《继承法》第31条规定："公民可以与扶养人签订遗赠扶养协议。按照协议，扶养人承担该公民的生养死葬的义务，享有受遗赠的权利。公民可以与集体所有制组织签订遗赠扶养协议。按照协议，集体所有制组织承担该公民的生养死葬的义务，享有受遗赠的权利。"

在遗赠扶养协议中，承担扶养义务的人称扶养人，扶养人同时又是受遗赠人；接受他人扶养的人称被扶养人，被扶养人同时也是遗赠人。

与遗嘱继承相比，遗赠扶养协议具有以下法律特征。

（一）遗赠扶养协议是双务有偿的双方法律行为

遗嘱是单方的法律行为，只需遗嘱人一方的意思表示即能产生法律效力。遗赠扶养协议是双方的法律行为，以扶养人和被扶养人就扶养和遗赠意思表示一致为成立要件。协议成立后对双方都有约束力。扶养人没有正当的理由不承担扶养义务的，不得享有受遗赠的权利；被扶养人无正当理由不遵守协议内容，擅自处分协议中指定遗赠财产，致使协议无法继续履行的，应偿付扶养人已经支付的扶养费用和劳动报酬。遗赠扶养协议是对价有偿的法律行为。扶养人是以将来可获得遗赠为对价承担扶养义务；被扶养人是以承诺死后给付遗赠财产为对价而获得受扶养权利。

（二）遗赠扶养协议是生前生效和死后生效相结合的法律行为

扶养人的扶养义务，在协议成立后即发生法律效力，扶养人即应担当起对被扶养人的扶养义务。但赠与财产必须于被扶养人死后生效，在被扶养人生前不具有执行效力。但被扶养人不得擅自处分协议中指定遗赠的财产,擅自处分的属对协议内容的违反。因此,遗赠扶养协议仅就死后赠与的内容属死后生效,其余内容为协议成立后即有约束力。遗嘱和遗赠是单方的、死后生效的法律行为,在遗嘱人生前并不具有约束力,遗嘱人可以变更遗嘱的内容甚至撤销遗嘱。

（三）遗赠扶养协议具有优先于遗嘱和遗赠的执行效力

被继承人生前与他人订有遗赠扶养协议,又立有遗嘱的,继承开始后,如果遗赠扶养协议与遗嘱没有抵触的,遗产分别按协议和遗嘱处理;如果有抵触,首先执行遗赠扶养协议,与协议内容相抵触的遗嘱无效或者部分无效。遗赠扶养协议所以有优先于遗嘱的效力,在于遗赠扶养协议是双务有偿的法律行为,并且其效力先于遗嘱发生。被继承人所享有的受扶养的权利,是以死后赠与指定的财产为对价,扶养人的扶养义务是以可得被扶养人死后赠与为对价,一旦被扶养人享受了扶养直至死亡,向扶养人给付协议指定的财产,是对协议约定义务的履行。因此,扶养人的受遗赠权先于遗嘱继承人和遗赠受领人的权利而存在。

二、遗赠扶养协议的效力

（一）扶养人的权利与义务

遗赠扶养协议成立后,扶养人即开始承担对被扶养人的扶养义务。扶养人得妥善安排被扶养人的衣食住行,不得有对被扶养人不利的行为,不断擅自中断扶养。如有正当理由需要解除协议的,应事先通知被扶养人,并对被扶养人的短期生活作出妥善安排。扶养人按协议对被扶养人尽生养死葬义务后,有权取得协议指定的财产。

（二）被扶养人的权利与义务

遗赠扶养协议成立后,被扶养人有权要求按协议约定的内容提供扶养和接受扶养。被扶养人应恪守协议的约定,不得擅自变更协议的内容,不得对协议中约定为遗赠内容的财产另作处分;不得恶意地使遗赠财产的价值贬损。被扶养人处分协议约定的财产致使扶养人提出解除协议的,应补偿扶养人已经承担的扶养费。扶养人确有正当理由要求解除协议的,应与扶养人协商解除协议,并偿付扶养人已经承担的扶养费用。

三、遗赠扶养协议与遗赠的区别

（1）遗赠扶养协议是双方的法律行为,遗赠是单方的法律行为。遗赠扶养协议由扶养人和遗赠人双方意思表示一致成立,遗赠只需遗赠人一方意思表示即可成立。

(2) 遗赠扶养协议是双务有偿的法律行为,遗赠是无偿的法律行为。遗赠扶养协议的扶养人以承担对被扶养人的生养死葬为代价,获得指定财产的权利;被扶养人以遗赠指定财产为代价,获得请求扶养和接受扶养的权利。除遗赠附负担,遗赠受领人是无偿取得遗赠财产。

(3) 遗赠扶养协议是生前生效的法律行为,遗赠是死后生效的法律行为。遗赠扶养协议成立后,对双方当事人都有约束力,任何一方都得恪守协议的约定,不得擅自变更或者终止协议,不得进行与协议内容相抵触的行为;而遗赠人在其生前可随时变更遗赠的内容甚至撤销遗赠。

(4) 遗赠扶养协议是合同行为,遗赠是遗嘱行为。遗赠扶养协议遵循合同法的一般规定,要求协议双方当事人具有完全的行为能力,并且意思表示一致;遗赠以遗嘱的方式订立,适用继承法的一般规定,遗赠人应有遗嘱能力,遗赠受领人是否具有行为能力在所不问。

第三十章 继承的开始与遗产的处理

第一节 继承的开始

一、继承开始的时间

继承开始的时间,指引起继承法律关系的法律事实的发生时间。现今各国都将被继承人的死亡作为引起继承关系的发生原因,继承开始的时间也就是被继承人死亡的时间。我国《继承法》第2条规定:"继承从被继承人死亡时开始。"被继承人的死亡包括自然死亡和宣告死亡。自然死亡以有关部门出具的死亡证明确认的时间为准,宣告死亡以法院判决宣告死亡之日为准。

相互有继承关系的几个人在同一事件中死亡的,如果有足够的证据证明他们死亡先后时间的,按事实确认各自的死亡时间。如果不能确定各自死亡的先后时间,根据我国继承法的相关规定,应推定没有其他继承人的人先死。死亡人各自都有继承人的,如几个死亡人辈分不同,推定长辈先死亡;几个死亡人辈分相同的,推定同时死亡,彼此不发生继承,各自的遗产由他们各自的继承人分别继承。

明确继承开始的时间其意义在于:

(1)继承开始的时间,是继承人实际取得继承权的时间,是继承权由原来的法律上的期待权转化为既得继承权的时间。

(2)继承开始的时间,是确定继承人范围的时间界限。在继承开始时生存的法定继承人,即使在遗产分割前死亡的,仍然享有继承权。

(3)继承开始的时间,是确定被继承人遗产内容的时间界限。根据遗产是被继承人生前个人的合法财产的定义,只有在被继承人死亡时,其遗产的内容、实际价值、债权债务等才能得以确定。

(4)继承开始的时间,是遗嘱生效的时间以及确定遗嘱能否执行的时间界限。遗嘱人是否为缺乏劳动能力又没有生活来源的继承人保留必要的遗产份额?判断继承人是否为缺乏劳动能力又没有生活来源,以继承开始的时间为准。

(5) 继承开始的时间,是继承人选择是否接受继承的时间界限。继承开始以前,继承权属权利能力范畴,不存在接受或者放弃的问题。因此,在继承开始以前,继承人即使曾表示放弃继承的,并不发生放弃继承权的后果。继承人放弃继承的意思表示应该在继承开始后,遗产分割前做出。

(6) 继承开始的时间,是继承权 20 年诉讼时效的起算时间。因继承权发生纠纷,从继承开始之日起,超过 20 年的不得再提起诉讼。

二、继承开始的地点

继承开始的地点,即继承的地点,各国的规定有所不同。有主张以死者的住所地为继承开始的地点;有主张以被继承人的死亡地为继承开始的地点;也有主张以死者的财产所在地为继承开始的地点。根据我国继承法、民事诉讼法的相关规定,在我国以被继承人的户籍所在地或者主要遗产所在地为继承开始的地点。

明确继承开始的地点具有下列法律意义:

(1) 明确继承开始的地点,便于确定因继承发生纠纷时的诉讼管辖,便于调查了解被继承人遗产的具体情况。

(2) 明确继承开始的地点,便于确定法定继承人的责任。被继承人死亡后,在继承地点的法定继承人有义务通知其他法定继承人、遗嘱继承人以及遗赠受领人,有义务妥善保管遗产。

(3) 明确继承开始的地点,便于确定与继承有关的基层组织。当继承的地点没有法定继承人或者法定继承人没有行为能力,致使其他继承人无从知道被继承人死亡的事实,被继承人生前的户籍所在地的村民委员会、居民委员会有义务通知其他继承人和遗嘱执行人,有权对遗产采取暂时性保护措施,以防止遗产被隐匿、侵吞、毁损或灭失。

在开征遗产税的情况下,继承开始的地点对遗产税的征税亦有其特殊的意义。

第二节 遗 产

一、遗产的概念和特征

什么是遗产? 我国《继承法》第 3 条对遗产的概念及范围作了明确的规定:"遗产是公民死亡时遗留的个人合法财产。包括:(一)公民的收入;(二)公民的房屋、储蓄和生活用品;(三)公民的林木、牲畜和家禽;(四)公民的文物、图书资料;(五)法律允许公民拥有的生产资料;(六)公民的著作权、专利权中的财产权利;(七)公民的其他合法财产。"

根据上述规定,在我国遗产具有如下法律特征:

(1) 遗产是自然人死亡时遗留的财产。自然人生前已经处分的财产,不管是否为其继续占有,因其丧失所有权而不得作为遗产。同样,对自然人生前享有所有权,但为他人占有的财产得列为遗产。

(2) 遗产是死亡自然人的个人财产。与死者生前共同生活的其他家庭成员的财产,如夫妻共有财产中属于生存配偶的财产部分,以及家庭共有中属于其他家庭成员的财产,不得作为遗产。

(3) 遗产是死亡自然人遗留的合法财产。死者生前的非法所得以及非法侵占的国家、集体以及其他人的财产,不得作为遗产,因此,遗产必须具有合法性。

(4) 除专属于被继承人不可转让的财产权利外,遗产应是死亡自然人遗留的一切可以转让的财产,如所有权、债权、知识产权中的财产权利以及法律规定可以继承的其他合法财产利益,如股权。根据《继承法》第 3 条的规定,在我国遗产仅指积极财产,被继承人生前已经发生的各种债务、财产负担不是遗产,但继承人有义务在所继承的遗产价值范围内清偿被继承人生前的各项债务。

二、遗产的内容

哪些财产得列入遗产,各国立法并不一致。有规定遗产含死者生前的一切性质的财产,包括财产权利、财产义务和财产负担,大陆法系国家多持该立法。大陆法系国家多秉承罗马法的继承为使死者人格得以延续的理念,视继承为对死者生前权利义务的概括承受,遗产的范围包括一切现存的财产,财产上的权利、义务和负担,如债权、债务、各种税费、为他人提供的担保等。例如德国民法规定:被继承人的债权债务得列入遗产①。继承人对遗产债务负其责任。遗产债务包括被继承人生前所负债务以及继承人作为继承人应负的债务。②《瑞士民法典》第 560 条规定:"遗产得依照法律,在死者死亡时,整个地授予一个或数个继承人。除某些法定的特例外,属于死者的全部权利,包括应属于死者的债务,依法所有但尚未实际占有的动产、所有权、占有权和其他实际权利,应依照法律转移给一个或数个继承人,转移给数个继承人时各继承人分别对死者的债务负责。"《日本民法典》第

---

① 陈卫佐译注:《德国民法典》第 2039 条,法律出版社 2006 年版。
② 陈卫佐译注:《德国民法典》第 1967 条,法律出版社 2006 年版。

896条规定："继承人自继承开始时起,承受属于被继承人财产的一切权利义务。"因此,大陆法系国家的遗产是一个综合财产的概念,含财产权利、财产义务和财产负担。

英美法系国家多坚持遗产为纯粹的、积极的财产,不包括债务和各种税费。根据英美法系国家的立法例,在被继承人死亡后,其所遗留的财产不直接转为继承人所有,即并不直接发生继承,而是将遗产本身拟人化,类似于"遗产法人"。在继承以前,得先对死者财产进行清算。死者生前尚未清偿的债务,以该"遗产"完成清偿;尚未实现的债权受偿后,归属于该"遗产",在实现或清偿了全部的债权债务后的剩余财产,方为遗产。遗产不足以清偿债务的,未清偿的债务继承人不负有清偿义务。因此,在英美法系国家,遗产不包括未清偿的债务。

我国《继承法》第3条对遗产的范围作了具体规定,但并未将死者生前尚未清偿的债务作为遗产对待。根据我国继承法的规定,遗产包括以下各项财产。

(一)公民的合法收入

包括工资、奖金、存款及利息,以及其他从事合法经营、合法劳动的收入、报酬、接受赠与或继承所得的财产。

(二)公民的房屋和生活用品

公民的房屋包括有所有权的自住房、出租房以及营业用房;生活用品包括家具、家电、交通工具、娱乐学习用品、衣物首饰等。

(三)公民的林木、牲畜和家禽

林木指公民房前屋后自己种植的树木、果树或竹林等。牲畜指公民自己饲养的牛、马、猪、羊等。家禽指公民自己喂养的鸡、鸭、鹅等。

(四)公民的图书、文物等其他收藏

公民收藏的图书、文物包括书画、古玩、艺术品等其他收藏品,是公民财产的组成部分,其中除属于国家规定的特别珍贵的文物,或者图书资料中涉及国家重要机密的,按国家有关法律办理外,其余收藏都应列入遗产。

(五)法律允许公民拥有的生产资料

法律允许公民拥有的生产资料有交通工具、农用工具、各种机械设备、电子设备,以及境外人士投资我国内地所拥有的各类生产资料。

(六)公民知识产权中的财产权利

著作权、专利权、商标权以及其他知识产权中的财产权利,在权利存续期限内权利人死亡的,其继承人可继承其剩余期限内的财产权利。

(七)法律规定可以继承的其他财产

除上述财产外,法律规定可以继承的财产权利主要指各种证券、票据等有价证券以及以财产为履行标的债权。

三、在我国确定遗产范围时应注意的几个问题

（一）共有财产

与被继承人生前共有的财产主要有三类：夫妻共有财产、家庭共有财产以及合伙共有财产。既然是共有，不论是按份共有还是共同共有，被继承人对共有财产都只享有部分所有权，因此，在确定遗产范围时，应将与被继承人共有的财产进行分割，将共有财产中属于他人的财产份额排除出遗产范围。

（二）农村土地承包经营权

2002 年 8 月 29 日全国人大常委会通过了《农村土地承包法》。根据该法规定，农村土地承包采取农村集体经济组织内部的家庭承包方式，不宜采取家庭承包方式的荒山、荒沟、荒丘、荒滩等农村土地，可以采取招标、拍卖、公开协商等方式承包。农村土地承包经营权能否继承？应区别两种承包方式。家庭承包的，承包经营权属于农户家庭，任何一个家庭成员都不享有一个独立的承包经营权。因此，在承包期内任何一个家庭成员的死亡，承包经营权不变，不存在承包经营权的继承问题。但承包人应得的承包收益在其死后可以继承。林地承包的承包人在承包期限内死亡的，其继承人可以在承包期内继续承包。通过招标、拍卖、公开协商等方式获得的"四荒"土地承包经营权，该承包人在承包期限内死亡的，根据对现行法律的理解，除其应得的承包收益可以继承外，在剩余期限内的承包经营权，继承人也可以继续承包，这类的土地承包经营权可以继承。

（三）自留地、宅基地使用权

自留地、宅基地使用权是公民以生产、生活为目的依法使用国家、集体的土地的权利。这类土地使用权的客体是国家或者集体所有的土地，依法分配给农民或城镇居民使用，以户为使用单位，家庭中个别成员的死亡，不改变原有的使用，不发生继承也不终止使用，因"户"的继续存在该使用权继续存在。因此，这类的土地使用权不属于被继承人生前的个人财产，不能列入遗产范围。

（四）房屋租赁权

在我国房屋租赁有两种情况：公房租赁和私房租赁。公房租赁是计划经济体制下的产物，以家庭为单位，一般不事先约定租赁期限。家庭成员中个别人死亡甚至户主死亡的，不影响房屋的租赁关系。由于这类的房屋租赁是计划经济体制下的产物，政策性强，当承租人及所有的同住人都死亡的，租赁权能否继承按当地政策办。私房租赁由出租人和承租人以租赁合同确定，一般约定租赁期限，在租赁合同有效期限内，出租人死亡的，依"买卖不破租赁"的原理，出租人之继承人不

得擅自终止租赁合同;承租人死亡的,承租人的继承人为承租房屋的同住人,在合同约定的期限内,租赁关系继续有效;承租人的继承人若非租赁房屋的同住人,该租赁合同终止。承租人的继承人非租赁房屋的同住人而希望维持租赁关系的,得重新订立合同;如果没有任何一方提出终止合同的,可以认为租赁合同继续有效。根据房屋租赁合同未经出租人同意不得转租的原理,房屋租赁权具有一定的专属性,不能转让亦不能继承。

(五)复员、转业军人的资助金、安置费、复员费、转业费、医疗费等

复员、转业军人从部队带回的资助金、复员费、转业费、医疗费在结婚前属于该复员、转业军人个人所有,结婚后属夫妻共有财产。该复员、转业军人在死亡时没有婚姻关系的,上述财产尚存部分可以作为遗产继承;该复员、转业军人死亡时有婚姻关系的,应对上述财产进行阶段划分:结婚前所得部分为其个人所有,结婚后所得部分为夫妻共有。属于夫妻共有的,就夫妻共有部分应进行分割;属于其配偶的部分不能列入遗产,其余部分列入遗产。

(六)抚恤金、保险金

抚恤金有两种情况:一种是职工、军人因公伤残而丧失劳动能力时,由有关部门发给的生活补助费。这笔抚恤金归伤残者个人所有,在其死亡时尚未用完的部分可作为遗产。另一种是职工、军人因公死亡或者因病死亡或者因其他意外事故死亡的,由有关单位按照规定给予死者家属的抚恤金。这笔抚恤金是给死者家属的抚慰金,只能按规定由受抚对象本人享有,不是死者生前的财产,不能列入遗产的范围。

保险金是死者生前与保险公司订立人身保险合同,因保险事故发生致被保险人死亡时,保险公司按规定应支付的金钱。保险金能否作为遗产? 应分两种情况:如果保险合同指定受益人的,保险金由受益人取得,不能作为死者的遗产;如果保险合同未指定受益人或指定不明的;或受益人先于被保险人死亡;或受益人依法丧失受益权;或受益人放弃受益权的,保险金可以作为被保险人的遗产,由其继承人继承取得。

四、遗产的分割

(一)遗产分割的原则

遗产分割指各继承人按法律规定或者遗嘱指定的遗产份额对遗产进行分配。遗产分割的结果是使遗产转归各继承人所有。遗产分割应遵循以下原则:

1. 尊重被继承人意思原则

这一原则适用于遗嘱继承,在适用遗嘱继承时,应按遗嘱指定的内容分配遗产。

2. 平等分配原则

在适用法定继承时根据我国继承法的规定,同一顺序的法定继承人继承遗产的份额,一般应当均等。对于各继承人的情况没有明显差异的,应考虑遗产平均分配;继承人之间贫富差异明显的,或者共同继承人中有未成年人、缺乏劳动能力又没有生活来源的继承人的,可考虑对这些继承人以一定的倾斜和照顾;对于继承人中对被继承人生前尽义务较多的,可以考验适当多分。

3. 有利生产和生活

在分割遗产时,应考虑遗产的性质和继承人的各自特点,将生产资料尽可能的分配给有此生产经营能力的继承人,将生活资料首先分配给有此特殊需要的继承人,尽可能不破坏遗产的原有使用价值。

(二) 遗产的分割办法

各继承人对遗产的分割能够达成协议的,按协议约定的内容分割遗产。没有协议或者不能达成协议的,可以考虑以下列方式分割遗产:

1. 实物分割

遗产为可分物时,按各继承人应得的遗产份额对遗产作实际分割,各继承人各得其所。

2. 折价分割、作价补偿

当遗产为不可分物或者不宜分割时,可由最需要该遗产的人取得,当遗产的价值超出其应继承的价值时,对超出部分应作价补偿给其他继承人。

3. 分割价款

对不宜作实物分割或者作价、折价的遗产,各继承人也不愿共同继承的,可变卖遗产,分割价款。

4. 共同继承

当遗产不宜作实物分割或作价补偿时,可由继承人共同继承,各继承人对该财产形成共有关系。

第三节　遗产债务的确定与清偿

遗产债务,指在被继承人生前已经发生或者存在的、在被继承人死亡时尚未清偿的各种债务和尚未缴纳的各种税款和费用。遗产的继承人应如何对待遗产债务的清偿? 遗产继承人对遗产债务是承担无限清偿责任,还是就遗产实际价值负有限清偿责任? 自罗马法开始创立概括继承原则和限定继承原则,为解决继承人的遗产继承和对死者债务的清偿,提供了一整套既保护被继承人之债权人的利益,又保护继承人的利益,使继承的结果不会产生对继承人或者死者的债权人的不利的合理有效的方法。

一、概括继承与限定继承

概括继承,指继承人整体的、总括的继承被继承人生前的一切权利和义务,专属于被继承人的权利义务除外。根据概括继承原理,继承人在继承被继承人的遗产时,对被继承人生前尚未清偿的债务包括各种税费负清偿责任。概括继承由罗马法创立。罗马法奉行继承是对被继承人人格的延续的理念,被继承人生前所发生的一切权利义务关系,除不得转让的专属的权利义务外,得由继承人概括的承受。罗马法的概括继承原则被大陆法系国家普遍接受。

限定继承(又称有限清偿责任),指继承人在所继承的遗产的实际价值范围内,对被继承人生前的债务及各种税费负清偿责任,超出遗产实际价值部分的债务,继承人不负清偿责任,但继承人自愿清偿的不在此限。

限定继承原则亦由罗马法所创,但限定继承原则的设立要晚于概括继承原则,事实上是对概括继承的修正。由于罗马法关于继承人的规定分当然继承人、必然继承人和任意继承人,而只有任意继承人有权选择对继承的接受或者放弃,当然继承人和必然继承人只能接受继承而不能放弃继承。当任意继承人预感继承的结果对其不利时,可以选择放弃继承。放弃的结果是既不能取得遗产,亦无须清偿被继承人生前的债务。由于当然继承人和必然继承人不得对继承表示放弃,一旦被继承人的债务超出遗产实际价值的,继承的结果将对继承人不利,即继承人有可能面临套用自己的财产清偿被继承人的债务。而这种不利还将危及继承人之债权人,使该债权人由于其债务人的继承原因,造成债务人责任财产的减少而影响其清偿能力。考虑到这一点,罗马法为保护继承人和继承人之债权人的利益,对概括继承原则进行了修正,允许继承人就遗产制作"遗产清单",将遗产和继承人自己的财产予以"分别",继承人仅就遗产部分对被继承人生前债务负清偿责任。遗产全部用于清偿仍不能满足债权的,其余部分继承人不负清偿责任,故又称有限清偿责任原则。概括继承原则保护了被继承人的债权人,使之不因债务人的死亡而使其债权无从实现;限定继承原则保护了继承人的利益,避免了概括继承可能对继承人的不利。由此,罗马法的限定继承原则亦为大陆法系国家普遍接受。

根据罗马法的规定继承人要求适用有限清偿时,应对被继承人的遗产制作"遗产清单",或者将遗产提交给官方的"遗产管理机构",由该遗产管理机构负责以遗产清偿死者生前债务,不足清偿时,可对遗产执行破产程序;清偿有余,由继承人继承。在现今大陆法系国家,适用限定继承时继承人须制作"遗产清单",并且,继承人所制作的"遗产清单"是否真实、可靠,是继承人主张有限清偿责任的必要前提。这套适用限定继承的"遗产清单"制度同样被大陆法系国家全盘继承。大陆法系各国,对限定继承制度的适用都有"遗产清单"制度与之配套。

我国《继承法》第33条规定:"继承遗产应当清偿被继承人依法应当缴纳的税款和债务,缴纳税款和清偿债务以他的遗产实际价值为限,超过遗产实际价值部分,继承人自愿偿还的不在此限。""继承人放弃继承的,对被继承人依法应当缴纳的税款和债务可以不负偿还责任。"从上述规定可以看出,我国继承法同样适用概括继承原则和限定继承原则。但我国继承法由于对此规定得比较笼统,没有要求继承人在主张有限清偿时,对遗产制作"遗产清单",亦没有设立官方的遗产管理机构,以保证遗产与继承人的财产不相互混淆。因此,根据我国目前的立法规定,很难保证被继承人的遗产和继承人的原有财产不相互混淆,因此,也很难保证继承人能就遗产的实际价值对被继承人债务负清偿责任。

二、遗产债务的清偿

如何就遗产清偿被继承人生前所欠的税款和债务? 是先清偿后继承还是先继承后清偿? 我国继承法对此并没有明确规定。由于我国继承法采取概括继承原则和限定继承原则,又由于我国继承法规定继承从被继承人死亡时开始,从理论上说,自被继承人死亡时,继承就开始了,取得遗产是继承人的权利,清偿死者生前的税款和债务是继承人的义务。当继承人为一人时,继承人以其所继承的全部遗产的实际价值,清偿被继承人生前的税款和债务;当继承人为两个以上时,各继承人是按所得遗产的份额比例分摊被继承人生前所欠税款和债务还是对此负连带清偿责任? 我国继承法对此亦无具体规定。

我们认为,被继承人在遗嘱中对遗嘱继承人清偿债务有具体规定的,遗嘱继承人在其所得遗产的实际价值范围内,按遗嘱人指定的债务份额负清偿责任;有遗嘱继承人又有法定继承人的,遗嘱继承人按遗嘱指定取得遗产并清偿遗嘱指定的债务,其余的债务由法定继承人在其所继承的遗产的实际价值内,负清偿责任。

在执行遗赠时,由于遗赠受领人在法律上不负有清偿遗赠人生前债务的义务,因此,执行遗赠应首先清偿遗赠人生前的税款和债务,剩余遗产执行遗赠。

遗产分割后发现尚未清偿债务的应如何处理,根据《最高人民法院关于贯彻执行〈中华人民共和国继承法〉若干问题的意见》第62条给出的规定:"遗产已被分割而未清偿债务时,如有法定继承又有遗嘱继承和遗赠的,首先由法定继承人用其所得遗产清偿债务;不足清偿时,剩余的债务由遗嘱继承人和受遗赠人按比例用所得遗产偿还;如果只有遗嘱继承和遗赠的,由遗嘱继承人和受遗赠人按比例用所得遗产偿还。"

三、实践中对被继承人债务的清偿应注意的几个问题

(一)区分被继承人生前的个人债务和家庭债务

被继承人生前以个人名义、并且为个人所需而与家庭生活无关所欠的债务,为其个人债务。个人债务在其死后应纳入遗产范围,在我国以遗产的实际价值清偿。全部遗产的实际价值不足以清偿债务的,继承人以及被继承人的其他家属没有义务代为清偿。被继承人生前以个人名义,但为家庭生活需要所欠债务,为夫妻共同债务或者家庭债务,应以夫妻共有财产或家庭共有财产清偿,不能作为死者个人债务处理。

(二)共同继承人对遗产债务的清偿责任

当继承人为两个以上时,各继承人相互之间对被继承人生前的债务,是按各自可以继承的遗产比例分摊债务的清偿还是对遗产债务负连带清偿责任? 我国《继承法》对此并没有给出明确的规定,《最高人民法院关于贯彻执行〈中华人民共和国继承法〉若干问题的意见》第 62 条只规定了遗产分割后发现的未清偿债务的清偿。在此问题上《德国民法典》的规定可以借鉴。根据德国民法的规定,当继承人为两个以上时,遗产为继承人的共同财产。[1]继承人就共同的遗产债务负连带清偿责任。[2]该连带清偿责任至遗产分割时为止。到遗产分割时为止,共同继承中的任何一个人可以拒绝就其所拥有的遗产应有部分以外财产清偿遗产债务。[3]根据对德国民法规定的理解,当继承人为两个或两个以上时,在遗产分割前,各继承人对遗产债务负连带清偿责任;遗产分割后,各继承人就其所继承的遗产份额按比例清偿遗产债务。由于我国仅有对遗产分割后发现未清偿债务处理的司法解释的规定,根据我国物权法的相关规定,继承开始后遗产分割前,该遗产为继承人共同共有,对共同共有财产所生债务,共有人负连带清偿责任。如此解释与德国法的规定是一致的。遗产分割后,遗产的共有状态结束。分割后的遗产成为继承人分别所有的财产,遗产分割后新发现的债务应像遗产一样分割归属于各个继承人,由各个继承人以其所得遗产清偿。我国《最高人民法院关于贯彻执行〈中华人民共和国继承法〉若干问题的意见》第 62 条将法定继承人、遗嘱继承人、受遗赠

①   陈卫佐译注:《德国民法典》第 2032 条,第 602 页。
②   陈卫佐译注:《德国民法典》第 2058 条,第 608 页。
③   陈卫佐译注:《德国民法典》第 2059 条,第 608 页。

人在对被继承人债务清偿时的法律地位分别对待,课以法定继承人先期清偿的地位,其法律依据何在? 这个问题值得思考和讨论。

(三) 清偿被继承人生前税款和债务不得影响为缺乏劳动能力又没有生活来源的继承人保留适当的遗产

根据《最高人民法院关于贯彻执行〈中华人民共和国继承法〉若干问题的意见》第61条的规定:继承人中有缺乏劳动能力又没有生活来源的人,即使遗产不足以清偿债务,也应为他们保留适当遗产,然后再按照《继承法》第33条的规定和其他有关法律的规定清偿债务。继承法司法解释的如此规定,旨在保护缺乏劳动能力又没有生活来源的继承人的继承利益,但如此规定对被继承人之债权人不利,事实上成了用债权人的财产来承担对这类有特殊困难的继承人的抚养。

第四节　"五保户"遗产和无人继承遗产的处理

一、"五保户"遗产的处理

"五保户"是在我国社会主义制度下,在农村广泛实施的对老、弱、孤、寡、残疾者实行的保吃、保穿、保教、保烧、保葬的养老制度。由于"五保户"生前的生活是集体供给的,不存在家庭之间的扶养问题。因此,对"五保户"遗产的处理有其特殊性,应根据不同情况作不同处理。

(1) 集体组织对"五保户"实行"五保"时,双方有遗赠扶养协议的,按协议办理。

(2) 集体组织与"五保户"之间没有遗赠扶养协议的,死者有法定继承人或者遗嘱继承人要求继承遗产的,按遗嘱继承或者法定继承处理,但集体组织有权要求扣除"五保"费用。"五保户"没有继承人的,遗产由集体组织取得。

二、无人继承遗产的处理

无人继承的遗产指死亡公民既没有法定继承人,也没有遗嘱继承人或者遗赠受领人,或者法定继承人、遗嘱继承人放弃继承,遗赠受领人放弃受领遗赠,其所遗留的财产成为无人继承的财产,民间俗称为"绝产"。

发生无人继承的情况有以下几种:

(1) 死者没有继承人和受遗赠人;

(2) 全体继承人放弃继承或者全体受遗赠人放弃受领遗赠;

(3) 所有的继承人丧失继承权。

我国《继承法》第32条对无人继承遗产的处理作如下规定:"无人继承又无人

受遗赠的遗产,归国家所有;死者生前是集体所有制组织成员的,归所在集体所有制组织所有。"在具体处理无人继承的遗产时,首先以遗产支付必要的丧葬费,清偿死者生前所欠的税款和债务;其次,对继承人以外依靠死者生前抚养的缺乏劳动能力又没有生活来源的人,或者继承人以外对死者生前提供扶养较多的人,可以分给他们适当的遗产,其余部分归国家所有或者集体组织所有。

第六编　侵权行为的民事责任

第三十一章　侵权行为民事责任概述

第一节　侵权行为的概念、法律特征和分类

一、侵权行为的概念

侵权行为,虽然在不同的语种中有不同的表现形式,但都含有"不正当行为"、"不法行为"、"过错"、"侵犯他人权利"等意思。一般而言,所谓侵权行为,就是行为人违反公共行为规范致人损害,依法须承担责任的行为。

根据我国《民法通则》第 106 条规定,侵权行为指公民、法人由于过错侵害国家的、集体的财产,侵害他人财产、人身的,依法应当承担民事责任的行为;以及行为人虽没有过错,但法律规定应当承担民事责任的其他致害行为。根据 2010 年 7 月施行的《中华人民共和国侵权责任法》第 2 条规定,侵权行为就是侵害民事权益,应当依法承担民事责任的行为。

二、侵权行为的法律特征

（一）侵权行为是侵害他人民事权益的行为

侵权行为所侵害的民事权益,一般指支配性权利和受法律保护的利益。依据我国《侵权责任法》第 2 条规定,该民事权益包括:生命权、健康权、姓名权、名誉权、荣誉权、肖像权、隐私权、婚姻自主权、监护权、所有权、用益物权、担保物权、著作权、专利权、商标专用权、发现权、股权、继承权等人身、财产权益。

（二）在特殊情况下,无论有无过错依照法律规定也可以构成侵权行为

根据我国民法通则和侵权责任法的规定,侵权行为一般以行为人存在过错为构成要件。但是,在特殊场合,例如从事高度危险作业的,行为人没有过错而致人损害的,也构成侵权行为,并应当承担民事责任。

（三）侵权行为是应当承担民事责任的行为

由于侵权行为违反了民法中权利和权益保护规范，是法律所不允许的行为，实施这种行为，依法必须承担相应的法律后果，即承担相应的民事责任。

三、侵权行为的分类

（一）一般侵权行为和特殊侵权行为

根据侵权行为的构成条件和所适用的归责原则，侵权行为可以分为一般侵权行为和特殊侵权行为。

一般侵权行为是指因过错而致他人人身或财产损害，行为人应承担责任的行为。一般侵权行为需要有四个构成要件，适用过错责任原则。特殊侵权行为的构成要件由法律直接规定，不以行为人存在过错为必要。我国民法通则和侵权责任法都明确规定了若干特殊侵权行为的类型。

（二）积极侵权行为和消极侵权行为

根据侵权行为是以作为的方式进行还是以不作为的方式进行，可以将侵权行为分为积极侵权行为和消极侵权行为。

积极侵权行为，指行为人以作为的方式进行的侵权，又称为作为的侵权行为；消极侵权行为，指行为人以不作为的方式实施的侵权，又称为不作为的侵权行为。构成消极侵权行为，必须以行为人有作为的义务为前提。

（三）单独侵权行为和多数人侵权行为

根据实施侵权行为的人数是单个还是多个，可将侵权行为分为单独侵权行为和多数人侵权行为。

单独侵权行为，指单独一个人实施的侵权行为。

多数人侵权行为，指两个以上的人实施的侵权行为。针对多数人侵权行为，传统民法以及我国民法通则规定了共同侵权行为的概念。所谓共同侵权行为，指两个或两个以上的行为人基于共同的过错致人损害的侵权行为。在认定共同侵权行为时，要求两个以上的行为人主观上存在共同的过错；要求两个以上的行为人其行为具有共同性和对所造成的结果具有同一性。共同侵权行为人对给他人造成的损害后果承担连带赔偿责任。

但是，多数人侵权的情形复杂，因应现实需求，我国侵权责任法有所创新，针对不同情形做出具体规定：(1)有意思联络的共同侵权，即主观共同侵权。《侵权责任法》第8条规定："二人以上共同实施侵权行为，造成他人损害的，应当承担连带责任。"(2)没有意思联络的共同侵权，即客观共同侵权，也称行为关联共同侵权。《侵权责任法》第11条规定："二人以上分别实施侵权行为造成同一损害，每个人的侵权行为都足以造成全部损害的,行为人承担连带责任。"(3)属于准共同侵权的共同危险行为。《侵权责任法》第10条规定:"二人以上实施危及他人人身、财产安全的行为,其中一人或者数人的行为造成他人损害,能够确定具体侵权人的,由侵权人承担责任;不能确定具体侵权人的,行为人承担连带责任。"(4)"原因竞合"制度。《侵权责任法》第12条规定:"二人以上分别实施侵权行为造成同一损害,能够确定责任大小的,各自承担相应的责任;难以确定责任大小的,平均承担赔偿责任。"

第二节　侵权行为的归责原则

一、侵权行为归责原则的概念及体系

归责,指责任的归属,即确定应由谁承担责任。归责原则,指责任的归属所应遵循的原则。侵权行为的归责原则,指据以确定侵权行为人承担民事责任的理由、根据或者标准。在侵权责任法中,归责原则是其核心内容,贯穿始终,并对各个具体的侵权行为及责任的认定具有指导意义。一定的归责原则决定着侵权责任的构成条件、举证责任的承担、免责事由以及损害赔偿的具体方法。

如何构建侵权行为归责原则的逻辑体系,学术界有各种不同的认识,形成了所谓的"一元说"、"二元说"和"三元说"等学说。"一元说"认为,过错责任原则是侵权行为真正的、唯一的归责原则,无过错责任原则和公平责任原则只是过错原则的例外和补充,不能作为独立的责任原则。"二元说"认为,过错责任原则和无过错责任原则是侵权行为的基本归责原则。"三元说"认为,过错责任原则、无过错责任原则和公平责任原则是我国民法通则所确定的民事责任归责原则。本书持"三元说"。

二、过错责任原则

过错责任原则,也称过失责任原则,指以行为人主观上存在过错作为承担责任的根据和最终条件。行为人只有在主观上存在过错时,才承担责任,无过错则无责任。我国《侵权责任法》第6条第1款规定:"行为人因过错侵害他人民事权益,应当承担侵权责任。"过错责任原则是最基本、最主要的责任原则,在法律没有特别规定适用无过错责任原则或者公平责任原则的情况下,具有普遍适用的效力。

过错责任原则包含了过错推定。所谓过错推定,指行为人因其行为致人损害时,在不能证明自己没有过错的情况下,推定其存在过错。过错推定只是将证明过错的举证责任由原告转为被告,即所谓的"举证责任倒置",由被告负举证责任。我国《侵权责任法》第6条第2款规定:"根据法律规定推定行为人有过错,行为人不能证明自己没有过错的,应当承担侵权责任。"

三、无过错责任原则

无过错责任原则,也称无过失责任原则,指不问行为人主观上是否存在过错,只要该行为与损害的事实之间存在因果关系,就应承担民事责任,除非行为人存在可以免责的抗辩事由。

无过错则责任原则,事实上是以事态发生过程中的因果联系作为确定责任的依据。行为与损害后果之间存在因果联系就是承担责任的理由,行为人的主观状态在所不问。无过错责任原则的适用必须由法律特别规定,只适用于一些特殊场合。《民法通则》第123条关于高度危险作业致人损害的民事责任之规定,被认为是对于无过错责任原则适用的典型规定。

我国《侵权责任法》第7条规定:"行为人损害他人民事权益,不论行为人有无过错,法律规定应当承担侵权责任的,依照其规定。"此为无过错责任原则的一般条款。同时,侵权责任法又采用类型化立法方式,分别规定适用无过错责任原则的不同情形。

无过错责任原则的确立,目的在于补偿受害人的损失。根据无过错责任原则所确定的损害赔偿,一般采用最高限额赔偿或者限额赔偿。

四、公平责任原则

公平责任原则,指行为人和受害人对于损害的发生均没有过错,又不符合无过错责任原则适用的特别规定,人民法院可以根据公平原理,考虑行为人和受害人各自的财产状况,由行为人对受害人的损失适当赔偿或者由双方分摊损失。我国《民法通则》第132条规定:"当事人对造成损害都没有过错的,可以根据实际情况,由当事人分担民事责任。"这是对公平责任原则适用的原则性规定(《侵权责任法》第24条也做了同样的规定)。公平责任原则的确立,给法官审判特殊的侵权案以自由裁量权。

第三节　侵权行为的民事责任

一、侵权行为民事责任的概念和特征

(一)侵权行为民事责任的概念

侵权行为的民事责任,简称侵权责任,指民事主体因违反法定义务,侵害他人的人身或财产而应承担的法律后果。

（二）侵权行为民事责任的法律特征

1. 侵权责任是因违反法定义务而应当承担的民事责任

民事义务有法定义务和约定义务之分。顾名思义,法定义务来源于法律的直接规定;约定义务因为当事人的约定而产生。违反约定义务的,构成违约责任;违反法定义务的,构成侵权责任。

2. 侵权责任以存在侵权行为为前提

侵权行为包括作为的侵权和不作为的侵权。

3. 侵权责任具有强制性

侵权责任是由法律规定的侵害他人合法权益应当承担的法律后果,并以国家的强制力作保障。与违约责任可以由当事人约定不同,侵权责任的形式、范围由法律直接规定而不能由当事人协议改变。

4. 侵权责任的形式不限于财产责任

除了财产责任,侵权责任的形式还包括停止侵害、排除妨碍、消除危险、返还财产、恢复原状、赔偿损失、赔礼道歉、消除影响、恢复名誉等各种非财产责任。

5. 侵权行为人和侵权责任的承担者可以分离

侵权行为人和侵权责任的承担者并不一定是同一人。因他人的侵权行为而承担民事责任的赔偿义务人常见的有:监护人、雇主、无偿被帮工人以及安全保障义务人。例如宾馆、商场、银行、车站、娱乐场所等公共场所的管理人或者群众性活动的组织者,未尽到安全保障义务,造成他人损害的,应当承担侵权责任。因第三人的行为造成他人损害的,由第三人承担侵权责任;管理人或者组织者未尽到安全保障义务的,承担相应的补充责任。

二、承担侵权责任的方式及其适用条件

根据我国《民法通则》第 134 条以及我国《侵权责任法》第 15 条规定,承担侵权责任有以下几种方式。

（一）停止侵害

行为人正在实施侵害他人合法权益的,或者行为人实施的侵害他人合法权益的行为仍在继续中的,受害人可以请求人民法院责令行为人停止侵害行为。停止侵害的适用条件是:正在进行或者仍在继续中的侵权行为。

（二）排除妨碍

行为人正在实施的侵权行为使受害人无法行使或不能正常行使自己的权利时,受害人有权请求排除妨碍。排除妨碍的适用条件是:妨碍行为没有正当理由;须因妨碍而导致已经存在或确实存在某种危险。

（三）消除影响

当行为人的行为对他人的人身或财产可能造成危险时,权利人有权要求行为人消除影响。消除影响的适用条件是:损害尚未发生,危险也尚未发生,但存在着发生危险的可能性。这种责任形式的适用范围较广,凡有可能给他人人身或财产造成损害的危险场合都可以适用。

（四）返还财产

返还财产是指权利人请求行为人将其不法占有的财产返还给权利人。

返还财产的适用条件是:原物必须存在并且能够返还。当原物虽然存在但已经被第三人善意取得时,不能主张返还财产。在适用返还财产时,不仅返还原物,而且返还由原物所产生的孳息。

（五）恢复原状

恢复原状是指因行为人的不法行为使权利人财产受到损害的,在可能恢复的情况下,可以请求行为人将财产恢复到受侵害前的状态。适用恢复原状应注意两个条件:一是可能性,即受到损害的财产在客观上具有可恢复性;二是必要性,受到损害的财产具有恢复原状的必要性。如果恢复原状已经不可能或者不必要时,就可考虑其他责任形式。

（六）赔偿损失

赔偿损失是指行为人的行为导致他人人身或财产遭受损失时,受害人可以请求加害人赔偿其所遭受的损失。赔偿损失是侵权责任中最常用的一种。在其他形式的民事责任不能适用的情况下,都可以转为赔偿损失。赔偿损失的范围原则上以受害人所遭受的实际损失为准,即损失多少赔偿多少,个别侵权行为可能考虑惩罚性赔偿除外。

根据我国侵权责任法规定,侵害他人人身或财产的赔偿损失之适用办法分别是:

1. 侵害他人人身权益的赔偿

(1) 侵害他人造成人身损害的,应当赔偿医疗费、护理费、交通费等为治疗和康复支出的合理费用,以及因误工减少的收入。造成残疾的,还应当赔偿残疾生活辅助具费和残疾赔偿金。造成死亡的,还应当赔偿丧葬费和死亡赔偿金。

(2) 侵害他人人身权益,造成他人严重精神损害的,被侵权人可以请求精神损害赔偿。

2. 侵害他人财产权益的赔偿

(1) 侵害他人财产的,财产损失按照损失发生时的市场价格或者其他方式计算。

(2) 侵害他人人身权益造成财产损失的,按照被侵权人因此受到的损失赔偿;被侵权人的损失难以确定,侵权人因此获得利益的,按照其获得的利益赔偿;侵权人因此获得的利益难以确定,被侵权人和侵权人就赔偿数额协商不一致,向人民法院提起诉讼的,由人民法院根据实际情况确定赔偿数额。

(七)赔礼道歉

赔礼道歉,指当侵权行为人对他人的人身或财产造成损害,尤其是对他人的人身造成损害的,受害人可以请求人民法院责令行为人赔礼道歉。赔礼道歉应该以公开的方式进行。

(八)消除影响、恢复名誉

消除影响、恢复名誉指行为人的侵权行为致他人名誉受到不良影响时,受害人可以请求消除不良影响,将其名誉恢复到受侵害前的状态。

消除影响、恢复名誉一般适用于人格权受到侵害的场合。例如当他人的姓名权、肖像权、名誉权、隐私权受到侵害时,受害人可以请求该救济。

上述承担侵权责任的方式,可以单独适用,也可以合并适用。

三、侵权行为民事责任的免责事由

侵权行为民事责任的免责事由,又称抗辩事由,指针对原告的诉讼请求,被告得以免除或者减轻民事责任的合法理由。根据我国民法通则和侵权责任法的相关规定,可以成为侵权行为免责事由的事实有:不可抗力、依法执行职务、正当防卫、紧急避险、受害人的原因、第三人过错。

(一)不可抗力

不可抗力,是指不能预见、不能避免并且不能克服的客观情况。因不可抗力造成他人损害的,除法律另有规定的,行为人不承担责任。

(二)依法执行职务

依法执行职务,指依法在必要时因执行职务而损害他人的人身或财产的行为。作为民事责任抗辩事由的依法执行职务的行为应满足以下条件:(1)必须是有合法依据或者经合法授权。如果超越法定的授权而行为,或行为所依据的法律、法规已经失效或被撤销,或行为本身不符合法律的要求,这不属于依法执行职务。(2)执行职务的程序或者方式必须合法。(3)执行职务的行为是必要的,即不造成损害就不能执行职务。

(三)正当防卫

正当防卫,指为了使公共利益、他人或者本人的人身或财产免受正在发生的不法侵害而对行为人本人所采取的制止侵害的防卫措施。我国民法通则和侵权责任法对此做了相同的规定:因正当防卫造成损害的,不承担责任。正当防卫超过必要的限度,造成不应有的损害的,正当防卫人应当承担适当的责任。

作为免责事由的正当防卫应满足以下条件:(1)防卫必须出于正当目的,即为了避免公共利益、他人或本人的人身或财产遭受侵害。(2)侵害行为必须是正在进行的、现实的;对于已经发生或者尚未发生的侵害,或者想象中的侵害都不能实施所谓的正当防卫。(3)防卫必须是针对行为人本人实施的。(4)范围不能超过必要的限度。所谓必要的限度,以足以防止或者制止侵害行为即可。超过必要限度造成的不必要的损害,仍然应当承担适当的民事责任。

（四）紧急避险

紧急避险指为了防止公共利益、他人或者本人的人身或财产免受突发危险,不得已而采取的以牺牲较小利益求得保全更大利益的措施。

作为免责事由的紧急避险应当满足以下条件:(1)危险必须是已经存在的。对于尚不存在或者已经发生过的危险,不能采取紧急避险。(2)紧急避险必须是在不得已的情况下采取的急救措施。(3)紧急避险不能超过必要的限度。紧急避险的目的是为了保全较大的利益而不得已牺牲较小利益,因此应该掌握必要限度。

我国民法通则和侵权责任法对此做了相同的规定:因紧急避险造成损害的,由引起险情发生的人承担责任。如果危险是由自然原因引起的,紧急避险人不承担责任或者给予适当补偿。紧急避险采取措施不当或者超过必要的限度,造成不应有的损害的,紧急避险人应当承担适当的责任。

（五）受害人的原因

作为免责事由的受害人原因有两种情况:一是受害人同意;二是受害人的过错。

受害人同意,指受害人事前明确做出自愿承担某种损害后果的意思表示。受害人同意作为民事责任的免责事由应当满足以下条件:(1)受害人必须是自愿、明确地做出同意的意思表示。因欺诈、胁迫或者重大误解而做出的同意表示,或者以默示、推定的方式做出的同意表示,都不能认定为受害人同意。(2)受害人同意的意思表示是在损害发生前做出的。(3)受害人同意的内容是愿意承担某种损害后果。(4)受害人的同意不得违反法律或者公序良俗。

受害人的过错,指受害人对于损害的发生或者扩大存在过错的,包括故意和重大过失。我国民法通则和侵权责任法对此都做了类似规定。《侵权责任法》第26条规定:"被侵权人对损害的发生也有过错的,可以减轻侵权人的责任。"第27条规定:"损害是因受害人故意造成的,行为人不承担责任。"

（六）第三人过错

第三人的过错是指第三人对于损害的发生或者扩大存在过错。由于侵权责任在因果关系判断上的复杂性,有时侵权行为的受害人在提起民事诉讼时,所列的被告的行为并非是损害发生的真正原因。在这种情况下,被告只是名义上的侵权人,其不应当对原告的损害承担侵权责任,而应当由真正制造损害的第三人承担责任。

为了便于受害人利益的维护,因第三人过错造成损害的,受害人可以向名义侵权人或者第三人请求赔偿。名义侵权人赔偿后,有权向第三人追偿。例如因第三人的过错致使动物致人损害的,受害人可以向动物饲养人或者管理人请求赔偿,也可以向第三人请求赔偿。动物饲养人或者管理人赔偿后,有权向第三人追偿。

第三十二章 一般侵权行为的构成要件

一般侵权行为的构成要件,指在排除法律特别规定的几种特殊侵权行为以外的其他侵权行为,依法应当承担民事责任所必须具备的条件。是否构成侵权,需根据这些要件来判断。通常认为,一般侵权行为的构成要件有四:损害事实的存在、行为的违法性、损害事实与违法行为之间的因果关系、行为人的主观过错。特殊侵权行为的构成要件有三:损害事实的存在、行为的违法性、损害事实与违法行为之间的因果关系。

侵权行为的构成要件与损害赔偿的构成要件不同。损害赔偿责任既可能因为侵权行为而发生,也可能因为其他原因而引起。同时,侵权的民事责任也不仅限于损害赔偿的方式。

第一节 损害事实

一、损害事实的概念

损害事实,指一定的行为或者事件对于他人的人身或财产所造成的不利影响。损害事实必须是客观存在的事实,不是假想的或者被无限放大的虚构的事实。

损害事实的存在,是构成侵权行为的首要的必要条件。无损害即无责任。

二、损害事实的特征

(一)损害事实的客观性

构成侵权行为要件的损害事实,必须是客观存在的事实,不是假想的、尚未发生的或者被肆意歪曲或放大的虚构的事实。因为损害的事实客观存在,所以损害的后果是能够被确定的。只有当损害的后果能够被确定,才能实施具体的救济,才能确定具体的赔偿数额。

（二）损害的是受法律保护的合法权益

自然人、法人的合法权益受法律保护,任何人不得侵害。

（三）损害后果的可救济性

所谓损害后果的可救济性,即对损害后果的可补救性。通过补救,使受害人的损失得以消除、恢复或者尽可能恢复到受害前的状态。

三、损害的分类

（一）财产损害与非财产损害

财产损害,指因侵害他人人身或财产权益而给受害人造成的经济上的损失,也叫物质损害、有形损害。

非财产损害,指财产以外的权利所受的损害,通常不能用货币来估量,也就是无形损害。精神损害是非财产损害中常见的类型。

（二）实际损害和间接损害

实际损害,指现有财产的减少或者既得利益的丧失。对于实际损害一般应赔偿。

间接损害,指可得利益的减少或者丧失,即应当取得并且可以取得但由于损害事实的发生而没有取得的利益。对于可得利益损害是否赔偿,依据不同情况确定。

第二节　行为的违法性

行为的违法性,指民事主体实施的行为违反了法定义务。该行为在法律上具有可责难性,是一种被否定的行为,是不该为的行为。造成损害事实的行为,必须具有违法性质,行为人才负有赔偿责任;否则,即使有损害事实,但行为不违法,也不能追究行为人的民事责任。所以,违法行为的违法性,是构成侵权民事责任的又一要件。

通常情况下,造成他人损害的行为总是违法的。但是,基于合法行为也可能造成他人损害,且因为行为本身合法而不能追究行为人的民事责任。例如依法执行职务的行为、正当防卫和紧急避险的行为等,就属这类情况(执行职务过程中的失误、防卫过当和紧急避险不当给他人造成损害的,依法仍须承担民事责任)。

违法行为有两种表现形式:作为的违法行为和不作为的违法行为。作为的违法行为,也称为积极的违法行为,指行为人违反法定的不作为义务而实施的行为。

不作为的违法行为,又称为消极的违法行为,指行为人违反法定的作为义务而未实施法律要求其实施的行为。一般而言,作为的侵权是常态,不作为的侵权是特殊情况。构成不作为侵权的,必须以行为人存在作为义务为前提。这一作为义务主要依据法律直接规定或者基于职务上的要求。

第三节　损害事实与违法行为之间的因果关系

一、因果关系的概念

因果关系是一个哲学概念,指事物与事物之间或现象与现象之间具有前因后果的关联性,即一种现象是另一种现象的发生原因,另一种现象是这一现象引起的结果。这种因果关系在自然界和人类社会普遍存在,具有普遍性、客观性、相对性和多样性的特点。侵权法上的因果关系是哲学上因果关系在侵权法上的具体表现。

当我们在认定侵权民事责任的因果关系时,就是要研究违法行为与损害结果的关系,即研究特定的损害事实是否为行为人的行为所必然引起的结果。如果违法行为与损害结果之间不存在因果关系,则不能追究行为人的侵权民事责任。但是,仅凭客观因果关系的存在,尚不能得出行为人应否承担民事责任的结论。行为人最终是否承担责任,还取决于其行为是否有过错和法律对于主观归责条件的规定。

二、因果关系的表现形式

因果关系的表现形式具有多样性,主要有一因一果、一因多果、多因一果。

（一）一因一果

一因一果指某一个结果的发生是某一个原因造成的,原因与结果都是单数。这种因果关系比较明了,容易确定。在认定侵权行为的因果关系时,一因一果的情况在认定时不易发生偏差。

（二）一因多果

一因多果指由一个原因引起多个结果的情况。每一个结果与原因之间都存在因果关系。在侵权行为法中,因一个侵权行为造成多个后果的,行为人对各个后果都应承担责任。

（三）多因一果

多因一果指一个结果的发生是由多个原因造成的。在侵权行为法中,当一个损害结果是由多个原因造成时,需要对各个原因对结果的作用大小进行具体的分析判断,以确定各个行为人所应承担的责任大小。

第四节　行为人的主观过错

一、关于过错的学说

何谓过错,学术界有不同的解释,主要有主观说和客观说两种。主观说认为过错是一种应受非难的心理状态。该学说为德国学者耶林等提出,后被意大利等国家学者接受,苏联和我国学者大多主张此说。客观说认为过错并非在于行为人的主观心理状态具有应受非难性,而在于行为具有应受非难性,即行为人的行为不符合某种行为标准就属过错。客观说起源于罗马法,为法国、波兰等国家学者所主张。

二、过错的形式

根据行为人在行为时的主观状态不同,民法上的过错分为故意和过失两种。

（一）故意

故意指行为人已经预见到自己的行为可能发生损害结果,希望或放任结果发生的一种心理状态。其中希望损害结果的发生可称为直接故意,放任结果的发生可称为间接故意。对故意的认定必须满足以下两点:一是已经预见到自己行为的危害性;二是希望或者放任危害后果的发生。在刑法上直接故意和间接故意在定罪量刑上有别,在民法上直接故意和间接故意的区别对民事责任的承担意义不大。

（二）过失

过失指行为人应当预见到自己行为可能发生的损害结果,因疏忽大意没有预见,或者虽然已经预见但轻信自己能够避免的心理状态。故意与过失的最大区别在于行为人是否实际预见到其行为的后果以及对于可能出现的结果所持的心理状态。过失,即损害后果的发生不是行为人所希望或者放任的结果。因此,过失与故意相比,主观的恶意程度要低。在一般情况下,过失更多的是对应尽的注意义务的违反。

根据对注意义务违反的程度,传统民法将过失分为重大过失、具体过失和抽象过失三种情况。(1)重大过失,指违反普通人应尽的注意义务,即行为人如果能够尽到一般人所能尽到的注意义务,就能避免危害的发生,而行为人却怠于注意。(2)具体过失,指行为人欠缺与处理自己事务相同的注意义务。当行为人不能证明自己已经尽了注意义务时,即可认为存在具体过失。(3)抽象过失,指行为人欠缺必要的注意,即行为人违反的是作为善良管理人应尽的注意义务。

我国民法没有区分过失的程度,在理论和司法实践中通常将过失分为一般过失与重大过失两种。当法律对行为人应当注意和能够注意的程度有较高要求时,行为人违反较高的注意要求,但不违反作为一般人的注意义务时,即为一般过失;如果行为人不仅违反较高的注意义务,而且违反作为一般人应尽的注意义务时,就是重大过失。

在刑法上,故意与过失的区别对定罪量刑的意义重大。但在民法上,民事责任的承担目的在于补偿受害人所遭受的实际损失,以实际损失确定民事责任的大小和具体的赔偿数额。所以,多数情况下,区别行为人主观上的过错程度是故意还是过失意义不大。但是在某些特殊场合,如混合过错、共同过错、受害人有故意或者重大过失、侵害人格权的情况下,区分故意与过失对民事责任的具体承担还是有意义的。

第三十三章　特殊侵权行为的民事责任

第一节　被监护人致人损害的民事责任

一、被监护人致人损害民事责任的概念

也称为无民事行为能力人和限制民事行为能力人致人损害的民事责任,指因被监护人致人损害时,监护人所应当承担的民事责任。

二、被监护人致人损害民事责任的构成条件

(1) 被监护人实施了致人损害的行为;

(2) 监护人和实施侵权行为人之间存在监护关系;

(3) 被监护人的损害行为与受害人的损害事实存在因果关系。

三、被监护人致人损害民事责任的归责原则和责任承担

(一) 适用无过错责任

监护人承担无过错责任被监护人致人损害的,无论监护人是否存在过错,监护人都要承担侵权责任。但监护人尽到监护责任的,可以减轻其侵权责任。被监护人有财产的,应先从本人财产中支付赔偿费用,不足部分由监护人赔偿,但单位担任监护人的除外。

(二) 夫妻离婚后的监护人责任

夫妻离婚后,被监护人致人损害的,与该子女共同生活的一方应当承担民事责任;如果独立承担民事责任确有困难的,可以责令未与其子女共同生活的一方共同承担民事责任。

（三）教育机构责任承担问题

被监护人在教育机构致人损害的,监护人仍应承担无过错责任,但是可以要求教育机构承担与其过错相应的赔偿责任。

第二节　学生伤害事故责任

一、学生伤害事故责任的概念

学生伤害事故责任,指无民事行为能力人、限制民事行为能力人在教育机构学习、生活期间,因教育机构失职而受到人身损害时,教育机构所应承担的民事责任。

二、学生伤害事故责任的构成条件

（一）教育机构存在过错,没有尽到教育、管理职责

教育机构没有尽到教育、管理职责的行为是失职行为,对于由此导致的损害结果是存在过错的。所谓教育职责,指教育机构依法进行保护未成年人人身安全日常教育的义务。所谓管理职责,指教育机构为保护无民事行为能力人的人身安全依法应尽的安全保障和保护义务。

无民事行为能力人在教育机构受到人身损害的,即推定教育机构没有尽到教育、管理职责,应当承担责任,但教育机构能够证明尽到教育、管理职责的,不承担责任。

（二）受害人是在教育机构学习、生活期间受到人身损害

对于"教育机构"、"学习、生活期间"的界定,对此应做广义解释。教育机构既包括公办和私立的幼儿园、学校,也包括为未成年人举办的传授文化知识和技能的其他教育机构。"学习、生活期间"涵盖了未成年人处在教育机构管理的全过程。

（三）教育机构的失职行为与受害人的损害之间存在因果关系

教育机构的失职行为是引起受害人受损的原因。

三、学生伤害事故责任的归责原则和责任承担

（一）适用过错责任原则

教育机构没有尽到教育、管理职责造成损害的,教育机构承担责任。不过,

对于无民事行为能力人在教育机构受到人身损害的,教育机构承担推定过错责任。即教育机构应当承担责任,但能够证明尽到教育、管理职责的,不承担责任。

限制民事行为能力人在教育机构受到人身损害的,教育机构未尽到教育、管理职责的,应承担责任。即教育机构承担一般过错责任。

（二）被监护人在教育机构受到外来人员人身损害的责任承担

这种情形,首先由侵权人承担责任,教育机构有过错的,承担相应的补充责任。

第三节　暂时没有意识或失去控制致人损害责任

一、暂时没有意识或失去控制致人损害责任的概念

暂时没有意识或失去控制致人损害责任,指完全民事行为能力人对于因过错引起暂时没有意识或失控,造成他人损害,所应当承担的民事责任。

二、暂时没有意识或失去控制致人损害责任的构成条件

（一）行为人是完全民事行为能力人,且造成他人损害时暂时没有意识或失去控制

行为人必须是暂时没有意识或失去控制的完全民事行为能力人。如果是无民事行为能力人或限制行为能力人致人损害,则由监护人承担责任。发生侵权行为时,完全民事行为能力人正处在暂时没有意识或失去控制的情形。

（二）他人受到实际损害

这种损害,既可以是人身损害,也可以是财产损害。

（三）没有意识或失去控制人的侵权行为与他人受损之间存在因果关系

没有意识或失去控制人的侵权行为是引起他人受损的原因。

（四）行为人暂时没有意识或失去控制是因自己的过错所致

行为人自己暂时没有意识或失去控制是基于自己的过错而发生。这种过错,除了醉酒、滥用麻醉药品或者精神药品之外,其他故意或者过失所为都包括在内。也就是说,完全民事行为能力人明知某种行为会导致自己暂时没有意识或失去控制,仍然放纵自己的行为,结果在自己不能控制的情况下致人损害。

三、暂时没有意识或失去控制致人损害责任的归责原则和责任承担

（一）因过错导致暂时没有意识或失去控制致人损害的，适用过错责任

完全民事行为能力人对导致自己暂时没有意识或失去控制具有主观上的过错，造成他人损害的，应当为自己的过错所造成的损害负责，承担侵权责任。我国《民事责任法》第33条规定："完全民事行为能力人对自己的行为暂时没有意识或者失去控制造成他人损害有过错的，应当承担侵权责任。""完全民事行为能力人因醉酒、滥用麻醉药品或者精神药品对自己的行为暂时没有意识或者失去控制造成他人损害的，应当承担侵权责任。"

（二）非因过错导致暂时没有意识或失去控制致人损害，适用公平责任

完全民事行为能力人对自己暂时没有意识或失去控制没有过错，但造成他人损害的，从公平角度出发，应根据行为人的经济状况对受害人适当补偿。

第四节 网络侵权责任

一、网络侵权责任的概念

网络侵权责任，是指网络用户或网络服务提供者利用网络侵害他人民事权益时，网络用户或网络服务提供者所应承担的民事责任。

二、网络侵权责任的构成条件

（一）网络用户或网络服务提供者直接承担侵权责任的构成条件

（1）网络用户或网络服务提供者利用网络实施侵害他人民事权益的行为。根据文责自负的规则，如果网络用户的行为侵害他人民事权益，网络用户就需要承担直接侵权责任。如果网络服务提供者编辑、组织、修改信息内容为网络用户提供服务，该信息内容就应当由网络服务提供者自己负责，损害他人利益的，网络服务提供者承担直接侵权责任。

（2）他人受到损害的事实。

（3）网络用户或网络服务提供者利用网络侵害他人民事权益的行为与他人受到损害的事实存在因果关系。

（4）网络用户或网络服务提供者存在过错。

（二）网络服务提供者承担连带责任的构成条件

（1）网络用户利用网络服务实施侵权行为。

（2）网络服务提供者收到被侵权人要求网络服务提供者采取删除、屏蔽、断开链接等必要措施的通知，但未及时采取必要措施的；或者，网络服务提供者知道网络用户利用其网络服务侵害他人民事权益，未采取必要措施的。

（3）须有被侵权人受到损害或损害扩大的事实。

（4）网络用户与网络服务提供者不采取措施的行为与被侵权人受到的损害或损害扩大存在因果关系。

三、网络侵权责任的归责原则和责任承担

（一）适用过错责任原则

无论是网络用户或网络服务提供者直接承担侵权责任，还是网络服务提供者与网络用户承担连带责任的情形，都适用过错责任。

（二）网络服务提供者接到被侵权人通知后未及时采取必要措施的责任承担

网络用户利用网络服务实施侵权行为，被侵权人知道后，有权通知网络服务提供者，要求其采取删除、屏蔽、断开链接等必要措施。网络服务提供者在接到该通知后，如果未及时采取必要措施，则构成对网络用户实施的侵权行为的放任，视为与侵权人构成共同侵权行为，因此，就损害的扩大部分，与侵权的网络用户承担连带责任。如果网络服务提供者未经提示、或者经过提示之后即采取必要措施，网络服务提供者就不承担责任。

（三）网络服务提供者知道网络用户利用其网络服务侵害他人民事权益，未采取必要措施的责任承担

网络服务提供者明知网络用户利用其网络实施侵权行为，而未采取删除、屏蔽或者断开链接等必要措施，任凭网络用户利用其提供的网络平台实施侵权行为，对被侵权人造成损害的，网络服务提供者与网络用户承担连带责任。

第五节　违反安全保障义务责任

一、违反安全保障义务责任的概念

违反安全保障义务责任，指宾馆、商场、银行、车站、娱乐场所等公共场所的管理人或者群众性活动的组织者，未尽到安全保障义务造成他人损害时，管理人或组织者所应承担的民事责任。

二、违反安全保障义务责任的构成条件

（一）行为人实施了违反安全保障义务的行为

所谓安全保障义务,指从事住宿、餐饮、娱乐等经营活动的管理人或者群众性活动的组织者,应尽的合理限度范围内的使他人免受人身及财产损害的义务。此种义务属于法定定义务,它要求当事人在没有约定情况下,一方为了另一方的人身与财产安全而积极作为的义务。违反安全保障义务的行为表现为不作为。

（二）受害人受到了损害

此种损害包括人身损害和财产损害。

（三）违反安全保障义务的行为与损害后果之间存在因果关系

宾馆、商场、银行、车站、娱乐场所等公共场所的管理人或者群众性活动的组织者未尽到安全保障义务的行为,是造成受害人损害的原因(之一)。

（四）行为人存在过错

此类责任应坚持过错责任,在受害人请求损害赔偿时,应当基于所受到的损害,提出赔偿义务人未尽到符合社会一般价值判断所认可的安全保障义务,安全保障义务人则要就其已经尽到相应的义务进行抗辩。行为人如果已经尽到相当的注意,就无需负责,这有助于双方利益平衡及社会活动。

三、违反安全保障义务责任的归责原则和责任承担

（一）适用过错责任原则

宾馆、商场、银行、车站、娱乐场所等公共场所的管理人或者群众性活动的组织者,对于损害是否承担责任,是以其是否尽到安全保障义务为条件。即行为人的过错是承担责任的主观要件。

（二）义务人因违反安全保障义务而致使他人遭受损害应承担的责任

宾馆、商场、银行、车站、娱乐场所等公共场所的管理人或者群众性活动的组织者,未采取能够预防或者消除危险的必要措施,直接对所造成的损害后果承担赔偿责任。

（三）义务人未尽安全保障义务而被保护人遭受第三人侵害时应承担的补充责任

我国《民事责任法》第 37 条第 2 款规定:"因第三人的行为造成他人损害的,由第三人承担侵权责任;管理人或者组织者未尽到安全保障义务的,承担相应的补充责任。"第三人实施加害行为是受害人所受损害的直接原因,第三人应对所造成的损害承担侵权责任。安全保障义务人未尽保障义务的,只是损害发生的间接

原因,其承担相应的补充责任。

第六节　用人单位的工作人员因执行工作任务致人损害的民事责任

一、用人单位的工作人员因执行工作任务致人损害民事责任的概念

用人单位的工作人员因执行工作任务致人损害的民事责任,也称为雇主责任,指因工作人员执行工作任务致人损害时,用人单位应当承担的民事责任。

所谓"用人单位",这是我国劳动法上的概念,指法律允许招用和使用劳动力的单位和组织,包括我国境内的企业、个体经济组织、民办非企业单位,还包括国家机关、事业单位、社会团体以及各种合伙组织和基金会。但是需要说明的是,民事责任法"所称的用人单位包括但不限于我国劳动合同法领域的用人单位,其不再区分是否存在劳动关系而统称为用人单位,且范围更广,除个人、家庭、农村承包经营户等外,其余统称为用人单位"。①

所谓用人单位的工作人员,"应当包括但不限于劳动者,还当然地包括公务员、参照公务员进行管理的其他工作人员、事业单位实行聘任制的人员等"。②

二、用人单位的工作人员因执行工作任务致人损害民事责任的构成条件

(1) 必须是用人单位的工作人员在执行职务的时间、地点所实施的行为致人损害;

(2) 必须对他人造成损害事实,这损害包括了人身损害和财产损害;

(3) 工作人员执行工作任务时的侵权行为与损害事实有因果关系。

三、用人单位的工作人员因执行工作任务致人损害民事责任的归责原则和责任承担

(一) 适用无过错责任

用人单位承担无过错责任。无论用人单位是否有过错,其工作人员因执行工作任务致人损害的,用人单位都要承担民事责任。

---

①②　奚晓明主编:《中华人民共和国侵权责任法条文理解与适用》,人民法院出版社 2010 年版,第245 页。

（二）接受劳务派遣的用人单位承担无过错责任，劳务派遣单位承担过错补充责任

我国《民事责任法》第34条第二款规定："劳务派遣期间，被派遣的工作人员因执行工作任务造成他人损害的，由接受劳务派遣的用工单位承担民事责任；劳务派遣单位有过错的，承担相应的补充责任。"

第七节　产品责任

一、产品责任的概念

因产品存在缺陷致人损害的民事责任，简称产品责任，指产品的生产者和销售者，因为生产、销售的产品造成他人人身和财产损失时，应承担的民事责任。

二、产品责任的构成条件

（一）产品存在缺陷

所谓产品，指已经进入流通领域的商品，不包括未进入流通领域的产品。所谓产品缺陷，根据《中华人民共和国产品质量法》第46条规定，是指产品存在危及人身、他人财产安全的不合理的危险；产品有保障人体健康和人身、财产安全的国家标准、行业标准的，是指不符合该标准。

产品缺陷可以是：（1）设计上的缺陷，即因产品设计上的错误，造成产品存在缺陷；（2）制造上的缺陷，即产品的设计本身并不存在问题，是由于制造方面的原因，使产品存在缺陷；（3）原材料上的缺陷，即生产使用的原材料不当或质量不符合标准；（4）指示上的缺陷，即对产品的性能、使用方法缺乏正确的指示说明，或给予的指示不当、对产品夸大宣传等；（5）生产者不履行产品跟踪观察义务，即产品投入流通后发现存在缺陷的，生产者、销售者应当及时采取警示、召回等补救措施，未及时采取补救措施或者补救措施不力造成损害的。

（二）因产品缺陷致人损害

由于产品本身存在缺陷，使产品在使用或者安装时造成人身或财产损失。

（三）产品缺陷与损害事实之间存在因果关系

受害人只要能够证明其所遭受的损害是由于该产品所致，即可认定存在因果关系。

三、产品责任的归责原则和责任承担

（一）对生产者适用无过错责任，对销售者适用过错责任

生产者承担无过错责任，销售者承担过错责任。我国《侵权责任法》第 41 条规定："因产品存在缺陷造成他人损害的，生产者应当承担侵权责任。"也就是说，只要产品存在缺陷造成他人损害，生产者不能以自己主观上不存在过错作为免责的抗辩事由，除非存在法定的免责事由，如以现有的技术水平尚不能发现缺陷的或者其缺陷是消费者自身造成的。

我国《侵权责任法》第 42 条规定："因销售者的过错使产品存在缺陷，造成他人损害的，销售者应当承担侵权责任。"

（二）承担责任的主体

因产品存在缺陷造成损害的，被侵权人可以向生产者或者销售者请求赔偿。承担了赔偿责任的一方有权依法向最终的责任承担者追偿。即产品缺陷由生产者造成的，销售者赔偿后，有权向生产者追偿。因销售者的过错使产品存在缺陷的，生产者赔偿后，有权向销售者追偿。

（三）惩罚性赔偿的适用

我国《侵权责任法》第 47 条规定了惩罚性赔偿的责任，即被侵权人有权向生产者或销售者请求相应的惩罚性赔偿。其适用条件是：(1)明知产品有缺陷仍然生产、销售；(2)造成他人死亡或者健康严重损害。

第八节　机动车交通事故责任

一、机动车交通事故责任的概念

机动车交通事故责任，指机动车所有人或使用人对于机动车发生交通事故造成人身伤亡、财产损失所应当承担的责任。

所谓机动车，根据《中华人民共和国道路交通安全法》第 119 条的界定，"机动车"是指以动力装置驱动或者牵引，上道路行驶的供人员乘用或者用于运送物品以及进行工程专项作业的轮式车辆。

二、机动车交通事故责任的构成条件

（一）必须发生机动车交通事故

机动车交通事故，指车辆在道路上因过错或者意外造成的人身伤亡或者财产损失的事件。该事故必须是发生在机动车辆之间、机动车辆与非机动车辆之间以

及机动车辆与其他道路使用人之间所发生的相撞事故。如属非机动车辆在道路上造成交通事故,如自行车之间、自行车撞伤行人等不属于机动车交通事故责任范畴。

这里的事故还必须是机动车辆在使用过程中发生的。这里的使用,指机动车辆处于运动状态,包括机动车辆从起动到停车为止的全过程。

(二) 必须给他人造成人身伤亡或财产损失

机动车交通事故以给他人造成人身伤亡或财产损失为必要条件。

(三) 机动车交通事故与受害人所受损害存在因果关系

机动车交通事故是导致他人损害的原因。

三、机动车交通事故责任的归则原则和责任承担

(一) 归责原则

1. 机动车相互之间发生交通事故适用过错责任原则

我国《道路交通安全法》第 76 条规定:"机动车之间发生交通事故的,由有过错的一方承担赔偿责任;双方都有过错的,按照各自过错的比例分担责任。"

2. 机动车与非机动车、行人发生交通事故适用无过错责任原则

我国《道路交通安全法》第 76 条规定:"机动车与非机动车驾驶人、行人之间发生交通事故,非机动车驾驶人、行人没有过错的,由机动车一方承担赔偿责任;有证据证明非机动车驾驶人、行人有过错的,根据过错程度适当减轻机动车一方的赔偿责任;机动车一方没有过错的,承担不超过百分之十的赔偿责任。"

(二) 责任承担的主体

1. 保险公司

机动车发生交通事故首先由机动车强制保险赔付(不适于侵权法规则)。根据《我国道路交通安全法》第 76 条规定:"机动车发生交通事故造成人身伤亡、财产损失的,由保险公司在机动车第三者责任强制保险责任限额范围内予以赔偿。"不足的部分,再按照特定规则由事故相关方承担赔偿责任。需要说明的是,保险人对第三人的责任是一种法定责任,该责任与机动车驾驶人是否构成侵权责任及其责任的大小没有关联。

2. 机动车所有人

另一主体为机动车所有人,但是,当机动车所有人与使用人不一致时,根据我国侵权责任法第 49 至 52 条规定,按以下规则处理:

(1) 因租赁、借用等情形机动车所有人与使用人不是同一人时,发生交通事故后属于该机动车一方责任的,由保险公司在机动车强制保险责任限额范围内予

以赔偿。不足部分,由机动车使用人承担赔偿责任;机动车所有人对损害的发生有过错的,承担相应的赔偿责任。

（2）当事人之间已经以买卖等方式转让并交付机动车但未办理所有权转移登记,发生交通事故后属于该机动车一方责任的,由保险公司在机动车强制保险责任限额范围内予以赔偿。不足部分,由受让人承担赔偿责任。

（3）以买卖等方式转让拼装或者已达到报废标准的机动车,发生交通事故造成损害的,由转让人和受让人承担连带责任。

（4）盗窃、抢劫或者抢夺的机动车发生交通事故造成损害的,由盗窃人、抢劫人或者抢夺人承担赔偿责任。保险公司在机动车强制保险责任限额范围内垫付抢救费用的,有权向交通事故责任人追偿。

（三）机动车一方减轻责任或免除责任的事由

1. 过失相抵规则

机动车与非机动车驾驶人或者行人在交通事故中各有过错的,实行过失相抵规则。

（1）有证据证明（由侵权人机动车一方承担举证责任）非机动车驾驶人、行人有过错（仅限于行为人重大过失以上）的,根据过错程度适当减轻机动车一方的赔偿责任;

（2）机动车一方没有过错的,承担不超过 10%的赔偿责任。

2. 无过错责任的免除

交通事故的损失是由非机动车驾驶人、行人故意碰撞机动车造成的,机动车一方不承担赔偿责任。

（1）受害人故意。主要指受害人自杀、自残或者"碰瓷"的情形。如果受害人虽有违反交通法规的故意,但并无自杀、自残或者"碰瓷"的故意,机动车一方即使没有过错也要承担一定责任（只能减轻责任而不能免除责任）。

（2）在受害人故意情形下,机动车一方如果是一般过失,则可以免责,如果是有重大过失以上,机动车一方不能免责只能减轻责任。

（四）机动车驾驶人发生交通事故后逃逸的赔偿问题

机动车驾驶人发生交通事故后逃逸的,该机动车参加强制保险的,由保险公司在机动车强制保险责任限额范围内予以赔偿;机动车不明或者该机动车未参加强制保险,需要支付被侵权人人身伤亡的抢救、丧葬等费用的,由道路交通事故社会救助基金垫付。道路交通事故社会救助基金垫付后,其管理机构有权向交通事故责任人追偿。

第九节　医疗损害责任

一、医疗损害责任的概念

医疗损害责任,指医疗机构及其医务人员对于患者在诊疗活动中受到损害应当承担的民事责任。

所谓诊疗行为,指医疗机构及其医务人员为患者提供的紧急救治、检查、诊断、治疗、护理、保健、医疗美容以及为此服务的后勤和管理等维护患者生命健康所必需的活动的总和。医疗机构是指取得《医疗机构执业许可证》、提供医疗服务的机构及个人诊所。医务人员分为专业医务人员和社会医务人员两大类。

二、医疗损害责任的构成条件

(一) 医疗机构和医务人员的诊疗行为存在违法情形

医务人员在诊疗活动中承担的义务有:(1)向患者说明病情和医疗措施。(2)需要实施手术、特殊检查、特殊治疗的,医务人员应当及时向患者说明医疗风险、替代医疗方案等情况,并取得其书面同意;不宜向患者说明的,应当向患者的近亲属说明,并取得其书面同意。(3)尽到与当时的医疗水平相应的诊疗义务。(4)医疗机构及其医务人员应当对患者的隐私保密。(5)医疗机构及其医务人员应当按照规定填写并妥善保管住院志、医嘱单、检验报告、手术及麻醉记录、病理资料、护理记录、医疗费用等病历资料。(6)不得违反诊疗规范实施不必要的检查。

如果医务人员未履行上述义务,造成患者损害的,即存在违法情形,医疗机构需要承担民事责任。需要说明的是,因抢救生命垂危的患者等紧急情况,不能取得患者或者其近亲属意见的,经医疗机构负责人或者授权的负责人批准,医务人员可以立即实施相应的医疗措施。

(二) 给患者造成损害

诊疗行为给患者造成人身或财产损害。

(三) 诊疗行为与损害后果之间存在因果关系

诊疗行为与损害后果之间存在引起和被引起的关系。需要注意的是,在医疗损害侵权案件中,常常存在多因一果的情况,即患者的损害后果往往都有病情的原因和患者自身的原因,因此,在责任承担中要充分考虑原因力的比例和过错的大小。

(四) 医疗机构及其医务人员存在过错

医疗损害责任实行过错责任原则,因此,医疗机构及其医务人员存在过错是承担责任的主观要件。在医疗损害侵权中,常见的过错是过失,包括疏忽大意的过失和过于自信的过失两种。判断医务人员是否存在过错,判断标准是其是否达到了法律要求的标准。

我国《侵权责任法》第58条规定,患者有损害,因下列情形之一的,推定医疗机构有过错:(1)违反法律、行政法规、规章以及其他有关诊疗规范的规定;(2)隐匿或者拒绝提供与纠纷有关的病历资料;(3)伪造、篡改或者销毁病历资料。

三、医疗损害责任的归责原则和责任承担

(一)适用无过错责任

医疗机构及其医务人员承担过错责任,我国《侵权责任法》第54条规定:"患者在诊疗活动中受到损害,医疗机构及其医务人员有过错的,由医疗机构承担赔偿责任。"

(二)免责事由

根据我国《侵权责任法》第60条规定,患者有损害,医疗机构不承担赔偿责任的情形有:(1)患者或者其近亲属不配合医疗机构进行符合诊疗规范的诊疗(但是医疗机构及其医务人员也有过错的,应当承担相应的赔偿责任);(2)医务人员在抢救生命垂危的患者等紧急情况下已经尽到合理诊疗义务;(3)限于当时的医疗水平难以诊疗。

(三)因药品、消毒药剂、医疗器械的缺陷,或者输入不合格的血液造成患者损害的责任承担

患者可以向生产者或者血液提供机构请求赔偿,也可以向医疗机构请求赔偿。患者向医疗机构请求赔偿的,医疗机构赔偿后,有权向负有责任的生产者或者血液提供机构追偿。

第十节   环境污染责任

一、环境污染责任的概念

环境污染致人损害的民事责任,指因污染环境造成他人的人身、财产损害而应承担的民事责任。

二、环境污染责任的构成条件

(一)发生环境污染行为

所谓环境污染的行为,指在生产和生活中产生的废气、废水、废渣、放射性物

质等有害、有毒物质或噪音、震动、恶臭等排放或传播到大气、水、土地等环境之中,使人类生存环境受到一定程度的危害的行为。

(二)必须有存在损害的现实威胁或者环境污染的损害事实

环境一旦被污染或破坏,治理成本高昂甚至不可恢复。因此,对于环境污染责任,应当以存在损害的现实威胁和已造成损害两种情况为要件。也就是说,损害结果是承担损害赔偿责任的要件,存在造成损害的现实威胁则是被侵害人请求侵权人停止侵害、排除妨碍、清除危险的要件。

(三)污染环境的事实与损害事实之间存在因果关系

由于环境污染对于人和财产的损害比较复杂、隐蔽,并且是一个逐渐的持续的发展过程,存在一个或长或短的潜伏期,因此,在认定环境污染与损害事实之间的因果关系时,存在一定的困难。若强调直接证明,往往对受害人不利。所以大多主张以因果关系的推定原则代替因果关系的直接、严格认定。我国侵权责任法采用因果关系举证责任倒置的办法,由污染者就其行为与损害之间不存在因果关系承担举证责任。

三、环境污染责任的归责原则和责任承担

(一)适用无过错责任

污染者承担无过错责任。环境问题事关人类的生存,环境一旦被污染祸害无穷。因此各国从治理环境、保护无辜受害者角度,纷纷将污染环境责任修改为无过错责任。我国《侵权责任法》第65条规定:"因污染环境造成损害的,污染者应当承担侵权责任。"

(二)共同污染者的责任承担

我国《侵权责任法》第67条规定:"两个以上污染者污染环境,污染者承担责任的大小,根据污染物的种类、排放量等因素确定。"

(三)因第三人的过错污染环境的责任承担

我国《侵权责任法》第68条规定:"因第三人的过错污染环境造成损害的,被侵权人可以向污染者请求赔偿,也可以向第三人请求赔偿。污染者赔偿后,有权向第三人追偿。"

(四)不承担责任或减轻责任的举证责任承担

为了强化对于环境的保护以及保护受害者的利益,举证责任倒置,我国《侵权责任法》第66条规定:"因污染环境发生纠纷,污染者应当就法律规定的不承担责任或者减轻责任的情形及其行为与损害之间不存在因果关系承担举证责任。"

第十一节　高度危险责任

一、高度危险责任的概念

高度危险责任,指从事对周围环境有高度危险的作业致人损害时应承担的责任。所谓高度危险作业,指从事高空、高压、高速轨道运输工具、地下挖掘活动、易燃、易爆、剧毒、放射性等对周围环境有高度危险的行业。

二、高度危险责任的构成条件

(一)必须从事高度危险作业

所谓高度危险作业,我国侵权责任法既规定了高度危险作业的一般条款,又采用了列举式的规定,先后对民用核设施、民用航空器、易燃、易爆、剧毒、放射性等高度危险物以及从事高空、高压、地下挖掘活动和使用高速轨道运输工具等作了具体规定,既有危险物的责任,又有危险活动责任。

(二)必须有造成他人损害的事实

存在因高度危险作业致使他人人身或财产发生损害的事实。无损害,就无高度危险责任的承担。

(三)高度危险作业与损害事实之间存在因果关系

受害人的损害必须是高度危险作业的行为所造成的。由于高度危险作业的特殊性,为切实保护受害人利益,对于因果关系采用推定的方法,由高度危险作业人证明作业活动与损害后果没有因果关系,如果作业人不能证明,则推定因果关系的存在。

三、高度危险作业责任的归责原则和责任承担

(一)适用无过错责任

在现有的科学技术条件下,从事高度危险的作业,即使从业人员已经尽到相当的注意,高度的谨慎、勤勉,仍难以避免危险的发生。在此条件下如果坚持过错责任原则,显然对受害人不利。为促使从事高度危险作业的人员和管理机构不断改进技术措施、提高安全保障,尽最大可能避免危险的发生,也为加强对受害人的保护,实现社会风险的分散,对于高度危险作业适用无过错责任原则已经成为世界各国的普遍做法。

我国《侵权责任法》第69条规定:"从事高度危险作业造成他人损害的,应当

承担侵权责任。"也就是说,对于危险作业造成的损害,无论作业人有无过失,都应承担民事责任,法定免责事由除外。

(二)责任承担的主体

承担高度危险作业责任的主体应该是实际控制高度危险作业的客体并利用该客体谋取利益的人。我国民法通则规定从事高度危险作业的作业人是承担损害赔偿责任的主体。我国侵权责任法针对不同的高度危险作业分别规定了责任主体:

(1)经营者,适用于民用核设施、民用航空器、从事高空、高压、地下挖掘活动或者使用高速轨道运输工具造成他人损害的情形。

(2)占有人或使用人,适用于占有或者使用易燃、易爆、剧毒、放射性等高度危险物造成他人损害的情形。

(3)所有人,适用于遗失、抛弃高度危险物造成他人损害的情形。但是,所有人将高度危险物交由他人管理的,管理人是承担责任的主体,所有人有过错的,所有人与管理人承担连带责任。

(4)非法占有人,非法占有高度危险物造成他人损害的情形。但是,所有人、管理人不能证明对防止他人非法占有尽到高度注意义务的,所有人、管理人与非法占有人承担连带责任。

(三)法定免责事由

我国侵权责任法针对不同高度危险作业规定了不同的免责事由:

(1)民用核设施发生核事故造成他人损害的,免责事由为能够证明损害是因战争等情形或者受害人故意造成的。

(2)民用航空器造成他人损害的,免责事由为能够证明损害是因受害人故意造成的。

(3)占有或者使用易燃、易爆、剧毒、放射性等高度危险物造成他人损害的,免责事由为能够证明损害是因受害人故意或者不可抗力造成的。减轻责任的事由为被侵权人对损害的发生有重大过失的。

(4)从事高空、高压、地下挖掘活动或者使用高速轨道运输工具造成他人损害的,免责事由为能够证明损害是因受害人故意或者不可抗力造成的。减轻责任的事由为被侵权人对损害的发生有过失的。

(5)未经许可进入高度危险活动区域或者高度危险物存放区域受到损害,免责或减轻责任的事由为管理人已经采取安全措施并尽到警示义务的。

(四)赔偿限额的适用

我国《侵权责任法》第77条规定:"承担高度危险责任,法律规定赔偿限额的,依照其规定。"

第十二节　饲养动物致人损害责任

一、饲养动物致人损害责任的概念

饲养动物致人损害责任,是指动物的所有人或者管理人对其饲养的动物致他人人身或财产发生损害时,应当承担的民事责任。

二、饲养动物致人损害责任的构成条件

(一)必须是饲养的动物造成的损害

饲养的动物包括已经被家养的牲畜和被圈养的野生动物。生活在原生状态的动物,因为不存在饲养问题,没有管理人,这些动物致人损害时,受害人不能向谁追究责任。

而且,必须是动物自身造成的伤害,并非有人驱使。动物因受人驱赶而造成的他人损害属于一般侵权行为,适用一般侵权行为的构成条件。

(二)必须有造成他人损害的事实

无损害则无赔偿。由于饲养的动物之活动造成他人人身或财产的损害。

(三)饲养动物的活动与损害事实存在因果关系

受害人人身、财产的损失是由饲养动物的活动所引起。

三、饲养动物致人损害责任的归责原则和责任承担

(一)适用无过错责任

饲养人或管理人承担无过错责任。饲养的动物造成他人损害的,动物饲养人或者管理人应当承担侵权责任,不论饲养人或管理人有无过错。如果被告要否认自己的责任,则要通过证明被侵权人的过错来实现。

但是,动物园的动物造成他人损害的,动物园承担过错责任。动物园能够证明尽到管理职责的,不承担责任。

(二)免责或减轻责任的事由

如果能够证明损害是因被侵权人故意或者重大过失造成的,饲养人或管理人可以不承担或者减轻责任。但禁止饲养的烈性犬等危险动物造成他人损害的,动物饲养人或者管理人不能适用此抗辩。

(三)因第三人的过错致使动物造成他人损害的责任承担

我国《侵权责任法》第83条规定:"因第三人的过错致使动物造成他人损害,

被侵权人可以向动物饲养人或者管理人请求赔偿,也可以向第三人请求赔偿。动物饲养人或者管理人赔偿后,有权向第三人追偿。"

(四)遗弃、逃逸的动物在遗弃、逃逸期间造成他人损害的责任承担

我国《侵权责任法》第82条规定:"遗弃、逃逸的动物在遗弃、逃逸期间造成他人损害的,由原动物饲养人或者管理人承担侵权责任。"

第十三节　物件损害责任

一、物件损害责任的概念

所谓物件损害责任,指对于自己管领之下的物件致人损害应当承担的民事责任。我国民事责任法规定了物件损害责任的具体情形,指建筑物、构筑物或者其他设施及其搁置物、悬挂物发生脱落、坠落或者抛掷物、堆放物、障碍物、林木以及在公共场所施工未设置明显标志等造成他人损害,所有人、管理人或者使用人所应承担的民事责任。

二、物件损害责任的构成条件

(一)必须有物件致人损害的客观事实

物件致人损害的情形包括:

(1)建筑物、构筑物或者其他设施及其搁置物、悬挂物发生脱落、坠落造成他人损害;

(2)建筑物、构筑物或者其他设施倒塌造成他人损害;

(3)从建筑物中抛掷物品或者从建筑物上坠落的物品造成他人损害;

(4)堆放物倒塌造成他人损害;

(5)在公共道路上堆放、倾倒、遗撒妨碍通行的物品造成他人损害;

(6)因林木折断造成他人损害;

(7)在公共场所或者道路上挖坑、修缮安装地下设施等,没有设置明显标志和采取安全措施造成他人损害;

(8)窨井等地下设施造成他人损害。

必须注意的是,如果有人利用这些物件作为工具侵害他人,则属于行为侵权而不适用物件损害责任。

(二)必须有造成他人损害的事实

必须造成他人人身或财产的损害。

（三）必须是物件致人损害的客观事实与损害事实之间存在因果关系

（四）物件所有人、管理人或使用人不能证明自己没有过错

物件损害责任适用过错推定原则。物件所有人不能证明自己没有过错的，推定其存在过错，应当承担民事责任。

三、物件损害责任的归责原则和责任承担

（一）适用过错推定规则

过错推定规则是法律推定加害人有过错，从而实现举证责任的倒置，由加害人证明自己没有过错。如果物件所有人、管理人或使用人能够证明自己没有过错，就不承担责任，否则，就认定其有过错并要承担相应责任。

（二）承担责任的主体

针对物件致人损害的不同情形，我国民事责任法规定了不同的承担责任的主体，其分别是：

（1）所有人、管理人或者使用人，适用于建筑物、构筑物或者其他设施及其搁置物、悬挂物发生脱落、坠落造成他人损害时；

（2）建设单位与施工单位承担连带责任，适用于建筑物、构筑物或者其他设施倒塌造成他人损害的，如有其他责任人的，建设单位、施工单位赔偿后，有权向其他责任人追偿；

（3）可能加害的建筑物使用人，适用于从建筑物中抛掷物品或者从建筑物上坠落的物品造成他人损害，难以确定具体侵权人的情形，能够证明自己不是侵权人的除外；

（4）堆放人，适用于堆放物倒塌造成他人损害的情形；

（5）有关单位或者个人，适用于在公共道路上堆放、倾倒、遗撒妨碍通行的物品造成他人损害的情形；

（6）林木的所有人或者管理人，适用于因林木折断造成他人损害的情形；

（7）施工人，适用于在公共场所或者道路上挖坑、修缮安装地下设施等，没有设置明显标志和采取安全措施造成他人损害的情形；

（8）管理人，适用于窨井等地下设施造成他人损害的情形。

图书在版编目（CIP）数据

民法学概论／冯菊萍主编.—上海：上海人民出
版社,2012

法学通用系列教材

ISBN 978－7－208－10907－0

Ⅰ.①民… Ⅱ.①冯… Ⅲ.①民法－法的理论－中国
－高等学校－教材 Ⅳ.①D923.01

中国版本图书馆 CIP 数据核字（2012）第 180263 号

责任编辑　屠玮涓　罗　俊
特约编辑　李　卫
封面设计　陈　楠

民法学概论

冯菊萍　主编

出　　版　上海人民出版社
　　　　　（200001　上海福建中路193号）
发　　行　上海人民出版社发行中心
印　　刷　上海商务联西印刷有限公司
开　　本　720×1000　1/16
印　　张　27.5
插　　页　4
字　　数　427,000
版　　次　2012年9月第1版
印　　次　2019年2月第5次印刷
ISBN 978－7－208－10907－0/D·2123
定　　价　78.00元